제 5 판

공공
경제학

나성린 · 전영섭 · 홍성훈 · 허은정 지음

박영사

제5판을 내면서

    끊임없이 발전하는 이론과 변화하는 제도를 고르게 반영하여 공공경제학 교과서를 쓰는 것은 어려운 작업임을 저자들은 이번에도 절감하였다. 최근 들어 공공경제학은 제도설계, 사회선택, 최적조세 이론 등이 나오고, 이러한 이론에 대한 실증적인 검증도 다양하게 이루어지면서 크게 발전하고 있다. 아울러 국가와 정부를 포함하는 공공부문의 의사결정 과정과 정책 효과에 대해 사회적으로 관심이 커지면서 현실의 제도도 끊임없이 변화하고 있다.

    지난 2014년 제4판을 출간한 이후 우리나라의 조세, 재정, 복지 제도에도 많은 변화가 있었다. 몇 가지 큰 변화만 생각해보면, 조세정책에서는 과세형평성에 대한 관심이 커지면서 소득세와 법인세의 세율이 인상되었다. 이렇게 세율만이 아니라, 소득세와 법인세의 공제제도에도 큰 변화가 있었다. 지난 국제금융위기 이후 낮게 유지된 이자율 때문에 통화정책이 큰 힘을 발휘하지 못하면서 재정정책의 중요성이 부각되었고, 우리만이 아니라 여러 나라 정부에서 재정지출 규모를 꾸준히 늘리는 현상이 나타나고 있다. 한편 복지정책에서는 빈곤 수준을 최저생계비와 같은 절대적 기준이 아니라 중위소득과 같은 상대적 기준으로 판단하는 것으로 변화하였고, 국민연금, 건강보험, 기초연금에도 상당한 변화가 있었다.

    이번에 제5판을 내놓으면서 저자들도 공공경제학의 학문적 발전과 공공부문 제도의 현실적 변화를 반영하려고 노력하였다. 우리나라 제도 현황을 다루고 있는 제9장 예산제도, 제15장 조세제도, 제17장 사회보장제도, 제19장 지방재정제도 등을 개정하였고, 다른 장에서도 학문 발전과 제도 변화를 반영하도록 내용을 보완하였다. 제5판 개정 작업을 무사히 마쳤다는데 안도감을 느끼면서 조금 더 노력하여 더욱 완결성 있게 교과서를 마무리하지 못했다는 점에서 부끄러움을 느낀다.

이번 제5판 개정 작업에는 서울시립대학교의 허은정 교수가 새로이 저자로 참여하였다. 개정 작업을 진행하면서 저자들을 도와준 분들이 없었다면 작업을 무사히 마치기 어려웠을 것이다. 그리고 작업을 지원하고 재촉해 주신 박영사의 조성호 이사님과 전채린 차장님께 감사 말씀을 드리고 싶다. 하지만 이 책에 부족한 점이 있다면 그것은 모두 저자들의 책임이다. 앞으로 미흡한 점을 더욱 보완하여 이른 시일에 다음 개정판을 내놓을 것을 약속한다.

2022년 2월
나성린, 전영섭, 홍성훈, 허은정

제4판을 내면서

　최신 이론과 현실의 제도 현황을 모두 잘 반영할 수 있도록 공공경제학 교과서를 쓰는 것은 정말 어려운 작업임을 이번에도 저자들은 절실히 느꼈다. 이는 공공경제학 분야가 이론적으로 꾸준히 발전하고 있기 때문이기도 하지만, 공공경제학과 관련된 정책 사안들에 대해 사회적으로 관심이 높아지면서 현실 제도가 끊임없이 진화하고 있기 때문이기도 하다. 2007년 제3판을 출간한 이후 우리나라의 조세재정 정책에도 많은 변화가 있었다. 몇몇 굵직한 변화만을 추려보더라도, 조세정책에서는 법인세율 인하, 조세지출예산서 도입, 소득세 공제방식 전환, 그리고 재정정책에서는 국가재정법 제정, 국가재정운영계획 수립, 프로그램예산제도 도입 등을 떠올려볼 수 있을 것이다. 뿐만 아니라, 복지정책에 있어서도 사회보험 개혁, 근로장려세제 확대, 기초노령연금 도입 등이 국민적 관심을 받고 있다.

　이번에 제4판을 내놓으면서 저자들은 이러한 변화를 반영하기 위해 노력하였다. 우리나라 제도의 현황에 대해 다루고 있는 제9장 예산제도, 제15장 조세제도, 제17장 사회보장제도 등을 개정하였고, 다른 장에서도 최신 이론과 제도 현황을 반영하도록 내용을 보완하였다. 한편으로는 제4판 개정 작업을 무사히 마쳤다는데 안도감이 들면서도 저자들의 노력이 충분하지 못했다는 점에 대해 부끄러움이 앞서기도 한다.

　이번 제4판 개정 작업에는 한국조세재정연구원의 홍성훈 박사가 새로이 저자로 참여하였다. 또한 개정 작업을 진행함에 있어 저자들을 도와준 분들이 없었더라면 개정 작업을 순조롭게 마치기는 어려웠을 것이다. 우선 개정 작업을 지원하고 재촉해주신 박영사의 조성호 부장님께 감사의 말씀을 드리고 싶다. 그리고 제도 현황과 관련된 자료를 수집하고 정리하는데 도움을 준 서울대학교 대학원의 최인혁 조교와 교정과정에 많은 도움을 준 서울대학교 대학원의 정혜원 조교와 성예지 조교에게도 고맙다는 말을 전하고 싶다. 하지만 이 책에 미흡한 부분이 있다면 그것은 모두 저자들의 책임이다.

앞으로 부족한 점을 더욱 보완하여 빠른 시일 내로 다음 개정판을 내놓을 것을 약속한다.

2014년 7월
나성린, 전영섭, 홍성훈

제3판을 내면서

저자들은 2001년에 개정판을 낸 이후로 최근의 공공경제학의 흐름을 반영하는 재개정판을 곧 내겠다고 약속을 해 놓고 약속을 지키지 못해 내내 마음이 불편하였다. 이번에도 저자들의 사정상 이 약속을 다 지키지는 못했지만 그 동안 우리나라 재정 관련 데이터를 우선 최근의 것들로 갱신했음을 알려드린다.

개정판 발행 이후로도 우리나라의 재정여건은 많이 변했다. 무엇보다 참여정부가 들어선 이후 국가부채가 2배 이상 늘어났고 사회복지제도가 많이 강화되었다.

이에 따라 조세제도와 예산제도도 대폭 개편되었다. 그리고 종합부동산세가 도입되면서 지방세인 재산세가 대폭 개편되었고, 지방양여금이 폐지되고 균형발전특별회계가 도입되면서 지방재정제도도 많이 바뀌었다.

이 밖에도 개정판의 서문에서도 밝혔듯이 공공경제학의 흐름이 완전경쟁시장분석에서 불완전경쟁시장분석으로, 부분균형분석에서 일반균형분석으로 바뀌고 있다. 그리고 불완전정보를 상정하여 게임이론을 사용하는 분석도 계속 늘어나고 있다. 그 동안 학부과정에서 어렵다고 느껴졌던 최적조세이론도 몇 년 전 행정고시에서 문제가 출제된 이후 학부 재정학에서 필수적으로 가르쳐야 할 주제로 되었다.

그리고 사회복지제도가 강화되면서 사회복지의 경제적 이론을 더 깊이 다루어야할 필요도 생겼고 국가부채가 급증하면서 공채이론을 다시 공공경제학에서 가르쳐야 할 필요가 생겼다.

저자들은 학부 수업에서는 위의 변화를 반영하여 가르치고 있었고 이번 개정판에도 포함하려고 하였으나 또 다시 시간관계상 포함하지 못했음을 안타깝게 생각한다. 이러한 내용을 포함한 제4판을 빠른 시간 내로 출간할 것을 약속드린다.

마지막으로 이번 제3판이 나올 수 있게 강하게 채찍질을 해 주신 박영사의 황인욱 전무님과 우석진 차장님에게 깊은 감사를 드린다. 또한 짧은 시간 내에 데이터 수집과 교정을 도와 준 한양대의 임수진 조교, 임남희 조교, 서울대의 김현철 조교, 홍성훈 조교, 유석종 조교, 김명진 조교에게 감사드린다.

2007년 2월
나성린, 전영섭

개정판을 내면서

저자들은 이번 개정판을 우리나라 경제학 교과서의 가장 대표적 출판사인 박영사에서 출간하기로 하였다. 몇 년 전부터 박영사에서 이 책을 출간하기를 원하였지만 초판 출판사와의 관계를 고려하여 미루다가 드디어 박영사에서 출간하게 되었음을 기쁘게 생각한다.

초판 발행 이후 우리 경제의 재정여건은 많이 바뀌었다. 무엇보다 IMF 경제위기를 맞으면서 적자재정이 발생하였고 국가채무가 급증하였다. 그리고 조세제도와 예산제도도 상당부분 개편되었다. 그리고 공공경제학 학문 자체도 완전경쟁시장을 바탕으로 한 부분균형분석 중심에서 불완전 경쟁시장을 고려한 일반균형분석을 중시하는 경향으로 바뀌어 가고 있고, 최근에 와서는 불완전 정보를 상정하여 게임이론을 사용하는 연구도 많이 늘어나고 있다.

저자들은 이번 개정판을 내면서 이러한 경향을 모두 반영하여 대폭적인 개정판을 내려고 하였으나 출판사의 사정상 시간에 쫓겨 부분적인 수정밖에 하지 못하였음을 안타깝게 생각한다. 조세제도와 예산제도의 경우 최근 데이터를 사용하였으나 사회보장제도와 지방재정의 경우에는 최근의 것으로 갱신하지 못하고 있음을 미안하게 생각한다.

저자들은 현재 위의 변화를 충분히 고려한 대폭적인 개정작업을 진행중이므로 다음 학기 초에는 본격적인 개정판을 내어놓을 수 있으리라 생각한다. 이 개정판은 초판에 포함되지 않은 공채이론을 추가하고 최근 사회복지제도의 대대적인 개편을 감안하여 사회보장제도의 이론과 제도 부분을 강화하고 특히 최적조세이론 부분을 보강할 예정이다. 그리고 각 장마다 연습문제를 추가함으로써 각 장의 이해를 높이려고 할 예정이다.

마지막으로 저자들의 사정상 이번에 2001년도판을 내는 게 거의 불가능했음에도 불구하고 강하게 채찍질을 하여 이 책의 출판이 가능하게 한 박영사의 황인욱 상무님과 이재균 씨에게 감사를 드린다. 저자들의 게으름 탓으로 여기저기 미흡한 부분이 많음을 거듭 송구스럽게 생각하고 앞으로 한 학기 동안 최선을 다해 좋은 책을 만들 것을 약속한다. 끝으로 교정에 정성을 다한 강현재 조교, 최충 조교, 조성익 조교, 서지우 조교 그리고 홍성훈 군에게 감사한다.

2001년 2월

나성린, 전영섭

초판 머리말

이 책은 전통적인 재정학을 미시경제학적인 접근방법으로 분석하는 시대적 흐름에 따라 공공경제학이라는 이름으로 출간하였다. 따라서 이 책의 내용도 최근의 발전동향을 반영하여 공공지출이론을 비롯한 미시 측면에 중점을 두었으며, 조세이론, 지방재정이론, 소득분배이론, 사회보장이론 등도 포함하고 있다.

공공경제학은 현대 혼합경제에서 공공부문의 행위가 경제에 미치는 영향에 대하여 분석하는 경제학의 한 분야이다. 다만 공공경제학에서는 다양한 소득계층이 존재한다는 사실을 명시적으로 인정함으로써 소득이 창출되는 과정뿐만 아니라 소득계층간의 소득분배문제에도 깊은 관심을 보이고 있다. 더 나아가, 시장경제에서 정부의 개입이 필요한 이유와 그 결과에 대해서도 많은 연구가 이루어지고 있다.

이러한 방대한 내용을 모두 한권의 책에 담기는 현실적으로 어려우므로 이 책에서는 한학기 강의 교재로 적합하도록 주요한 주제들만 간결하게 설명하려고 하였다. 이 과정에서 공공경제학에서 다루면 바람직한 몇몇 주제들이 빠지게 된 점은 아쉽지만, 보다 주요한 주제들을 잘 이해하도록 하기 위해서는 불가피하다고 생각하였다.

또한 책의 내용을 평이하고 친절하게 서술하면서도 논리의 일관성을 잃지 않으려고 노력하였다. 본문의 내용을 보다 명확히 이해하기 위하여 필요한 수학적 지식이 요구되는 부분은 가능한 한 부록에 수록하였다. 아울러 공공경제학과 연관된 우리나라의 제도들을 소개하기 위하여 예산제도, 조세제도, 사회보장제도 등에 많은 지면을 할애하였다. 이러한 저자들의 의도가 책 속에 제대로 전달되고 있는지는 독자들의 판단에 맡길 수밖에 없을 것 같다.

이 책을 만들기까지에는 많은 분들의 도움이 있었다. 먼저 저자들에게 공공경제학을 가르쳐 주신 영국 옥스포드대학교의 멀리스(James, A. Mirrlees) 교수, 미국 로체스터대학교의 탐슨(William Thomson) 교수, 그리고 서울대학교 은사이신 이현재 선생님과 한승수 선생님께 깊은 감사를 드린다. 또한 한국외대 최광 교수, 고려대 김완순 교수와 이만우 교수, 동국대 장오현 교수, 서강대 곽태원 교수, 서울대 이준구 교수, 아주대 박종구 교수, 연세대 윤건영 교수 등 공공경제학 분야의 많은 선배 및 동료교수들의 아낌없는 조언과 격려에도 감사드린다.

한편, 이 책의 편집과정에서 한줄한줄 꼼꼼히 읽어가며 여러 가지 문제점들을 지적하고 원고를 다듬어 준 한국조세연구원의 현진권 박사, 서울대학교 대학원의 김형준, 김화균, 이종서 군과 한림대학교 대학원의 황규선 군에게도 고마움을 전한다. 이들이 뒤에서 헌신적으로 도와주지 않았더라면 이 책의 출판은 불가능하였을 것이다. 그리고 이 책이 나오기까지 애써 주신 학현사의 류재식 사장과 이용기 차장, 방인석 과장을 비롯한 편집부 직원들에게도 감사드린다. 마지막으로 이 책을 쓰는 동안 세심한 배려를 해 준 가족들에게도 미안한 마음과 고마움을 전한다.

여러분들의 많은 도움을 얻어 저자들은 나름대로 노력하여 이 책을 준비하기는 하였으나 능력이 부족한 탓으로 여기저기 미흡한 부분이 보여 송구스럽다. 앞으로 이 책을 사용하여 가르치시는 선생님들과 공부하는 학생들의 조언을 얻어 점차 다듬어 나갈 것을 약속한다.

1995년 8월
나성린, 전영섭

CONTENTS 목차

PART 01
공공경제학의 기초

PART 02

정부지출이론

CHAPTER 04   공공재이론

CONTENTS 목차

CONTENTS 목차

CHAPTER 09 예산제도

PART 03

조세이론

CHAPTER 10　조세의 기본원리

CONTENTS 목차

CONTENTS 목차

PART 04
사회보장제도

PART 05

지방재정

CHAPTER 18　지방재정의 이론

CHAPTER 19   우리나라의 지방재정

공공경제학의 기초

공/ 공/ 경/ 제/ 학
PUBLIC ECONOMICS

CHAPTER

01
공공경제학의 소개

이 장에서는 공공경제학의 내용 및 발전과정을 소개한다. 또한 공공경제학 (public economics)과 재정학(public finance)의 차이점에 대해서도 설명할 것이다.

1.1 공공경제학의 내용

현대 혼합경제에서 국민경제는 가계와 기업이 경제활동의 중심인 민간부문과 정부가 경제활동의 중심인 공공부문으로 구성되어 있다. 공공경제학에서는 공공부문의 경제적 행위가 경제에 미치는 영향에 대하여 분석한다. 전통적으로 정부의 중요한 정책수단인 조세와 정부지출로 구성되는 재정뿐만 아니라 정부가 수행하는 모든 경제적 역할에 관해 다루고 있다. 또한 최근 환경문제, 사회복지, 지방자치 등이 주요 관심사로 부상함에 따라 공공경제학 분야의 연구는 이러한 분야로도 확장되어가고 있다.

정부의 기능으로는 효율적인 자원배분, 공평한 분배, 그리고 경제안정화 (stabilization) 등을 들 수 있다. 이러한 목표들이 정부의 개입이 없는 시장경제에서 원활히 달성되기 어려운 이유를 우선 살펴보도록 하겠다.

민간부문의 경제주체인 가계와 기업은 각각 효용극대화와 이윤극대화를 추구함으로써 효율적으로 자원을 배분하도록 노력한다. 즉 시장경제에서 '보이지 않는 손'에 의해 자원배분이 효율적으로 이루어지며 사회후생도 극대화되는 것이다. 그러나 이를 위해서는 여러 가정들이 충족되어야 하며, 이러한 가정들이 충족되지 않으면 시장실패(market failure)가 일어날 수 있다. 따라서 이 경우에는 정부가 개입하여 자원을 보다 효율적으로 배분할 수 있다.

한편 시장이 제대로 기능하여 효율적인 자원배분이 이루어지더라도 이것이 사회구성원들 사이에 자원을 공평하게 분배한다는 것을 보장하지는 않는다. 따라서 시장경제에서는 개인의 소득이나 부에 큰 차이가 날 수 있으며, 이러한 분배적 불평등을 조정하기 위해 정부가 개입할 필요가 있다. 나아가 시장경제는 급속한 물가상승이나 높은 실업 등과 같은 거시경제적 변화에 대하여 적절하게 대응하기 어려우므로 안정적인 경제성장을 위해서도 정부의 개입이 필요하다.

따라서 이 책에서는 정부를 포함한 공공부문의 기능과 역할에 대하여 분석하도록 한다. 먼저 제2장에서는 정부의 개입이 필요한 이유에 대해 구체적으로 살펴본 후, 제3장에서는 소득분배이론을 다루도록 하겠다.

제4장부터 제9장까지는 정부지출과 관련된 주제를 다룬다. 공공재를 효율적으로 공급하기 위한 조건, 외부성과 환경문제, 공공선택이론, 공기업과 공공요금의 결정, 비용-편익 분석 등을 논의한 후 예산제도에 대해서도 살펴본다. 그리고 제10장부터 제15장까지는 조세제도와 관련된 여러 주제를 다룬다. 여기에서는 조세의 기본원리, 조세와 소득분배, 조세와 효율성, 최적조세이론, 개별조세이론을 논의한 후, 우리나라의 조세제도를 국세 중심으로 살펴본다.

마지막으로 제16장부터 19장까지는 사회보장제도와 지방자치제도에 대해 다룬다. 제16장과 제17장에서는 사회보장제도에 대한 이론 및 우리나라의 현황을 살펴보고, 제18장과 제19장에서는 지방자치와 관련하여 지방재정이론 및 우리나라 지방세 제도를 논의한다.

이러한 내용 중에서 수학적 지식이 필요한 부분은 가능한 한 부록으로 실었으나, 부록을 보지 않더라도 이 책의 내용을 이해하는 데 큰 어려움이 없을 것이다. 한편 참고문헌은 가능한 한 최근의 문헌들을 포괄적으로 정리하였다.

1.2 공공경제학의 발전과정

공공경제학의 발전과정을 살펴보기에 앞서 공공경제학(public economics)과 재정학(public finance)의 차이부터 설명하도록 하겠다. 공공경제학과 재정학은 서로 완전히 다른 학문 분야가 아니다. 이론적·실증적으로 조금 더 깊이 있는 분석이 이루어지고 관심분야가 조금 더 확대됨에 따라 자연스럽게 재정학이 공공경제학으로 진화한 것이라 볼 수 있다. 이런 맥락에서 공공경제학을 현대재정학이라고 부를 수 있다. 하지만 다음에 설명하듯이 공공경제학과 재정학 간에는 관심분야와 분석방법에 있어 상당한 차이가 있으므로 이 책에서는 공공경제학이라는 용어를 사용하도록 한다.

공공경제학과 재정학 간의 큰 차이점으로는 큰 차이점으로는 관심분야와 분석방법을 들 수 있다. 먼저 재정학에서는 정부재정 중에서도 특히 조세부문에 중점을 두며, 거시재정정책도 중요하게 다룬다. 반면 공공경제학에서는 조세이론뿐만 아니라 공공선택이론 등의 공공지출이론도 심도 있게 다루지만, 거시재정정책에 대해서는 별 관심을 기울이지 않는다. 그리고 방법론에 있어서 재정학은 수학적으로 비교적 덜 엄격한 거시경제적 분석방법에 의존하고 있다. 반면 공공경제학은 1970년대의 최적조세혁명(optimal taxation revolution) 이래 엄밀한 미시경제학적 분석방법을 사용하고 있으며, 최근에는 일반균형이론과 게임이론까지 도입하여 보다 정교한 경제이론으로 발전하고 있다.

공공경제학이라는 용어가 본격적으로 사용되기 시작한 것은 1970년대 다이아몬드-멀리스(Diamond and Mirrlees, 1971)의 최적조세혁명 이후, 보스킨-스티글리츠(Boskin and Stiglitz, 1977)가 "구식 재정학은 죽었고 새로운 공공경제학이 태어났다"고 공표하였을 때부터라고 할 수 있다. 이러한 전환은 앳킨슨-스티글리츠(Atkinson and Stiglitz, 1980)의 "공공경제학 강의"(Lectures on Public Economics)라는 기념비적 교과서에 의하여 완성된 것으로 볼 수 있다.

이제 재정학 또는 공공경제학의 발전과정에 대해 살펴보자. 재정학의 기원은 흄(Hume, 1739)과 스미스(Smith, 1776)가 '보이지 않는 손'이 모든 경제 문제를 해결할 수 없다는 것을 인식한 지점에서 찾을 수 있다. 그 후 리카아도(Ricardo, 1817)가 조세귀착의 관점에서 분배이론을 내세웠을 때 재정학은 독립된 분야로서의 가능성을 보여주었다고 할 수 있다. 이후 피구(Pigou, 1928)가 총희생최소화(least total sacrifice) 원칙을 기본규범으로 내세운 "재정학연구"(A Study in Public Finance)를 출판하면서 경제학의 독립된 분야로서 근대적 의미의 재정학이 탄생하였다.

1930년대에는 세계경제가 대공황을 겪으면서 거시재정정책이 중요해졌고 이에 따라 케인즈(Keynes, 1936)모형이 재정학에서 상당히 비중 있게 다루어졌다. 이어 1940년대에는 소득의 적절한 정의(Simons, 1938)와 지불능력의 정확한 측정을 비롯한 소득세에 관한 여러 주제가 재정학의 주요 관심사가 되었다.

1950년대에 들어와서는 일반균형이론의 등장과 더불어 경제학 일반의 관심사가 거시적 측면에서 미시적 측면으로 이동하였다. 이에 따라 재정학의 관심사도 전통적으로 중점을 두어 왔던 조세 측면으로부터 정부지출 측면으로 이동하였다. 공공재를 효율적으로 공급하기 위한 조건을 제시한 사무엘슨(Samuelson, 1954)의 논문으로부터 시작하여, 공공재 수요 공급에 있어 무임승차 문제를 해결하기 위한 연구가 이루어졌다. 이러한 공공재이론은 곧 지방재정이론과도 연계되어 발전하였다. 이러한 흐름을 반영하여 1959년에 출간된 머스그레이브(R. A. Musgrave)의 "재정학 이론"(The Theory of Public Finance)은 1970년대까지 재정학의 대표적인 교과서로서 확고한 위치를 차지하였다.

1960년대에 들어와서는 재정학에 새로운 흐름이 일어났다. 효율성과 공평성의 조화를 위해 필요하다고 보았던 정부의 공공정책 결정과 집행과정에 대해 의문이 제기되었기 때문이다. 이에 따라 시장실패보다 심각한 정부실패의 가능성, 정책입안과정에서 정치가와 관료들의 전략적 행위로 인한 자원배분의 왜곡 문제, 그리고 선거, 투표, 협상과 같은 정책 의사결정 제도 등에 대한 연구를 중심으로 공공선택이론이 발전하였다.

그리고 1970년대는 재정학의 황금기로 볼 수 있는 시기로 최적조세혁명이 일어났다. 다이아몬드와 멀리스의 쌍둥이 논문으로 시작된 이 혁명은 정교한 이론과 실증분석을 통해 재정학을 경제학의 한 분야로 더욱 공고히 만드는 데 공헌하였다. 이러한 흐름은 앳킨슨과 스티글리츠의 교과서에 잘 정립되어 있다. 이때부터 공공경제학이라는 새로운 이름이 사용되기 시작하였으며 새로운 세대의 경제학자들은 이 새로운 이름을 더 선호하고 있다.

    1980년대에 접어들어 공공경제학은 일반균형이론을 조세귀착의 분석에 본격적으로 활용하기 시작하였고, 전통적인 부분균형적 접근법에 의한 조세귀착에 대한 분석의 한계를 극복하면서 실증분석에 있어서도 새로운 조류를 형성하였다. 한편 1990년대 이후부터는 현대 경제학의 분석도구로 자리잡은 게임이론을 공공경제학적 연구 주제에 적용하려는 연구들이 활발히 이루어지고 있다.

참고문헌

Atkinson, A. B., and J. E. Stiglitz, *Lectures on Public Economics*, New York: McGraw-Hill, 1980.

Boskin, M. J., and J. E. Stiglitz, "Some Lessons from the New Public Finance," *American Economic Review* 67 (1977), 295-302.

Diamond, P. A., and J. A. Mirrlees, "Optimal Taxation and Public Production Ⅰ: Production Efficiency and Ⅱ: Tax Rules," *American Economic Review* 61 (1971), 8-27 and 261-278.

Dreze, J. H., "Forty Years of Public Economics," *Journal of Economic Perspectives*, 1994.

Hume, D., A *Treatise on Human Nature*, Oxford: Clarendon Press, 1739.

Keynes, J. M., *The General Theory of Interest, Employment and Money*, New York: Harcourt, 1936.

Kolm, S., "Public Economics," in J. Eatwell, N. Milgate and P. Newman eds., *The New Palgrave: A Dictionary of Economics*, London: Macmillan, 1987.

Musgrave, R. A., *The Theory of Public Finance*, New York: McGraw-Hill, 1959.

Pigou, A. C., A *Study in Public Finance*, London: Macmillan, 1928.

Ricardo, D., *The Principles of Political Economy and Taxation*, London: Dent, 1817.

Samuelson, P. A., "The Pure Theory of Public Expenditure," *Review of Economics and Statistics* 36 (1954), 387-389.

Simons, H. C., *Personal Income Taxation*, Chicago: University of Chicago Press, 1938.

Smith, A., *The Wealth of Nations*, Cannan edition, Chicago: University of Chicago Press, 1776.

정부개입의 필요성

CHAPTER

02
정부개입의 필요성

이 장에서는 자원배분에 있어 정부개입이 필요한 이유에 대해 알아본다. 이를 위해 우선 효율적인 자원배분에 대해 논의하고, 일련의 가정하에서 경쟁시장 체제가 효율적인 자원배분을 달성할 수 있음을 보여준다. 그러나 이러한 가정이 충족되지 않을 때는 비효율적인 자원배분이 일어날 수 있으며, 이로 인해 시장의 기능이 제대로 발휘되지 않는 시장실패가 발생할 수 있다. 이 경우 효율적인 자원배분을 달성하기 위해 정부가 개입할 수 있으나, 이 결정은 신중하게 내려져야 한다. 관료조직의 속성 및 여러 이유로 정부의 실패를 초래할 위험이 있기 때문이다. 마지막으로 공평한 자원배분을 위해서도 정부가 개입할 수 있음을 살펴보겠다.

2.1 시장경제와 효율성

정부개입의 정당성을 논의하기 전에 정부가 존재하지 않는 상황에서 순수한 시장경제가 과연 바람직한 자원배분을 만들어 낼 수 있는지 살펴볼 필요가 있다. 시장경제의 자원배분에 대해 논의하기 위해서는 바람직한 자원배분에 대한 기준이 있어야 하며, 이런 기준으로 경제적 효율성(economic efficiency)과 공평성(equity)을 들 수 있다. 이 절에서는 이러한 개념들을 설명하고, 이러한 기준에 따라 시장경제가 갖는 장점을 분석하도록 하겠다.

2.1.1 경제적 효율성의 개념: 파레토효율성

경제학에서 일반적으로 말하는 효율성(efficiency)이란 파레토효율성(Pareto efficiency)을 의미한다. 이는 후생경제학을 이해하는 데 필수적인 개념으로 이탈리아 경제학자 빌프레도 파레토(Vilfredo Pareto)에 의해 창안되었다. 파레토효율성이란 "적어도 어떤 한 사람을 불행하게 하지 않고서는 다른 어떤 사람이 더 행복하도록 자원을 재배분하는 것이 불가능한 자원배분 상태"로 정의된다. 이를 경제학적 용어로 바꾸어 표현하면 자원의 파레토효율적인 배분이란, 다른 사람의 효용을 줄이지 않고서는 어떤 사람의 효용을 늘리도록 자원을 재배분하는 것이 불가능한 상태의 배분을 의미한다. 파레토효율성이라는 개념은 사실 효율적인 자원배분 상태를 찾을 때보다는 비효율적인 자원배분 상태를 판별할 때 더 유용하다. 만약 주어진 자원배분 상태에서 자원을 재배분하여 어느 한 사람도 불행하게 만들지 않으면서 다른 사람들을 더 행복하게 만들 수 있다면, 애초에 주어진 자원배분 상태는 파레토효율적이지 못한 것이다. 그리고 여기서 자원 재배분이 이루어지는 방법을 파레토개선이라 부른다. 달리 말하면, 파레토효율적인 자원배분이란 파레토개선이 불가능한 상태를 의미한다.

(1) 파레토효율성 개념의 한계

파레토효율성 개념은 사회적 판단기준으로서 한계를 지니고 있다. 현실에서 일어나는 대부분의 변화는 어떤 사람을 더 행복하게 하는 반면, 다른 사람을 불행하게 하는 결과를 초래하는데 이런 경우에는 파레토효율 또는 파레토개선이라는 개념을 판단 기준으로 사용할 수 없기 때문이다. 그러한 변화가 사회의 경제적 후생을 증가시켰는지에 대한 판단은 이익을 본 사람과 손해를 본 사람의 개인 간(interpersonal) 비교를 필요로 한다. 즉 사회후생은 개별구성원의 총체적 후생을 의미하므로, 어떤 경제적 변화로 인한 사회후생의 증감여부를 판단하기 위해서는 각 개인의 후생에 대하여 수량화가 가능하도록 가중치를 부여할 필요가 있다. 하지만 가중치의 부여는 서로 상이할 수 있는 개개인의 가치판단을 전제하고 있으므로 대부분의 경제학자들은 이에 대해 부정적인 입장을 보이고 있다.

(2) 잠재적 파레토개선의 원칙

개인 간 후생을 비교하는 데에서 생기는 어려움을 피하기 위하여 경제학자들은 다양한 방법으로 파레토원칙을 응용하여 왔는데, 그중 하나가 잠재적 파레토개선(potential Pareto improvement)의 원칙이다. 어떤 경제적 변화로부터 이익을 본 사람이 손해를 본 사람을 가상적으로 보상해 주고 나서도 여전히 더 행복할 수 있으면 잠재적 파레토개선이 발생했다고 한다. 하지만 이 원칙의 문제점은 그러한 가상적 보상이 어떻게 가능한가 하는 것이다. 또 다른 문제점은 스키토브스키 역설(Scitovsky paradox)이라고 불리는 것으로, 이 보상기준에 의하면 어떤 한 배분에서 다른 배분으로의 변화뿐 아니라 그 반대 방향으로의 변화도 잠재적 파레토개선이 될 수 있다는 것이다. 이 경우 잠재적 파레토개선의 원칙에 따라 두 배분을 순서화(ordering)할 수 없으므로 서로 우열을 비교하는 것이 불가능하다.

2.1.2 자원배분의 효율성

이제 경쟁시장에서 시장가격에 의해 이루어지는 자원배분이 효율적인지 살펴보겠다. 생산이 있는 경제에서 어떤 자원배분이 효율적이기 위해서는 교환의 효율, 생산의 효율, 총체적 효율의 세 가지 조건이 충족되어야 한다. 다음에서는 이세 가지 효율조건을 살펴보고, 또한 몇 가지 가정하에서 경쟁가격체계(competitive price system)가 세 가지 효율조건을 만족한다는 것을 보이고자 한다.

이를 위해 모든 경제변수가 2개인 단순한 경제모형을 고려해보자. 이 경제에는 두 사람의 소비자(A, B)와 두 개의 생산물(X, Y)이 존재한다. 또한 두 생산요소로 노동(L)과 자본(K)이 존재하며, 각각의 부존량이 주어진다.

(1) 교환의 효율조건

교환의 효율조건이란 일단 생산된 두 재화 X와 Y를 두 소비자 A와 B 사이에 효율적으로 배분하기 위한 조건을 의미한다. 먼저 소비자 A와 B에게 두 재화 X와 Y의 일정량이 주어지고, 소비자들은 두 재화를 교환하여 자신의 효용을 극대화하고자 한다. 만약 교환을 통해 효용 수준을 높일 수 있다면 교환에 참여할 것이고, 반대의 경우에는 그렇지 않을 것이다. 그리고 이러한 교환은 두 소비자가 상대방의 효용 수준을 줄이지 않고서도 자신의 효용 수준을 높이는 것이 가능한 이상 계속 이루어진다. 이와 같은 교환은 한계대체율 균등의 조건이 충족될 때 멈춘다. 즉, 이 한계대체율 균등의 조건이 바로 교환의 효율조건인 것이다. 소비자 A의 재화 Y로 표시한 재화 X의 한계대체율을 MRS^A_{XY}로 표시하자. 소비자 B에 대해서도 마찬가지로 한계대체율을 정의한다. 그러면 한계대체율 균등의 조건을 다음과 같이 쓸 수 있다.

$$MRS^A_{XY} = MRS^B_{XY}$$

반면 한계대체율 균등의 조건이 충족되지 않는 경우를 생각해보자. 이 조건이 충족되지 않으면, 손해 보는 소비자 없이 적어도 한 소비자가 이익을 보도록 재화를 교환하는 것이 가능하다. <그림 2-1>의 에지워스(Edgeworth)상자 모형을 통해 살펴보자. 이 그림에서 수평축은 재화 X의 총량을, 수직축은 재화 Y의

그림 2-1 교환의 효율조건

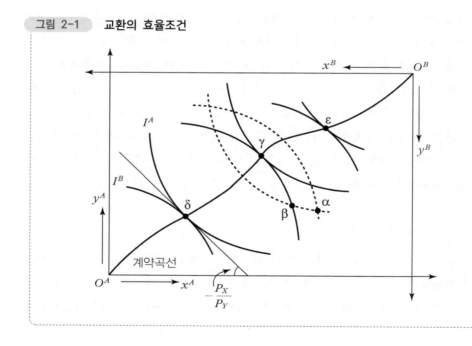

총량을 나타낸다. 그리고 소비자 A의 무차별곡선은 O^A를 원점으로 그려져 있는데 우상향으로 이동할수록 효용 수준이 높아짐을 나타낸다. 소비자 B의 무차별곡선은 O^B를 원점으로 그려져 있는데 좌하향으로 이동할수록 효용 수준이 높아짐을 나타낸다.

교환의 효율조건을 만족하는 자원배분점들은 소비자 A와 B의 무차별곡선이 서로 접하는 점들로 이들의 궤적을 에지워스상자의 계약곡선(contract curve)인 $O^A O^B$로 나타낼 수 있다. 어느 자원배분점이 계약곡선 위에 위치하지 않는다면, 즉 이 자원배분점에서 두 소비자의 무차별곡선이 서로 접하지 않는다면, 재화를 교환하여 두 소비자 중 적어도 한 소비자의 효용 수준을 높일 수 있으므로 효율적인 자원배분이 아니다. 예를 들어 자원배분점 α에서 γ로, 자원배분점 β에서 γ로 이동할 수 있다. 그러나 자원배분점이 계약곡선 위에 위치할 때에는 어느 한 소비자의 효용 수준을 줄이지 않고서는 다른 소비자의 효용 수준을 높이는 교환이 불가능하다. 예를 들어 자원배분점 γ에서 다른 자원배분점으로 이동하면 두 소비자 중에서 적어도 한 사람의 효용 수준이 감소한다.

(2) 생산의 효율조건

생산의 효율조건은 주어진 생산요소인 노동 L과 자본 K를 결합하여 재화 X와 Y를 생산할 때, 두 재화 중 어떤 한 재화의 생산을 줄이지 않고서는 다른 재화를 더 생산하는 것이 불가능하도록 L과 K를 결합할 때 충족된다. 이를 위해서는 한계기술대체율 균등의 조건이 충족되어야 한다. 재화 X의 자본으로 표시한 노동의 한계기술대체율을 $MRTS_{LK}^X$로 표시하고, 재화 Y의 한계기술대체율도 마찬가지로 나타낸다. 그러면 한계기술대체율 균등의 조건을 다음과 같이 쓸 수 있다.

$$MRTS_{LK}^X = MRTS_{LK}^Y$$

이 조건이 충족되지 않는 경우, 생산요소 L과 K를 재결합하여 재화 X나 Y 중에서 어느 한 재화의 생산을 줄이지 않으면서 다른 재화의 생산을 늘릴 수 있

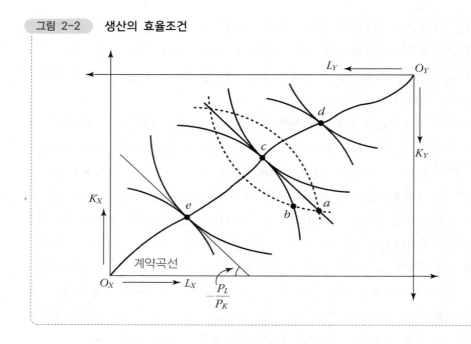

그림 2-2   생산의 효율조건

다. 앞에서 설명한 교환의 효율조건과 마찬가지로, 생산의 효율조건을 만족하는 생산요소 L과 K의 결합점들을 에지워스 상자의 계약곡선으로 나타낼 수 있다. <그림 2-2>에서 수평축은 생산경제에 존재하는 노동 L의 총량을, 수직축은 자본 K의 총량을 나타낸다. 그리고 재화 X의 등량곡선이 O_X를 원점으로 그려져 있으며 우상향으로 이동할수록 더 많은 생산량을 나타낸다. 재화 Y의 등량곡선은 O_Y를 원점으로 그려져 있으며 좌하향으로 이동할수록 생산량이 늘어남을 의미한다. 여기서 계약곡선 $O_X O_Y$는 재화 X와 Y의 등량곡선이 서로 접하는 L과 K의 결합점들을 연결한 것이다.

　두 생산요소의 결합점이 계약곡선 위에 있지 않다면, 생산요소의 새로운 결합을 통해 두 재화 중 적어도 한 재화의 생산을 늘릴 수 있다. 그러므로 계약곡선 위에 있지 않은 생산요소의 결합점은 효율적이지 않다. 예를 들어 결합점 a나 b에서 c로 이동하면 다른 재화의 생산량을 줄이지 않고 적어도 한 재화의 생산량을 늘릴 수 있다. 반면 계약곡선 위에 있는 결합점 c에서는 어느 한 재화의 생산을 줄이지 않고서는 다른 재화의 생산을 늘릴 수 없다. 즉 생산의 효율조건

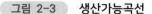

그림 2-3   생산가능곡선

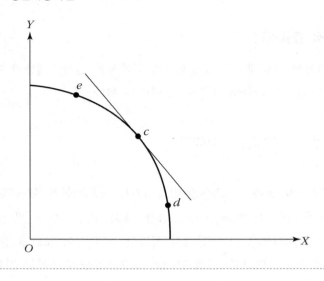

이 충족된다.

　이러한 계약곡선은 생산요소 (L, K) 평면에 그려진다. 이 계약곡선을 재화 (X, Y) 평면으로 옮기면, <그림 2-3>과 같은 생산가능곡선을 그릴 수 있다. 즉 <그림 2-2>의 계약곡선에 위치한 결합점 c, d, e를 각각의 재화 생산량에 따라 <그림 2-3>의 생산가능곡선에 위치한 점 c, d, e로 옮기는 것이다. 이러한 변환은 일대일 대응관계에 해당한다.

　생산가능곡선의 어느 한 점에서의 기울기를 한계변환율(Marginal Rate of Transformation: MRT)이라고 하는데, 이것은 생산의 효율성을 유지하면서 재화 X의 생산을 한 단위 줄일 때 늘릴 수 있는 재화 Y의 수량을 나타낸다.

　생산가능곡선상에서는 재화 X와 Y의 생산량을 변화시키더라도 생산에 소요되는 비용은 일정하기 때문에 $MC_X \cdot \Delta X + MC_Y \cdot \Delta Y = 0$이 성립한다. 한편 한계변환율은 정의상 $MRT_{XY} = -\Delta Y / \Delta X$이므로 이 둘을 결합하면 다음과 같은 생산의 효율조건이 도출된다.

$$MRT_{XY} = \frac{MC_X}{MC_Y}$$

즉, 한계변환율은 재화 X와 Y의 한계생산비용의 비율과 같아져야 한다.

(3) 총체적 효율조건

경제 전체에서 자원배분이 효율적이기 위해서는 한계대체율과 한계변환율이 일치하여야 한다. 즉 다음의 조건이 성립해야 한다.

$$MRS_{XY}^{A} = MRT_{XY} = MRS_{XY}^{B}$$

<그림 2-4>를 통해 이 조건을 만족시키는 자원배분을 살펴보자. 생산가능 곡선상의 한 점 c에서는 재화 X가 x^c만큼, 재화 Y가 y^c만큼 생산되며, 소비자들은 이를 주어진 것으로 보고 앞에서 설명한 것과 같이 교환을 통해 계약곡선상의 자원배분점에 도달한다. 이때 총체적 효율조건을 만족하는 점들은 c에서의 기울기인 한계변환율과 소비자들의 한계대체율이 일치하는 점이 되는데, 자원배분점 γ가 이에 해당한다. 따라서 γ은 총체적 효율조건을 만족시키는 자원배분이라 볼 수 있다.

그림 2-4   총체적 효율조건

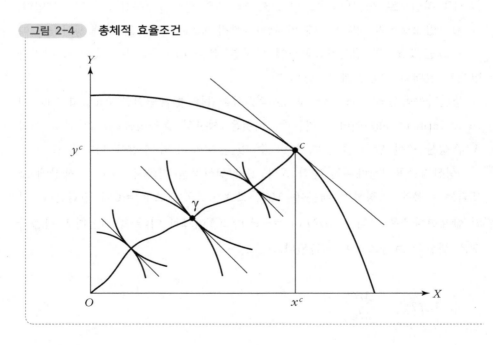

먼저 총체적 효율조건 중 첫 번째 등식이 성립하지 않는 경우를 살펴본다. 예를 들어, $MRT_{XY} = 2/3$이고 $MRS_{XY}^A = 1/3$라고 가정하자. 소비자 A의 한계대체율에 따르면, 그가 동일한 수준의 효용을 누리기 위해서는 재화 X를 3단위 포기할 때 재화 Y를 1단위 더 소비해야 한다. 한편 한계변환율에 따르면 재화 X의 생산을 3단위 줄여서 재화 Y의 생산을 2단위 증가시킬 수 있다. 그러므로 X의 생산을 3단위 줄이고 Y의 생산을 2단위를 늘리면, B의 효용 수준에 영향을 주지 않고 A의 효용 수준을 더 높일 수 있다. 그러므로 첫 번째 등식이 성립해야 총체적 효율조건이 충족된다. 이와 같은 방식으로 두 번째 등식도 성립함을 쉽게 확인할 수 있다.

2.1.3 시장가격체계의 효율성

지금까지 경제 전체에서 자원배분이 효율적이기 위해 충족시켜야 하는 효율조건들을 살펴보았다. 이제 경쟁시장에서 시장가격에 의해 이루어지는 자원배분이 이러한 조건들을 만족시키는지 살펴보겠다.

후생경제학의 제1정리에 의하면 일련의 가정하에서 완전경쟁시장체제는 항상 효율적인 자원배분을 달성한다. 이를 위해서는 ① 생산규모에 대한 수확체증이 없어야 하고, ② 공공재 및 외부성이 없어야 하고, ③ 시장 및 정보가 완전해야 한다는 조건들을 가정해야 한다. 이러한 가정들이 충족되었을 때 완전경쟁시장체제가 앞에서 설명한 세 가지 효율조건을 만족시키는지 살펴보겠다.

먼저 완전경쟁시장에서 소비자는 가격에 영향을 미칠 수 없는 가격수용자(price taker)이므로, 재화 X와 Y의 가격이 주어졌다고 여기고 예산제약하에서 효용을 극대화한다. 이러한 소비자의 최적화 행위는 다음과 같은 결과를 낳는다.

$$MRS_{XY}^A = \frac{P_X}{P_Y} = MRS_{XY}^B$$

다음으로 생산자 역시 가격수용자이므로 생산물과 생산요소의 가격을 주어진 것으로 받아들이고 주어진 생산기술을 이용하여 이윤을 극대화한다. 이러한 생산자의 최적화 행위는 다음과 같은 결과를 낳는다.

$$\frac{MC_X}{MC_Y} = \frac{P_X}{P_Y}$$

이들을 결합하면 다음이 성립한다.

$$MRT_{XY} = \frac{MC_X}{MC_Y} = \frac{P_X}{P_Y}$$

이로부터 완전경쟁시장에서는 세 가지 효율조건이 모두 충족된다는 사실을 확인할 수 있다. 이처럼 일정 조건하에서 완전경쟁시장의 가격체계가 (파레토)효율적인 자원배분을 달성한다는 사실은 후생경제학의 제1정리로 알려져 있다.

2.2 정부개입의 필요성

앞 절에서 완전경쟁시장의 가격체계가 일련의 가정하에서 효율적인 자원배분을 달성한다는 사실을 살펴보았다. 그러면 시장경제에서 정부의 개입이 왜 필요한 것인가?

시장경제에서 정부의 개입이 필요한 이유는 앞에서 언급한 일련의 가정과 관련되어 있다. 시장경제가 본래의 기능을 발휘하기 위해서는 이 가정들이 충족되어야 하는데 이 가정들 중 어느 하나라도 충족되지 않으면 시장이 제대로 기능하지 못하는 시장실패가 일어난다. 이 경우 정부가 개입하여 시장실패를 교정함으로써 자원배분의 효율성을 높일 수 있다.

한편 시장경제의 가격체계에 의해 효율적인 자원배분이 달성될 수 있다고 하더라도, 이러한 배분상태가 사회적으로 봤을 때 공평하리라는 보장은 없다. 시장경제에서 어느 정도의 불평등은 경제적 역동성을 위해 필요하고 사회적으로도 용인될 수 있겠지만, 지나친 불평등은 사회적 불안정을 일으킬 뿐만 아니라 여러 역기능을 초래할 수 있다. 그러므로 이를 방지하기 위해 정부의 개입이 필요할 수 있다.

2.2.1 최소국가론

큰 정부는 경제적, 정치적 자유를 침해할 수 있으므로 제한된 규모의 정부를 유지해야 한다고 주장하는 노직(Nozick, 1974)과 같은 자유주의자들도 정부가 맡아야 하는 최소한의 역할을 인정했고, 이것을 최소국가론이라고 한다. 즉 정부는 폭력, 도둑질, 사기와 같은 범죄로부터 국민을 보호해야 할 의무를 지니며, 시장경제에서 체결되는 계약이 이행되도록 강제하는 역할도 수행해야 한다. 이러한 최소한의 의무나 역할을 수행하기 위해 정부가 세금을 걷어 지출을 할 수 있다. 이러한 최소국가론의 관점에서도 시장경제에 대한 정부의 역할이 분명히 존재한다.

2.2.2 시장실패

시장경제는 일련의 가정들이 충족될 때 그 기능을 제대로 발휘하여 효율적인 자원배분을 달성한다. 그러나 이러한 가정들이 충족되지 않으면, 시장실패가 일어나고 자원이 비효율적으로 배분될 수 있어 정부가 개입하여 시장실패를 교정해야 한다. 시장실패가 발생할 수 있는 이유에 대해 살펴보겠다.

(1) 불완전경쟁

시장경제가 효율적이라고 할 때는 완전경쟁시장을 묵시적으로 가정하고 있다. 완전경쟁시장에서는 수많은 생산자와 소비자가 존재하므로, 기업은 가격순응자가 되며 가격과 한계비용이 항상 일치하여 효율조건이 충족된다. 그러나 불완전경쟁시장에서는 기업들이 가격에 영향을 미칠 수 있으므로, 가격과 한계비용 사이에 차이가 발생한다. 이러한 경우 효율조건이 위배되는데 독점, 과점, 독점적 경쟁과 같은 시장구조에서 이와 같은 문제가 일어날 수 있다. 불완전경쟁시장에서 정부의 역할은 공정거래법, 독과점금지법 등을 통해 산업의 진입장벽을 철폐하고 불공정행위를 통한 기업들의 독과점화를 방지함으로써 경쟁을 촉진하는 것이다.

(2) 규모에 대한 수확체증

생산에 있어 규모에 대한 수확체증(Increasing Returns to Scale: IRS)(또는 평균비용체감)이 있을 경우에는 소규모 기업보다 대규모 기업이 유리하므로 자연독점(natural monopoly)이 발생한다. 초기에 고정자본비용이 많이 드는 산업에서는 생산 초기에 평균비용이 체감하므로 이러한 현상이 발생하는데, 전력, 철도, 통신산업 등을 예로 들 수 있다.

<그림 2-5>에서는 초기의 평균비용이 감소하는 것을 나타내는 AC곡선과 이때의 MC곡선이 그려져 있다. 이 경우 완전경쟁체제와 동일하게 가격이 한계비용과 일치하도록 p^*의 가격을 설정하면, 이 기업은 $(AC^* - p^*)q^*$만큼 손실을 입는다. 이러한 산업에 대해서는 정부가 공기업을 설립하여 직접 재화를 공급하거나 또는 시장에 맡기더라도 지속적으로 가격을 통제해야 한다. 이와 관련된 내용을 제7장 공기업과 공공요금의 결정에서 자세히 다루도록 하겠다.

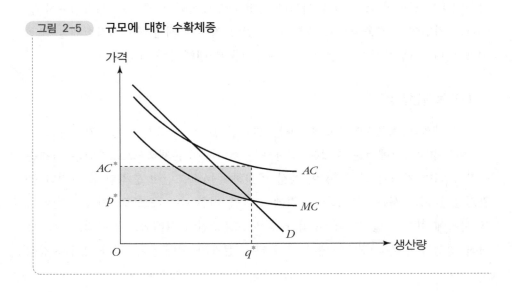

그림 2-5   규모에 대한 수확체증

(3) 공공재

공공재(public goods)는 사용재(private goods)에 대비되는 개념이다. 사용재는 소비자들이 서로 경쟁하여 가격을 지불해야만 소비할 수 있으며, 일단 한 소비자가 소비를 하면 다른 소비자는 소비할 수 없다는 특징을 갖는다. 하지만 공공재의 경우, 동일한 재화를 여러 소비자가 동시에 소비할 수 있는 비경합성(non-rivalry)을 가질 뿐만 아니라, 가격을 지불하지 않은 소비자를 소비로부터 배제하기가 어렵다는 배제불가능성(non-excludability)의 특징을 갖는다. 이러한 공공재의 예로는 치안 및 국방, 공원, 등대 등을 들 수 있다. 공공재가 시장에서 효율적으로 거래되기 어려운 이유는 이 두 가지 특징으로 인해 무임승차자(free-rider)의 문제가 일어나기 때문이다. 그러므로 공공재의 공급을 시장에 맡겨놓으면 사회적으로 적정한 수준보다 공급이 적은 상황이 발생할 수 있다. 이 문제를 해결하기 위해 정부가 직접 개입하여 공공재를 공급해야 하는데, 이 경우 재원조달방법이 주요 관심사가 된다. 이에 대해서는 제4장의 공공재이론에서 자세히 다루기로 하겠다.

(4) 외부성

외부성(externality)은 개인이나 기업의 행동이 시장가격체계를 통하지 않고 다른 경제주체들에게 직접적으로 해롭거나 이로운 영향을 미칠 때 발생한다. 부정적 외부성(negative externality)의 예로는 오염행위를 들 수 있다. 오염배출자는 오염을 유발하는 상품의 생산량을 결정할 때 직접적인 생산비용만을 고려할 뿐 오염으로 인한 질병, 환경오염과 같은 사회적 비용은 고려하지 않으므로 사회적 적정수준보다 더 많이 생산하는 경향이 있다.

반면에 긍정적 외부성(positive externality)의 예로는 기술개발이나 교육 등을 들 수 있다. 이러한 재화들은 사회적으로 바람직한 파급효과를 만들어 내지만 그에 대한 대가가 정당하게 지불되지 않기 때문에 사회적 적정수준보다 적게 공급되는 경향이 있다. 이에 대해서는 제5장 외부성과 환경정책에서 자세히 다루기로 하겠다.

(5) 불완전시장

완전경쟁시장이 효율적이기 위해서는 모든 재화에 대한 시장이 존재하여야 한다. 만약 어떤 재화에 대한 시장이 존재하지 않는다면 그 재화에 대한 가격이 형성될 수 없으며, 이것은 효율조건의 성립 자체를 불가능하게 한다. 이때의 시장은 현시점에 존재하는 재화들에 대한 현물시장만을 의미하는 것이 아니다. 같은 종류의 재화일지라도 오늘의 그것과 미래의 그것이 다르고, 불확실한 사건이 발생했을 때와 발생하지 않았을 때의 그것이 다르다. 예를 들면, 불안정한 공급에 직면한 석유의 경우 오늘과 6개월 후의 가격이 다를 것이다. 또한 호황국면에서의 임금과 불황기의 임금도 서로 다를 것이다. 전자의 경우에는 선물시장(future market)이 필요하고 후자의 경우에는 보험시장(insurance market) 또는 조건부시장(contingent market)이 필요하다. 그러나 이러한 재화에 대한 시장이 존재하기 어려운데, 그 이유는 역선택(adverse selection)과 도덕적 해이(moral hazard) 때문이다.

이 문제를 해결하기 위해 정부는 정보를 풀링(pooling)함으로써 보험의 가입자와 공급자 간에 존재하는 정보의 비대칭성을 제거하거나 실업보험, 건강보험, 연금보험 등의 사회보험(social insurance)을 도입하기도 한다. 이에 대해서는 제16장 사회보장제도의 이론에서 자세히 다루기로 하겠다.

(6) 불완전정보

완전경쟁시장의 효율성을 위해서는 모든 사람이 완전한 정보를 갖고 있어야 하나, 현실에서는 그렇지 않은 경우가 많다. 개인들이 경제적 결정을 내리기 위해 필요한 정보를 획득하는 데에는 시간과 비용이 들 뿐만 아니라 아예 정보 자체를 구할 수 없는 경우도 있다. 이처럼 정보가 완전하지 않으면 비효율적인 자원배분이 일어날 수 있다. 중고차, 식료품, 약품 등의 시장에서 불충분하거나 왜곡된 정보로 인해 소비자들이 피해를 보는 경우가 그러한 예이다. 뿐만 아니라 증권시장에서의 내부자거래에 의한 투자자 손실도 불완전정보에 의한 시장실패의 사례로 볼 수 있다.

정보는 일종의 공공재로 볼 수 있으며, 정부는 필요한 정보가 모든 사람에게 추가비용 없이 그리고 대칭적으로 이용할 수 있도록 보장해야 한다. 이를 위해 정부는 정보를 수집, 처리, 배포할 수 있으며, 시장에서 과대광고를 규제하여 그릇된 정보로 인한 자원배분의 왜곡을 막을 수 있다.

2.2.3 정부실패

지금까지 시장실패가 일어나는 이유에 대해 살펴보고, 이러한 경우 정부가 개입하여 시장실패 문제를 해결하는 방안에 대해서도 간략히 알아보았다. 하지만 정부가 시장에 개입한다고 하여 항상 문제를 해결하는 것은 아니며, 때에 따라서는 시장실패에 의해 왜곡된 자원배분을 더욱 왜곡하는 설상가상의 상황이 일어날 수도 있다.

시장실패는 정부개입을 정당화하는 필요조건일 뿐이다. 시장이 실패하지 않는다면, 시장은 효율적으로 자원배분 기능을 수행할 것이고, 정부는 시장에 개입할 필요가 없다.

하지만 시장실패가 정부개입을 정당화하는 충분조건은 아니다. 시장실패가 일어난 상황에서 정부의 개입이 적절한 방법으로 효과적으로 진행된다면 자원배분의 효율성을 회복할 수 있겠지만, 현실에서 많은 경우, 정부의 개입은 또 다른 형태로 자원배분 왜곡을 일으키기 때문이다. 시장에서 자발적으로 공급하기 어려운 공공재를 공급하기 위해 정부가 설립한 공기업들이 방만한 경영으로 인해 효율적으로 공공재를 공급하지 못하는 상황이 그러한 예이다. 이러한 정부실패(government failure)가 일어나는 이유에 대해 차례대로 살펴보자.

(1) 관료제로 인한 실패

정부 운영에 있어, 비용과 수입 사이의 연계가 제대로 이루어지지 않아 비용이 지속적으로 증가하고 경쟁이 부족하여 정부 관료들에게 적절한 유인을 제공하지 못하는 문제가 발생하기도 한다. 또한 관료제의 속성상 장기적이고 효율적인 결과보다는 단기적이고 가시적인 결과에 치중하는 경향도 있다. 정부의 성과나 관료의 업적을 평가할 수 있는 객관적인 지표가 없을 경우, 공공의 목적과는 거리가 먼 내부적인 상벌이 정부나 관료들의 의사결정에 더 큰 영향을 주기도 한다. 울프(Wolf, 1973)는 이러한 경향을 외부성에 대응하여 내부성(internality)이라고 불렀다.

(2) 불완전정보와 관련된 실패

시장뿐만이 아니라 정부도 불완전정보에 의한 실패를 경험할 수 있다. 정부가 정책결정에 필요한 모든 정보를 갖는 것이 어렵기 때문이다. 이러한 현상은 경제규모가 커지고 시장경제가 발달할수록 더욱 두드러진다.

(3) 공공선택의 문제

정부의 정책결정과정은 경제적 원리에 따르기보다는 이해당사자 사이의 타협을 통한 정치적 의사결정과정을 거친다. 이 과정에서 경제적 효율성이 희생되는 경우가 많다. 따라서 정부의 개입은 각각의 시장실패에 대해 정부개입의 장단점을 비교하여 이루어져야 한다. 최근 들어 이러한 문제가 공공선택이론의 주요 관심사가 되고 있다.

2.2.4 공평성

일정 조건하에서 경쟁시장은 효율적인 자원배분을 달성할 수 있지만 이러한 자원배분 상태가 공평성을 보장하지는 않는다. <그림 2-6>의 에지워스상자 모형을 살펴보자. 소비자 A와 B 사이에 재화 X와 Y를 배분한 결과가 계약곡선 $O^A O^B$로 나타난다는 것은 앞에서 살펴보았다. 이 계약곡선 위에 있는 자원배분점 α, β, γ는 각각 효율적이지만, α나 β가 공평한 상태라고 보기는 어려울 것이다.

자본주의 시장경제에서는 남보다 열심히 일하거나 능력이 있는 사람이 그만큼 더 보상받아야 하므로 어느 정도의 불평등은 필연적이다. 그러나 지나친 불평등은 실업자나 빈곤층이 사회적 소외감을 느끼게 만든다. 이로 인해 사회적 갈등이 발생하면 부정적인 사회적 외부비용을 초래할 것이다. 그러므로 모든 국민이 최소한의 인간적인 삶을 영위할 수 있도록 보장하고 어느 정도 평등한 사

그림 2-6   공평한 자원배분

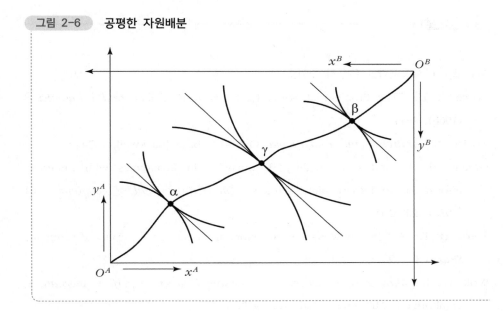

회를 만들기 위해 정부가 나서서 소득이나 자산을 재분배할 필요가 있다. 다만 어느 정도의 평등이 적절한지에 대해서는 절대적인 기준이 있을 수 없으므로 사회구성원들이 지닌 평등도(degree of equality)에 대한 성향에 의존할 수밖에 없다. 이에 대해서는 다음 장에서 자세히 논의하기로 한다. 여기에서는 적절한 평등도에 대한 사회적 합의가 이루어졌을 때, 정부가 나서서 소득이나 자산을 재분배한 후, 다시 시장에 자원배분을 맡겨 사회적으로 합의된 평등도를 달성할 수 있다는 사실을 강조하고자 한다. 이를 후생경제학의 제2정리라고 부르는데, 중요한 시사점은 정부의 재분배 정책과 시장의 자원배분 기능을 결합하여 여러 효율적인 자원배분상태 중에서 사회적으로 평등하다고 받아들여지는 배분상태에 도달할 수 있다는 것이다.

참고문헌

이준구, 『미시경제학』, 문우사, 2013.

Coase, R. H., "The Problem of Social Cost," *Journal of Law and Economics* 3 (1960), 1-44.

Nozick, R., *Anarchy, State and Utopia*, Oxford : Basil Blackwell, 1974.

Greenwald, B., and J. E. Stiglitz, "Externalities in Economies with Imperfect Information and Incomplete Markets," *Quarterly Journal of Economics* 101 (1986), 229-264.

Scitovsky, T., "A Note on Welfare Propositions in Economics," *Review of Economic Studies* 9 (1941), 77-88.

Wolf, C., Jr., *Markets or Governments: Choosing between Imperfect Alternatives*, Cambridge : MIT Press, 2nd ed., 1933.

소득분배이론

CHAPTER

03

소득분배이론

이 장에서는 공공경제학의 주요 관심사인 소득분배이론에 대해 살펴본다. 이를 위해 우선 공평성(equity)의 개념과 소득재분배를 해야 하는 이유에 대해 논의한 후, 소득재분배의 효과를 분석하기 위해 사용되는 불평등의 척도에 대해 설명한다. 그 다음 효율성과 공평성의 조화를 이루면서 달성가능한 자원배분상태에 대해 논의하겠다.

3.1 소득재분배의 필요성

3.1.1 공평성의 정의

공평성(equity)은 경제학적이라기보다는 도덕철학적인 개념이기에 정의하기가 쉽지 않다. 특히 공평성이란 용어는 흔히 공정성(fairness), 평등성(equality)이란 개념과 혼용되기도 한다. 이들을 구별하자면, 공정성이란 모든 일이 정해진 규칙에 따라 불편부당하게 이루어져 아무도 차별대우를 받지 않는다는 것이고, 평등성이란 자원이 모든 사람에게 동일하게 나누어져야 한다는 것으로 볼 수 있다. 공평성이란 이런 두 개념을 모두 포용하는 것이라 할 수 있다.

어떤 분배의 상태가 공평한지 판단하고자 할 때에는 공평성의 기준과 공평의 정도라는 두 가지 문제를 우선 고려해야 한다. 전자는 분배의 공평성을 평가하는 데 어떤 기준을 이용해야 하는지에 관한 것이고, 후자는 주어진 기준 아래에서 어떠한 분배상태를 공평하다고 볼 수 있는지에 관한 것이다. 이 두 문제에 대한 사회적인 합의가 이루어지고 나면 공평한 분배를 달성하기 위해 어떤 정책을 사용할 것인가를 합리적으로 논의할 수 있다.

(1) 공평성의 기준

공평성의 기준을 크게 두 가지로 나눌 수 있다. 하나는 부(wealth), 소득(income), 후생(welfare) 등으로 대표되는 물질적 복지의 공평이고 다른 하나는 그러한 물질적 복지의 근본적 원인이라 할 수 있는 기회의 공평이다. 한편 기회의 공평이라는 기준은 사람들이 같은 출발선상에 있는 정정당당한 경기의 개념에 기초하고 있다고 할 수 있다. 하지만 이는 물질적 복지의 공평보다 모호한 개념이어서 의미있는 측정이 사실상 불가능하므로 여기서 자세히 논의하지 않겠다.

다음으로 물질적 복지의 공평에 대해 살펴보기로 하자. 소득과 부는 사람들의 경제적 지위를 상징하는 개념이다. 이 중에서도 소득이 좀 더 중요하게 고려되는데, 이는 소득이 삶을 영위하는 데 있어 기본적인 구매력을 제공할 뿐만 아니라 이자, 배당금, 임대료 등의 자본소득이 소득에 포함될 때 소득의 분배가 부의 분배 정도를 내포하기 때문이다. 하지만 일반적으로 현실에서는 소득의 분배보다는 부의 분배가 더욱 불평등하며, 또한 부는 자본소득의 창출을 통해 소득의 분배상태에도 영향을 주기 때문에 부의 분배에 관한 논의도 중요하게 여겨진다.

먼저 소득을 기준으로 공평성을 살펴보자. 소득이란 일상적으로 빈번히 사용되는 개념이므로 따로 정의할 필요가 없을 것으로 보일 수도 있으나, 경제학에서는 이에 대한 정확한 정의를 두고 많은 논쟁이 있었다. 일반적으로 소득세 등의 추정에 사용되는 소득은 근로소득, 사업소득, 자본소득, 이전소득 등으로 구성된다. 그러나 경제학자들이 사용하는 소득의 개념은 이보다 더 포괄적인 것으로, 주어진 기간 동안 어떤 개인이 부의 가치를 그대로 유지하면서 지출할 수 있는 화폐의 액수로 정의된다.[1] 이 경제학적 소득의 개념은 자본이득(capital gain), 비현금소득(fringe benefit), 가내생산품의 소비, 귀속임대료(imputed rent)

---

[1] 이는 헤이그-사이몬즈(Haig and Simons)의 포괄적 소득 개념을 의미한다. 이에 대한 자세한 내용은 제14장에서 다룬다.

등을 모두 포함하는 것으로 일상적인 소득의 개념보다 더 포괄적이다. 한편 소득의 개념 이외에도 소득에 대한 평가기간(1개월, 1년, 평생)을 어떻게 설정하느냐, 그리고 소득의 주체(개인, 가족, 가구)를 어떻게 정하느냐에 따라 소득의 공평도에 대한 평가가 상당히 다르게 나타날 수 있다는 점을 유념해야 한다.

많은 경제학자들은 경제적 후생(welfare)의 분배를 논의해야 진정한 공평도를 파악할 수 있다고 주장하기도 한다. 개인이나 가구의 진정한 복지는, 화폐소득뿐만 아니라 그들의 선호(preference)와 재화의 가격에도 의존하기 때문이다. 이세 가지 요소를 고려한 소비자는 여가를 포함하여 자신의 소비행위를 결정하고 이러한 결정은 자신의 후생수준에 직접적인 영향을 미친다. 같은 수준의 소득을 벌어들이는 사람도 각자의 소비취향에 따라 다른 수준의 만족을 누릴 수 있으므로, 소득보다 경제적 후생을 적절한 공평의 기준으로 볼 수 있다. 즉, 진정한 공평은 후생의 분배 정도를 파악함으로써 달성가능하다는 것이다. 이러한 견해는 이론적으로는 설득력이 있지만, 경제적 후생의 분배 정도를 파악하기 위해서는 개개인의 효용함수를 알아야 하므로 실제로 측정하기가 쉽지 않다.

마지막으로 부의 공평에 대하여 살펴보자. 부는 부동산, 주식, 채권, 예금, 현금, 내구재 등의 현금화가 가능한(marketable) 자산과 연금, 인적자본(human capital) 등의 현금화가 불가능한(non-marketable) 자산으로 구성된다. 일반적으로 부의 분배란 현금화가 가능한 자산에서 부채를 뺀 순자산(net wealth)의 분배를 의미한다.

(2) 공평의 정도

위의 기준 중에서 어느 하나를 선택하였다면, 예를 들어 소득을 공평의 기준으로 선택하였다면, 어떠한 분배상태가 공평하다고 볼 수 있는가? 능력에 관계없이 모든 사람에게 똑같은 소득이 분배되어야 하는가? 아니면 능력에 따라 다른 수준의 소득이 분배되어야 하는가? 이에 대해 모든 사람의 생각이 같을 수는 없기 때문에 하나로 대답하기는 어렵다. 이제 공평의 정도에 대한 서로 다른 견해들을 차례로 살펴보겠다.

① 자유주의적 견해

자유주의적(libertarian) 견해에 따르면 각 사회구성원이 정당하게 가질 권리가 있는 것만을 소유하고 있을 때, 그 분배의 상태를 정의롭다고 한다. 이 견해를 대표하는 노직(Nozick, 1974)에 의하면, 국가를 포함한 어느 누구도 사회전체를 위한다는 명분에 의해 본인의 동의없이 개인의 권리를 침해할 수는 없다. 따라서 정부의 간섭없이 자유로운 시장의 힘에 의해 결정된 분배의 상태가 가장 바람직한 것이다. 하지만 이 견해의 문제점은 자유로운 시장이 과연 순수하고 이상적인 시장일 수 있는가 하는 데 있다.

② 공리주의적 견해

공리주의적(utilitarian) 견해는 벤담(Bentham, 1907)의 "최대다수의 최대행복"이란 말에 집약적으로 나타나 있다. 즉 바람직한 분배란 사회의 총체적 후생을 극대화하는 분배를 의미한다. 한편 공리주의는 개인 간의 효용비교가능성(interpersonal utility comparability)을 전제로 하는데, 후생경제학 이론에 따르면 이러한 비교가 사실상 불가능하다는 문제가 있다.

③ 롤스의 견해

롤스(J. Rawls)의 견해는 최소극대화 원칙(maximin principle)으로 표현될 수 있는데, 이는 사회의 가장 가난한 사람의 후생을 극대화하도록 분배를 하는 것이 바로 그 사회의 후생을 극대화한다는 것이다.

④ 평등주의적 기준

평등주의적(egalitarian) 견해에 따르면 모든 사람이 평등하게 태어난 이상 모든 물질적 가치 역시 평등하게 분배되는 것이 정의롭다고 한다. 이 견해의 문제점은 평등성을 너무 강조한 나머지 정의의 다른 요소인 개인의 정당한 권리나 자유를 경시하는 데 있다.

3.1.2 사회후생함수

어떤 자원배분이 공평한가에 대한 평가는 그 사회구성원들의 분배에 대한 견해에 따라 다르게 나타날 것이다. 이러한 견해는 각 사회구성원들의 효용을 모두 고려하여 사회전체의 총후생을 측정하는 사회후생함수(social welfare function: SWF)에 반영된다. 그러므로 사회후생함수는 공평에 대한 사회구성원들의 선호에 따라 구체적인 형태가 결정된다.

사회후생함수에 대해 설명하기 위해 두 사람 A와 B로 구성된 단순한 경제를 상정해 보자. 여기서 U^A와 U^B를 각각의 효용수준이라 하자. 다음 세 가지 사회후생함수를 생각해볼 수 있다.

벤담의 공리주의적 사회후생함수: $SWF = U^A + U^B$
롤스의 사회후생함수: $SWF = \min\{U^A, U^B\}$
평등주의적 사회후생함수: $U^A = U^B$이면 $SWF = U^A$, 아니면 $SWF = 0$

벤담의 공리주의적 사회후생함수는 사회구성원들이 누리는 효용의 합을 사회후생으로 정의한다. 롤스의 경우에는 효용수준이 가장 낮은 사람에 의해 사회후생이 결정된다. 평등주의의 경우에는 모든 사람이 동일한 효용을 누릴 때만 그에 상응하여 사회후생이 결정되고, 그렇지 않은 경우에는 사회후생이 매우 낮은 것으로 간주된다.

이러한 사회후생함수들로부터 사회적으로 동일한 후생의 수준을 나타내는 점들을 연결하면 사회무차별곡선(social indifference curve)을 그릴 수 있다. <그림 3-1>이 그러한 예를 보여주고 있다. 벤담의 무차별곡선은 기울기가 -1인 직선으로 나타나며, 롤스의 무차별곡선은 45도선의 한 점을 기준으로 하여 수직, 수평 방향으로 꺾인 선의 형태로 나타난다. 한편 평등주의적 무차별곡선은 45도선의 한 점으로 나타나는데, 엄밀히 말하면, 무차별곡선이 아니라 무차별점으로 표시되는 셈이다.

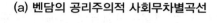

그림 3-1   사회무차별곡선

(a) 벤담의 공리주의적 사회무차별곡선

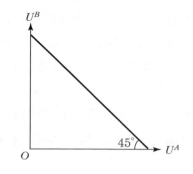

(b) 롤스의 사회무차별곡선

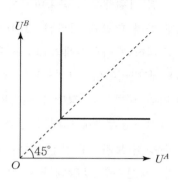

3.1.3 소득재분배의 이유

많은 사람들이 소득재분배에 대해 긍정적으로 생각한다. 그러나 "왜 재분배를 해야 하는가?"에 대한 질문에는 일치된 견해를 보이지 않는다. 여기에서는 경제학적 관점에서 소득재분배의 동기에 대해 살펴보기로 하겠다.

(1) 공리주의적 동기

일반적으로 소득이 증가하면 소득의 한계효용은 체감한다. 즉 소득이 증가할수록 한 단위 소득이 주는 효용의 증가분이 점차 감소하는 것이다. 따라서 1원의 추가소득은 부자보다 빈자에게 더 큰 만족을 줄 수 있다. 그러므로 소득의 재분배는 사회의 총효용을 높일 수 있으므로 공리주의적 관점에서 볼 때 바람직하다.

에지워스(F. Y. Edgeworth)는 일련의 가정하에서 "완전한 평등"이 공리주의적 사회후생을 극대화하는 방법임을 보이기도 했다. 모든 사람이 동일한 효용함수를 갖고 있고, 소득의 증가에 따라 한계효용이 체감하고, 총소득은 고정되어 있다고 가정하자. 그리고 사회후생함수는 벤담의 공리주의적 사회후생함수라고 하자. 설명의 편의를 위해 두 사람 A와 B만 존재하는 단순한 경제를 고려한다.

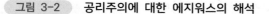

그림 3-2   공리주의에 대한 에지워스의 해석

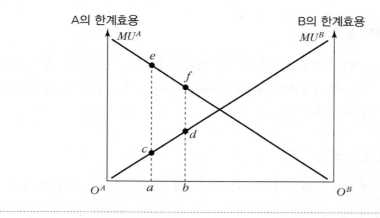

<그림 3-2>에서처럼 사회의 총소득이 $O^A O^B$이고, A의 초기 소득이 $O^A a$이고, B의 초기 소득이 aO^B인 경우를 생각해보자. 두 사람의 한계효용곡선은 각각 MU^A와 MU^B로 표시한다. 이제 정부가 나서서 ab만큼의 소득을 B로부터 A로 재분배하면 B는 $abcd$만큼 효용이 감소하는 반면, A는 $abfe$만큼 효용이 증가한다. 사회 전체로는 $cdfe$만큼 효용이 증가한다. 따라서 두 사람의 소득이 서로 다르면 재분배에 의해 사회적 총효용을 제고할 수 있다. 그리고 둘의 소득이 일치할 때 사회적 총효용이 극대화된다. 하지만 에지워스의 가정과는 달리 현실에서는 사람들이 서로 다른 효용함수를 가질 것이다. 이뿐만 아니라 소득의 한계효용이 감소하지 않을 수도 있다. 한편 소득재분배 정책이 도입될 때 총소득이 변화할 수도 있다는 사실을 에지워스의 모형은 간과하고 있다.

(2) 롤스의 동기

롤스(J. Rawls)는 원초적 위치(original position)라는 개념을 사용하여 최소극대화 원칙(maximin principle)을 주장하였다. 원초적 위치란 사람들이 사회에서 자신의 위치가 무엇인지에 대해 전혀 모르는 가상적인 상황을 말한다. 이러한 원초적 위치에서 사람들은 극도로 불행한 결과가 일어나는 것을 방지할 수 있는 일종의 보험으로 최소극대화의 사회후생함수를 받아들일 수 있다. 다시 말하면 사람들은 소득분배의 제일 밑바닥으로 떨어질지도 모른다는 사실을 두려워하여

가능하면 그 바닥의 수준을 높이고자 한다는 것이다.

(3) 이타적 동기

고소득자들이 자신의 소득수준뿐만 아니라 가난한 사람들의 소득수준에도 영향을 받는 이타적 효용함수(altruistic utility function)를 갖는다면, 소득재분배를 통해 파레토개선이 일어날 수 있다.

(4) 공공재적 동기

평등이 사회적으로 바람직하고 모든 사람의 효용이 평등의 정도에 의해 영향을 받는다면 소득재분배를 공공재로 간주할 수 있다. 그런데 공공재이론에 의하면 정부가 적극적으로 개입하여 공공재의 공급을 담당하는 것이 바람직하므로 정부에 의한 소득재분배는 바람직한 것이 된다.

(5) 보험적 동기

세상을 살다보면 자신의 능력으로는 도저히 통제할 수 없는 사건에 의해 가난해질 수 있다. 이러한 경우를 고려하면 소득재분배가 사회적 보험의 역할을 할 수 있다.

(6) 사회안정 동기

가난한 사람들이 너무 가난해지면 사회가 불안정해질 수 있다. 이러한 가능성으로부터 사회를 보호하기 위하여 소득재분배가 필요하다.

3.2 불평등의 척도

불평등의 척도로 가장 많이 사용하는 것은 소득계층별 소득점유율을 보여 주는 소득계층별 분포(size distribution of income)이다. 이 척도는 소득분포에서 각 계층의 위치를 파악하고 비교하는 데는 도움이 되나 전체적으로 소득분배가 개선되었는지의 여부를 파악하는 데는 한계가 있다. 이 문제점을 극복하기 위해 소득 불평등도를 하나의 수치로 나타내는 불평등지수(inequality index)를 사용할 수 있다. 이러한 불평등지수는 실증적 척도와 규범적 척도로 나눌 수 있다. 실증적 척도가 사회후생의 개념을 명시적으로 사용하지 않는 반면, 규범적 척도는 사회후생의 개념을 사용하여 불평등한 분배로부터 발생하는 사회적 손실을 측정한다. 이제 불평등 척도에 대해 알아보자.

3.2.1 소득계층별 분포

소득계층별 분포(size distribution of income)는 각 소득계층의 소득점유율을 계산하여 전체 소득에서 각 계층의 소득이 차지하는 비중을 나타낸다. 이 경우 필요에 따라 소득계층을 10등급(10분위, decile), 5등급(5분위, quintile), 4등급(4분위, quartile) 등으로 나눈다. <표 3-1>에서는 우리나라 국가통계포털의 2020년도 소득분배지표 자료를 바탕으로 계산한 10분위별 시장소득 및 처분가능소득

➔ 표 3-1 우리나라의 소득계층별 분포

소득분위	소득점유율(%)	
	시장소득	처분가능소득
10분위(고소득)	26.583	23.729
9분위	15.654	14.974
8분위	12.662	12.466
7분위	10.664	10.762
6분위	9.099	9.349
5분위	7.818	8.204
4분위	6.590	7.086
3분위	5.335	5.960
2분위	3.895	4.669
1분위(저소득)	1.696	2.782

자료: 국가통계포털 2020년 소득분배지표 근로연령인구(18-65세) 기준, 저자계산

의 점유율을 보여주고 있다.[2]

3.2.2 실증적 척도: 지니계수

불평등도의 실증적 척도로 가장 널리 사용하는 것이 지니계수(Gini coefficient)
이다. 지니계수는 로렌츠곡선(Lorenz curve)을 이용하여 쉽게 구할 수 있으므로,
우선 로렌츠곡선에 대해 살펴보겠다.

<그림 3-3>에서 수평축은 최저소득자로부터 최고소득자의 순으로 나열한
인구의 누적비율을 나타내고 수직축은 소득의 누적비율을 나타낸다. 여기에 소
득 하위 몇 %의 사람들이 차지하는 전체소득 중의 비율을 나타내는 점을 연결하
면 로렌츠곡선이 된다. 예를 들어 a점은 하위소득자 20%가 전체소득의 10%를

그림 3-3   로렌츠곡선

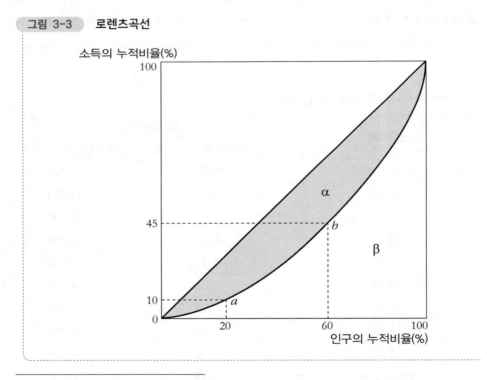

---

2) 시장소득: 근로소득 + 사업소득 + 재산소득 + 사적 이전소득 − 사적 이전지출
처분가능소득: 시장소득 + 공적연금 등의 공적 이전소득 − 세금 등의 공적 이전지출

그림 3-4   로렌츠곡선의 교차

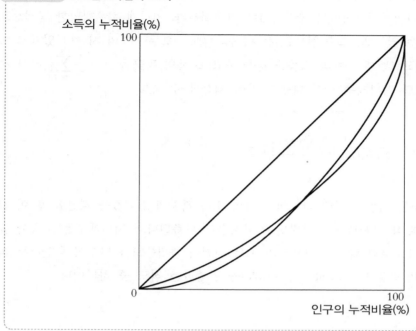

차지함을 나타내고, b점은 하위소득자 60%가 전체소득의 45%를 차지함을 나타 낸다. 만약 모든 사람의 소득이 동일하다면 로렌츠곡선은 대각선과 일치할 것이다. 그러나 현실에서는 모든 사람의 소득이 동일하지 않기 때문에 로렌츠곡선은 그림에서 보듯이 대각선 아래에 위치한다. 서로 교차하지 않는 두 로렌츠곡선이 주어질 때, 위에 있는(즉 대각선에 더 가까운) 로렌츠곡선이 아래에 있는 로렌츠곡선에 비해 상대적으로 더 낮은 소득 불평등도를 보여준다고 할 수 있다.

하지만 <그림 3-4>와 같이 로렌츠곡선이 서로 교차할 때에는 로렌츠곡선만을 사용하여 소득 불평등도를 비교할 수 없다. 이 경우에는 지니계수를 이용하기도 한다. <그림 3-3>에서처럼 완전한 평등을 나타내는 대각선과 로렌츠곡선 사이의 면적을 α라 하고 로렌츠곡선 아래의 면적을 β라 하면, 지니계수 G 를 다음과 같이 정의할 수 있다.

$$G = \frac{\alpha}{\alpha + \beta}$$

정의상 지니계수는 0에서 1 사이의 값을 갖는데, 소득분포가 평등할수록 값이 0에 가까워지고 불평등할수록 1에 가까워진다. 지니계수는 다양한 방식으로 계산할 수 있는데, 그중 한 방법은 다음과 같다. 모두 n명의 사람이 있다고 하자. 그리고 i번째 사람의 소득을 y_i라 하고, 소득의 평균을 $\mu = \dfrac{1}{n}\sum_{i=1}^{n} y_i$라고 하자. 그러면 지니계수 G를 다음과 같이 계산할 수 있다.

$$G = \frac{1}{2\mu}\frac{1}{n(n-1)}\sum_{i=1}^{n}\sum_{j=1}^{n}|y_i - y_j|$$

즉, 모든 사람을 둘씩 짝지어 그들의 소득 격차의 절대값을 계산한 후 이 값들의 상대적 산술평균을 구하면 지니계수가 도출된다.[3] 지니계수는 소득이 높은 사람으로부터 낮은 사람으로의 소득 이전이 불평등도를 낮추어야 한다는 피구-달튼의 조건(Pigou-Dalton principle)을 만족하는 척도 중 하나이다.

3.2.3 규범적 척도

소득분배에 대한 사회적 가치판단이 없이 경제적 불평등도를 측정한다면 설득력을 얻기 힘들 것이다. 그러므로 불평등도를 측정하는 데 있어 분배에 대한 사회적 가치를 함께 고려하는 것이 바람직하다. 앞서 살펴본 바와 같이 분배에 대한 사회적 가치를 반영하는 것이 사회후생함수이다. 이제 사회후생함수와의 관계를 명시적으로 고려한 불평등도의 척도에 대해 살펴보겠다.

(1) 달튼의 평등지수

달튼(Dalton, 1920)은 사회후생함수를 고려하여 불평등도의 척도를 정의해야 한다고 주장하였다. 그리하여 그는 공리주의적 사회후생함수를 가정한 다음, 달성가능한 사회후생의 극대값에 대한 실제 사회후생의 비율을 평등의 지수로 설정하였다. 더 나아가 앞에서 논의한 에지워스의 추론과 마찬가지 방법으로 모든

---

3) 이는 지니계수가 상대적 평균소득격차(relative mean difference)의 1/2임을 의미한다.

사람의 소득이 동일하게 배분되었을 때 사회후생이 극대화된다는 결론을 내렸다. 달튼의 평등지수 D는 소득이 완전히 평등하게 배분되었을 경우의 사회후생에 대한 실제 사회후생의 비율로 정의된다. 즉 모든 사람이 동일한 효용함수 U를 갖고, 소득의 평균을 μ라고 하면, 달튼의 평등지수 D는 다음과 같이 정의된다.

$$D = \frac{1}{n \, U(\mu)} \sum_{i=1}^{n} U(y_i)$$

달튼의 평등지수는 0부터 1 사이의 값을 갖고, 소득분배가 평등할수록 값이 1에 가까워진다.

(2) 앳킨슨지수

앳킨슨(A. B. Atkinson) 역시 사회후생함수를 명시적으로 고려한 불평등도 지수가 바람직하다고 주장하였다. 그리하여 그는 사회의 불평등에 대한 태도를 반영하는 명시적인 매개변수(parameter) ϵ을 도입한 척도를 제안하였다. 이 매개변수는 사회가 분배의 불평등을 회피하려는 정도를 나타내므로 불평등회피도(degree of inequality aversion)라 불리며, 0에서 무한대까지의 값을 가질 수 있다. 어떤 사회가 분배의 불평등에 대해 전혀 무관심하다면 0의 값을 갖고, 불평등에 더 큰 관심을 보일수록(즉 분배의 평등을 더 중요하게 여길수록) 값이 더 커진다.

이제 i번째 소득계층에 속하는 사람들의 (평균)소득을 y_i라 하고, i번째 소득계층에 속하는 사람들의 전체인구에 대한 비율을 f_i라 하자. 앞에서와 마찬가지로 소득의 평균을 μ라고 하자. 앳킨슨지수(Atkinson index)를 다음과 같이 정의한다.

$$A = 1 - \left[\sum_{i=1}^{n} \left(\frac{y_i}{\mu} \right)^{1-\epsilon} f_i \right]^{\frac{1}{1-\epsilon}}$$

한편 균등분배대등(equally distributed equivalent: EDE) 소득 y_{EDE}을 사용해서도 앳킨슨지수를 계산할 수 있다.

$$A = 1 - \frac{y_{EDE}}{\mu}$$

여기서 y_{EDE}는 현재 분배상태에서의 사회후생수준과 동일한 사회후생수준을 달성하면서 모든 사람에게 소득을 균등하게 분배하였을 경우의 소득을 의미한다. <그림 3-5>에서 보듯이 사회무차별곡선이 볼록하게 주어지면, y_{EDE}가 소득의 평균인 μ보다 작기 때문에, 앳킨슨지수는 0부터 1 사이의 값을 갖는다. 현재의 소득분포가 완전히 평등하다면, $y_{EDE} = \mu$이므로, $A = 0$이 된다.

한편 앳킨슨지수 A를 다음과 같이 해석할 수도 있다. 만약 A의 값이 0.12라면, 현재 총소득의 88%(0.88 = 1-0.12)만 가지고도 총소득을 구성원들에게 균등하게 분배하여 현재와 같은 사회후생수준에 도달할 수 있음을 의미한다. 그러므로 앳킨슨지수는 소득재분배가 만들어내는 사회후생의 이익을 나타낸다고 생각할 수 있다. 하지만 실제 계산에서 앳킨슨지수는 매개변수 ϵ의 값에 따라 상이한

그림 3-5   균등분배대등 소득

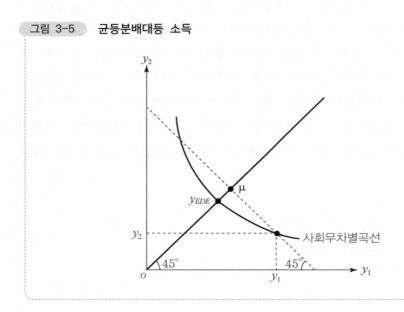

ϵ값	앳킨슨지수	
	영국	서독
0.5	0.12	0.17
1.0	0.24	0.29
1.5	0.34	0.38
2.0	0.43	0.45
3.0	0.55	0.54

결과를 보여준다. 이는 앳킨슨지수의 장점인 동시에 약점이기도 하다. 그러므로 현실에서는 여러 다른 ϵ 값을 가정하고 앳킨슨지수를 계산하여 그 결과를 분석해야 한다.

<표 3-2>는 서로 다른 ϵ 값을 사용하여 영국과 독일의 소득분포를 바탕으로 구한 앳킨슨지수를 보여주고 있다. 우선 이 표에서 동일한 소득분포에 대해 ϵ 값이 증가함에 따라 앳킨슨지수도 증가한다는 것을 확인할 수 있다. 흥미로운 점은 ϵ 값에 따라 영국과 서독의 분배상태를 비교한 결과가 정반대로 나타날 수 있다는 것이다. 즉 ϵ 값이 2.0이 될 때까지는 서독의 소득분배가 영국보다 더 불평등하였는데 값이 3.0일 때는 반대로 서독의 소득분배가 영국보다 더 공평하게 나타났다. 이처럼 앳킨슨지수는 ϵ 값에 따라 분배상태에 대한 평가가 다르게 나타날 수 있다는 문제점을 갖는다.

3.3 효율성과 공평성

3.3.1 효율성과 공평성의 상충관계

소득의 공평한 재분배는 효율성을 저해하는 경향이 있으므로 효율성과 공평성 사이에는 상충관계(trade-off)가 존재한다고 할 수 있다. 이러한 상충관계를 나타낸 것이 <그림 3-6>이다. 이 그림에서 수평축은 불평등의 정도를 나타내

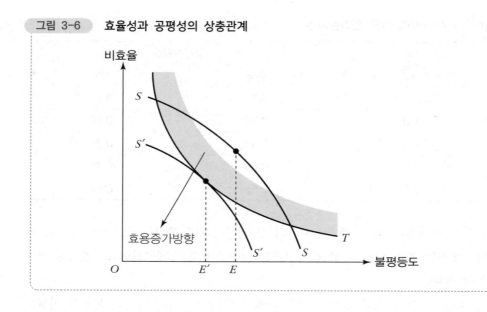

그림 3-6 효율성과 공평성의 상충관계

고 수직축은 재분배정책으로 인한 사회의 순손실로 측정되는 비효율의 정도를 나타낸다. 이 그림에서 곡선 T는 사회적으로 달성가능한 불평등도와 비효율성 간의 선택집합을 나타낸다. 정부는 재분배정책을 통해 불평등도를 어느 정도 낮출 수 있으나 그것은 오직 효율성의 감소를 통해서만 가능하다는 것이다. 그리고 S는 사회적으로 악재(bads)인 불평등도와 비효율성 사이의 사회적 무차별곡선을 나타낸다. 이 경우 둘 다 악재이기 때문에 무차별곡선이 원점에 가까울수록 높은 사회후생을 나타낸다. 여기서 S가 원점에 대해 오목하게 그려진 것은 불평등도가 낮아질수록 사회는 불평등도의 감소보다는 비효율성의 감소에 상대적으로 더 큰 비중을 두기 때문이다. 그림의 예에서는, 만약 사회가 초기에 OE 만큼의 불평등도를 유지하였다면, 곡선 T를 따라 불평등도와 비효율성이 모두 감소하도록, 사회의 불평등도를 OE'까지 줄이는 것이 가능함을 보여주고 있다.

3.3.2 최선의 정책

사회적으로 가장 바람직한 자원배분은 효율성뿐만 아니라 공평성도 만족해야 한다. 이러한 자원배분점을 찾는 한 가지 방법은 모든 가능한 파레토효율적

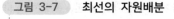
그림 3-7 최선의 자원배분

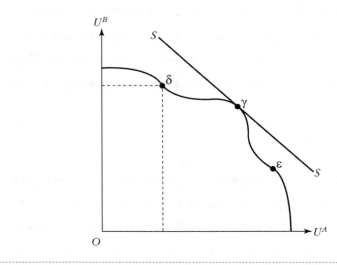

인 자원배분점 중에서 그 사회가 가지는 공평성의 기준을 만족하는 배분점을 선택하는 것이다.

두 소비자 A와 B가 있는 간단한 경제를 상상해보자. 두 소비자 사이의 교환효율성 조건을 만족하는 자원배분점은 <그림 2-1>에서처럼 에지워스 상자의 계약곡선으로 나타난다. 이제 계약곡선의 점들을 두 소비자의 효용공간 (U^A, U^B)로 옮기면 <그림 3-7>과 같이 δ, γ, ϵ을 지나는 효용가능곡선(utility possibility curve)을 그릴 수 있다. 즉 효용가능곡선의 모든 점은 파레토효율적인 자원배분점이다. 이 그림의 수평축과 수직축은 각각 A와 B의 효용수준을 나타낸다. 그리고 사회구성원의 공평에 대한 선호가 공리주의적인 사회후생함수로 표현된다고 가정하면, <그림 3-7>에서처럼 사회무차별곡선이 직선 S로 나타날 것이다. 그러면 최선의 정책(first-best policy)을 통해 달성할 수 있는 가장 바람직한 자원배분점은 효용가능곡선과 사회무차별곡선이 접하는 γ가 된다. 만약 정부가 개입하지 않은 상태에서 시장의 자원배분 결과로 나타나는 것이 δ라고 하면, 정부는 소비자 A와 B 사이의 소득재분배를 통해 사회의 공평에 대한 선호를 따라 γ로 이동하는 정책을 선택할 수 있다.

그런데 소득재분배 정책을 집행하는 과정에서 자원배분 왜곡현상이 일어날 수 있다. 즉 정부의 정책에 의해 효용가능곡선 자체가 변화한다면, δ에서 γ로 이동하는 것이 불가능할 수도 있다. 흔히 소득재분배에 있어 왜곡현상이 없는 정책수단으로 정액세 또는 정액보조금을 통한 정액이전(lump-sum transfer)이 알려져 있지만, 현실에서는 거의 사용되지 않는다. 그러므로 효용가능곡선 자체가 변화할 수 있는 경우를 대비해 차선의 정책(second-best policy)을 고려해야 한다.

3.3.3 차선의 정책

차선의 정책이란, 정부의 재분배정책이 경제적 왜곡을 유발하는 경우, 효율성과 공평성이 적절히 조화를 이루도록 하면서 왜곡을 최소화하는 정책을 의미한다. 정부가 재분배정책을 시행하면 노동공급이나 설비투자가 감소하여 경제의 총생산도 감소할 수 있다. 이러한 경제적 왜곡으로 인해, <그림 3-8>에서 보듯이, 효용가능곡선이 U에서 U'으로 이동할 수 있다. 그림에서 두 효용가능곡선이 만나는 점 N은 정부개입이 없는 자원배분점을 의미한다. 공리주의적 사회무차별곡선을 가정하면, 새로운 효용가능곡선 U'에서 사회후생을 극대화하는 배분점은 γ'이 된다. 정부의 재분배정책으로 인해 효용가능곡선이 변화하기 때

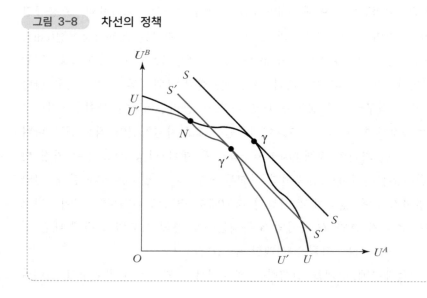

그림 3-8 차선의 정책

문에 최선의 배분점 γ로 이동할 수는 없고, 대신 차선의 배분점 γ'으로 이동하는 것이다. 이 그림의 예에서 사회무차별곡선 S'은 S에 비해 낮은 수준의 사회후생을 보이고 있다. 차선의 정책을 통해 달성한 자원배분점 γ'에서 정부개입이 없는 N에서보다는 높은 사회후생을 달성할 수 있지만 최선의 정책으로 달성가능한 γ에서보다는 낮은 사회후생을 감수해야 한다.

재분배를 위한 정책수단으로 누진소득세 제도를 예로 들 수 있다. 차선의 정책으로서 누진소득세 제도는 노동공급 왜곡을 최소화하면서 소득재분배 목표를 달성하도록 설계되어야 한다. 달리 말해 효율성과 공평성의 조화를 이루면서 사회후생을 극대화하도록 제도를 고안해야 한다.

참고문헌

나성린·현진권, 『조세와 사회부조의 소득분배효과: Tax-Benefit 모형을 중심으로』, 한
국조세연구원, 1993.

Atkinson, A. B., "On the Measurement of Inequality," *Journal of Economic Theory*
2 (1970), 244-263.

―――, *The Economics of Inequality*, Oxford: Oxford University Press, 1975.

Bentham, J., *An Introduction to the Principles of Morals and Legislation*, Oxford:
Clarendon Press, 1907.

Dalton, H., "The Measurement of the Inequality of Incomes," *Economic Journal* 30
(1920), 348-361.

Edgeworth, F. Y., "The Pure Theory of Taxation," *Economic Journal* 7 (1897),
46-70, 226-238 and 550-571.

Kakwani, N., *Income Inequality and Poverty*, Oxford: Oxford University Press,
1980.

Nozick, R., *Anarchy, State and Utopia*, Oxford: Basil Blackwell, 1974.

Rawls, J., *A Theory of Justice*, Oxford: Clarendon Press, 1972.

Sen, A., *On Economic Inequality*, Oxford: Oxford University Press, 1973.

Theil, H., *Economics and Information Theory*, Amsterdam: North-Holland, 1967.

정부지출이론

공/ 공/ 경/ 제/ 학
PUBLIC ECONOMICS

공공재이론

CHAPTER

04
공공재이론

정부부문에서 주로 공급하는 재화를 흔히 공공재(public goods)라고 부른다. 이는 미시경제이론에서 자주 다루는 사용재(private goods)와 대비되는 개념이다. 하지만 우리가 흔히 공공재라고 부르는 재화들이 엄밀한 의미에서 모두 공공재에 해당하는 것은 아니다. 이 장에서는 공공재의 주요 특성을 파악하고, 공공재를 효율적으로 공급하기 위한 조건을 살펴보도록 한다. 공공재이론과 관련하여 외부성(externality)에 대한 분석도 필요하나, 이에 대해서는 환경문제와 더불어 다음 장에서 다루도록 하겠다.

4.1 공공재의 특성

공공재는 사용재와는 다른 특성을 갖고 있으며, 이 특성으로 인해 시장실패를 야기하기도 한다. 엄밀히 말해 공공재는 비경합성과 배재불가능성을 충족하는 재화를 의미한다. 이제 각각의 특성에 대해 살펴본다.

4.1.1 비경합성

공공재의 특성 중 하나로서 비경합성(non-rivalry)이란, 주어진 재화를 여러 소비자들이 동시에 소비할 수 있음을 의미한다. 사용재의 경우에는 한 소비자가 재화를 소비하면 다른 소비자는 그 재화를 소비할 수 없다. 이러한 사용재의 특성을 경합성(rivalry)이라 한다. 하지만 국방이나 안보와 같은 공공재는 모든 국민이 동시에 혜택을 받을 수 있다는 점에서 비경합성을 가지고 있다. 한편 공공재의 혜택을 실제로 모든 국민이 누릴 수 없는 경우도 존재한다. 특정 지역에 위치한 가로등이나 공원과 같은 공공재의 경우에는 사용자의 범위가 특정 지역의 주민들로 제한되기도 한다. 이처럼 소비자들이 동시에 사용할 수 있으나 사용하는 소비자의 범위가 제한적인 공공재를 두고, 모든 국민이 그 혜택을 받을 수 있는 순수공공재(pure public goods)와 구분하여 지역공공재(local public goods)라고 부르기도 한다.

4.1.2 배제불가능성

공공재의 또 다른 특성으로서 배제불가능성(non-excludability)이란, 재화의 대가를 지불하지 않은 소비자라고 하더라도 재화의 소비로부터 배제할 수 없음을 의미한다. 사용재의 경우에는 재화를 소비하기 위해 대가를 지불해야 하며, 지불하지 않은 소비자는 소비를 하지 못하도록 할 수 있다. 이러한 특성을 배제가능성(excludability)이라 한다. 하지만 국방과 같은 공공서비스의 경우, 어떤 국민이 대가(세금 또는 국방의 의무를 수행하는 것)를 지불하지 않았다고 하여 그 서비스를 받지 못하도록 만들기 어렵다.

물론 이와 같은 특성을 모든 공공재가 동일하게 만족하는 것은 아니다. 국방과 같은 순수공공재는 배제불가능성을 비교적 설득력 있게 만족하지만, 우리가 흔히 공공재의 예로 생각하는 도로, 공원, 교육 등은 대가를 지불하지 않은 소비자를 배제하도록 유료화할 수 있다. 그러므로 현실에서 일부 공공재는 불완전하기는 하지만 배제가능성을 지니고 있다고 볼 수 있다.

순수공공재와 구분하여, 배제가능성이 있으면서 비경합성을 만족하거나 경합성이 있으면서 배제불가능성을 만족하는 재화를 준공공재(quasi-public goods)라고 부른다.

4.1.3 분류의 불완전성

소비에 있어서 경합적이며 배제가능하면 사용재로 보고, 비경합적이고 배제불가능하면 순수공공재로 본다고 하였다. 하지만 이와 같은 분류가 완전한 것은 아니다. 우리가 흔히 사용하는 재화 중에는 어느 정도 경합적이면서, 또 어느 정도는 배제가능한 재화가 다수 존재한다. 이러한 재화는 사용재와 순수공공재의 중간에 위치하므로 순수공공재나 사용재에 관한 이론을 그대로 적용하기 어렵다. 하지만 이러한 이론을 비현실적이라고 배척하기보다는, 가정의 한계를 인식하면서 이론이 함축하고 있는 바를 이해하여 현실문제에 보다 폭넓게 응용할 수 있도록 하는 자세가 필요하다. 이러한 자세는 비단 공공재이론에서뿐만 아니라 현실을 단순화하여 분석하는 대부분의 경제이론을 배우는 데 있어 중요한 것이다.

4.2 순수공공재의 효율적 공급

이 절에서는 어느 정도의 수준에서 순수공공재를 공급해야 효율적이라고 볼 수 있는지 살펴보겠다. 기본적으로 공공재의 경우에도 수요와 공급을 고려하여 적정 생산수준을 결정하지만, 미시경제학에서 배운 사용재의 경우와는 차이가 있다.

4.2.1 공공재에 대한 시장수요곡선 도출

공공재에 대한 개별 소비자들의 수요곡선은 사용재의 경우와 동일한 방법으로 도출할 수 있다. 즉 미시경제학에서 공부한 것처럼 소비자들이 효용을 극대화하는 문제로부터 출발하여 재화의 가격을 변화시켜 가격소비곡선(price consumption curve)을 도출한 후, 이로부터 개별수요곡선을 얻을 수 있다. 따라서 대부분의 공공재에 있어서도 재화 가격이 상승하면 수요량이 줄고, 가격이 하락하면 수요량이 느는 관계가 성립한다.

그러나 시장수요곡선을 도출하는 과정에서는 사용재와 공공재 사이에 큰 차

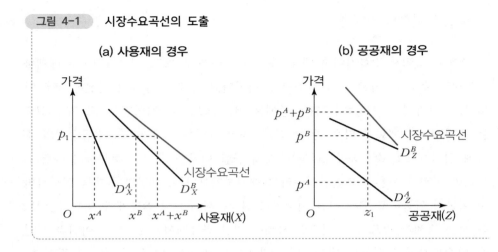

그림 4-1 시장수요곡선의 도출

(a) 사용재의 경우

(b) 공공재의 경우

이가 있다. 사용재의 경우에는 동일한 가격에 직면한 소비자들이 그 가격에 맞추어 수요량을 조정하지만, 공공재의 경우에는 모든 소비자들이 동일한 양을 소비하나 각 소비자가 지불하고자 하는 금액에서는 차이가 난다는 점이다. 따라서 사용재의 경우에는 <그림 4-1(a)>에서 보듯이 소비자들의 개별수요곡선 D_X^A 와 D_X^B에 대해 수평으로 합하여 시장수요곡선을 얻는다. 이는 주어진 가격에서 각 소비자가 구매하고자 하는 양을 합함으로써 전체 소비자들이 시장에서 구매하고자 하는 양을 얻을 수 있기 때문이다. 예를 들어, p_1의 가격에서 소비자 A 는 x^A만큼, 소비자 B는 x^B만큼 구매하고자 하므로, 시장 전체에서의 수요량은 $x^A + x^B$가 된다.

하지만 순수공공재의 경우에는 생산된 공공재를 모든 소비자들이 함께 소비하므로, 주어진 생산량에서 각 소비자들이 지불하고자 하는 금액을 모두 더해 전체 소비자들이 그 생산량에 대해 지불하고자 하는 금액을 구한다. <그림 4-1(b)>에서 보듯이 공공재의 시장수요곡선은 개별수요곡선 D_Z^A와 D_Z^B를 수직으로 더해 구한다. 예를 들어, z_1의 생산량에 대해 소비자 A는 가격 p^A를 지불하려 하고 소비자 B는 p^B를 지불하려 하므로, 시장 전체로는 $p^A + p^B$를 지불하고자 한다는 것이다.

4.2.2 부분균형적 접근법에 의한 공공재의 효율적 공급

먼저 부분균형적 접근법으로 공공재를 효율적으로 공급하기 위한 조건을 살펴본다. 부분균형적 접근법에서는 다른 사용재나 공공재에 대한 시장조건이 일정하다는 가정 아래에서 어느 특정한 공공재에 대한 효율적인 공급수준을 찾는다. 해당 공공재에 대한 시장수요곡선과 시장공급곡선이 주어지면, <그림 4-2>에서 보듯이 수요곡선과 공급곡선이 교차하는 점에서 공공재의 효율적인 생산량 z^*을 결정한다.

여기서 시장수요곡선은 개별수요곡선을 수직으로 더한 것으로, 모든 소비자들의 한계편익(marginal benefit: MB)을 합계한 것이 된다. 시장공급곡선은 한계비용(marginal cost: MC)을 나타낸다. 수요곡선과 공급곡선이 만나는 E점에서 두 소비자가 누리는 한계편익의 합계와 한계비용이 일치하는데, 이를 다음과 같이 쓸 수 있다.

$$MB^A + MB^B = MC$$

그림 4-2 **부분균형적 접근법에 의한 공공재의 효율적 공급수준**

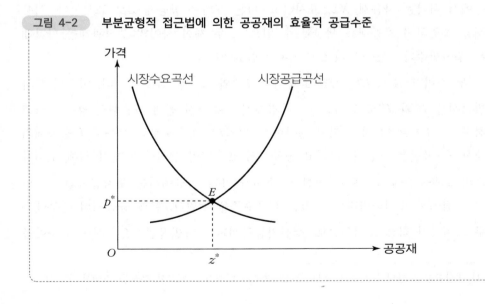

소비자가 n명이고, 각 소비자를 $i = 1, ..., n$로 표시하는 경우, 위의 조건을 다음과 같이 일반화할 수 있다.

$$\sum_{i=1}^{n} MB^i = MC$$

즉 모든 소비자들이 누리는 한계편익의 합이 한계비용과 같을 때 공공재의 효율적인 공급이 이루어진다. 이처럼 부분균형분석에서는 한계편익과 한계비용을 사용하여 효율적인 공급 조건을 설명하지만, 다음의 일반균형분석에서는 한계대체율과 한계변환율을 사용하여 보다 엄밀한 분석을 할 수 있다.

4.2.3 일반균형적 접근법에 의한 공공재의 효율적 공급

사무엘슨(Samuelson, 1954, 1955)은 일반균형적 접근법에 의해 공공재의 파레토효율적(Pareto efficient)인 공급 조건을 제시하였다. 이 조건을 그의 이름을 따라 사무엘슨조건이라 부른다. 이제 사무엘슨조건에 대해 살펴보자.

분석의 편의를 위해 두 재화와 두 소비자가 있는 경제를 가정한다. 두 재화 중에서 하나는 사용재 X로 표시하고, 다른 재화는 공공재 Z로 표시한다. 사용재를 투입하여 공공재를 생산할 수 있으며, 두 재화 사이의 생산관계를 나타내는 생산함수가 $F(x, z) = 0$으로 주어졌다고 하자.[1]

두 소비자 A와 B는 각각 효용함수 U^A와 U^B를 갖고 있는데, 이들의 무차별곡선을 I^A와 I^B로 표시한다. 이 경제에서 주어진 전체 사용재의 양이 $\bar{x}$라고 하자. <그림 4-3>처럼 먼저 생산함수 $F(x, z) = 0$으로부터 사용재와 공공재의 생산가능곡선을 구한다. 그리고 공공재의 효율적인 생산량을 찾기 위해 소비자 A의 효용수준을 $\bar{I}^A$로 고정한다. 소비자 A의 입장에서는 무차별곡선 $\bar{I}^A$의 어느 점에서 소비하더라도 동일한 효용수준을 누린다. 한편 공공재의 경우에는 두 소비자가 함께 소비하므로, 생산가능곡선과 무차별곡선 $\bar{I}^A$ 사이의 차이를

---

1) 생산함수의 형태를 $z = f(x)$로 두는 경우에 대해서도 동일한 분석을 진행할 수 있다.

그림 4-3 **일반균형적 접근법에 의한 공공재의 효율적 공급조건**

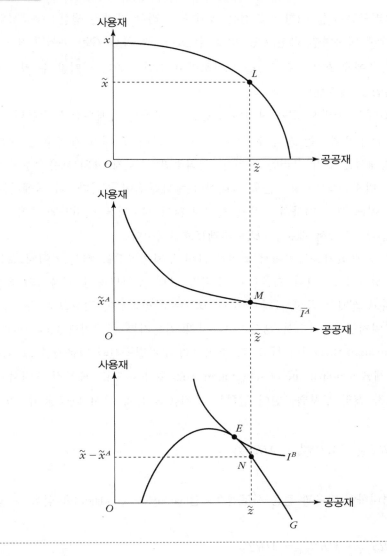

수직으로 측정하여, 소비자 B가 소비할 수 있는 사용재의 양을 구할 수 있다. 예를 들어, L점에서 사용재 $\tilde{x}$와 공공재 $\tilde{z}$를 생산하면, 소비자 A에게 효용수준 $\overline{I}^A$를 보장하기 위해서는 사용재 $\tilde{x}^A$와 공공재 $\tilde{z}$를 배분해야 한다. 이러한 배분점이 M이다. 전체 사용재 $\tilde{x}$ 중에서 A에게 배분하고 남은 $\tilde{x} - \tilde{x}^A$만큼이 B가

소비할 수 있는 사용재의 양이다. 물론 B가 소비하는 공공재의 양은 A와 같은 $\tilde{z}$이다. 그러므로 B를 위한 배분점은 N이다. 이러한 과정은 생산가능곡선의 모든 점에 대해 반복하면 곡선 G를 얻을 수 있다. 즉 곡선 G는 주어진 생산기술로 소비자 A에게 효용수준 $\overline{I}^A$를 보장하면서 소비자 B가 선택할 수 있는 배분점들의 집합을 나타낸다.

곡선 G에서 소비자 B는 자신의 효용을 극대화하는 배분점을 고른다. 그런 배분점을 찾기 위해서는 B의 무차별곡선 I^B를 그려, I^B와 G가 접하는 점을 찾는다. 그림에서는 E가 그러한 점이다. 정리하면, 소비자 A의 효용수준이 주어졌을 때 소비자 B의 효용수준을 극대화하는 배분점이 E이다. 이 점에서는 두 소비자 중 어느 한 소비자의 효용을 줄이지 않고서는 다른 소비자의 효용수준을 늘릴 수 없다. 따라서 배분점 E는 파레토효율적이다.

곡선 G는 생산가능곡선에서 소비자 A의 무차별곡선을 빼서 얻어지므로, 그 기울기는 생산가능곡선의 기울기와 소비자 A의 무차별곡선 기울기의 차이와 같다. 그리고 E에서 곡선 G와 소비자 B의 무차별곡선이 접하므로, 두 곡선의 기울기가 일치한다. 여기서 생산가능곡선의 기울기를 한계변환율(marginal rate of transformation: MRT)이라 하고, 각 소비자의 무차별곡선의 기울기를 그 소비자의 한계대체율(marginal rate of substitution: MRS)이라 하므로, 배분점 E에서 곡선 G와 소비자 B의 무차별곡선이 접하는 조건을 다음과 같이 나타낼 수 있다.

$$MRT_{ZX} - MRS_{ZX}^A = MRS_{ZX}^B$$

이를 정리하여 다음과 같은 사무엘슨조건(Samuelson condition)을 얻을 수 있다.

$$MRS_{ZX}^A + MRS_{ZX}^B = MRT_{ZX}$$

이를 소비자가 n명인 경우로 일반화하면 다음과 같다.

$$\sum_{i=1}^{n} MRS_{ZX}^i = MRT_{ZX}$$

사용재의 경우에는 생산된 재화를 어느 한 소비자가 소비하므로 효율적인 공급을 위해서는 그 소비자의 한계대체율과 한계변환율이 일치해야 한다. 즉 모든 소비자 $i = 1, ..., n$에 대해 $MRS^i = MRT$가 성립해야 한다. 그러나 공공재의 경우에는 생산된 공공재를 모든 소비자들이 함께 소비하므로 모든 소비자들의 한계대체율 합계가 한계변환율과 일치하도록 해야 공공재를 효율적으로 공급할 수 있는 것이다.

한편 배분점 E가 파레토효율성을 만족하는 유일한 점은 아니다. 다른 효율적인 배분점을 찾기 위해서는 소비자 A의 효용수준을 바꿔가며 앞의 과정을 반복하면 된다. 이 장의 부록에서는 사무엘슨조건의 도출 과정을 다시 한 번 수학적으로 설명한다.

4.3 린달의 자발적 교환모형

린달(E. Lindahl)은 공공재의 경우에도 사용재의 경우처럼 시장의 분권화된 의사결정에 의해 효율적인 자원배분을 달성할 수 있다고 주장하였다. 사용재의 경우에 사용되는 왈라스균형(Walrasian equilibrium) 또는 일반경쟁균형(general competitive equilibrium)에서는 시장의 수요와 공급 조건으로부터 결정되는 가격을 바탕으로 각 개인은 자신의 효용을 극대화하여 효율적인 자원배분을 달성한다. 따라서 각 개인이 직면하는 재화의 가격은 동일하지만 소비량은 소비자마다 다를 수 있다. 반면 공공재의 경우에는 모든 소비자들이 소비하는 공공재의 양은 같지만, 소비자마다 각각 다른 가격을 지불하도록 만들어 자원이 효율적으로 배분될 수 있도록 한다. 이렇게 구성되는 공공재 시장의 균형을 두고, 사용재 시장의 왈라스균형과 구분하여 린달균형이라고 부른다. 물론 린달균형의 현실성에 대해서는 의문을 가질 수 있다. 현실에서 소비자들이 동일한 공공재에 대해 서로 다른 가격을 지불하고 있는 상황을 떠올리기 어렵기 때문이다. 하지만 린달균형에 대한 분석을 통해 사용재의 경우에 성립하는 왈라스균형에 대한 분석을 공공재의 경우로 확장하고 그 의미에 대해 생각해보는 것은 공공재에 관한 논의의 출발점이 될 수 있을 것이다. 이제 린달균형에 대해 알아본다.

분석의 편의를 위해 두 재화와 두 소비자가 있는 경제를 상정하자. 두 재화 중 하나는 사용재로 X라고 표시하며 다른 재화는 공공재로 Z라고 표시한다. 그리고 두 소비자는 A와 B로 표시하고, 각각의 효용함수는 U^A와 U^B로 나타낸다. 두 소비자에게 초기부존자원으로 각각 사용재 w^A와 w^B가 주어진다.

사용재를 투입하여 공공재를 생산하는데, 두 재화 사이의 생산관계를 단순화하여, 사용재 1단위를 투입하여 공공재 1단위를 생산할 수 있다고 가정하자. 그러면 균형에서 두 재화의 가격이 같아야 한다. 만약 공공재의 가격이 사용재의 가격보다 높으면 모든 생산자들이 공공재만 공급할 것이고, 사용재의 가격보다 낮으면 사용재만 공급할 것이기 때문이다. 사용재의 가격 p_X를 1로 정규화(normalization)한다. 그러면 균형에서 두 소비자가 지불하는 공공재 가격의 합계도 1이 되어야 한다.

앞에서 린달균형의 개념적 특징은 각 소비자에게 공공재의 가격 또는 비용분담률을 달리 매기는 것이라 설명하였다. 소비자 A가 지불하는 공공재의 가격을 p_Z^A라 하고, 소비자 B가 지불하는 공공재의 가격을 p_Z^B라 하자. 균형에서 모든 소비자들이 지불하는 공공재 가격의 합계가 사용재의 가격과 같아야 하므로, 다음 조건이 성립한다.

$$p_Z^A + p_Z^B = p_X$$

이제 공공재에 대한 소비자 A와 B의 수요곡선 D_Z^A와 D_Z^B을 <그림 4-4>에서처럼 그린다. 여기서 수평축은 공공재의 가격을 나타내고, 수직축은 공공재의 수요량을 나타낸다. 소비자 A가 지불하는 공공재의 가격은 왼쪽(O^A)에서 오른쪽(O^B)으로 갈수록 높아진다. 반면 소비자 B의 공공재 가격은 오른쪽(O^B)에서 왼쪽(O^A)으로 갈수록 높아진다. 소비자 A의 가격이 $\tilde{p}_Z^A$이고, 소비자 B의 가격이 $\tilde{p}_Z^B = 1 - \tilde{p}_Z^A$인 경우를 생각해보자. 이 경우 <그림 4-4>에서 보듯이 소비자 A는 $\tilde{z}^A$만큼의 공공재를 수요하고, 소비자 B는 $\tilde{z}^B$만큼의 공공

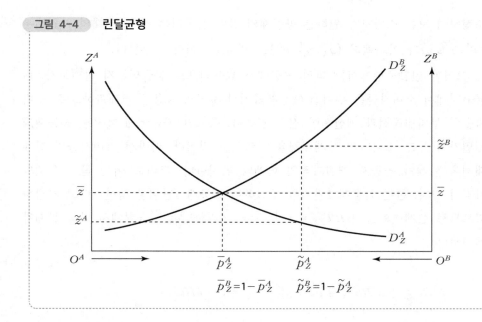

그림 4-4 린달균형

재를 수요한다. 두 소비자가 원하는 공공재의 양이 다르므로 균형이 성립될 수 없다. 균형에 다다르기 위해 가격을 조정해야 하는데, 이 경우 소비자 A의 가격은 내리고, 소비자 B의 가격은 올려야 한다. 가격 조정을 통해 소비자 A의 가격이 $\bar{p}_Z^A$이고, 소비자 B의 가격이 $\bar{p}_Z^B = 1 - \bar{p}_Z^A$이 되면, 두 소비자가 수요하는 공공재의 양이 $\bar{z}$로 같아진다. 이때 두 소비자가 지불하는 공공재의 가격 $\bar{p}_Z^A$와 $\bar{p}_Z^B$를 린달가격이라 부른다.

린달균형은 소비자의 효용극대화 문제를 풀어 찾을 수 있다. 소비자 i의 효용극대화 문제는 다음과 같다.

$$\max \ U^i(x^i, z)$$
$$\text{subject to} \ \ p_X x^i + p_Z^i z = p_X w^i$$

여기서 p_Z^i는 소비자 i가 공공재에 대해 지불하는 가격이다. 모든 소비자는 동일한 양의 공공재 z만큼을 소비한다. 사용재 가격과 개별적인 공공재 가격을 조정하여 모든 소비자가 원하는 공공재의 양이 같아지는 경우, 이때의 자원배분 (x^A, x^B, z)과 가격벡터 (p_X, p_Z^A, p_Z^B)를 린달균형이라고 부른다.

그러면 린달균형에서는 과연 공공재가 효율적으로 공급되는지 살펴보자. 린달균형에서 소비자들은 주어진 예산제약에서 자신의 효용을 극대화하므로, 소비자들의 무차별곡선과 예산선이 접할 것이다. 즉 소비자들에게 매겨진 공공재의 개별가격이 그 소비자의 한계대체율과 일치할 것이다. 따라서 소비자들의 한계대체율 합계가 공공재 개별가격의 합계와 일치한다. 그리고 이는 곧 사용재의 가격과 같다. 한편 사용재 1단위를 투입하여 공공재 1단위를 생산한다고 가정하였으므로 한계변환율 $MRT_{ZX} = 1$이 된다. 정리하면 린달균형에서 다음 관계가 성립한다.

$$MRS_{ZX}^A + MRS_{ZX}^B = p_Z^A + p_Z^B = p_X = 1 = MRT_{ZX}$$

그러므로 린달균형은 한계대체율의 합이 한계변환율과 일치해야 한다는 사무엘슨조건을 만족한다. 즉 린달균형에서 공공재의 효율적인 공급이 이루어진다.

지금까지 살펴본 린달균형은 소비자들의 자발적인 합의에 의해 공공재의 공급수준과 각각의 비용 분담비율을 적정하게 조정한 결과라고 볼 수 있다. 이러한 관점에서 이 모형을 린달의 자발적 교환모형(voluntary exchange model)이라 부르기도 한다.

4.4 무임승차자의 이론

린달균형을 통해 자원배분의 효율성을 달성할 수 있다는 점을 살펴보았다. 하지만 린달의 모형에서는 모든 소비자들이 자신의 선호를 정직하게 표출한다는 것을 전제로 삼고 있다. 그러나 공공재의 경우 자신이 표출한 선호에 의해 공공재의 생산량과 자신이 분담해야 하는 생산비용이 결정되므로, 소비자들이 이를 예상한다면 자신의 선호를 정직하게 표출하지 않을 가능성이 크다. 즉 소비자들이 자신의 선호를 전략적으로 왜곡하여 표출함으로써 자신에게 더 유리한 공공재 공급 조건을 이끌어내려 할 수 있는 것이다. 이와 같은 수요표출의 문제는 린달균형이 지니고 있는 한계로 인식되어 왔다. 이제 해결방안에 대해 알아보겠다.

4.4.1 무임승차자 문제

지금까지는 소비자들이 자신의 선호를 정직하게 표출한다는 것을 전제로 분석을 진행하였다. 그러나 자신이 표출한 선호에 따라 공공재의 생산량과 비용분담률이 결정된다는 것을 예상하는 소비자들은 자신의 선호를 정직하게 표출하지 않을 것이다. 예를 들어, 린달의 방식대로 자원배분과 비용분담률이 결정된다는 것을 인지한 소비자는 공공재를 선호하고 있다 하더라도 공공재에 대해 전혀 무관심한 것처럼 자신의 선호를 왜곡하여 표출할 수 있다. 자신의 선호를 정직하게 표출하여 공공재에 대한 지불의사가 높다는 것이 알려지면 공공재 생산 비용을 상당 부분 분담해야 하지만, 자신의 선호를 왜곡하여 표출함으로써 공공재에 대해 전혀 무관심한 것처럼 보인다면 비용 분담률을 0에 가깝도록 만들 수 있을 것이다. 그러면 자신의 소득을 전부 사용재를 구입하는 데 쓰고, 다른 소비자들이 비용을 분담하여 생산한 공공재도 함께 이용하여, 정직하게 선호를 표출할 때보다 더 높은 수준의 효용을 누릴 수 있다.

이처럼 공공재에 대한 자신의 선호를 왜곡하여 표출함으로써 더 많은 혜택을 누리고자 하는 행위를 무임승차자 문제(free rider problem)라고 한다. 근본적으로 무임승차자 문제는 배제불가능성이라는 공공재의 특성에 기인한다. 즉 공공재 공급비용을 분담하지 않은 소비자들을 공공재의 소비로부터 배제하는 것이 어렵기 때문이다.

소비자의 숫자가 많으면 어느 한 소비자가 부담하는 공공재의 생산량은 시장 전체의 생산량에 비해 작은 비중을 차지하므로, 한 소비자가 왜곡된 선호를 보고하더라도 시장전체의 생산량에는 큰 영향을 미치지 않을 것이다. 따라서 소비자의 숫자가 많아질수록 어느 한 소비자가 왜곡된 보고를 함으로써 줄어드는 공공재의 생산량은 상대적으로 적어지므로, 왜곡된 보고를 하는 소비자는 더 많은 이득을 볼 수 있을 것이다.

물론 이러한 전략적 행위가 사용재의 경우에도 일어날 수 있다. 소비자들이 자신의 진정한 수요량을 줄여 보고함으로써 시장가격에 영향을 미치고자 할 수 있다. 그러나 사용재의 경우에는 소비자의 숫자가 많아지면서 각 소비자가 시장에 미치는 영향력이 줄어들고 선호를 전략적으로 왜곡하여 시장가격에 영향을 주기는 점점 어려워진다. 따라서 소비자의 숫자가 많아지면 선호를 왜곡하여 이익을 얻을 가능성이 거의 사라진다.

4.4.2 수요표출메커니즘

공공재를 공급할 때는 소비자들이 선호를 정직하게 표출하도록 유도할 수 있어야 효율적인 공급량을 선택할 수 있다. 린달의 방식으로는 이러한 유인을 제공하는 데 한계가 있으므로, 개인이 정직하게 선호를 보고하도록 유인하는 제도로서 수요표출메커니즘(demand revelation mechanism)에 대해 알아볼 필요가 있다.

소비자들에게 진정한 수요를 표출하도록 만드는 수요표출메커니즘에 대한 일반적인 논의는 상당히 복잡하다. 여기서는 몇 가지 단순화 가정을 바탕으로 논의를 진행한다.

두 재화 X와 Z가 있으며, X는 사용재이고, Z는 공공재이다. 소비자가 n명이 있고, 각 소비자를 $i = 1, ..., n$로 나타낸다. 소비자 i는 초기부존자원으로 사용재 w^i만큼을 갖고 있으며, 다음과 같은 효용함수를 지니고 있다.

$$U^i(x^i, z) = V^i(z) + x^i$$

이러한 효용함수를 준선형(quasilinear) 효용함수라 부르는데, 특징은 공공재로부터 얻는 효용 $V^i(z)$와 사용재로부터 얻는 효용 x^i이 분리가능하고, 효용이 사용재의 단위로 측정된다는 점이다.

그리고 사용재 1단위로 공공재 1단위를 생산한다고 가정한다. 그러면 사용재와 공공재의 가격이 같아야 하는데, 이 분석에서는 상대가격만이 중요하므로,

두 재화의 가격을 모두 1로 정규화할 수 있다.

이제 소비자들이 정부에게 자신의 선호를 표출하면, 정부는 이를 토대로 적절한 양의 공공재와 개별 소비자의 비용분담액(또는 세금)을 결정한다. 만약 소비자들이 각각 V^i의 선호를 표출하면, 정부는 사회후생을 극대화하기 위해 다음 문제를 풀어 공공재 공급량을 결정한다.

$$\max \sum_{i=1}^{n} V^i(z) - z$$

사회후생극대화 문제를 풀어서 찾은 효율적인 공공재 공급량을 $\hat{z}$으로 표시한다. 공공재 공급량 $\hat{z}$을 결정한 다음에는 소비자들에게 공급비용을 어떻게 나누어 내도록 할 것인지 분석해야 한다. 비용분담방식에 대해서는 여러 연구가 있으나 여기서는 클라크(Clarke, 1971)와 그로브즈(Groves, 1973)가 제시한 수요표출메커니즘을 중심으로 설명하도록 한다.[2] 클라크와 그로브즈는 소비자 i가 공공재 $\hat{z}$에 대해 부담할 세금 T^i가 다음과 같이 결정되어야 한다고 주장하였다.

$$T^i = \hat{z} - \sum_{j \neq i} V^j(\hat{z})$$

이 비용분담방식에서 주목할 점은 소비자 i가 부담할 세금 T^i를 결정할 때, 다른 소비자 $j \neq i$들이 표출한 선호가 직접적으로 영향을 미치며, i가 표출한 선호는 $\hat{z}$를 결정하는 과정에 간접적으로 영향을 미칠 뿐이라는 점이다. 여기서 T^i는 음수가 될 수도 있는데 이 경우는 세금을 내는 대신 보조금을 받는 것으로 생각할 수 있다.

이러한 수요표출메커니즘을 활용하면, 개별 소비자가 직면하는 효용극대화

---

2) 여기서 다루는 수요표출메커니즘을 일반적으로 비크리(Vickrey)-클라크(Clarke)-그로브즈(Groves) 메커니즘으로 부르기도 한다. 비크리(Vickrey, 1961)는 경매모형에서, 그로브즈(Groves, 1971)와 클라크(Clarke, 1973)은 공공재 생산모형에서 정직한 선호표출이 우월전략이 되는 메커니즘을 제시하였다.

문제가 정부가 직면하는 사회후생극대화 문제와 같아진다. 그러므로 개별 소비자는 정부에게 거짓 선호를 표출할 유인이 없어진다. 뿐만 아니라, 개별 소비자의 입장에서 다른 소비자들이 어떻게 선호를 표출하든지(정직하게 선호를 보고하든지 거짓으로 보고하든지) 관계없이 항상 정직하게 선호를 표출하는 것이 가장 큰 이익을 주는 선택이 된다. 즉 모든 소비자들에게 정직하게 선호를 표출하는 것이 우월전략(dominant strategy)이 된다. 이에 대해 조금 더 자세히 살펴보자. 정부의 사회후생극대화 문제를 다음과 같이 쓸 수 있다.

$$\max \ \sum_{i=1}^{n} V^i(z) - z = V^i(z) - \left[z - \sum_{j \neq i} V^j(z) \right] \quad \cdots\cdots\cdots\cdots\cdots (4.1)$$

이 문제를 풀어 구한 효율적인 공공재 공급량을 $\hat{z}$으로 표시한다. 개별 소비자 입장에서는 자신이 표출한 선호에 따라 정부가 결정하는 공공재 공급량 $\hat{z}$이 변할 수 있다. 그러므로 자신의 진정한 선호를 극대화하도록 공공재 공급수준이 결정될 수 있게 선호를 표출하고자 할 것이다. 즉 소비자 i는 다음 극대화 문제를 고려하여 선호를 표출한다.

$$\max \ \ V^i(\hat{z}) + x^i$$
$$\text{subject to} \ \ x^i + T^i = w^i$$
$$T^i = \hat{z} - \sum_{j \neq i} V^j(\hat{z})$$

두 제약식을 효용함수에 대입하여 다음과 같이 다시 쓴다.

$$\max \ \ V^i(\hat{z}) + w^i - \left[\hat{z} - \sum_{j \neq i} V^j(\hat{z}) \right] \quad \cdots\cdots\cdots\cdots\cdots\cdots\cdots (4.2)$$

여기서 상수항인 w^i는 극대화 문제를 푸는데 영향을 주지 않으므로, (4.1)과 (4.2)가 동일한 문제임을 알 수 있다. 그리고 공공재 공급량 $\hat{z}$은 사회후생극대화 문제의 해이므로, 임의의 공급량 z와 비교하여 다음 관계가 성립한다.

$$V^i(\hat{z}) - \left[\hat{z} - \sum_{j \neq i} V^j(\hat{z})\right] \geq V^i(z) - \left[z - \sum_{j \neq i} V^j(z)\right]$$

그러므로 만약 소비자 i가 자신의 선호를 왜곡하여 보고함으로써 공공재 공급량 결정에 영향을 준다면, 결과적으로 소비자 i는 자신의 참된 선호로 측정한 효용수준을 줄이게 될 것이다. 반대로 소비자 i가 자신의 진실한 선호를 표출하면 정부의 극대화 문제와 소비자 i의 극대화 문제가 동일해지고, 결과적으로 소비자 i는 자신의 참된 선호를 극대화할 수 있다. 따라서 이러한 수요표출메커니즘에서는 소비자들이 진실한 선호를 표출하여 정부에게 생산수준을 결정하도록 하는 것이 자신에게도 가장 이득이 되는 선택이다. 달리 말하면, 정부가 소비자들에게 수요표출메커니즘을 사용하여 공공재 공급량을 결정한다고 하면, 모든 소비자들에게 자신의 진실한 선호를 표출하는 것이 우월전략이 되고, 무임승차자 문제는 일어나지 않는다.

하지만 수요표출메커니즘에도 한 가지 문제가 있다. 정부의 균형예산 조건을 만족하지 못한다는 것이다. 다음 예를 통해 이 문제를 살펴보자. 소비자들의 선호에 따라 공공재를 $\hat{z} = 100$만큼 생산하는데, 이에 대한 소비자들의 효용은 다음과 같다.

$$V^1(\hat{z}) = 50$$
$$V^2(\hat{z}) = 30$$
$$V^3(\hat{z}) = 40$$

위의 수요표출메커니즘하에서 각 소비자가 내는 세금은 다음과 같다.

$$T^1 = 100 - (30 + 40) = 30$$
$$T^2 = 100 - (40 + 50) = 10$$
$$T^3 = 100 - (50 + 30) = 20$$

이로써 전체 세금액은 60이 되는데, 공공재를 100만큼 생산하였으므로 비용도 100이 된다. 그러므로 정부가 걷는 세금보다 공공재를 공급하는 비용 지출이 더 크므로, 정부는 적자를 본다. 즉 이 메커니즘을 사용하면 소비자들의 수요표출문제는 해결할 수 있으나, 그 대신 정부의 재정 적자라는 또 다른 문제에 직면할 수 있다는 점을 유의해야 한다.

지금까지 논의한 내용을 바탕으로, 공공재의 공급수준을 결정하고 그 비용을 분담함에 있어 만족해야 하는 조건들을 정리하면 다음과 같다.

① **전략무용성**(strategy-proofness): 거짓 선호를 표출하는 것은 전략적으로 쓸모가 없다. 즉 소비자들이 진실한 선호를 표출하는 것이 우월전략이 된다.
② **효율성**(efficiency): 정부가 선택한 공공재의 공급수준이 사회후생을 극대화한다.
③ **예산균형**(budget balance): 공공재의 공급비용이 소비자들이 낸 세금과 같아서 정부가 균형예산을 유지할 수 있다.

이 문제에 대해 홈스트롬(Holmstrom, 1979)은 전략무용성과 효율성을 만족시키기 위해서는 반드시 그로브즈 메커니즘을 이용해야 함을 보였다. 하지만 이 두 가지 조건과 함께 예산균형까지 만족시키는 것이 불가능하다는 사실을 그린-라퐁(Green and Laffont, 1979) 그리고 허비쯔(Hurwicz, 1975)가 발견하였다. 그러므로 공공재의 비용분담방식을 결정할 때에는 위의 조건들을 일부를 완화할 수밖에 없다.

이에 따라 그로브즈-레쟈드(Groves and Ledyard, 1977)는 소비자들이 진실한 선호를 표출하는 것이 우월전략이 되도록 요구하는 대신 내쉬전략(Nash strategy)이 되도록 요구하였다. 여기서 내쉬전략이란 다른 소비자들이 진실한 선호를 표출하는 한 자신도 진실한 선호를 표출하는 것이 가장 이득이 되는 경우를 의미한다. 우월전략 대신 내쉬전략을 수용할 경우 그로브즈-레쟈드 메커니즘을 사용하면 효율성과 예산균형을 함께 달성할 수 있다.

4.5 클럽이론

지금까지는 모든 사람들이 동시에 사용할 수 있는 순수공공재에 대해 살펴보았다. 이제부터는 여러 소비자들이 동시에 사용할 수는 있지만, 너무 많은 소비자들이 동시에 사용하고자 할 경우 혼잡(congestion)이 빚어지는 재화를 효율적으로 공급하는 문제에 대해 분석한다.

이러한 재화에 대한 경제학적 분석은 부캐넌(J. Buchanan)의 클럽이론(theory of club)으로부터 시작되었다. 부캐넌은 경합성이 있기는 하나 불완전하여 소비자의 숫자가 증가하면서 혼잡이 발생하는 재화에 관심을 두고, 이를 클럽재(club goods)라고 불렀다. 이러한 재화에는 헬스클럽이나 나이트클럽 등의 각종 클럽뿐만 아니라, 공원이나 도로 등과 같이 여러 소비자들이 동시에 사용할 수 있으나, 너무 많은 소비자들이 동시에 사용하면 혼잡이 발생하여 서비스를 제대로 받을 수 없는 재화들이 포함된다.

이러한 재화에 대한 분석에서는 사용자수가 주어지면 사무엘슨조건을 응용하여 사용자들의 한계대체율을 모두 더한 후 그 값이 한계변환율과 같아지도록 하여 클럽재의 적정규모를 계산할 수 있다. 그러므로 사용자수가 변화하면 클럽재의 적정규모도 함께 변화한다. <그림 4-5>에서 곡선 K는 사용자수에 따른 클럽의 적정규모를 나타내고 있다. 반면 클럽의 규모가 주어졌을 때 뒤에서 설명하는 일련의 과정을 거쳐 적정한 사용자수를 계산할 수 있는데, 이를 나타낸 것이 <그림 4-5>의 곡선 L이다. 그러면 두 곡선이 교차하는 점에서 클럽의 최적규모와 최적 사용자수를 구할 수 있다.

이제 클럽의 규모가 주어졌을 때 적정한 사용자수 H를 계산하는 문제에 대해 생각해보자. 주어진 규모의 클럽을 건설하는데 비용 C가 들고, 이 비용을 모든 사용자에게 균등하게 C/H씩 부담하도록 한다고 가정하자. 분담한 비용 C/H를 클럽에 대한 입회비라고 볼 수 있다. 클럽을 사용하기 위해서는 입회비

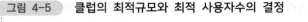

그림 4-5 클럽의 최적규모와 최적 사용자수의 결정

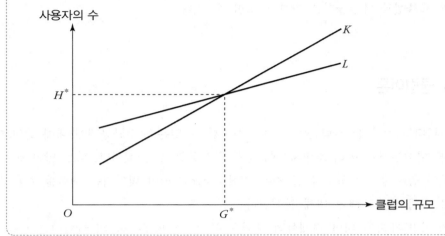

를 지불해야만 하고, 일단 입회비를 내고 들어간 사용자는 모두 동일하게 클럽을 사용한다.

만약 사용자수가 매우 작다면 숫자가 증가함에 따라 사용자들이 얻는 효용도 함께 증가할 것이다. 사용자들이 너무 적을 경우 시설을 같이 사용하고 대화를 나눌 수 있는 사용자들이 조금 더 있는 편이 낫기 때문이다. 그러나 어느 수준을 지나면 혼잡이 일어나므로 사용자수의 증가가 효용의 감소를 가져온다. <그림 4-6>에서 개인의 편익곡선 IB는 이러한 상황을 반영하고 있다. 한편 개인의 비용곡선 IC는 입회비 C/H와 같아서 사용자수가 증가할수록 계속 감소한다. 그림에서 두 곡선 IB와 IC의 수직거리가 가장 커지는 H_0로 적정 사용자수를 찾을 수 있다. 그러면 모든 가능한 클럽 규모에 대해 적정 사용자수를 계산하여 <그림 4-5>의 곡선 L을 그릴 수 있다. 최종적으로 <그림 4-5>에서 곡선 K와 L이 교차하는 점에서 최적규모 G^*과 최적 사용자수 H^*를 결정한다.

이와 같은 클럽이론을 상당히 광범위하게 응용할 수 있다. 어떤 지역에 학교를 설립하면서 시설의 적정규모와 적정 학생수를 산출해야 할 때나, 체육시설을 설립하면서 그 적정규모와 적정 사용자수를 계산해야 할 때도 클럽이론을 응용할 수 있다. 부캐넌은 모든 소비자들이 동일하다고 가정하고 적정 소비자의 숫자를 결정하는 데 초점을 두어 문제를 분석하였으나 현실에서는 소비자들이 동

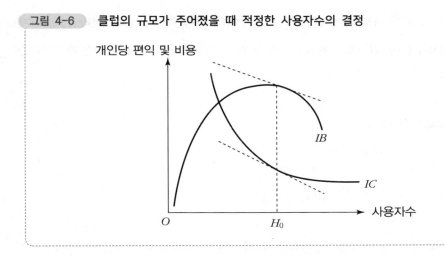

그림 4-6 | 클럽의 규모가 주어졌을 때 적정한 사용자수의 결정

개인당 편익 및 비용

IB

IC

사용자수

O H_0

일하지 않을 수 있다. 이에 대해 오크랜드(Oakland, 1972)는 재화에 대한 이용형태가 소비자마다 다른 경우에 있어서도 클럽이론을 일반화하여 적용할 수 있음을 보였다.

부록 ┃ 사무엘슨조건의 수학적 도출

여기서는 순수공공재를 효율적으로 공급하기 위해 만족해야 하는 사무엘슨조건을 수학적으로 도출한다. 본문과 마찬가지로 경제에 두 소비자 A와 B가 있다. 이들의 효용함수를 U^A와 U^B로 표시한다. 경제에 두 재화가 있는데, 한 재화는 사용재로 X라고 표시하며, 다른 한 재화는 공공재로 Z라고 표시한다. 사용재를 투입하여 공공재를 생산하는데, 두 재화 사이의 생산관계가 생산함수 $F(x, z) = 0$으로 주어진다.[3]

파레토효율적인 자원배분을 찾기 위해 주어진 생산함수에서 소비자 A의 효용수준을 일정하게 유지하면서 소비자 B의 효용수준을 극대화하는 문제를 풀도

---

3) 효율적인 자원배분을 구하는 문제에서 각 소비자가 어느 정도의 초기 부존자원을 갖고 있는지는 중요하지 않다. 단지 경제에 일정한 양의 사용재가 초기 부존자원으로 주어지고, 그 구체적인 내역이 생산함수에 포함된 것으로 보면 된다.

록 한다. 소비자 A와 B가 소비하는 사용재의 양을 각각 x^A와 x^B라고, 소비자 A의 효용수준을 $\overline{U}^A$라고 하자. 소비자 B의 효용극대화 문제를 다음과 같이 쓸 수 있다.

$$\max \quad U^B(x^B, z)$$
$$\text{subject to} \quad \overline{U}^A = U^A(x^A, z)$$
$$x^A + x^B = x$$
$$F(x, z) = 0$$

제약식 $x^A + x^B = x$를 생산함수에 대입하여 문제를 다시 쓴다.

$$\max \quad U^B(x^B, z)$$
$$\text{subject to} \quad \overline{U}^A = U^A(x^A, z)$$
$$F(x^A + x^B, z) = 0$$

이러한 제약식하의 극대화 문제를 라그랑지 함수로 바꾸어 풀 수 있다. 라그랑지 승수를 λ_1과 λ_2라고 하면, 라그랑지 함수는 다음과 같다.

$$\mathcal{L} = U^B(x^B, z) - \lambda_1 \left[\overline{U}^A - U^A(x^A, z) \right] - \lambda_2 F(x^A + x^B, z)$$

여기서 내부해(interior solution)의 존재를 가정하고, 라그랑지 함수를 x^A, x^B, z에 대해 미분하여 1계 조건을 구한다.

$$\frac{\partial \mathcal{L}}{\partial x^A} = \lambda_1 \frac{\partial U^A}{\partial x^A} - \lambda_2 \frac{\partial F}{\partial x^A} = 0 \quad \cdots\cdots\cdots\cdots\cdots\cdots\cdots\cdots\cdots (4a.1)$$

$$\frac{\partial \mathcal{L}}{\partial x^B} = \frac{\partial U^B}{\partial x^B} - \lambda_2 \frac{\partial F}{\partial x^B} = 0 \quad \cdots\cdots\cdots\cdots\cdots\cdots\cdots\cdots\cdots (4a.2)$$

$$\frac{\partial \mathcal{L}}{\partial z} = \frac{\partial U^B}{\partial z} + \lambda_1 \frac{\partial U^A}{\partial z} - \lambda_2 \frac{\partial F}{\partial z} = 0 \quad \cdots\cdots\cdots\cdots\cdots\cdots\cdots\cdots\cdots\cdots \text{(4a.3)}$$

제약식 $x^A + x^B = x$에 의해 $\dfrac{\partial F}{\partial x^A} = \dfrac{\partial F}{\partial x^B} = \dfrac{\partial F}{\partial x}$이 성립하므로, (4a.1)과 (4a.2)를 다음과 같이 쓸 수 있다.

$$\lambda_1 \frac{\partial U^A}{\partial x^A} = \lambda_2 \frac{\partial F}{\partial x} \quad \cdots\cdots\cdots\cdots\cdots\cdots\cdots\cdots\cdots\cdots\cdots\cdots \text{(4a.4)}$$

$$\frac{\partial U^B}{\partial x^B} = \lambda_2 \frac{\partial F}{\partial x} \quad \cdots\cdots\cdots\cdots\cdots\cdots\cdots\cdots\cdots\cdots\cdots\cdots \text{(4a.5)}$$

그리고 (4a.3)을 다음과 같이 정리한다.

$$\lambda_1 \frac{\partial U^A}{\partial z} + \frac{\partial U^B}{\partial z} = \lambda_2 \frac{\partial F}{\partial z} \quad \cdots\cdots\cdots\cdots\cdots\cdots\cdots\cdots\cdots \text{(4a.6)}$$

이제 (4a.6)의 좌변과 우변을 각각 (4a.4)의 좌변과 우변으로 나눈다.

$$\frac{\frac{\partial U^A}{\partial z}}{\frac{\partial U^A}{\partial x^A}} + \frac{\frac{\partial U^B}{\partial z}}{\lambda_1 \frac{\partial U^A}{\partial x^A}} = \frac{\frac{\partial F}{\partial z}}{\frac{\partial F}{\partial x}}$$

(4a.4)와 (4a.5)로부터 $\lambda_1 \dfrac{\partial U^A}{\partial x^A} = \dfrac{\partial U^B}{\partial x^B}$가 성립하므로, 위의 식을 다음과 같이 정리할 수 있다.

$$\frac{\dfrac{\partial U^A}{\partial z}}{\dfrac{\partial U^A}{\partial x^A}} + \frac{\dfrac{\partial U^B}{\partial z}}{\dfrac{\partial U^B}{\partial x^B}} = \frac{\dfrac{\partial F}{\partial z}}{\dfrac{\partial F}{\partial x}}$$

이 관계식에서 좌변의 첫째, 항은 정의상 MRS_{ZX}^A 이고, 둘째, 항은 MRS_{ZX}^B 이며, 우변은 MRT_{ZX} 이다. 그러므로 이 관계식을 정리하여 다음과 같은 사무엘슨조건을 도출할 수 있다.

$$MRS_{ZX}^A + MRS_{ZX}^B = MRT_{ZX}$$

참고문헌

이준구, 『미시경제학』, 법문사, 1993.

Buchanan, J. M., "An Economic Theory of Clubs," *Economica* 32 (1965), 1-14.

Clarke, E. H., "Multiple Pricing of Public Goods," *Public Choice* 11 (1971), 17-33.

Feldman, A. M. and Serrano, R., *Welfare Economics and Social Choice Theory*, 2nd edition, Kluwer Academic Publishers, 2006.

Green, J., and Laffont, J.-J., *Incentives in Public Decision Making Amsterdam*, North-Holland, 1979.

Groves, T., "Incentives in Teams," *Econometrica* 41 (1973), 617-631.

————, and J. Ledyard, "Optimal Allocation of Public Goods: A Solution to the 'Free Rider' Problem," *Econometrica* 45 (1977), 783-809.

Holmström, B. "Groves' Scheme on Restricted Domains," *Econometrica* 47 (1979), 1137-1144.

Hurwicz, L., "On the Existence of Allocation Systems Whose Manipulative Nash Equilibria are Pareto-Optimal," *Unpublished Paper*, 1975.

Lindahl, E., "Just Taxation-A Positive Solution," ("Positive L sung, Die Gerechtigkeit der Besteuerung," Lund, 1919), Translated and Reprinted in R. A. Musgrave and A. J. Peacock, eds., *Classics in the Theory of Public Finance*, New York: Macmillan and Co., 1958.

Oakland, W. H., "Congestion, Public Goods and Welfare," *Journal of Public Economics* 1 (1972), 339-357.

Samuelson, P. A., "The Pure Theory of Public Expenditure," *Review of Economics and Statistics* 36 (1954), 387-389.

————, "Diagrammatic Exposition of a Theory Public Expenditure," *Review of Economics and Statistics* 37 (1955), 350-356.

Vickrey, W., "Counterspeculation and Competitive Sealed Tenders," *Journal of Finance* 16 (1961) 8-37.

외부성과
환경정책

05

외부성과 환경정책

이 장에서는 시장실패가 일어나는 원인 중 하나인 외부성에 대해 살펴보고 이를 해결하기 위한 방안에 대해서도 논의한다. 이러한 방안으로는 재산권 확립을 통한 당사자 사이의 자발적인 교섭 및 정부개입 등을 들 수 있다. 그리고 외부성의 대표적인 예이며 최근 많은 관심을 불러일으키고 있는 환경문제와 관련된 정책을 살펴보고, 마지막으로 우리나라의 환경세 현황에 대해서도 간략히 설명하도록 하겠다.

5.1 외부성과 시장실패

외부성(externality)이란 "어떤 경제주체의 소비 또는 생산행위가 시장을 통하지 않고 무상으로 다른 경제주체에게 혜택을 주거나 손해를 입히는 효과"로 정의된다. 그 예로는 흡연이 다른 사람에게 주는 피해나 강 상류에 있는 공장의 폐수가 강 하류의 주민에게 미치는 영향 등을 들 수 있다.

이러한 외부성은 부정적 외부성(negative externality)과 긍정적 외부성(positive externality)으로 나눌 수 있다.[1] 부정적 외부성은 영향을 받는 상대방에게 해를 입히는 외부성으로, 환경오염이 대표적인 예이다. 긍정적 외부성은 상대방에게 혜택을 주는 외부성으로, 고속도로나 개인에 의해 잘 가꾸어진 아름다운 공원

---

1) 부정적 외부성을 외부불경제(external diseconomy), 긍정적 외부성을 외부경제(external economy)라고 부르기도 한다.

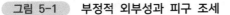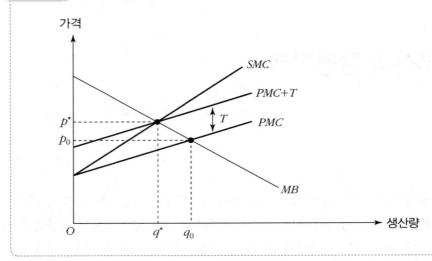

그림 5-1   부정적 외부성과 피구 조세

등이 이에 해당한다. 그런데 제2장에서 언급하였듯이, 외부성이 존재할 때에는 시장실패가 발생하여 자원이 비효율적으로 배분된다. 이는 외부성을 일으키는 경제주체가 소비나 생산에 대한 경제적 결정을 내릴 때 다른 경제주체들에게 미치는 영향은 고려하지 않고 자신의 이익만을 추구하기 때문이다. 예를 들면, 상류에서 폐수를 방출하는 공장은 폐수로 인해 강 하류의 주민들이 입는 피해에 대해서는 적절히 고려하지 않은 채, 자신들의 직접적인 생산비용을 바탕으로 생산량을 결정한다.

이러한 기업이 이윤극대화를 추구할 경우, 생산의 한계편익(marginal benefit: MB)이 사적 한계비용(private marginal cost: PMC)과 같아지는 수준에서 생산량을 결정할 것이며, <그림 5-1>에서 q_0가 이를 나타내고 있다. 그러나 이 기업의 사적 한계비용은 하류 지역 주민들이 입은 손해에 해당하는 외부비용(external cost)을 반영하지 않는다. 이 경우 사회적 한계비용(social marginal cost: SMC)은 이 기업의 사적 한계비용에 외부비용을 합한 것이 되며, <그림 5-1>에서는 SMC 곡선으로 나타난다. 따라서 사회적 최적생산량은 한계편익이 사회적 한계비용과 같아지는 수준인 q^*가 된다. 이 그림에서 보듯이 부정적 외부성이 존재할 때는 사회적 적정수준보다 더 많은 생산이 이루어져 사회적 적정수준 이상의 오염이 발생하는 반면 가격은 사회적 적정수준보다 낮게 책정된다.

따라서 기업이 오염에 따른 외부비용을 고려하지 않는 한 오염은 사회적 적정수준으로 줄어들지 않을 것이다. 외부비용을 감안하도록 하는 한 가지 방안으로는 종량세를 부과하여 생산의 사적 한계비용과 사회적 한계비용을 일치하도록 만드는 것이다. <그림 5-1>에서 보듯이 T만큼 종량세를 부과하면 기업의 생산량은 사회적 적정수준까지 감소할 것이다. 이와 같이 외부비용을 가격체계에 내부화(internalization)하기 위해 부과하는 조세를 피구 조세(Pigouvian tax)라고 부르며, 환경세가 이에 해당한다. 반면 긍정적인 외부성이 있을 경우에는 사적 한계비용이 사회적 한계비용보다 높게 나타나므로 보조금을 통해 사적 한계비용을 낮추어 사회적으로 적절한 수준까지 생산을 늘리도록 해야 한다. 이를 피구 보조금(Pigouvian subsidy)이라 하며, 그 예로 환경보호나 연구개발에 대한 보조금을 들 수 있다.

그러나 외부성을 해결하기 위해 정부의 간섭이 반드시 필요한 것은 아니다. 다음에서는 정부의 간섭없이 외부성을 해결할 수 있는 방안에 대해 살펴본다.

5.2 재산권과 코오즈정리

코오즈(Coase, 1960)는 재산권(property right)을 적절하게 정의하여 사람들에게 배분하면 정부가 개입하지 않더라도 오염유발자와 피해자 사이의 자발적인 협상을 통해 외부성을 해결할 수 있다고 주장하였다. 이 절에서는 재산권의 정의를 살펴본 후 코오즈정리(Coase theorem)를 소개하기로 하겠다.

5.2.1 재산권의 정의

재산권이란 어떤 자원의 사용에 대한 그 소유주의 배타적인 권리를 의미한다. 사용재(private goods)의 경우에는 일반적으로 그 구입자가 재산권을 갖는다. 반면 공기, 물, 공공목초지, 공용주파수와 같은 공공재산의 경우에는 모든 사람들이 사용할 수 있어 재산권이 배타적으로 설정되어 있지는 않다. 재산권을 잘 정의하기 위해서는 다음 조건을 만족해야 한다.

① **보편성**(universality): 모든 자원은 사적으로 소유되고, 그 소유권이 명확히 정립될 수 있어야 한다.
② **배타성**(exclusiveness): 자원으로부터 발생하는 모든 편익과 비용은 그 소유자에게 귀속되어야 한다.
③ **이전성**(transferability): 재산권은 자발적 합의에 의해 한 소유주로부터 다른 소유주로 이전될 수 있어야 한다.
④ **강제성**(enforceability): 다른 사람에 의한 비자발적인 침해로부터 재산권은 안전하게 보호되어야 한다.

5.2.2 재산권과 공유지의 비극

시장경제에서 재산권이 중요하고 유용한 이유는 무엇인가? 이는 재산권이 잘 정의된 자원을 소유한 사람은 그 자원의 가치하락이 자신의 손실로 직결되므로, 이를 방지하기 위해 그 자원을 효율적으로 사용하고 관리하려고 노력하기 때문이다.

이제 재산권이 잘 정의되지 않은 경우 자원이 비효율적으로 배분될 수 있음을 보여 주도록 하겠다. 모든 사람이 자유롭게 접근할 수 있는 공공재산인 목초지가 있다고 하자. 모든 목축업자들은 이 목초지에서 가축을 사육함으로써 이득을 얻을 수 있다. 그러나 누구도 이 목초지에 대한 재산권을 가지고 있지 않기 때문에, 이 목초지는 사회적으로 적정한 수준 이상으로 남용될 수 있다.

<그림 5-2>에서 수평축은 목초지의 사용량을 나타내고 수직축은 목초지 사용에 드는 비용과 목초지 사용에 따른 편익을 나타낸다. 비용에는 가축을 사육하는데 드는 인건비 등이 포함되며, 편의상 평균비용(average cost: AC)이 일정하다고 가정한다. 그러면 한계비용(marginal cost: MC)도 평균비용과 동일하게 나타난다. 그리고 목초지를 더 많이 사용하면 더 많은 가축을 키울 수 있어서 편익도 커지지만, 추가적으로 목초지를 더 사용할 때 가축을 늘일 수 있는 정도는

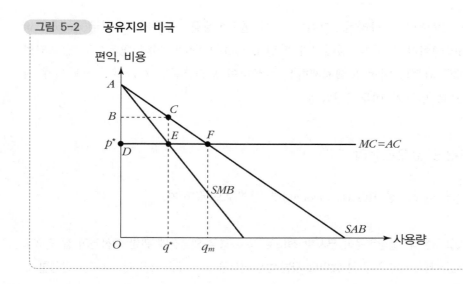

그림 5-2 공유지의 비극

줄어든다고 가정한다. 즉 목초지 사용에 따른 사회적 한계편익(social marginal benefit: SMB)곡선은 <그림 5-2>에서 보듯이 우하향하는 형태로 나타난다. 따라서 사회적 평균편익(social average benefit: SAB)곡선은 사회적 한계편익곡선보다 위에 놓인다.

이 목초지의 사회적 최적사용량은 사회적 한계편익과 사회적 한계비용이 일치하는 q^* 수준이며, 이때의 순편익은 $BDEC$가 된다. 그러나 개별목축업자의 입장에서 보면 q^*는 최적이 아니다. 목축업자가 q^* 수준에서 목초지를 한 단위 더 사용하면 q^*에서의 사회적 평균편익에 해당하는 OB만큼 편익을 더 누릴 수 있지만, 개인적으로 보면 비용은 OD만큼 소요되기 때문이다. 그러므로 목축업자들은 사회적 최적수준인 q^*를 넘어 계속 목초지를 사용할 것이다. 목축업자의 입장에서는 목초지 사용에 따른 편익이 고정되어 있다고 인식하므로 사회적인 평균편익곡선과 한계비용곡선이 만나는 q_m 수준까지 목초지 사용을 늘릴 것이다.

만약 목초지에 재산권이 확립되어 있다면 재산권을 갖고 있는 경제주체는 목축업자가 목초지를 한 단위 사용할 때마다 BD만큼 사용료를 받아 목초지 사용량이 사회적 최적사용량인 q^*가 되도록 만들 수 있다. 그리고 목초지 소유자는 $BDEC$만큼의 경제적 지대를 확보할 것이다. 그러나 재산권이 확립되어 있지 않다면 목축업자들은 서로 $BDEC$를 넘어 더 많은 편익을 누리려 할 것이고, 그 결과 $BDEC$는 사라질 것이다. 이러한 현상을 공유지의 비극(tragedy of commons)이라고 하며, 생태학자 하딘(Hardin, 1968)에 의해 처음으로 발표되었고 이후 최초의 여성 노벨경제학상 수상자인 오스트롬(E. Ostrom) 등에 의해 집중적으로 연구가 이루어졌다.

5.2.3 코오즈정리

이제 코오즈정리(Coase theorem)를 살펴보도록 하자.

코오즈정리: 협상비용이 무시할 정도로 작은 경우 외부성에 관한 재산권이 잘 정의되어 있다면, 정부의 간섭 없이도 자발적인 협상을 통해 효율적인 자원배분을 달성할 수 있다.

환경오염의 경우 이 정리가 의미하는 바는 다음과 같다. 깨끗한 환경에 대한 재산권만 잘 정의되면, 정부의 간섭없이도 개인들 사이의 협상을 통해 적정오염수준을 달성할 수 있으며, 적정오염수준의 달성여부는 재산권이 누구에게 있는지에 영향을 받지 않는다는 것이다. 만약 깨끗한 환경에 대한 재산권이 오염유발자에게 있으면 피해자가 오염유발자에게 오염배출을 사회적으로 적정한 수준까지 낮추어 달라고 돈을 지불할 것이고, 재산권이 피해자에게 있으면 오염유발자가 피해자에게 사회적으로 적정한 수준까지 오염배출을 허용해 달라고 돈을 지불할 것이다. 따라서 재산권이 누구에게 있든 잘 정의되어 있기만 하면, 당사자들 간의 금전적인 보상을 통해 사회적으로 적정한 오염수준이 항상 달성될 수 있다.

강 상류에 위치한 공장에서 폐수를 방출하여 하류 지역의 주민들이 오염의 피해를 받는 경우에 대해 코오즈정리를 적용해보자. <그림 5-3>에서 수평축은 오염배출량을, 수직축은 오염배출행위의 편익과 비용을 나타낸다. 공장에서 제품생산이 늘면 오염배출도 증가한다. 오염배출의 한계편익곡선은 곧 오염배출상품에 대한 수요곡선이 된다. 따라서 오염배출의 한계편익곡선은 <그림 5-3>에서 보듯이 우하향하는 곡선 MB로 나타난다. 반면 오염배출이 증가하면 주민들

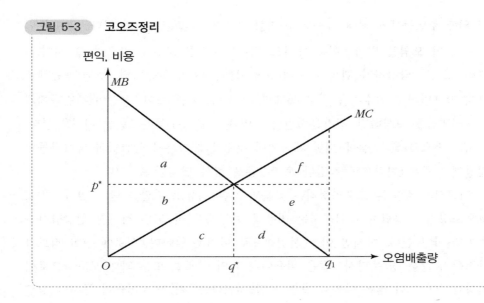

그림 5-3 코오즈정리

은 점점 더 큰 피해를 입을 것이다. 즉 오염배출의 한계비용곡선은 <그림 5-3>에서처럼 우상향하는 곡선 MC로 나타난다. 이 경우 사회적 적정수준의 오염배출은 두 곡선이 교차하는 q^*가 된다.

이제 맑은 물에 대한 재산권이 누구에게 있든지 공장과 주민 사이의 협상을 통해 오염배출이 사회적으로 적정한 수준으로 통제될 수 있음을 살펴보겠다.

먼저 공장이 맑은 물에 대한 재산권, 즉 물을 오염시킬 권리를 가지고 있다고 가정하자. 그러면 공장은 총편익을 극대화하기 위해 q_1까지 오염을 배출하여 생산할 것이다. 이 경우 주민들은 공장이 오염수준을 q_1에서 q^*까지 줄이는 대가로 최대 $(d+e+f)$만큼 지불할 용의가 있다. 반면 공장은 q^*로 오염수준을 줄이는데 적어도 d만큼 보상을 원할 것이다. 그러므로 두 당사자는 협상을 통해 $(e+f)$만큼을 서로 나누어 갖고, 누구도 손해를 보지 않으면서 오염수준을 q^*까지 줄일 수 있다. 예를 들어, 주민들이 공장에 오염배출을 q^*로 줄이는 대가로 보상금 $(d+e)$를 주기로 한다면, 주민들은 f만큼 이익을 보고, 공장은 e만큼 이익을 본다.

다음으로 주민들이 맑은 물에 대한 권리를 갖고 있다고 가정하자. 그러면 주민들은 오염배출을 원하지 않을 것이다. 이 경우 공장은 q^*만큼 오염을 배출하기 위해 주민들에게 최대 $(a+b+c)$만큼 대가를 지불할 용의가 있다. 반면 주민들은 q^*의 오염을 받아들이는 대가로 적어도 c만큼 보상을 받으려 할 것이다. 그러므로 두 당사자가 협상을 통해 $(a+b)$를 나누어 갖는다면, 누구도 손해를 보지 않으면서 오염수준을 q^*로 통제할 수 있다. 예를 들어, 공장이 주민들에게 $(b+c)$만큼을 보상하면, 공장은 a만큼 이익을 보고 주민들은 b만큼 이익을 본다.

결론적으로 맑은 물에 대한 재산권이 누구에게 있든지 상관없이 당사자들의 협상에 의해 사회적으로 적정한 오염수준을 항상 달성할 수 있다.

지금까지 살펴본 코오즈정리는 다음과 같은 이유로 비판을 받고 있다. 첫째, 코오즈정리가 성립하기 위해서는 비용과 편익에 관한 모든 정보를 협상당사자들이 알아야 한다. 하지만 이는 현실적으로 어려운 일이며, 서로에 관한 정보가 완전하지 않을 경우 당사자들은 비용이나 편익을 과소 또는 과대 보고함으로써 협상과정에서 더 많은 이익을 보려고 할 것이다. 둘째, 협상비용이 무시할 정도로 적어야 코오즈정리가 성립한다. 그러나 실제 협상과정에서는 많은 시간과 돈이 필요하므로 이 비용이 적지 않은 경우가 많다. 더욱이 협상당사자들의 수가 많은 경우에는 이 비용이 상당히 클 수 있다.

5.3 환경오염과 환경정책

환경오염에 대한 경제학적 분석에서는 인간이 경제생활을 영위하는 데 어느 정도의 환경오염이 불가피하다는 것을 전제한다. 따라서 어느 정도의 환경오염을 사회적으로 봤을 때 적정한 수준인지 살펴본다. 사회적으로 적정한 오염수준은 오염을 경감함으로써 얻는 순편익이 극대화되는 수준이다. 오염을 한 단위 더 줄이는 데 드는 추가비용을 한계통제비용이라 하며, 이는 오염방지장비의 설치 및 운영비용 등을 포함한다. 반면 오염을 한 단위 더 줄임으로써 얻는 한계편익은 오염을 줄이지 않았을 때 발생하는 오염의 한계훼손비용(marginal damage cost)과 같다. 이러한 한계훼손비용에는 추가적인 오염으로 질병발생률이나 사망률이 증가하였을 때 이로부터 발생하는 의료비용이나 소득 손실 등이 포함된다.

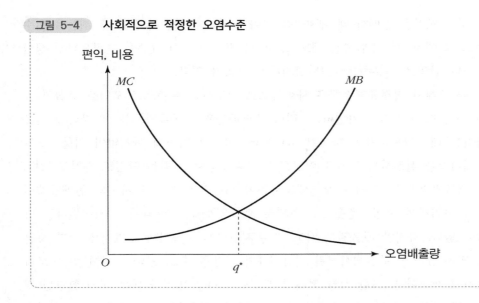

그림 5-4   사회적으로 적정한 오염수준

따라서 사회적으로 적정한 오염수준은 오염경감의 한계통제비용이 한계편익과 같아지는 수준에서 결정된다. <그림 5-4>에서 수평축은 오염의 배출량을 나타내며 수직축은 한계통제비용과 한계편익을 나타낸다. 오염이 줄어들수록 한계통제비용은 증가하고 한계편익은 감소하며, 사회적으로 적정한 오염수준은 q^*이다.

이제 적정오염수준을 달성할 수 있게 하는 정부의 환경정책에는 어떠한 것들이 있는가를 알아보자. 환경정책은 크게 직접규제정책과 경제적 유인정책으로 나누어 볼 수 있다.

직접규제정책은 각 오염원의 배출량이나 특정지역의 오염수준에 대한 법적 상한선을 정해 놓고 이를 위반하는 경우에 대해 처벌하거나 과태료를 부과하는 정책이다. 대기오염이나 수질오염에 대해 규제 기준을 설정하는 것이 이에 해당한다. 한편 경제적 유인정책은 오염배출자들로 하여금 오염배출을 줄이도록 시장의 가격체계를 통해 적정한 유인을 제공하는 정책을 의미한다. 환경세와 배출권거래(tradable permits)제도 및 예치금상환제도(deposit refund system) 등이 이에 속한다. 배출권거래제도란 정부가 오염물질에 대한 적정오염수준을 정한 후, 그 수준만큼의 배출권을 각 오염배출원에 발행하고, 각 배출원이 자유롭게 배출권을 거래할 수 있도록 하는 제도이다. 그리고 예치금상환제도란 오염을 유발할 수 있는 제품을 판매할 때 예치금을 받아 두었다가 사용이 끝난 후 제품을 회수하고 그 예치금을 반환하는 제도로, 오염유발이 가능한 제품을 불필요하게 생산하거나 임의로 처분하는 것을 방지하는 효과가 있다.

이 중에서 직접규제정책은 사회적으로 의도하는 수준으로 오염을 확실히 줄일 수 있다는 장점을 가진다. 그러나 오염배출원의 종류와 위치에 따라 오염을 줄이는 데 드는 비용이 다르기 마련인데, 이러한 차이에 관계없이 일률적으로 통제기준을 설정하므로 필요 이상으로 비용이 많이 든다는 단점도 가지고 있다.

배출권거래제도에서는 오염배출자들이 배출권의 가격과 자신의 한계통제비용을 고려하여 오염수준을 조정하므로 오염통제에 드는 비용이 적어진다는 장점이 있다. 하지만 배출권을 사고 파는 시장에서 판매자와 구매자의 수가 충분히 많지 않으면 독점에서처럼 시장실패가 발생할 수도 있다는 것이 이 제도가 가진 문제점이다. 또한 시장 전체에 배출권이 너무 많거나 너무 적게 할당된 경우에도 시장이 제대로 작동하지 않을 수 있다. 우리나라는 2015년부터 온실가스 배출권 거래제를 시행해오고 있다.

5.4 환경세

환경세의 장점은 외부성으로 인한 자원배분 왜곡을 적은 비용으로 교정할 수 있을 뿐만 아니라, 동시에 정부의 세수입을 확보할 수 있다는 것이다. 하지만 정부가 환경세를 입법화하는 과정에서 이해관계가 있는 경제주체들의 조세저항에 직면할 수 있다. 우리나라의 대표적인 환경세로는 휘발유 및 경유 소비에 대해 부과하는 교통·에너지·환경세, 자원 개발 및 발전에 대해 부과하는 지역자원시설세, 발전용 석탄에 대해 부과하는 석탄세 등이 있다.

5.4.1 환경세의 종류

환경세는 오염행위 그 자체에 직접 부과되는지 혹은 그러한 오염행위에 관련된 중간투입물이나 오염행위 외의 다른 행위에 간접적으로 부과되는지에 따라 직접환경세와 간접환경세로 나눌 수 있다. 그리고 오염행위와 직접적인 관련은 없으나 환경보호에 필요한 재원을 조달하기 위해 부과하는 목적환경세가 있다.

직접환경세는 측정된 오염배출의 양에 따라 오염원에 직접 부과되는 세금으로, 부정적 외부성을 해결하기 위해 제시된 피구 조세와 가장 유사한 조세이다. 직접환경세의 예로는 공장이나 차량 등의 오염배출원에 배출량에 따라 부과되는 배출세(emission charge)를 들 수 있다. 직접환경세는 오염원, 즉 오염행위 그 자체에 직접적으로 부과되기 때문에 오염통제에 관한 한 가장 효과적이다.

간접환경세는 환경오염을 유발하는 중간투입물, 최종상품이나 서비스에 부과되는 세금이다. 이는 오염배출을 측정하거나 감시하는 데 드는 비용이 너무 커서 직접환경세를 도입하기가 어려울 때, 그 대안으로 고려되는 것이다. 간접환경세의 예로는 석유와 석탄 등에 탄소 및 유황의 포함량에 따라 부과하는 탄소세 및 유황세를 들 수 있다. 그리고 오존층을 파괴하는 물질이 포함된 상품에 부과되는 오존세도 그 예가 된다. 우리가 흔히 말하는 '환경세'는 대체로 간접환경세를 형태를 띠고 있다.

목적환경세는 환경보호에 필요한 공공지출의 재원을 조달하기 위해 부과되는 목적세이다. 이러한 목적환경세의 예로는 미국에서 유해폐기물 처리장을 청소하기 위한 재원을 마련하기 위해 화학 및 석유 제품에 부과하는 수퍼펀드(super fund)를 들 수 있다.

직접환경세를 부과하는 경우, 과세행정을 관리하는데 상대적으로 큰 행정비용이 들겠지만, 세금부과에 따른 오염통제 효과는 직접적으로 나타난다. 반면 간접환경세의 경우에 오염통제 효과가 간접적이지만 직접환경세에 비해서는 행정비용이 적게 들 것이다.

5.4.2 우리나라의 환경세 현황

우리나라에서 환경세는 주로 간접환경세의 형태를 띠며, 화석연료 소비, 전기 생산, 지하자원 개발 등에 대해 부과된다. 휘발유 및 경유 소비에 부과되는 교통·에너지·환경세, 자원개발에 대해 부과되는 지역자원시설세, 발전용 유연탄에 대해 부과되는 석탄세 등이 대표적인 환경세의 예이다. <표 5-1>은 우리나라 주요 환경세의 세율 및 세수 현황을 보여주고 있다.

우리나라에서 주로 쓰이는 자동차 연료로는 휘발유, 경유, 액화석유가스(프로판과 부탄) 등이 있다. 자동차 운행 및 화석연료 소비로 인해, 교통혼잡, 대기오염, 온실가스 배출 등의 외부성이 발생한다. 이러한 외부성을 내부화하여 화석연료 소비가 지나치게 증가하는 것을 막기 위해 자동차용 화석연료 소비에 대해 적절한 세금을 부과할 필요가 있다. 현재 휘발유에 대해서는 리터(l)당 529원, 경유에 대해서는 리터(l)당 375원의 교통·에너지·환경세가 부과된다. 교통·에너지·환경세는 목적세로서, 이 세금으로 확보된 재원이 교통시설 확충, 에너지 개발, 환경보전 등의 정부예산 사업에 이용된다. 한편 자동차 연료로 쓰이지는 않더라도 일반적으로 화석연료 소비에 대해 개별소비세가 부과된다. 부탄에 대해서는 킬로그램(kg)당 275원, 프로판에 대해서는 킬로그램(kg)당 14원의 개별소비세가 부과된다. 이 외에 액화천연가스(LNG), 등유, 중유, 유연탄 등에 대해서도 개별소비세가 부과되고 있다. 특히 유연탄의 경우 전기 생산을 위한 화력발전에 쓰이는 발전용 유연탄에 대해 과세하는데, 산지에 따른 발열량 차이에 따라 세율이 달라진다. 발열량이 킬로그램(kg)당 5천 5백 킬로칼로리(kcal) 이상이면 49원, 5천 5백 킬로칼로리(kcal) 미만이고 5천 킬로칼로리(kcal) 이상이면 46원, 5천 킬로칼로리(kcal) 미만이면 43원의 개별소비세가 부과된다.

그리고 지역자원시설세는 지방세로서 지역의 자원을 보호하고 개발하기 위해 부과되는 세금이다. 광물과 같은 지하자원을 채굴하는 경우, 채굴된 광물 가액의 1,000분의 5만큼을 세금으로 납부해야 한다. 음용으로 지하수를 개발하는 경우 세제곱미터(m³)당 200원을, 온천용으로 지하수를 개발하는 경우에는 세제곱미터(m³)당 100원을 세금으로 납부해야 한다.

지역자원시설세에서 가장 중요한 부분은 발전소에 부과되는 세금이다. 수력

→ 표 5-1 우리나라의 환경세 현황

세목	과세대상[1]		세율	세수[2]
교통에너지 환경세	휘발유		리터당 529원	64,241
	경유		리터당 375원	90,344
개별소비세	액화석유가스	프로판	킬로그램당 14원	135
		부탄	킬로그램당 275원	5,891
	액화천연가스(LNG)		킬로그램당 42원	116
	등유		리터당 63원	1,942
	중유		리터당 17원	68
	저열량 유연탄 (킬로그램당 5천 킬로칼로리 미만)		킬로그램당 43원	–
	중열량 유연탄 (킬로그램당 5천-5천 5백 킬로칼로리)		킬로그램당 46원	–
	고열량 유연탄 (킬로그램당 5천 킬로칼로리 이상)		킬로그램당 49원	–
지역자원 시설세	광물 지하자원		광물가액의 1,000분의 5	48
	음용 지하수		세제곱미터당 200원	14
	온천용 지하수		세제곱미터당 100원	17
	수력발전 용수		세제곱미터당 0.2원	76
	화력발전 전기		킬로와트시당 0.3원	1,255
	원자력발전 전기		킬로와트시당 1원	1,315

주 1: 휘발유, 경유, 부탄, 등유, 중유 등에는 교육세 및 주행세가 추가적으로 부과됨
주 2: 귀속연도 2018년 기준(단위: 억 원), 유연탄 및 화력발전은 2014년부터 과세됨
자료: 개별 세법, 국세통계연보, 지방세통계연감

발전소에서는 발전에 사용하는 물에 대해 세제곱미터(m^3)당 0.2원으로 세금을 부담해야 한다. 화력발전소에서는 생산된 전기에 대해 킬로와트시(kWh)당 0.3원의 세금을 부담해야 한다. 원자력발전소에서는 킬로와트시(kWh)당 1원의 세금을 내야 한다. 이처럼 발전소에 부과된 세금은 전기의 유통 및 공급 과정을 거쳐 소비자에게 상당 부분 전가된다.

이러한 현상을 조세귀착이라고 부르는데, 제11장에서 자세히 살펴볼 예정이

다. 간접환경세의 경우 조세귀착을 통해서만 소비자의 행태에 영향을 미칠 수 있다. 간접환경세를 부과하여 그 상당 부분이 소비자들에게 전가되고, 이 때문에 소비자들이 환경오염을 유발하는 투입물이 있는 재화에 대한 소비를 줄여야지만, 환경세가 환경보호 효과를 낼 수 있는 것이다.

참고문헌

곽승준·전영섭, 『환경의 경제적 가치』, 학현사, 1995.

이정전, 『녹색경제학』, 한길사, 1994.

Baumol, W., and W. E. Oates, *The Theory of Environmental Policy*, 2nd ed., Cambridge: Cambridge University Press, 1988.

Coase, R. H., "The Problem of Social Cost," *Journal of Law and Economics* 3 (1960), 1-44.

Hardin, G., "The Tragedy of the Commons: The population problem has no technical solution; it requires a fundamental extension in morality," *Science* 163 (1968), 1243-1248.

Pigou, A. C., *The Economics of Welfare*, New York: Macmillan, 1932.

Portney, P. R., *Public Policies for Environmental Protection*, Washington D.C.: Resources for the Future, 1991.

공공선택이론

공공선택이론

시장실패를 수정하는 방법으로 정부에 의한 시장개입을 고려할 수도 있지만 비시장적 의사결정(non-market decision making)과정을 이용할 수도 있다. 공공선택이론(public choice theory)에서는 비시장적 의사결정과정에 대해 경제학적 시각을 도입한 분석을 시도하고 있다. 이 중에서 대표적인 이론으로 투표제도를 위주로 한 정치적 의사결정과정에 대한 분석을 들 수 있으며 이는 공공경제학 분야뿐만 아니라 정치학, 행정학에서도 관심의 대상이 되고 있다. 특히 공공선택이론을 개척한 공로로 1986년 부캐넌(J. M. Buchanan)이 노벨경제학상을 수상하면서 공공선택이론은 현대경제학의 한 영역으로 더 많은 주목을 받고 있다.

이 장에서는 먼저 공공선택이론과 상호보완적 관계에 있는 사회선택이론(social choice theory)의 근간을 이루는 애로우(K. Arrow)의 불가능성정리를 통해 적절한 조건을 만족하는 사회후생함수가 존재하지 않음을 설명하도록 하겠다.[1] 다음으로 공공선택이론으로 들어가 여러 투표제도들에 대해 논의하도록 하겠다. 이 과정에서 현실에서 널리 사용되고 있는 과반수 투표제도가 제대로 작동하기 위한 조건에 대해 설명하며, 또한 중위투표자정리(median voter theorem)를 통해 과반수 투표의 결과에 대해 분석하도록 하겠다. 끝으로 현대 민주주의사회에서 중요한 역할을 하고 있는 관료제에 대한 경제학적 분석을 시도하는 모형들을 소

---

1) 사회선택이론과 공공선택이론 사이에는 차이가 있지만 상호보완성도 있기 때문에 애로우의 이론을 이 장에서 다루었다. 사회선택이론에서는 바람직한 사회상태를 선택하는 방법으로 여러 규범적 기준들을 만족하면서 개인들의 선호를 사회적 선호로 변환하는 문제를 다룬다. 한편 공공선택이론은 개인들의 선호를 통합하기 위한 방법으로 쓰이는 투표제도와 같은 현실 제도를 분석하는데 중점을 둔다.

개함으로써 이 장을 맺도록 하겠다.

6.1 애로우의 불가능성정리

사회선택 문제에서는 여러 선택가능한 대안(alternative)들이 주어지고 개인들이 이 대안들에 대해 선호를 갖고 있는 상황을 상정한다. 사회후생함수(social welfare function)는 개인들의 선호를 종합하여 사회적 선호로 변환하는 함수로 정의된다. 이로부터 도출되는 사회적 선호는 사회 전체의 합의된 선호로 해석할 수 있으며, 사회적 선호에 따라 가장 바람직한 대안을 선택하면 후생경제학의 여러 문제들에 대해 해결책을 제시하기가 한결 수월해진다.

사회후생함수는 개인들의 다양한 선호를 적절히 반영하여 사회적인 선호를 도출해야 하는데 이 과정에서 만족해야 하는 기초적이며 바람직한 특성들을 공리(axiom)라고 한다. 다양한 공리가 제시되었고 이러한 공리들을 만족시키는 사회후생함수의 존재여부에 관하여 많은 연구가 이루어졌다. 대표적으로 애로우(K. Arrow)는 사회선택이론에서 고려해야 하는 여섯 가지 공리들을 다음과 같이 제시하였다.

① **완비성**(completeness): 모든 대안에 대해 사회적 선호를 매길 수 있어야 한다. 즉 어떤 두 대안 x와 y에 대해 x가 y보다 사회적으로 선호되거나, y가 x보다 사회적으로 선호되거나 또는 x와 y가 사회적으로 무차별해야 한다.

② **이행성**(transitivity): 임의의 세 대안 x, y, z에 대해 x가 y보다 사회적으로 선호되고 y가 z보다 사회적으로 선호되면, x가 z보다 사회적으로 선호되어야 한다.

③ **보편성**(universality): 개인들이 어떤 선호를 갖더라도 사회적 선호를 도출할 수 있어야 한다. 예를 들어 개인들의 선호를 단봉선호(single-peaked preference)로만 제한해서는 안 된다.

④ **파레토원칙**(Pareto principle): 두 대안 x와 y에 대해 모든 개인들이 x를 y보다 더 선호하면 사회적으로도 x가 y보다 더 선호되어야 한다.

⑤ **무관한 대안으로부터의 독립성**(independence of irrelevant alternatives): 개인들의 선호가 바뀌었으나 어떤 두 대안 x와 y에 대한 모든 개인들의 선호는 그대로 유지되었다면, x와 y에 대한 사회적 선호도 동일하게 유지되어야 한다.

⑥ **비독재성**(non-dictatorship): 사회적 선호가 다른 개인들의 선호와는 관계없이 어떤 특정 개인의 선호에만 의존해서는 안 된다.

이러한 공리들 중에서 완비성, 이행성, 그리고 파레토원칙은 모든 사람이 쉽게 동의할 수 있는 조건이므로 더 이상의 설명이 필요하지 않을 것이다. 보편성은 개인들이 여러 대안에 대해 다양한 선호를 가질 수 있다는 사실을 반영한 조건이다. 하지만 현실에서는 개인들이 특정한 형태의 선호를 가지기도 하는데, 일례로 단봉선호를 들 수 있다. 이 같은 경우는 다음 절에서 자세히 설명하도록 하겠다.

무관한 대안으로부터의 독립성이라는 공리는 개인들의 선호가 바뀌는 경우 사회후생함수가 어떤 식으로 반응해야 하는가에 대해 제한을 가하는 조건이다. 개인들의 선호가 바뀌더라도 특정한 대안 x와 y에 대한 평가가 변하지 않았다면 사회후생함수에 따라 결정되는 x와 y에 대한 사회적인 선호에도 변화가 없어야 한다는 것이다. 예를 들어, 세 사람의 투표자 A, B, C가 세 대안 x, y, z에 대해 사회적 선호를 매겨야 하는 경우를 생각해 보자. 세 투표자들의 선호는 다음과 같이 주어져 있다.

투표자	A	B	C
1순위	x	y	z
2순위	y	z	x
3순위	z	x	y

이때 특정한 사회후생함수가 주어지면 x와 y 사이의 사회적 선호를 결정할 수 있다. 이제 투표자 C의 선호가 다음과 같이 바뀌었다고 하자.

투표자	A	B	C
1순위	x	y	x
2순위	y	z	y
3순위	z	x	z

투표자 C의 새로운 선호에서 z의 순서는 바뀌었지만, x와 y 사이의 선호는 바뀌지 않았다. 무관한 대안으로부터의 독립성이 요구하는 바는 이러한 상황에서 x와 y에 대한 사회적 선호가 변하지 않아야 한다는 것이다. 물론 이 경우 x와 z, y와 z 사이의 사회적 선호는 바뀔 수 있다.

한편 다른 개인들의 선호와는 상관없이 어떤 특정한 개인의 선호가 사회적 선호로 결정될 때 그 개인을 독재자(dictator)라고 부르며, 이러한 사회후생함수를 독재적 사회후생함수라고 부른다. 독재적 사회후생함수는 사회구성원 모두의 의견을 반영하기보다는 어느 특정한 개인의 선호만 반영하므로 이를 합리적인 사회후생함수로 보기는 어렵다. 비독재성이 요구하는 바는 이러한 독재적 사회후생함수를 배제해야 한다는 것이다.

위의 공리들은 사회후생함수가 만족해야 하는 조건으로 바람직해 보인다. 하지만 애로우는 이러한 공리들을 동시에 모두 만족하는 사회후생함수는 존재하지 않는다는 것을 보였다.

불가능성 정리: 셋 이상의 대안이 존재할 때 (i) 완비성, 이행성, 보편성, 파레토원칙 및 무관한 대안으로부터의 독립성을 모두 만족하는 사회후생함수는 어떤 특정 개인이 독재자가 되는 독재적 사회후생함수뿐이다. (ii) 그러므로 완비성, 이행성, 보편성, 파레토원칙, 무관한 대안으로부터의 독립성, 그리고 비독재성을 모두 만족하는 사회후생함수는 존재하지 않는다.[2]

---

2) 애로우의 원래 논문에서는 이 정리를 (i)의 형태로 서술하고 일반가능성정리(general possibility

즉, 애로우의 불가능성 정리는 개인들의 선호를 적절하게 종합할 수 있는 사회후생함수가 존재하지 않음을 보여준다. 이 난관을 극복하기 위해 위의 여섯 가지 공리들을 다른 공리들로 대체할 경우 어떤 결과에 도달하는지에 대한 많은 후속 연구가 이루어졌다. 그 결과 애로우의 공리들 중 어느 하나를 배제하면 나머지 공리들을 모두 만족하는 사회후생함수가 존재한다는 사실이 알려졌다. 그러나 이러한 연구결과들은 대부분 애로우가 지적한 문제점에 대한 근본적인 해결책을 제시했다기보다는 애로우의 정리를 보완하는 결과로 평가되고 있다.

그러면 애로우의 불가능성 정리를 받아들여, 비독재적이고 민주주의적인 의사결정과정을 통해 사회가 개인들의 선호를 적절히 종합하는 것이 불가능하니, 그런 의사결정과정을 거치는 것을 포기해야만 하는 것일까? 그렇지 않다. 애로우의 불가능성정리는 민주주의 사회가 개인들의 의사를 집약할 수 있는 의사결정과정을 갖출 수 없음을 보이는 것이 아니라 모든 사회가 이러한 능력을 갖출 수 있다고 보장할 수 없다는 사실을 보이는 것이다. 만약 어떤 사회의 구성원들이 특정한 선호를 갖고 있다면 의사결정은 쉽게 이루어질 수도 있다. 예를 들어 모든 구성원들이 동일한 선호를 갖고 있다면 그러한 사회에서의 의사결정과정에서는 아무런 문제도 일어나지 않는다. 따라서 비교적 동질적인 사회에서의 의사결정과정에서는 애로우가 지적한 문제가 발생하지 않으리라는 희망을 가질 수 있을 것이다.

한편 애로우의 불가능성 정리에 의하면 개인들의 선호를 사회적 선호로 바꾸는 사회후생함수가 존재하지 않으므로, 사회후생함수의 존재를 가정하고 경제적 분석을 수행하는 것은 잘못된 방법이 아닐까하는 의문이 들 수 있다. 달리 말하면, 사회후생함수는 사회구성원들의 진정한 선호를 반영하는 것이 아니라 어떤 특정한 가치판단에 기준하고 있으므로, 경제적 분석에 사용해서는 안 된다는 것이다. 이 문제에 대해 대부분의 경제학자들은 각각의 사회후생함수는 서로 다른 가치판단에 기초하고 있으므로 특정한 사회후생함수를 사용하여 경제적 분석을 한 결과가 오류를 지닐 수도 있다는 점에 동의한다. 그러나 여러 사회후생함수들을 사용하여 경제적 분석을 한 후 그 결과들을 서로 비교해보는 과정에서 가

---

theorem)라고 불렀다. 하지만 (ii)의 형태로 서술하는 편이 문제의 본질을 보다 잘 나타낼 수 있어 후속 연구에서는 (ii)의 형태로 서술하고 불가능성정리라고 부르는 것이 보편적이다.

치 있는 시사점을 얻을 수 있는 경우도 많이 있다. 이러한 측면에서 사회후생함수는 경제학적 분석의 도구로서 여전히 유용하다고 여겨진다.

6.2 투표제에 대한 분석

애로우가 지적한 문제점에도 불구하고 민주주의 사회에서는 다양한 방식의 투표제도를 이용하여 정치적 의사결정을 하고 있다. 이 절에서는 이러한 투표제도들에 대한 분석을 통해 각각의 투표제도가 지닌 한계점을 파악하여 보도록 하겠다.

6.2.1 전원합의제

우선 다수결에 의한 의사결정의 극단적인 예로 전원의 찬성을 요구하는 전원합의제(unanimity)를 들 수 있다. 전원의 합의에 의해 의사결정이 이루어질 수 있다면 가장 이상적이겠지만 한 사람의 반대라도 있으면 의사결정이 이루어질 수 없다는 점에서 전원합의제는 상당한 비용을 필요로 하므로 널리 사용되지 않는다. 전원합의제에 바탕을 둔 경제이론으로는 애로우의 불가능성정리에서도 사용되었던 파레토원칙(Pareto principle)을 들 수 있다. 이 원칙에 따르면 모두가 만장일치로 x를 y보다 더 선호할 때 사회적으로도 x가 y보다 더 선호된다. 하지만 어느 한 사람이라도 y를 x보다 선호한다면 가치판단이 유보된다.

6.2.2 과반수투표제

전원합의가 이루어질 수 있다면 바람직하겠지만 실제로 전원이 합의를 이루기는 매우 어렵다. 따라서 대개의 투표에 있어서 전원합의를 요구하지는 않는다. 현재 가장 널리 사용되는 과반수투표제(majority voting rule)에서는 어떤 안건에 대해 투표자들의 과반수 찬성이 있으면 그 안건을 채택하고 있다. 즉 투표자

투표자	A	B	C
1순위	x	y	z
2순위	y	z	x
3순위	z	x	y

수가 5명일 경우 3명 이상의 찬성이, 그리고 투표자 수가 6명일 경우 4명 이상의 찬성이 있으면 그 안건을 채택하는 것이다.

이러한 과반수투표제에 대해 분석하기 위해 어떤 사회에서 3명의 투표자 A, B, C가 과반수투표제를 이용하여 세 안건 x, y, z에 대해 투표하는 경우를 생각해보자. 그리고 안건들에 대한 이들의 선호는 <표 6-1>과 같이 주어졌다고 하자. 즉 투표자 A는 x를 가장 선호하고, 그 다음이 y이며, 그리고 z를 가장 싫어한다. 투표자 B의 선호는 y, z, x의 순서로, 투표자 C의 선호는 z, x, y의 순서로 주어졌다.

이제 두 안건 x와 y 중에서 선택하는 투표가 이루어지면, 투표자 A와 C는 x를, 그리고 투표자 B는 y를 선택할 것이다. 결과는 2:1로 x가 채택되는 것이다. 즉 과반수투표제에 의하면 사회적으로 x가 y보다 더 선호된다. 반면 두 안건 y와 z에 대해 투표가 이루어질 경우 투표자 A와 B는 y를, 그리고 투표자 C는 z를 선택하여, 2:1로 y가 채택될 것이다. 즉 사회적으로 y가 z보다 더 선호된다. 그러므로 과반수투표제에 의한 사회적 선호가 이행성을 만족한다면 x가 z보다 더 선호되어야 한다. 하지만 두 안건 z와 x에 대한 투표가 이루어질 경우 투표자 B와 C는 z를, 그리고 투표자 A는 x를 선택하여 2:1로 z가 채택된다. 즉 과반수투표제에 의하면 사회적으로 z가 x보다 더 선호되는 것이고, 이는 이행성을 위배하는 결과이다. 이러한 현상을 투표의 역설(voting paradox) 또는 콩도르세의 역설(Condorcet paradox)이라 부른다. 개인들의 선호가 이행성을 만족하더라도 과반수투표제에 의해 사회적 선호를 매길 경우 이행성을 어기는 결과가 나올 수 있는 것이다. 투표의 역설이 일어날 때 사회적 선호체계를 살펴보면 x가 y보다 선호되고, y가 z보다 선호되며, z가 x보다 선호되는 순환(cycling)적인 선호가 나타남을 알 수 있다.

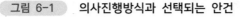

그림 6-1　의사진행방식과 선택되는 안건

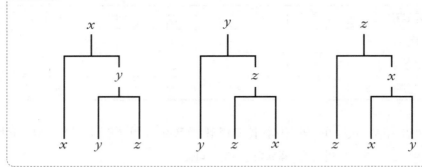

　　투표의 역설이 일어날 때 어떤 안건이 최종적으로 선택될 것인가는 의사진행을 맡은 사람의 의중에 달려 있다고 할 수 있다. 만약 투표자 A가 의사진행을 맡는다면 먼저 두 안건 y와 z를 투표에 붙인 후, 그 승자인 y와 x를 다시 투표에 붙여 최종적으로 x가 채택되도록 할 것이다. <그림 6-1>에서는 의사진행방식에 따라 선택되는 안건이 달라질 수 있음을 보여 주고 있다. 따라서 과반수투표제의 경우 의사진행조작(agenda manipulation)이 가능하여 공정한 의사결정 과정에 대한 신뢰감이 줄어들 수 있다.

　　하지만 과반수투표제에서 발생할 수 있는 투표의 역설이 개인들의 선호와 관계없이 항상 발생하는 것은 아니다. 예를 들어 투표자 A와 B의 선호는 이전과 동일하며, 투표자 C의 선호만 z, y, x의 순서로 바뀌었다고 가정하자.

　　두 안건 y와 z에 대한 투표가 이루어질 경우 투표자 A와 B는 y를, 그리고 투표자 C는 z를 선택하여 2:1로 안건 y가 채택된다. 즉 과반수투표제에 의하면 사회적으로 y가 z보다 더 선호된다. 반면 두 안건 z와 x에 대한 투표가 이루어질 경우 투표자 B와 C는 z를, 그리고 투표자 A는 x를 선택하여 2:1로 안건 z가 채택되므로 사회적으로 z가 x보다 더 선호된다. 따라서 이행성을 만족하기 위해서는 과반수투표제에 의한 사회적 선호가 y를 x보다 더 선호해야 한다. 이제 두 안건 x와 y에 대한 투표가 이루어지면 투표자 B와 C는 y를, 그리고 투표자 A는 x를 선호하므로 2:1로 안건 y가 채택된다. 그러므로 이 경우 사회적 선호가 이행성을 만족하고, 사회적 선호에 순환이 일어나지도 않는다. 뿐만 아니라 의사진행조작이 발생할 수도 없다.

이처럼 한 대안이 일대일 과반수투표제에서 다른 모든 대안을 이기는 경우 이를 콩도르세 승자(Condorcet winner)라고 부른다. 그렇다면 콩도르세 승자가 존재하는 조건, 또는 과반수투표제에서 투표의 역설이 일어나지 않는 조건이 있을까 하는 의문이 자연스럽게 제기될 것이다. 이에 대한 답을 구하기 위해서는 개인들이 지니고 있는 선호의 구조를 살펴볼 필요가 있다.

우선 선택 가능한 대안들의 집합이 일차원 직선 위에 표시된다고 하자. 어떤 개인의 선호에서 특정한 점(point)을 잡았을 때, 그 점으로부터 이웃하는 방향으로 조금이라도 움직이면 효용이 감소하는 경우, 그 점을 봉우리(peak)라고 한다. 예를 들어, <그림 6-2>의 (a)에서는 봉우리가 하나이며, (b)에서는 봉우리가 둘이며, (c)에서는 봉우리가 셋인 선호를 보여 주고 있다. 봉우리를 나타내는 x^* 로부터 이동가능한 어떤 방향으로 조금이라도 움직이면 효용이 감소한다. 어떤 투표자가 단봉선호(single-peaked preference)를 지닌다는 것은 이 투표자의 효용함수에 봉우리가 하나만 존재한다는 것으로 <그림 6-2(a)>가 그러한 예이다. 반면 봉우리가 둘 이상인 <그림 6-2(b)(c)>의 경우는 다봉선호(multi-peaked preference)의 예이다.

이제 <표 6-1>의 선호체계를 다시 한 번 살펴보자. 이 경우 수평축에 안건 x, y, z를 어떤 순서로 배치하더라도 적어도 한 투표자의 선호가 다봉선호로 나

그림 6-2 단봉선호와 다봉선호

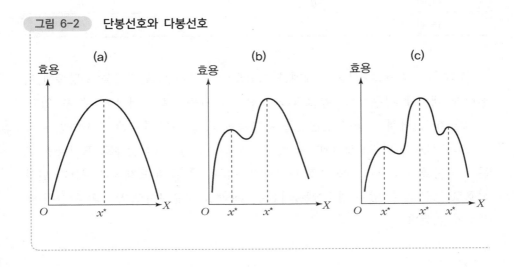

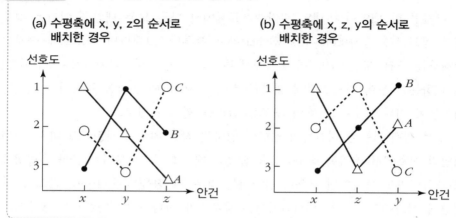

그림 6-3   투표의 역설이 발생하는 선호체계

(a) 수평축에 x, y, z의 순서로 배치한 경우

(b) 수평축에 x, z, y의 순서로 배치한 경우

타난다. <그림 6-3>에서 볼 수 있듯이 수평축에 x, y, z의 순서로 안건들을 배치할 경우 투표자 C의 선호가 다봉으로 나타나며, 수평축에 x, z, y의 순서로 배치할 경우 투표자 A의 선호가 다봉으로 나타난다.

→ 표 6-2 투표의 역설이 일어나지 않는 선호체계

투표자	A	B	C
1순위	x	y	z
2순위	y	z	y
3순위	z	x	x

그러나 <표 6-2>의 선호체계를 그림으로 나타내면, 안건들을 수평축에 적절하게 배치할 경우 모든 투표자들의 선호가 단봉으로 나타남을 알 수 있다. <그림 6-4>에서 보듯이 안건들을 수평축에 x, z, y의 순서로 표시하면 투표자 A의 선호가 다봉으로 나타나지만, 수평축에 x, y, z의 순서로 표시하면 모든 투표자들의 선호가 단봉으로 나타난다. 이처럼 모든 투표자들의 선호가 단봉선호로 표현될 수 있는 경우에는 과반수투표제를 사용하여도 투표의 역설이 발생하지 않는다.

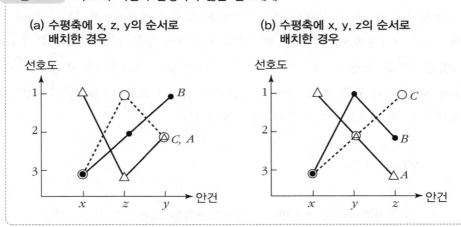

그림 6-4   투표의 역설이 발생하지 않는 선호체계

(a) 수평축에 x, z, y의 순서로
    배치한 경우

(b) 수평축에 x, y, z의 순서로
    배치한 경우

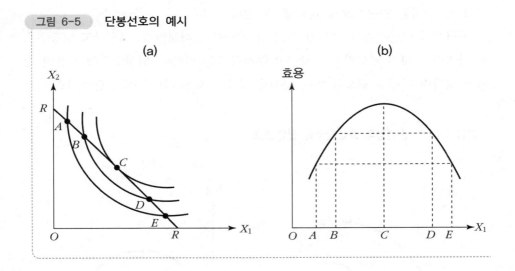

그림 6-5   단봉선호의 예시

(a)

(b)

그러면 단봉선호가 어떤 상황에서 나타나는지 살펴보자. 먼저 두 재화가 있는 경제에서 투표자인 소비자들이 일반적으로 미시경제학에서 나오는 볼록한 (convex) 선호를 갖고 있다고 가정하자. 그리고 재화들의 상대가격은 고정되어 있고, 소비자들의 수요량을 합친 결과 수요량과 공급량 사이에 괴리가 발생하였다고 하자. 이러한 상황에서 자원배분 문제를 고려하면 소비자들은 <그림 6-5(a)>의 예산선 R에서 선택해야 하며, 좌표축을 바꾸어 이를 다시 그려보면

<그림 6-5(b)>처럼 단봉선호로 나타난다.[3)]

이제 투표자들이 공공재의 양을 결정하는 문제를 생각해보자. 투표자들이 낸 세금으로 공공재의 생산비용을 충당한다. 공공재의 양을 z, 그리고 투표자 i의 세율을 t^i라고 했을 때, 공공재가 z만큼 공급될 경우 투표자 i의 효용 $U^i(z)$는 공공재로부터의 효용 $V^i(z)$에서 세금납부로 인한 비효용 $t^i z$를 차감한 것으로 정의된다. 즉 효용함수가 다음과 같이 주어진다.

$$U^i(z) = V^i(z) - t^i z$$

이제 공공재로부터의 효용함수 V^i가 일반적인 효용함수의 경우처럼 단조증가하며 오목하다고 가정하자. 그러면 투표자의 효용함수 U^i를 <그림 6-6>에서 보는 것처럼 단봉선호로 나타낼 수 있다.

지금까지 단봉선호가 적용될 수 있는 예들을 살펴보았다. 그렇다고 단봉선호를 가정하는 것이 제한적이지 않다고 주장하기는 어렵다. 일상생활에서 흔히 접하는 경제적 결정을 필요로 하는 문제들 중에도 모든 사람들에게 단봉선호의 가

그림 6-6   준선형의 효용함수와 단봉선호

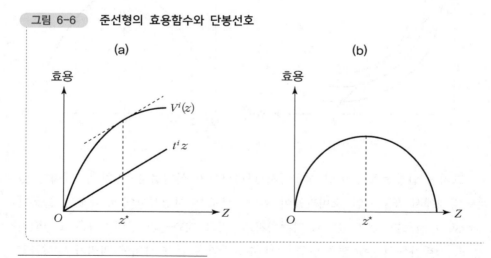

---

3) 이는 고정된 가격하에서 공평한 배분을 찾는 문제로 그 해결방안에 대해서도 상당한 연구가 이루어졌다. 자세한 내용은 스프루몽(Sprumont, 1991), 탐슨(Thomson, 2011) 등에서 찾을 수 있다.

정을 적용하기 어려운 경우가 있다. 예를 들어, 교육예산을 늘려 공교육의 질을 높이든지, 아니면 교육예산을 대폭 줄이고 사교육비 지출을 더 늘리는 편이 좋다는 의견을 투표자들이 지니고 있다면 교육예산에 대한 투표자들의 효용함수는 다봉선호로 나타날 것이다. 즉 어떤 공공재의 공급과 관련하여 양극이 중간보다 더 바람직하다고 느낀다면 투표자들의 선호는 다봉으로 나타난다.

지금까지 단봉선호에 대한 논의는 안건이 일차원 직선에 위치하는 경우에만 적용될 수 있다. 만약 복합적인 이슈가 안건으로 제시되어 이차원 이상의 공간에서만 표시될 수 있다면 투표의 역설이 일어나지 않기 위해서는 단봉선호보다 더 강한 조건이 필요하다. <그림 6-7>에서는 두 종류의 안건들이 제시되었을 경우 투표자들이 단봉선호를 갖고 있더라도 투표의 역설이 발생할 수 있음을 보여주고 있다. 이차원 평면에서 세 투표자들이 언덕 모양의 효용함수를 갖고 있다면 <그림 6-7>에서처럼 등고선 형태의 무차별곡선이 나타날 것이다. 여기서 C^A, C^B, C^C는 각각의 투표자가 가장 선호하는 점, 즉 지복점(bliss point)을 표시한다. 세 안건이 x, y, z로 주어졌을 때, <그림 6-7(a)>에서는 투표의 역설이 발생하지 않으나, <그림 6-7(b)>에서는 투표의 역설이 발생한다.

먼저 <그림 6-7(a)>에서 투표자 A는 x를 가장 선호하고, 차선으로 y, 그리고 z를 가장 싫어한다. 투표자 B의 선호는 y, z, x의 순서로, 투표자 C의 선호는 z, y, x의 순서로 주어진다. 먼저 두 안건 y와 z에 대한 투표가 이루어질 경우 투표자 A와 B는 y를, 그리고 투표자 C는 z를 선호하므로 2:1로 안건 y가 채택된다. 반면 두 안건 z와 x에 대한 투표가 이루어질 경우 투표자 B와 C는 z를, 그리고 투표자 A는 x를 선호하므로 2:1로 안건 z가 채택된다. 이제 두 안건 x와 y에 대한 투표가 이루어진다면 투표자 B와 C는 y를, 그리고 투표자 A는 x를 선호하므로 2:1로 안건 y가 채택된다. 그러므로 과반수투표제에 의해 이행성을 만족하는 사회적 선호를 얻을 수 있고 투표의 역설은 발생하지 않는다.

이제 안건들이 이차원 공간에 위치하는 <그림 6-7(b)>의 예를 살펴보자. 여기서 투표자 A의 선호는 지복점 C^A로부터 가까운 순서로 x, y, z가 된다. 투표자 B의 선호는 y, z, x의 순서를 따르고, 투표자 C의 선호는 z, x, y의 순서를 따른다. 이제 두 안건 x와 y에 대한 투표가 시행될 경우 투표자 A와 C는 x를, 그리고 투표자 B는 y를 선호하므로 2:1로 안건 x가 채택된다. 두 안건

그림 6-7　복합적인 이슈와 단봉선호

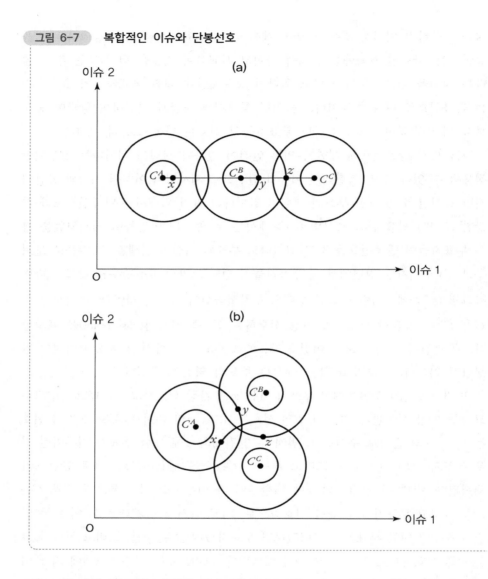

y와 z에 대한 투표가 시행될 경우 투표자 A와 B는 y를, 그리고 투표자 C는 z를 선호하므로 2:1로 안건 y가 채택된다. 하지만 두 안건 z와 x에 대한 투표가 시행될 경우 투표자 B와 C는 z를, 그리고 투표자 A는 x를 선호하므로 2:1로 안건 z가 채택된다. 그러므로 사회적 선호에서 순환 관계가 나타나고, 이행성이 위배된다.

6.2.3 보다투표제

지금까지 논의한 투표제에서는 투표자들이 지닌 선호의 강도를 결과를 결정하는데 반영하지 않았다. 선호의 강도를 부분적으로 반영할 수 있는 투표방식으로 보다투표제(de Borda rule)를 들 수 있다. 보다투표제 하에서는 각 투표자가 대안들에 대해 순위를 매긴 후, 대안별로 각 순위에 해당하는 점수를 합계하여 합계점이 가장 높은 대안을 승자를 결정한다. 즉 보다투표제에서는 선호의 강도를 서수적으로 반영한다. 보다투표제는 운동경기나 예술경연대회에서 우승자를 가릴 때 흔히 사용된다.

보다투표제를 분석하기 위해 다음 상황을 생각해보자. 네 명의 투표자 A, B, C, D가 네 안건 x, y, z, v에 대해 투표를 실시한다. 각 투표자는 안건에 순위를 매기고 가장 선호하는 안건에 4점을, 그 다음 선호하는 안건에 3점을, 세 번째로 선호하는 안건에 2점을, 그리고 가장 싫어하는 안건에 1점을 부과한다. 안건 별로 투표자들에게서 받은 점수를 합계하여 최고점을 얻은 안건이 채택된다. 이제 투표자들의 선호가 다음과 같다고 가정하자.

투표자	A	B	C	D
1순위	z	y	z	x
2순위	v	v	v	y
3순위	y	z	y	z
4순위	x	x	x	v

보다투표제를 따라 투표를 실시하면 안건 x는 7점, y는 11점, z는 12점, v는 10점을 얻어 최고점을 얻은 z가 채택된다. 보다투표제는 총점으로 사회적 선호를 결정하기 때문에, 과반수투표제의 경우와는 달리, 이행성을 만족한다.

그러나 이러한 투표결과가 모든 투표자들에게 만족스러운 것은 아니다. 특히 투표자 D는 자신이 상당히 싫어하는 안건 z가 선정된 것에 대해 불만이 있을 것이다. 만약 투표자 D는 이러한 결과를 예상하고 자신의 진실한 선호대로 투표하는 대신에 조작된 선호로 투표에 참여한다면 결과가 어떻게 될까? 투표자 D가 다음과 같이 y, x, v, z로 선호를 조작하여 투표하는 경우를 생각해보자.

투표자	A	B	C	D
1순위	z	y	z	y
2순위	v	v	v	x
3순위	y	z	y	v
4순위	x	x	x	z

그러면 안건 x는 6점, y는 12점, z는 11점, v는 11점을 각각 얻어 y가 채택된다. 투표자 D의 입장에서는 자신이 세 번째로 선호하던 z 대신에 두 번째로 선호하는 y가 선택되므로 더 큰 만족을 누릴 수 있다. 그러므로 투표자 D가 전략적으로 자신의 선호를 조작하여 투표함으로써 자신의 진실한 선호대로 투표할 때보다 더 나은 결과를 얻을 수 있는 것이다. 즉, 투표자들이 전략적으로 선호를 조작할 가능성이 있다는 것이 보다투표제의 가장 큰 약점 중 하나다. 이미 보다(de Borda) 자신도 이러한 가능성을 예상하고 다음과 같은 말을 남겼다고 한다.

"나의 투표제는 정직한 사람들만을 위한 것이다."[4]

한편 보다투표제는 애로우의 공리들 중에서 무관한 대안으로부터의 독립성도 위배한다. 무관한 대안으로부터의 독립성이 요구하는 바는 어떤 사람의 선호가 바뀌어도 특정한 안건들에 대한 선호가 변하지 않는 한 그 안건들에 대한 사회적 선호도 변하지 않아야 한다는 것이다. 앞의 예에서 투표자 D가 선호를 조작하여 투표하는 경우를 다시 고려해보자. 이때 투표자 D는 여전히 y를 z보다

---

4) "My rule is only intended for honest men." 이 문장은 펠드만-세라노(Feldman and Serrano, 2006) p.304로부터 재인용한 것이다.

선호하고 있으므로 이들에 대한 사회적 선호도 변하지 않아야 한다. 하지만 모든 투표자들이 진실한 선호대로 투표할 때는 z가 y보다 사회적으로 선호되다가, 투표자 D가 거짓으로 선호를 바꾸어 투표하면서 y가 z보다 사회적으로 선호되는 것으로 바뀌는 것을 이미 살펴보았다. 그러므로 보다투표제는 무관한 대안으로부터의 독립성을 만족하지 못한다.

6.2.4 점수투표제

선호의 강도를 제대로 반영할 수 있는 투표방식으로는 점수투표제(point voting)를 들 수 있다. 점수투표제에서는 투표자들에게 미리 정해진 점수를 주고, 투표자들이 자신이 받은 점수 내에서 자신의 선호에 따라 적절하게 점수를 대안들에 배분하여 투표한다. 즉 점수투표제는 선호의 강도를 기수적으로 반영한다. 예를 들어, 각 투표자가 총 10점을 받아, 여러 대안들 사이에 점수를 매기되, 자신이 매긴 점수의 합계가 10점을 넘지 못하도록 하는 것이다. 만약 한 투표자가 특정 대안을 매우 선호하고 다른 대안은 싫어하면, 선호하는 대안에 10점, 싫어하는 대안에 0점을 매길 수 있을 것이다. 반면 두 대안에 대해 무차별하고 나머지 다른 대안들을 싫어하는 경우에는 무차별한 두 대안에 대해 각각 5점씩을 매길 수도 있다. 각 투표자가 여러 대안들에 대해 점수를 매기고 나면, 대안별로 점수를 합계하여 최고점을 받은 대안을 최종적으로 채택한다.

점수투표제는 투표자들의 선호강도가 적절하게 반영될 수 있다는 장점을 갖고 있다. 대안 사이의 선호도가 비슷할 경우 비슷한 점수를 매기고, 선호도에 큰 차이가 날 경우에는 점수 차이를 확대함으로써 투표자들의 선호를 반영할 수 있는 것이다. 하지만 앞에서 언급한 보다투표제처럼 점수투표제도 투표자들이 전략적으로 행동할 가능성을 막지 못한다. 예를 들어, 한 투표자가 대안 x를 y보다 약간 선호하나 진실한 선호에 따라 투표하면 y가 채택될 경우, x를 y보다 많이 선호하는 것처럼 투표하여 x가 최종적으로 선택될 수 있는 가능성을 높이고자 할 수 있다.

6.3 과반수투표제와 정치적 균형

지금까지 살펴본 바와 같이 완벽하게 투표자들의 의사를 집약할 수 있는 투표방식은 존재하지 않지만, 현실에서는 과반수투표제를 가장 널리 사용하고 있다. 이 절에서는 과반수투표제를 사용하였을 때 어떤 안건이 선택될 것인지 살펴보고, 이와 함께 대의민주주의하에서 유권자들의 지지를 극대화할 수 있는 정당은 어떤 특징을 보이는지 알아본다.

6.3.1 중위투표자정리

앞에서 본 것처럼 대안들이 일차원 직선 위에 표시될 수 있고 투표자들이 단봉선호를 지니고 있다면 과반수투표제를 사용해 하나의 대안을 선택할 수 있다. 블랙(Black, 1948)의 중위투표자정리(median voter theorem)는 이렇게 선정되는 대안이 중위투표자가 가장 선호하는 대안임을 보여준다. 이제 중위투표자정리에 대해 알아보자.

먼저 모든 투표자들이 단봉선호를 지니고 있어서 과반수투표제를 사용하여도 투표의 역설이 발생하지 않았던 <표 6-2>의 예를 다시 살펴보도록 하자. 이 예를 <그림 6-4(b)>처럼 나타낼 수 있었다. 그림에서 보듯이 투표자들은 단봉선호를 지니고 있다. 각각의 봉우리(peak)는 투표자 A의 경우 x이고, 투표자 B의 경우 y이며, 투표자 C의 경우 z이다. 그리고 이 예에 과반수투표제를 적용하면 대안 y가 채택된다는 것을 알 수 있었다. 한편 <그림 6-4(b)>의 수평축에서 투표자 B의 봉우리가 가운데에 위치한다는 것을 볼 수 있다. 즉 투표자 B가 중위투표자이다. 그리고 중위투표자가 가장 선호하는 대안 y가 선택되었으므로, 이는 블랙의 중위투표자정리가 예상하는 바와 같은 것이다.

이제 논의를 조금 더 일반화해보자. 투표자들이 모두 n명이며 $n \geq 3$은 홀수라고 하자.[5] 모든 투표자들이 단봉선호를 지니고 있으므로 이들을 봉우리의 순서

---

5) 이 가정은 중위투표자를 쉽게 찾기 위해 필요하다. 만약 짝수 명의 투표자들이 있다면 $n/2$번째와 $(n/2)+1$번째 투표자가 함께 중위투표자가 된다. 하지만 짝수의 투표자들이 있다고 하더라도 전체적인 논의에는 큰 변화가 없다.

그림 6-8　중위투표자정리

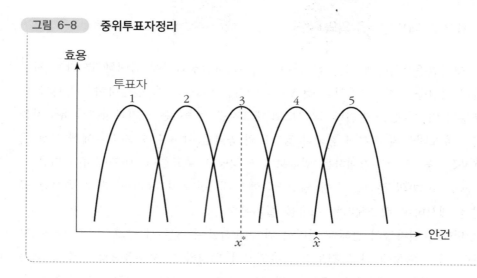

대로 수평축에 정렬할 수 있다. 그리고 일반성을 잃지 않고 봉우리가 가장 왼쪽에 있는 투표자를 투표자 1, 그 다음 왼쪽에 봉우리가 있는 투표자를 투표자 2로 부르고, 다른 투표자들도 마찬가지로 부른다. 그러면 봉우리가 가장 오른쪽에 있는 투표자가 투표자 n이 될 것이다. 이 경우 중위투표자는 투표자 $(n+1)/2$ 이다. 그리고 과반수투표제를 거쳐 채택되는 대안은 중위투표자가 가장 선호하는 대안이 된다.

　<그림 6-8>에서는 투표자들이 다섯 명인 예를 보여주고 있다. 이 그림에서는 투표자 3이 중위투표자이며, 그는 x^*를 가장 선호한다. 만약 x^*와 $\hat{x}$이 안건으로 제시된다면 투표자 1, 2, 3은 x^*에 투표하고, 투표자 4, 5는 $\hat{x}$에 투표하여 3:2로 x^*가 채택된다. 여기서 $\hat{x}$을 임의의 다른 안건으로 바꾸더라도 x^*에 투표하는 투표자들이 항상 과반수를 넘는다는 것을 확인할 수 있다. 이것이 바로 블랙의 중위투표자정리이다.

　중위투표자정리: 모든 투표자들이 단봉선호를 지니고 있고, 이들의 수가 홀수라면, 중위투표자가 가장 선호하는 안건이 과반수투표제에 의해 선택된다.

6.3.2 대의민주주의와 정당

대의민주주의하에서는 국민들이 직접 의사결정과정에 참여하기보다는 자신들의 의견을 가장 잘 반영할 것으로 기대하는 대표자들을 선출하여 이들에게 대부분의 의사결정을 맡긴다. 그러므로 대표자를 선출하는 선거과정에서 유권자들은 입후보자들의 정치적 견해나 정당들의 공약을 살펴본 후 자신들에게 가장 큰 효용을 줄 것으로 기대하는 입후보자나 정당에 투표한다. 여기에서는 다운즈(Downs, 1957)의 분석을 통해 양당제제하에서 두 정당(입후보자)이 서로 유사한 공약을 제시하며 비슷해지는 이유를 살펴본다.

먼저 유권자들의 견해를 일직선 위에 표시할 수 있어서 <그림 6-9>에서 보듯이 제일 왼쪽에 가장 진보적인 유권자가 위치하고, 오른쪽으로 갈수록 점차 보수적이 되어, 제일 오른쪽에 가장 보수적인 유권자가 위치하고 있다고 하자. 더 나아가서 이러한 유권자들의 분포가 <그림 6-9>처럼 주어졌다고 하자. 각각의 유권자는 자신의 견해와 가장 유사한 견해를 가진 정당에 투표한다. 달리 말하면, 유권자들은 정당의 위치와 자신의 위치 사이의 거리를 측정하여 그 거리가 가장 짧은 정당에 투표한다.

두 정당을 각각 진보당 L과 보수당 C로 표시한다. 만약 두 정당의 위치가 <그림 6-9>에서처럼 중위투표자 M의 위치로부터 같은 거리만큼 떨어져 있다면, 양당은 각각 전체 유권자의 절반으로부터 지지를 받을 것이다. 하지만 만약 진보당이 위치를 바꾸어 약간 오른쪽으로 옮기면, 즉 약간 보수적인 정책을 제

그림 6-9 양당제와 호텔링원칙

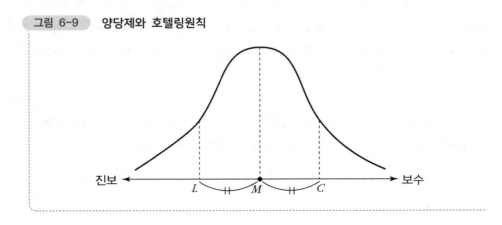

시하면, 더 많은 유권자들의 지지를 얻을 수 있다. 이는 보수당이 위치를 약간 왼쪽으로 옮기는 경우에도 마찬가지이다. 따라서 더 많은 유권자들의 지지를 얻기 위해 두 정당은 중위투표자 M에 더 가깝게 다가가려고 한다. 최종적으로 두 정당 모두 중위투표자 M의 위치에 해당하는 정책을 내놓고 각각 유권자 절반으로부터 지지를 얻는다. 이처럼 양당제하에서 두 정당의 정책이 서로 비슷하게 변화해 간다는 것을 호텔링원칙(Hotelling principle) 또는 최소차이의 원칙(principle of minimum differentiation)이라고 부른다. 하지만 정당이 셋 이상인 경우에는 이러한 발견을 일반화하여 적용할 수 없다.

6.4 관료제의 경제학적 분석

민주주의 사회에서 관료들은 정치가들에 못지않게 중요한 역할을 수행하고 있으며, 여러 나라의 예로 볼 때 그 역할은 점점 더 중요해지고 있다. 이제 관료제의 특성을 설명하고 있는 단순한 모형들을 살펴보자.

6.4.1 니스카넨 모형

니스카넨(Niskanen, 1971)의 분석은 관료들이 예산을 극대화하려고 한다는 가정으로부터 출발한다. 기업가들은 이윤극대화를 추구하지만, 관료들은 직접적으로 이윤을 획득하기 어려우므로 예산을 확보함으로써 업무상의 특권, 사회적 영향력 등을 얻으려 한다는 것이다. 이러한 예산은 입법부에서 적절한 절차를 거쳐 승인받아야 하는데 이때 입법부에서는 생산물을 단위당으로 심의하지 않고 전체 생산물을 두고 심의한다. 따라서 관료들의 입장에서는 어떤 사업의 총편익이 총비용보다 크면 이를 예산에 넣어 승인을 얻어내려고 할 것이다.

이러한 논의를 <그림 6-10>을 통해 살펴본다. <그림 6-10(a)>의 수평축은 정부가 제공하는 공공서비스의 양을 나타내며, 수직축은 공공서비스의 총편익과 총비용을 나타낸다. 공공서비스의 예는 교육이나 국방이 될 수 있다. 만약

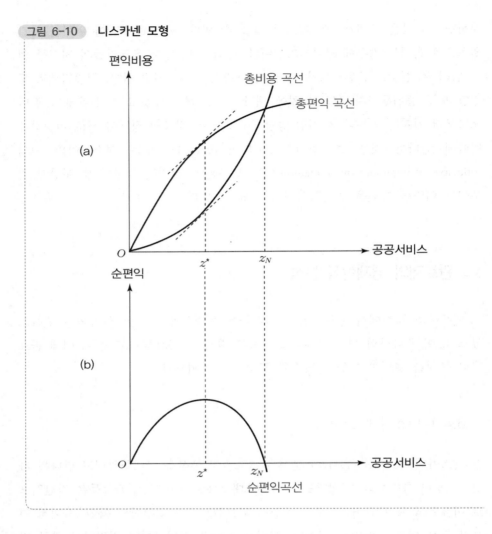

그림 6-10   니스카넨 모형

이윤극대화를 도모하는 민간기업이 이러한 서비스를 공급한다면 총편익과 총비용의 차이가 극대화되는 점, 즉 이윤극대화점인 z^*를 선택할 것이다. 하지만 관료제하에서는 총편익이 총비용과 일치할 때까지, 즉 z_N까지 공공서비스를 공급할 것이다. 한편 <그림 6-10(b)>에서는 총편익과 총비용 사이의 차이를 순편익곡선으로 보여주고 있다.

더 나아가서 니스카넨은 관료들이 민간기업의 광고와 유사한 정책광고를 통해 총편익곡선이 더 위쪽에 있는 것처럼 홍보한다고 하였다. 총편익곡선을 위로 움직일수록 더 많은 예산을 확보할 수 있기 때문이다.

물론 이러한 니스카넨 모형이 완전한 것은 아니다. 관료들이 항상 예산만을 극대화하려고 노력하는 것은 아니며, 입법부에서도 총편익이 총비용보다 크다고 해서 모든 사업을 승인하는 것도 아니기 때문이다. 하지만 니스카넨의 분석은 관료들의 행동양식이 일반 기업가들의 행동양식과는 다르며, 관료들이 예산확보에 많은 노력을 기울인다는 현실을 단순한 모형으로 분석한다는 점에서 가치가 있다고 하겠다.

6.4.2 미그에-벨랑제 모형

미그에-벨랑제(Migue and Belanger, 1974)는 관료들이 단순히 예산을 극대화하는 것이 아니라, 효용을 극대화하며 이러한 효용은 예산과 업무상의 특권으로부터 나온다고 가정하였다. 더 나아가서 업무상의 특권은 예산상의 잉여, 즉 니스카넨 모형에서 설명한 순편익이 있을 때 확보할 수 있다고 가정하였다. 그러므로 예산의 크기를 B로, 예산상의 잉여를 S로 나타내면, 관료들의 효용함수를

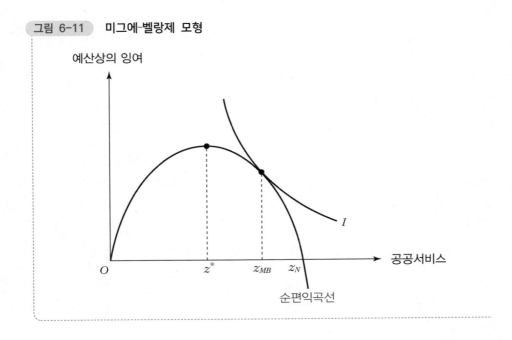

그림 6-11 미그에-벨랑제 모형

예산상의 잉여

공공서비스

z^* z_{MB} z_N

I

순편익곡선

$U = U(B, S)$로 표시할 수 있다. 이 효용함수로부터 무차별곡선 I를 도출하여 <그림 6-11>처럼 그려본다. 만약 관료들이 효용극대화를 추구한다면 z_{MB}를 선택할 것이다. 이 경우에 있어서도 니스카넨 모형보다는 줄어들었지만 여전히 공공서비스가 지나치게 많이 공급되고 있다는 것을 관찰할 수 있다.

물론 이러한 모형들은 너무 단순하여 관료들의 행위를 모두 설명하지는 못한다. 하지만 관료제를 경제학적으로 분석할 수 있음을 보여준다는 점에서 유용하다고 할 수 있다.

참고문헌

소병희, 『공공선택의 정치경제학』, 박영사, 1993.

Arrow, K., *Social Choice and Individual Values*, New York: Wiley, 1951.

Black, D., "On the Rationale of Group Decision Making," *Journal of Political Economy* 56 (1948), 23-34.

───── , "The Decisions of a Committee Using a Special Majority," *Econometrica* 16 (1948), 245-261.

───── , *The Theory of Committees and Elections*, London: Cambridge University Press, 1958.

Buchanan, J. M., and G. Tullock, *The Calculus of Consent*, Ann Arbor: The University of Michigan Press, 1962.

Downs, A., *An Economic Theory of Democracy*, New York: Harper and Row, 1957.

Feldman, A. M. and Serrano, R., *Welfare Economics and Social Choice Theory*, 2nd edition, Kluwer Academic Publishers, 2006.

Hotelling, H., "Stability in Competition," *Economic Journal* 39 (1929), 41-57.

Migue, J.-L., and G. Belanger, "Towards a General Theory of Managerial Discretion," *Public Choice* 17 (1974), 27-43.

Niskanen, W., *Bureaucracy and Representative Government*, Chicago: Aldine-Atherton, 1971.

Sprumont, Y., "The Division Problem with Single-Peaked Preferences: A Characterization of the Uniform Allocation Rule," Econometrica 59 (1991), 509-519.

Thomson, W., "Fair Allocation Rules," in K.J. Arrow, A. Sen, and K. Suzumura (Ed.) *Handbook of Social Choice and Welfare* (Volume 2, 393-506). https://doi.org/10.1016/S0169-7218(10)00021-3

CHAPTER

07

공기업과
공공요금의
결정

공기업과 공공요금의 결정

정부가 공기업을 통해 공급하는 재화는 공공재의 특성을 지니고 있는 경우가 많지만, 사용재의 특성을 지니고 있는 경우도 많다. 사용재의 특성을 가지지만 정부가 공급하는 대표적인 재화로는 전기, 가스, 철도, 물 등이 있는데, 대개 생산기술이 규모의 경제를 지니고 있어 시장에 맡기는 경우 자연독점이 나타날 가능성이 큰 재화이다. 이 경우 정부가 직접 재화를 공급하면서 적정한 수준에서 가격을 설정하거나, 또는 시장에 공급을 맡기더라도 지속적으로 가격을 통제한다. 이 장에서는 이러한 재화들의 가격을 설정하는 데 고려해야 하는 기본원칙을 알아보고, 재화의 특징에서 비롯하는 다양한 가격설정방식에 대해서 논의한다.

가격설정방식에 대한 논의의 출발점은 완전경쟁시장의 가격설정방식인 한계비용 가격설정(marginal cost pricing)방식이다. 그러나 규모의 경제가 있을 경우에 이 방식을 적용하면 기업이 손실을 입게 된다. 이를 방지하기 위한 대안들에 대해 다양한 논의가 이루어졌으며, 이는 크게 둘로 나누어 볼 수 있다. 첫 번째는 효율성을 강조하는 가격설정방식으로, 시장의 수요 측면에 더 큰 비중을 두고 있는 평균비용 가격설정방식과 이를 일반화한 램지 가격설정방식, 과부하 가격설정방식, 그리고 이부요금 등이 여기에 해당된다. 두 번째는 공평성을 강조하며 시장의 공급 측면, 즉 비용에 근거하는 가격설정방식으로, 그 예로는 완전배분비용 가격설정방식을 들 수 있다. 이 중 이부요금은 고정수수료와 사용요금으로 나누어 가격을 매기는 방식인데, 소비자들의 지출이 사용량에 비례하지 않으므로 비선형 가격설정방식의 한 예로 볼 수 있다. 나머지 방식들에서는 소비자들의 지출이 사용량과 비례하므로 이들을 선형 가격설정방식으로 볼 수 있다.

7.1 공공요금 설정의 기본원칙

공공요금을 설정할 때에도 자원배분의 기본원칙인 효율성과 공평성을 고려해야 한다. 효율성의 관점에서는 주어진 제약조건하에서 사회적 후생을 극대화해야 하며, 공평성의 관점에서는 비슷한 처지에 있는 소비자들을 비슷하게, 그리고 서로 다른 처지의 소비자들은 서로 다르게 대우해야 한다. 뿐만 아니라 공급하는 재화의 특성에 따라 정부가 재정수입을 확보해야 할 필요성이 있을 수도 있다. 이러한 원칙들을 차례대로 살펴보자.

7.1.1 효율성

전통적으로 가격설정이론에서 가장 중요하게 고려하는 정책목표는 사회적 후생을 극대화하도록 가격을 책정하여 경제의 효율성을 제고하는 것이다. 이때 사회적 후생은 생산자 잉여와 소비자 잉여의 합을 의미하며, 생산자 잉여는 가격선과 공급곡선 사이의 면적, 그리고 소비자 잉여는 수요곡선과 가격선 사이의 면적으로 표시된다. 사회적 후생은 공급비용과 소비자들의 만족도를 적절하게 반영하는 가격을 설정함으로써 극대화될 수 있다. 하지만 가격을 잘못 설정하는 경우에는 소비자잉여를 크게 낮추거나 공급비용을 지나치게 높여 사회적 후생을 극대화하지 못한다.

만약 공공서비스 요금을 너무 낮게 책정하면 이를 소비하는 소비자들의 잉여는 크게 나타날 것이다. 그러나 이때의 생산비용은 가격보다 훨씬 높게 나타나므로 사회적 후생은 오히려 감소한다. 예를 들어 <그림 7-1(a)>에서처럼 가격이 p_1일 경우 소비자들은 낭비라 생각될 정도로 서비스를 많이 사용하지만 공급비용이 크게 증가함에 따라 사회적 후생은 색칠한 부분만큼 감소한다.

반면 공공서비스 요금을 지나치게 높게 책정하면 이를 소비하는 소비자들의 잉여는 적게 나타날 것이다. 그리고 이때의 생산비용은 가격보다 훨씬 낮게 나타나므로 가격을 내려 소비를 늘림으로써 사회적 후생을 높일 수 있다. 예를 들어 <그림 7-1(b)>에서처럼 가격이 p_2일 경우 소비자들이 서비스를 너무 적게

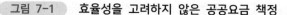

그림 7-1 효율성을 고려하지 않은 공공요금 책정

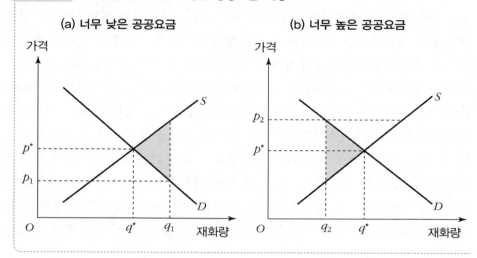

(a) 너무 낮은 공공요금　　　　　(b) 너무 높은 공공요금

사용하므로, 이때는 가격을 낮추어 더 많은 소비를 장려함으로써 사회적 후생을 색칠한 부분만큼 증가시킬 수 있다.

　그러므로 공공요금을 결정할 때는 소비자 선호와 생산비용을 제대로 반영하는 가격을 책정하여 사회적 후생을 극대화할 수 있도록 해야 한다. 하지만 정부 입장에서 이를 위해 필요한 정보를 수집하는 데 많은 비용이 들 수 있다.

7.1.2 공평성

　일반적인 과세이론에서 효율성과 더불어 중요하게 고려하는 기준이 공평성(equity)이다. 공평성을 다양하게 정의할 수 있는데, 크게 수평적 공평성(horizontal equity), 수직적 공평성(vertical equity), 그리고 세대 간 공평성(intergenerational equity)으로 구분해서 정의할 수 있다. 수평적 공평성은 동일한 조건에서 동일한 소득을 얻는 사람들이 동일한 액수의 세금을 낼 것을 요구하며, 수직적 공평성은 높은 소득을 가진 사람들이 낮은 소득을 가진 사람들보다 상대적으로 더 많은 세금을 부담할 것을 요구한다. 그리고 세대 간 공평성은 현재세대와 미래세대의 세금부담이 어느 정도 조화를 이룰 것을 요구한다.

하지만 공공서비스의 가격설정에 있어서는 서비스의 사용요금을 사용자들이 부담해야 한다는 사용자부담의 원칙이 강조되므로, 공평성을 제고하는 소득재분배와 같은 정책목표를 공공요금 조정을 통해 달성하기는 어렵다. 그러나 공공서비스의 가격책정에 있어 공평성의 문제를 완전히 배제하는 것도 바람직하지는 않다. 공공서비스의 가격책정에서 공평성을 고려하는 한 가지 방안으로 고소득층이 주로 사용하는 공공서비스의 가격은 효율성만을 고려한 요금보다 더 높게 설정하는 한편, 저소득층이 주로 사용하는 공공서비스의 가격은 효율성만을 고려한 요금보다 더 낮게 책정하는 것을 생각할 수 있다. 더 나아가서 현재 공기업이 공급하는 재화 중 전기, 가스, 물 등에 대해서는 보편적 서비스의 원칙이 가격설정에 반영되어야 한다. 여기서 보편적 서비스의 원칙이란, 생활에 있어 필수적인 것으로 여겨지는 재화를 모든 국민이 사용할 수 있도록 해야 한다는 것이다.

7.1.3 재정수입의 확보

드문 경우이지만 정부나 공기업이 재정수입 확보를 주목적으로 특정 재화를 공급하는 경우가 있다. 우리나라의 경우 지금은 민영화가 되었지만 과거 담배인삼공사가 재정수입 확보를 목적으로 운영되었던 적이 있다. 관광공사에서 운영하던 면세점도 재정수입 확보를 목적으로 했다고 볼 수 있다. 이러한 경우에는 재화의 가격설정방식이 이윤극대화를 추구하는 민간기업의 방식, 즉 미시경제학에서 배우는 가격설정방식과 유사할 것이다.

하지만 민간기업과 달리 정부나 공기업에게는 이윤극대화를 추구할 동기가 크지 않아 운영이 방만해질 가능성이 있다. 비효율적인 운영으로 손실이 발생하면 가격을 인상하거나 일반재정으로부터 보조를 받아 손실을 보전해야 하는데 이는 곧 국민의 부담이 된다.

한편 물가안정이나 소득재분배를 위해 공공요금을 정책적으로 낮게 설정하여 정부나 공기업이 손실을 입을 수도 있다. 이러한 손실은 어떤 형식으로든지 보전되어야 하므로 인위적으로 낮게 설정된 공공요금을 계속 유지하기는 어렵다. 또한 정부나 공기업이 지속적으로 손실을 입을 경우 이를 당연시하고 비효율적인 운영으로 흐를 가능성도 있으므로, 이러한 정책은 제한적으로만 사용해야 한다. 하지만 다른 한편으로 재정수입확보라는 목표를 강조하여 공공요금을 지나치게 높게 설정하면 독점적 공급에 따른 후생손실이 발생할 수 있다.

7.2 한계비용 가격설정

완전경쟁시장에서 자원이 효율적으로 배분되는 이유 중 하나는 시장가격이 한계비용 수준에서 결정되기 때문이다. 공공요금의 책정에 있어서도 한계비용을 기준으로 요금을 결정하는 한계비용 가격설정(marginal cost pricing)방식을 우선 고려해볼 수 있다. 한계비용 가격설정방식이란 <그림 7-2(a)>에서 보여주듯이 수요곡선 D와 한계비용곡선 MC가 교차하는 점에서 생산량과 가격을 결정하는 방식을 말한다. 완전경쟁시장에서는 한계비용곡선과 공급곡선을 동일한 것으로 둘 수 있으므로 수요곡선과 한계비용곡선이 교차하는 점은 곧 수요곡선과 공급곡선이 교차하는 점이라고 할 수 있다. 따라서 한계비용 가격설정방식은 완전경쟁시장에서의 가격결정원리를 다른 형태의 시장에 응용한 것으로 볼 수 있다.

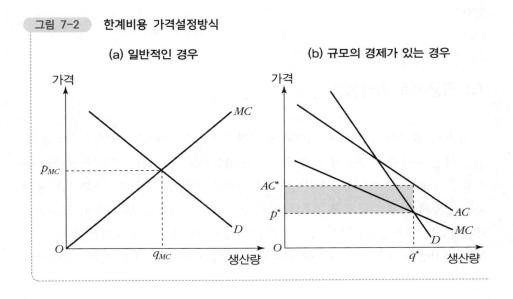

그림 7-2　한계비용 가격설정방식

그러나 이러한 한계비용 가격설정방식을 모든 경우에 적용할 수 있는 것은 아니다. 이 방식의 가장 큰 문제점은 규모의 경제가 존재하여 생산량이 증가함에 따라 평균비용이 감소하는 기업에 대해 한계비용 가격설정방식을 적용하면 이 기업이 손실을 입게 된다는 점이다. <그림 7-2(b)>에서처럼 평균비용이 감소할 때에는 한계비용곡선이 평균비용곡선의 아래에 위치한다. 이러한 경우에 한계비용 가격설정방식을 적용하면 가격은 p^*로 책정될 것이고 이에 따른 생산량은 q^*가 될 것이다. 이 기업의 평균수입이 p^*이고 평균비용은 AC^*이므로 결국 기업은 $(AC^* - p^*)q^*$만큼 손실을 입는다. 이러한 손실은 기업 자체적으로 또는 외부의 도움으로 보전되어야 하는데, 이는 경제 내의 다른 부문에 사용되었어야 할 자원을 이 부문에 투입함으로써 자원배분을 왜곡하는 문제를 일으킨다.

한편 한계비용 가격설정방식이 원래의 목표대로 작동하기 위해서는 한계비용의 추정이 적절하게 이루어져야 한다. 이를 위해서는 기업의 비용함수에 대한 정보가 필요하나 현실적으로 이러한 정보를 얻기는 쉽지 않다. 그리고 외부성이 있을 경우에는 외부성까지 반영한 비용을 반영해야 하나 이를 제대로 추정하기에는 많은 어려움이 따른다.

한계비용 가격설정방식이 지닌 이러한 문제점들을 해결하기 위해 다양한 가격설정방식들이 제시되었다. 지금부터 차례로 대안적인 가격설정방식들에 대해 살펴본다.

7.3 평균비용 가격설정

규모의 경제가 있는 경우 한계비용 가격설정방식을 따르면 기업이 손실을 볼 수 있다는 문제를 해결하기 위해 일차적인 대안으로 제시되는 것이 평균비용 가격설정(average cost pricing)방식이다. 이 방식은 기업이 한 가지 재화만을 생산하는 상황에서, 총수입이 총비용과 일치해야 한다는 제약을 두고 소비자 후생을 극대화하는 가격설정방식으로, 수요곡선과 평균비용곡선이 교차하는 점에서 가격과 생산량을 결정한다. 이 방식은 다음 절에서 논의할 램지 가격설정방식의

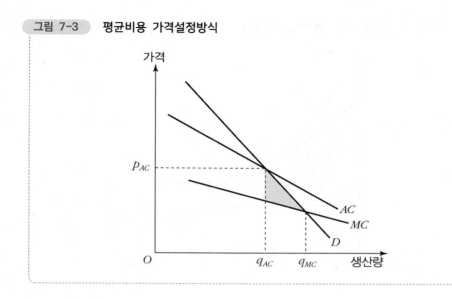

| 그림 7-3 | 평균비용 가격설정방식 |

특수한 경우로 볼 수 있다.

평균비용 가격설정방식에 따르면 <그림 7-3>에서처럼 수요곡선 D와 평균비용곡선 AC가 교차하는 점에서 생산량 q_{AC}를 결정하며 가격은 평균비용과 일치하는 p_{AC}로 결정된다. 한계비용 가격설정방식과 달리 이 가격에서는 기업의 평균수입이 평균비용과 일치하므로 기업의 이윤은 0이 된다. 이 방식은 기업이 손실을 입지 않는 범위 내에서 최저가격으로 소비자에게 재화를 공급하는 것이다. 하지만 <그림 7-3>에서 보여주는 것처럼 한계비용 가격설정방식에 비해 색칠한 부분만큼의 사회후생 감소, 즉 자중손실(deadweight loss)이 일어난다는 것이 이 방식의 단점이다.

이 방식의 또 다른 단점은 <그림 7-4>에서처럼 평균비용곡선이 수요곡선보다 위에 놓여 두 곡선 간의 교차점이 없을 때 발생한다. 이 경우 평균비용곡선상의 어떠한 점을 선택하여 가격을 설정하더라도 수요가 뒷받침되지 않으므로 이 기업은 손실을 입을 수밖에 없다. 하지만 $\tilde{q}$와 같은 점에서 생산이 이루어지는 경우 사회후생의 총합이 총비용보다 크기 때문에 정부의 입장에서는 이 재화를 공급하려고 할 것이다. 여기서 사회후생의 총합이 총비용보다 크다는 것은 <그림 7-4>에서 파란색 부분이 회색 부분보다 크다는 것으로 확인할 수 있다.

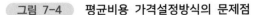

그림 7-4 평균비용 가격설정방식의 문제점

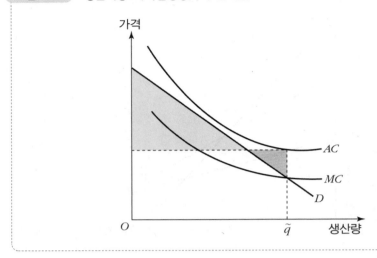

7.4 램지 가격설정

여러 재화를 동시에 생산하고 있는 한 기업을 고려해보자. 이 기업은 한계비용 가격설정방식으로는 손실을 보게 되며, 외부로부터 보조를 받지 않고도 총수입으로 총비용을 충당해야 한다는 제약을 갖고 있다고 가정하자.[1] 여기서 여러 재화를 동시에 생산한다는 가정은 이 기업이 실제로 다른 재화들을 생산한다는 것을 의미할 수도 있고 아니면 한 가지 재화를 생산하지만 공급 시간이나 장소가 달라 여러 다른 재화들을 생산하는 것으로 보는 경우를 의미할 수도 있다. 이 경우, 기업은 한계비용 가격설정방식하에서 얻는 총수입으로는 총비용을 충당할 수 없으므로 차선책으로 아래 설명할 램지 가격설정(Ramsey pricing)방식을 고려해볼 수 있다. 이 방식에서는 기업의 총수입이 총비용과 같다는 제약하에서 소비자 잉여와 생산자 잉여의 합, 즉 사회적 후생을 극대화하는 가격을 설정한다.

램지 가격설정방식은 앞에서 논의한 평균비용 가격설정방식을 여러 재화가 동시에 생산되는 경우로 일반화한 것이다. 이 방식은 1927년 최적과세이론에 관

---

1) 보다 일반적으로 기업의 이윤이 일정한 액수 이상이어야 한다고 가정할 수 있다. 하지만 이러한 일반화가 분석 결과에 영향을 미치지는 않는다.

한 램지(F. P. Ramsey)의 논문에서 그 개념이 처음으로 소개되었으며, 1956년 브와또(M. Boiteux)에 의해 가격설정문제에 적용되었다. 램지 가격설정방식에 관한 일반적인 논의는 약간의 수학이 필요하므로 부록으로 돌리고 여기에서는 도출된 결과만을 놓고 논의하도록 하겠다.

재화 i에 대한 수요의 가격탄력성(price elasticity of demand)을 ϵ_i로 표시하고, 한계비용을 MC_i로 표시하자. 모든 재화가 독립적이라고 가정하면 임의의 재화 i와 j에 대해 다음 관계식이 성립한다.

$$\frac{\dfrac{p_i - MC_i}{p_i}}{\dfrac{p_j - MC_j}{p_j}} = \frac{\epsilon_j}{\epsilon_i}$$

여기서 $(p_i - MC_i)/p_i$를 재화 i의 러너(Lerner) 요금마진율이라 부르는데, 이는 설정된 요금이 한계비용으로부터 어느 정도 벗어난 것인지 측정하며, 한계비용 가격설정방식의 경우 이 요금마진율은 0이다. 반면 램지 가격설정방식의 경우 수요탄력성이 큰 재화는 요금마진율을 낮게 잡고, 수요탄력성이 작은 재화는 요금마진율을 높게 잡을 것을 요구한다. 한계비용 가격설정을 이용하면 기업이 적자를 보기 때문에, 램지 가격설정방식은 한계비용 이상의 가격을 설정하도록 요구하며, 이때 요금마진율은 수요탄력성에 반비례해야 한다는 것이다. 이 때문에 램지 가격설정방식을 역탄력성 법칙(inverse elasticity rule)이라 부르기도 한다. 하지만 보다 엄밀하게 이야기하면 역탄력성 법칙은 재화들이 서로 독립적인 경우에만 성립하므로 보다 일반적인 재화에도 적용되는 램지 법칙(Ramsey rule)의 특수한 경우이다.

수요탄력성의 역에 비례하도록 가격을 설정하여 효율성을 제고할 수 있다는 것을 다음 예를 통해 살펴보자. 두 재화 1과 2가 있는데 이 재화들을 생산하는 데 동일한 비용이 든다고 가정하자. 이 재화들에 대한 수요는 서로 독립적이며, 재화 2에 대한 수요의 가격탄력성이 재화 1보다 더 크다고 가정하자. 이 경우 두 재화에 대해 동일한 요금마진율을 적용하여 가격 $\bar{p}$을 설정하면 <그림

그림 7-5   램지 가격설정의 방식

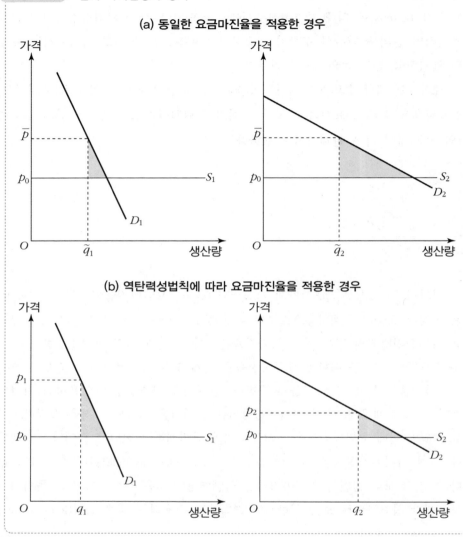

(a) 동일한 요금마진율을 적용한 경우

(b) 역탄력성법칙에 따라 요금마진율을 적용한 경우

7-5＞에서 보듯이 재화 2로부터의 자중손실이 재화 1의 자중손실보다 더 커진다. 만약 재화 1의 요금마진율을 높이고 재화 2의 요금마진율을 낮추어 서로 다른 가격 p_1과 p_2를 설정하면, 두 재화에 대한 자중손실의 합은 감소한다. 따라서 기업이 손실을 입지 않는 범위에서 자중손실을 줄이기 위해서는 수요탄력성

이 큰 재화의 요금마진율을 낮추고 수요탄력성이 작은 재화의 요금마진율을 높여야 한다. 이것이 바로 역탄력성 법칙이다.

이러한 방식은 위에서 언급한 제약하에서 효율적인 가격체계를 제시한다. 하지만 공평성의 관점에서는 역탄력성 법칙에 따른 가격설정에 문제가 나타날 수 있다. 일반적으로 필수적인 재화의 경우 수요의 가격탄력성이 낮고, 사치재적 성격이 있는 경우 수요의 가격탄력성이 높게 나타난다. 역탄력성 법칙에 따르면 사치재의 가격을 상대적으로 낮게, 그리고 필수재의 가격을 상대적으로 높게 설정해야 하는데, 이는 공평성의 관점에서 보면 받아들이기 어려운 것일 수 있다.

뿐만 아니라 이 방식에 따르면 소비자의 관점에서는 동일한 재화라 하더라도 수요탄력성에 따라 다른 가격을 부과해야 하는데 이러한 가격체계를 소비자들이 수용하기는 쉽지 않을 것이다. 그리고 효율성을 제고하기 위해 기존의 가격체계를 램지 가격체계로 개편하는 경우 사회적 총후생은 증가하지만 이러한 개편이 모든 개별 소비자들의 효용수준을 함께 높이는 것은 아니다. 어느 소비자는 이익을 볼 수도 있고, 다른 소비자는 손해를 볼 수도 있다. 물론 사회적 총후생이 증가하므로 보상원리(compensation principle)를 적용하여 해결할 수도 있으나, 이를 적용하는 것은 현실적으로 어려운 일이다. 이로 인해 일어나는 이해집단 사이의 갈등으로 가격체계를 개편하는 과정이 방해를 받거나 왜곡될 수 있다.

한편 램지 가격설정방식에서는 개별 재화의 생산비용을 고려하는 것이 아니라 여러 재화를 동시에 생산하는 비용을 고려하기 때문에, 기업이 어떤 재화로부터는 비용보다 더 큰 수입을 얻고 다른 재화로부터는 비용보다 더 적은 수입을 얻을 수 있다. 이러한 상황을 두고 기업이 수익을 보는 재화를 주로 소비하는 사람들로부터 손해를 보는 재화를 주로 소비하는 사람들에게로 보조금이 지급되는 것으로 해석할 수 있다. 이 경우 재화 사이에 교차보조(cross subsidy)가 발생한다고 하는데, 교차보조가 발생하는 경우 손해를 보는 사람들이 불만을 제기하여 램지 가격체계를 적용하는데 사회적 갈등이 일어날 수 있다.

현실에서 램지 가격설정방식을 적용하기 위해서는 비용함수와 수요함수에 대한 정보가 필요하다. 하지만 정부의 입장에서 이러한 정보를 얻는 데 큰 비용이 들 수 있거나 필요한 정보를 얻는 것이 아예 불가능할 수도 있다. 이 경우 정보획득이 용이한 다른 가격설정방식을 고려해야 한다.

램지 가격설정방식에 대한 논의를 마무리하기에 앞서 램지 가격체계가 이윤극대화 가격체계와 어떤 관계를 갖고 있는지 살펴보자. 우리가 알다시피 재화 i에 대한 이윤극대화의 1계 조건은 $MR_i = MC_i$이다. 그리고 정의상 한계수입 MR_i, 가격 p_i, 수요의 가격탄력성 ϵ_i 사이에 다음 조건이 성립한다.

$$MR_i = p_i \left(1 - \frac{1}{\epsilon_i}\right)$$

두 조건을 등식으로 놓고 정리하면 다음 식을 얻는다.

$$\frac{p_i - MC_i}{p_i} = \frac{1}{\epsilon_i}$$

즉, 이 식에서는 역탄력성 관계를 보여주고 있다. 부록에서 자세히 살펴보겠지만 여러 독립적인 재화를 생산하는 기업에 있어 도출되는 역탄력성 관계는 다음과 같다.

$$\frac{p_i - MC_i}{p_i} = \frac{\lambda}{1 + \lambda} \frac{1}{\epsilon_i}$$

이 관계식에서 λ는 기업의 수입제약조건에 부여된 라그랑지 승수로서 기업의 이윤에 대해 사회가 부여하는 잠재가격을 의미한다. 이 잠재가격 λ가 커질수록 램지 가격설정방식에 따른 역탄력성 관계가 이윤극대화에 의한 역탄력성 관계로 수렴한다는 것을 확인할 수 있다.

7.5 과부하 가격설정

전기, 가스, 철도, 물 등 공기업이 공급하는 재화의 경우 시간, 요일, 계절에 따라 수요가 변화하는 특성을 보인다. 만약 이러한 재화를 적절한 비용으로 저장할 수 있다면 수요가 적은 비부하기(off-peak period)에 생산한 재화의 일부를 저장하여 수요가 많은 과부하기(peak period)에 사용할 수 있을 것이다. 하지만 이러한 재화를 저장하는 데 큰 비용이 들어 현실적으로 불가능한 경우도 많이 있다. 이 경우는 다른 해결방안을 모색해야 한다.

수요가 주기적으로 변동하는 특성은 기업의 설비투자결정 및 가격결정에도 어려움을 준다. 만약 비부하기의 수요에 맞추어 설비투자를 한다면 과부하기의 수요를 충족할 수 없을 것이다. 반면 과부하기의 수요에 맞추어 설비투자를 한다면 비부하기에는 유휴설비가 있을 것이다. 비용 측면에서 보면 시설이 완전히 가동되기 이전까지는 기존의 시설을 이용하여 생산을 하므로 단기한계비용이 0에 가까우나, 시설한계에 도달할 경우 새로운 시설이 필요하므로 비용이 급격히 상승할 것이다. 이 경우 과부하기의 가격을 비부하기의 가격보다 높게 책정하여, 과부하기의 수요를 줄이고 비부하기의 수요를 늘려, 설비운영의 효율성과 소비자의 후생을 동시에 제고할 수 있다.

이러한 과부하 가격설정(peak-load pricing)방식에 대해 조금 더 자세히 살펴보자. 분석의 편의를 위해 하루가 과부하기와 비부하기의 두 시간대로 나누어지며, 각 시간대의 수요량은 그 시간대의 가격에 의해 결정된다고 가정하자. 이 기업이 주어진 시설용량 내에서 재화를 한 단위 더 공급할 때는 단위당 가변비용 b가 든다. 하지만 시설용량을 초과하여 재화를 한 단위 더 공급할 때는 단위당 가변비용 b와 단위당 고정비용 r이 든다.

앞에서도 보았듯이 사회후생을 극대화하기 위해서는 가격을 한계비용과 동일하게 설정해야 한다. 따라서 수요가 최대시설용량보다 적은 비부하기의 가격은 그때의 한계비용인 가변비용으로 결정하고, 수요가 최대시설용량과 일치하는 과부하기의 한계비용은 가변비용에 고정비용을 더한 것이 되므로 이 값을 가격으로 결정한다. 달리 말하면, <그림 7-6>에서처럼 최대시설용량을 K라고 했을 때, 비부하기 즉 수요가 K보다 적은 시간대에는 가격을 b로 책정하고, 과부

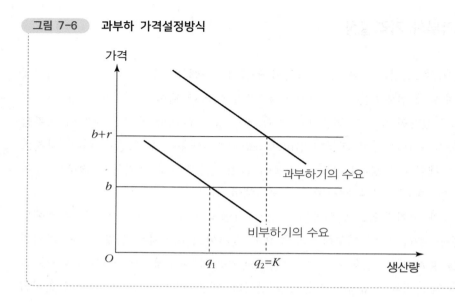

그림 7-6　과부하 가격설정방식

(그래프)
가격
$b+r$
b
과부하기의 수요
비부하기의 수요
O　　q_1　　$q_2=K$　　생산량

하기, 즉 수요가 K와 같은 시간대에는 가격을 $b+r$로 책정한다. 이러한 가격설정방식하에서 기업은 과부하기에는 총고정비용에 과부하기 동안의 가변비용을 더한만큼을 수입으로 얻고, 비부하기에는 그 기간 동안의 가변비용을 수입으로 얻으므로, 결과적으로 기업의 총수입과 총비용이 일치하게 되어 손실을 보지 않는다.

　　하지만 고정비용이 가변비용에 비해 아주 큰 경우 이 방식에 따라 가격을 설정하면 과부하기의 요금과 비부하기의 요금 사이에 큰 차이가 날 것이다. 그리고 이러한 요금 차이로 인해 소비자들의 소비 행태 자체가 변화한다면, 과부하 가격설정 이후의 수요함수는 과부하 가격설정 이전의 수요함수와 다른 형태를 가질 것이다. 이 경우 수요변화를 반영하여 가격체계를 다시 설정해야 한다.

7.6 이부요금

　　지금까지 동일한 기업이 제공하는 재화라 할지라도 시간대 또는 시장에 따라 다른 가격을 책정함으로써 경제적 효율성을 높일 수 있음을 보았다. 이러한 분석에서는 주어진 시장에서 주어진 시간대에 어느 한 소비자가 소비한 수량과 소비자가 지불하는 지출액 사이에 선형관계가 성립했다. 이 절에서는 소비량과 지출액 사이의 관계가 비선형인 가격설정(non-linear pricing)방식에 대해 살펴본다.

비교적 단순한 비선형 가격설정방식의 예로 소비량에 관계없이 일정한 금액을 고정수수료로 부과한 후 소비량에 따라 일정한 액수를 받는 이부요금(two-part tariff)방식을 생각해 볼 수 있다. 이부요금제하에서 소비자는 고정수수료 t를 지불한 후, 소비량에 따라 단위당 사용가격 p를 지불한다. 여기서 고정수수료 t를 0으로 책정할 수도 있으므로 이부요금제를 선형 가격설정방식을 일반화한 것으로 볼 수 있다.

이부요금방식은 홉킨슨(Hopkinson, 1892)에 의해 전력회사의 요금부과방식으로 처음 연구되었고, 이후 코오즈(Coase, 1946)에 의해 한계비용 가격설정으로 손해를 보는 기업들에 대해 손해를 보전하도록 하는 방법으로 제시되었다. 그리고 오이(Oi, 1971)는 이윤극대화를 하는 독점사업자인 디즈니랜드가 고정수수료를 인상하기 위해 한계비용 이하의 사용가격을 설정해야 한다는 디즈니랜드 딜레마를 보여 줌으로써 최적이부요금(optimal two-part tariff)에 대한 분석을 제시하였다. 여기에서는 이부요금에 대한 코오즈의 설명을 살펴보고, 오이의 최적이부요금이 시사하는 바를 간략히 논의하도록 하겠다.

7.6.1 코오즈의 이부요금

일반적으로 소비자들은 다양한 선호를 갖고 있다. 예를 들어, 어느 재화를 한 소비자는 상대적으로 많이 소비하려고 하고, 다른 소비자는 상대적으로 적게 소비하려고 할 수 있다. 이부요금에서는 이러한 소비자들의 다양한 선호를 반영하여 가격을 설정한다.

다음과 같은 단순한 상황을 생각해보자. 하나의 재화가 있고, 이 재화를 원하는 소비자가 둘이 있는데, 이들은 각각 A와 B로 부른다. 소비자 A는 소비자 B보다 더 많은 재화를 소비하고자 한다. 한편 기업은 주어진 가격에서 두 소비자가 소비하고자 하는 양을 모두 공급할 수 있다. 이렇게 공급하는 데 고정비용 F가 들고, 재화 단위당 한계비용은 MC로 일정하다. 이 경우, 한계비용 가격설

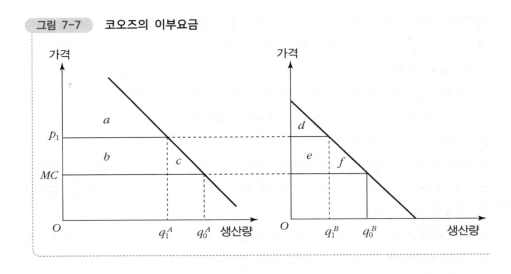

그림 7-7 코오즈의 이부요금

정방식을 사용하면 기업은 고정비용만큼의 손해를 입게 된다. 그러므로 기업이 손해를 입지 않기 위해서는 한계비용보다 높은 가격을 책정해야 한다. 기업이 가격 p_1을 매기면 손해를 입지 않는다고 가정하자. 그러면 <그림 7-7>에서처럼 각 소비자는 q_1^A와 q_1^B만큼을 소비한다. 한편 한계비용 가격설정방식을 따라 한계비용 MC에서 가격을 책정하면 소비자들은 각각 q_0^A와 q_0^B만큼을 소비한다. 그러므로 가격 p_1에서 소비자 잉여는 한계비용가격에 비해 $b+c+e+f$만큼 감소하고 생산자 잉여는 $b+e$만큼 증가하여 사회적으로 $c+f$만큼 자중손실이 발생한다.

　이 자중손실을 줄이면서 기업이 손해를 보지 않도록 하는 방식이 바로 코오즈가 제시한 이부요금제이다. 이부요금제하에서는 고정비용만큼을 고정수수료로 부과하고, 재화 단위당 가격은 한계비용 MC와 같도록 책정한다. 앞의 예에서 각 소비자에게 고정수수료 $F/2$를 부과한다고 가정하자. 단위당 가격을 한계비용과 같게 책정하였으므로 두 소비자 모두가 재화를 원하여 고정수수료와 단위당 가격을 지불하기로 하였다면, 그들은 각각 q_0^A와 q_0^B만큼을 소비할 것이다. 즉 가격을 p_1으로 책정하여 발생했던 자중손실이 사라진다. 그리고 각 소비자가 누리는 소비자 잉여가 고정수수료보다 크다면, 즉 소비자 A의 소비자 잉여 $a+b+c$가 고정수수료 $F/2$보다 크고, 소비자 B의 소비자 잉여 $d+e+f$가 고정수수료 $F/2$보다 크다면, 각 소비자는 고정수수료를 지불하고 재화를 소비하려고 할 것이다. 그리고 기업은 고정수수료 수입으로 고정비용을 충당할 수 있다. 결국 기업의 총수입과 총비용이 같아진다.

하지만 만약 소비자 B의 소비자 잉여 $d+e+f$가 $F/2$보다 작다면 문제가 복잡해진다. 이 경우 소비자 B가 고정수수료 $F/2$를 내고 위와 같이 재화를 소비한다면 음의 소비자 잉여를 얻게 된다. 따라서 소비자 B는 고정수수료를 내지 않고 재화를 아예 소비하지 않기를 선택하여, 소비자 잉여가 0이 되도록 할 것이다. 만약 소비자 잉여의 합계 $a+b+c+d+e+f$가 고정비용 F보다 크다면 소비자 A의 고정수수료를 올리고 소비자 B의 고정수수료를 낮춤으로써 소비자 B가 재화를 공급받도록 유인할 수 있을 것이다. 그러나 이 경우 소비자 A와 B를 구별하여 각각 다른 고정수수료를 부과한다는 것은 현실적으로 어려운 일이다. 이에 대한 한 가지 해결책은 소비자들에게 다양한 종류의 요금체계를 제시하고 그 중에서 선택하게 하는 것이다. 예를 들어, 높은 고정수수료에 낮은 단위당 가격을 책정한 요금제와 낮은 고정수수료에 높은 단위당 가격을 책정한 요금제 두 가지를 함께 소비자들에게 제시하고 이 중에서 각각의 취향에 맞춰 고르도록 하는 것이다.

실제로 전기, 가스, 물과 같은 재화는 일상생활에 필수적이므로 소비자 잉여가 고정수수료보다 작다고 하여 재화를 공급받는 것 자체를 거부하는 소비자는 많지 않을 것이다. 이는 어느 정도의 고정수수료를 부과하더라도 대다수 소비자들이 이를 부담하고 재화를 공급받을 것임을 의미한다. 그러므로 우리가 앞에서 우려했던 경우가 심각하게 발생하지 않을 수 있다. 이부요금제는 고정비용이 크고 규모의 경제가 있는 경우에 적절히 활용될 수 있는 방식으로 평가되고 있으며, 현실에서도 널리 이용되고 있다.

7.6.2 오이의 최적이부요금

이부요금제에서는 고정수수료와 단위당 사용요금을 적절하게 결정해야 한다. 이때 소비자들의 후생수준을 극대화할 수 있다면 더 바람직한 요금체계가 될 것이다. 이러한 최적이부요금(optimal two-part tariff)방식은 오이(Oi, 1971)에 의해 제시된 이후 많은 연구가 이루어졌다. 그러나 최적이부요금을 엄밀하게 논의하기 위해서는 복잡한 계산이 필요하므로 여기에서는 최적이부요금에 대한 분석으로부터 배울 수 있는 시사점만을 간략히 설명하도록 하겠다.

먼저 총요금 중에서 고정수수료와 단위당 사용요금 사이의 비중은 재화를 공급받고자 하는 소비자들의 고정수수료에 대한 탄력성에 의존한다. 만약 이 탄력성이 커서 고정수수료를 인상할 때 많은 소비자들이 공급을 받지 않으려 한다면 고정수수료를 낮게 책정하고 사용요금을 높게 책정해야 사회후생이 증가한다. 반대로 비탄력적인 경우에는 고정수수료를 높게 책정하고 사용요금을 낮게 책정해야 사회후생이 증가한다. 이러한 결론은 램지 가격설정방식에서 볼 수 있었던 역탄력성 법칙과 유사한 것이다.

한편 최적이부요금에서는 고정수수료와 단위당 사용요금이라는 두 변수를 이용하여 사회후생을 극대화하므로, 단순히 사용요금 하나만을 조정하여 사회후생을 극대화해야 하는 경우에 비해 더 높은 후생수준을 달성할 수 있다. 하지만 최적이부요금을 산출하기 위해서는 비용함수, 수요함수뿐만 아니라 소비자들의 선호에 대한 정보도 필요한데 이러한 정보를 수집하는 것은 현실적으로 어려운 작업임을 유념해야 한다.

7.7 비용에 근거한 가격설정방식

지금까지 논의한 가격설정방식들은 사회적 후생을 극대화한다는 점에서 수요 측면에 중점을 둔 방식들로 볼 수 있다. 하지만 현실적으로 수요함수를 파악하는 것은 어려운 작업이다. 그러므로 정부의 입장에서는 공급비용에만 기초하여 가격을 설정하는 방식을 선호할 수 있다. 이러한 방식은 경제학을 공부한 사람들에겐 다소 생소한 것이지만, 계산에 필요한 자료를 상대적으로 쉽게 얻을 수 있다는 데 장점이 있어 현실에서는 널리 사용되고 있다. 이러한 방식의 예로서 완전배분비용 가격설정(fully-distributed-cost pricing)방식에 대해 알아보자. 완전배분비용 가격설정방식에서는 여러 재화를 동시에 생산할 때 드는 총비용을 각 재화의 생산에 고유하게 드는 비용인 귀속비용(attributable cost)과 여러 재화의 생산에 공통으로 드는 비용인 공통비용(common cost)으로 나누어 각 재화의 가격설정문제를 다룬다. 이때 귀속비용은 각 재화에 부담시키는 한편 공통비용은 일정한 규칙에 따라 모든 재화에 나누어 분담시킨다.

이 방식은 공통비용을 분담시키는 방법에 따라 세 가지로 나누어지는데, 공통비용을 각 재화의 산출비율에 따라 분담시킬 경우를 상대산출법(relative output method)이라 하고, 각 재화의 수입이 총수입에서 차지하는 비율에 따라 분담시키는 경우를 총수입법(gross revenue method)이라 하며, 총귀속비용에서 각 재화의 귀속비용이 차지하는 비율에 따라 분담시키는 경우를 귀속비용법(attributable cost method)이라고 한다.

이러한 방식들은 다음과 같이 나타낼 수 있다. 재화 i가 분담하는 공통비용의 비율을 f_i로 둘 때, 재화 i의 완전배분비용 FDC_i는 다음과 같다.

$$FDC_i = \text{재화 } i\text{의 귀속비용} + (f_i \times \text{공통비용})$$

여기서 f_i는 다음 세 가지 방법으로 각각 계산될 수 있다.

(상대산출법) f_i = 재화 i의 산출량 / 총산출량

(총수입법) f_i = 재화 i의 수입 / 총수입

(귀속비용법) f_i = 재화 i의 귀속비용 / 총귀속비용

여기서 한 가지 유의할 점은 총수입법의 경우 가격을 알아야 수입을 계산할 수 있다는 것이다. 그러나 현실에서 이 방법을 적용할 때에는 가격을 이용하는 대신, 지난 기의 수입비율을 사용하는 경우가 많다.

다음으로 각 재화의 가격을 결정해야 하는데, 가장 간편한 방법은 완전배분비용을 각 재화의 산출량으로 나누는 것이다. 재화 i의 가격을 p_i, 산출량을 q_i라고 하면 다음과 같이 가격을 설정할 수 있다.

$$p_i = \frac{FDC_i}{q_i}$$

이와 같은 완전배분비용 가격설정방식은 계산이 간편하다는 장점을 지니고 있으나, 소비자들의 후생을 직접적으로 고려하지 못한다는 단점도 가지고 있다.[2]

7.8 공공요금을 결정할 때 현실적으로 고려할 사항

지금까지 이론적인 관점에서 공공요금을 결정할 때 사용할 수 있는 방식들에 대해 살펴봤다. 그러나 이러한 방식들을 현실의 공공요금 결정과정에 적용할 때에는 다양한 문제가 있을 수 있다. 여기에서는 현실의 요금결정과정에서 고려해야 하는 사항들에 대해 논의하도록 하겠다.

현실의 공공요금 결정과정에서는 가장 먼저 소비자들의 수요와 기업의 공급비용에 관한 자료를 수집해야 한다. 일반적으로 이러한 자료를 수집하기는 어렵다. 따라서 이용가능한 자료에 따라 공공요금 설정방식의 선택범위가 결정될 것이다. 한편 수집된 비용자료에서 해당산업이 규모의 경제를 지니고 있다는 증거가 없다면 한계비용 가격설정방식을 사용하는 것이 바람직할 것이다.

자료수집이 이루어진 다음에는 앞에서 논의한 효율성, 공평성, 그리고 재정수입 확보라는 정책목표들에 대한 우선순위를 정해야 한다. 효율성만이 중요하다고 판단되면 램지 가격설정방식이 가장 우월한 방식이 될 것이다. 한편 공평성의 비중이 증가하면 다른 가격설정방식에 대한 고려가 이루어져야 할 것이다. 일반적으로 여러 정책목표들 사이에 조화가 필요하므로 특정한 가격설정방식에 집착하기보다는 여러 가지 가격설정방식을 검토하고 이를 조합하여 새로운 가격체계를 설계해야 한다.

우리나라의 경우 공공요금을 조정하기 위해서는 관계부처의 심의와 기획재

---

2) 비용 측면을 고려한 다른 가격설정방식에 대해서는 이명호·전영섭·김범석(1991)을 참고하기 바란다.

정부와의 협의를 거쳐야 한다. 이 과정에서 물가상승, 실업, 국제수지 등 여러 거시정책변수들에 미치는 영향을 충분히 분석한 후 공공요금을 조정한다. 많은 경우 공공요금 인상이 물가에 미치는 영향을 고려하여 비교적 낮은 수준에서 공공요금을 설정하고 있는 실정이다.

한편 공공요금체계를 조정할 때는 항상 새로운 요금체계하에서 부담이 증가하는 집단과 감소하는 집단이 공존하기 마련이다. 만약 이들이 이해집단을 이루어 충돌한다면 정부의 입장에서는 요금체계를 조정하는 데 어려움이 있을 것이다. 그러므로 현실에서 공공요금 조정과정은 오랜 여론수렴 과정을 거쳐 천천히 진행될 수밖에 없다. 이 때문에 공공요금체계는 경직적으로 운영되는 경우가 많다. 그리고 조정이 이루어진다고 하더라도 소폭에 그치는 경우가 대부분이다. 그러므로 정부의 입장에서는 공공요금조정에 있어 앞으로의 방향성을 국민과 기업들에게 명확히 제시하고 이를 바탕으로 조금씩 단계적으로 요금을 조정할 수 있도록 해야 한다. 국민과 기업들이 이러한 방향성을 명확히 인식한다면 사전에 소비 행태나 생산 과정을 조정하여 공공요금 조정에 따른 사회적 혼란을 최소화할 수 있을 것이다.

부록 ┃ 역탄력성 법칙의 수학적 도출

여기에서는 램지 가격설정원칙의 수학적 도출과정을 살펴본다. 본문에서 논의한 바처럼 램지 가격은 기업의 총수입이 총비용과 같다는 제약조건하에서 사회적 후생을 극대화하는 가격체계이다. 그러므로 사회적 후생을 측정하는 방법에 대해서부터 논의하도록 하겠다.

일반적으로 소비자 잉여(consumer surplus)와 생산자 잉여(producer surplus)의 합을 사회적 후생으로 정의한다. 여기서 소비자 잉여는 수요곡선 아래의 면적과 소비자들이 지출한 총금액의 차이로 정의되며, 수요곡선 아래의 면적은 각 재화가 독립적이라는 가정하에 역수요곡선(inverse demand curve)을 이용하여 측정할 수 있다. 공공부문이 공급하는 재화를 $x_1, \ldots, x_m$으로 표시하고, 이들이 서로 독립재라고 가정하자. 재화 i에 대한 역수요곡선을 $p_i = p_i(x)$로 표시한다. 그러면 수요곡선 아래의 면적 CS를 다음처럼 계산할 수 있다.

$$CS(x_1, \ldots, x_m) = \sum_{i=1}^{m} \int_0^{x_i} p_i(x) dx$$

이제 비용함수를 $C(x_1, \ldots, x_m)$로 표시한다. 그러면 사회적 후생 $SW(x_1, \ldots, x_m)$을 다음과 같이 쓸 수 있다.

$$SW(x_1, \ldots, x_m) = CS(x_1, \ldots, x_m) - C(x_1, \ldots, x_m)$$

한편 재화의 가격을 $p_1, \ldots, p_m$으로 나타낼 때 재화를 판매한 총수입과 생산한 총비용이 같아야 한다는 제약조건을 다음처럼 쓸 수 있다.

$$p_1 x_1 + \cdots + p_m x_m - C(x_1, \ldots, x_m) = 0$$

본문의 주에서도 언급하였듯이 이 제약조건을 일반화하여 총수입과 총비용 사이의 차이가 일정액 이상이 되도록 요구할 수 있으나 현재 우리의 분석 결과에는 이러한 일반화가 영향을 미치지 않는다.

이에 따라 램지 가격을 구하기 위해서는 다음 극대화문제를 풀어야 한다.

$$\max \ SW(x_1, \ldots, x_m) = CS(x_1, \ldots, x_m) - C(x_1, \ldots, x_m)$$
$$\text{subject to} \ p_1 x_1 + \cdots + p_m x_m - C(x_1, \ldots, x_m) = 0$$

제약하의 극대화문제를 풀기 위해 다음과 같은 라그랑지함수를 만든다.

$$\mathcal{L} = CS(x_1, \ldots, x_m) - C(x_1, \ldots, x_m) + \lambda [p_1 x_1 + \cdots + p_m x_m - C(x_1, \ldots, x_m)]$$

이 라그랑지함수를 각 재화에 대해 편미분하여 극대화 1계 조건을 구한다.

$$\frac{\partial \mathcal{L}}{\partial x_1} = \frac{\partial CS}{\partial x_1} - \frac{\partial C}{\partial x_1} + \lambda \frac{\partial (p_1 x_1 + \cdots + p_m x_m)}{\partial x_1} - \lambda \frac{\partial C}{\partial x_1} = 0$$

$$\vdots$$

$$\frac{\partial \mathcal{L}}{\partial x_m} = \frac{\partial CS}{\partial x_m} - \frac{\partial C}{\partial x_m} + \lambda \frac{\partial (p_1 x_1 + \cdots + p_m x_m)}{\partial x_m} - \lambda \frac{\partial C}{\partial x_m} = 0$$

다음 단계로 주어진 가정하에서 위의 식들에 있는 각 항을 어떻게 정리할 수 있는지 살펴보자.

① 개별소비자는 어떤 재화의 소비로부터 얻는 한계편익이 그 재화의 가격과 일치하는 수준에서 소비량을 결정한다. 모든 소비자들이 그렇게 행동한다면 개별소비자들의 수요를 수평으로 합계하는 시장수요에서도 동일한 결과가 나타난다. 따라서 재화 i에 대해 $\partial CS/\partial x_i = p_i$가 성립한다. 수학적으로는 앞에서 정의한 $CS(x_1, \ldots, x_m)$을 x_i로 편미분하여도 동일한 결과를 얻을 수 있다.

② 비용함수 $C(x_1, \ldots, x_m)$을 x_i로 편미분하여 재화 i의 한계비용 MC_i를 구한다. 즉 $\partial C/\partial x_i = MC_i$이다.

③ 모든 재화가 독립재이므로 서로 다른 두 재화 i와 j에 대해 $\partial p_j/\partial x_i = 0$이고 다음 조건이 성립한다.

$$\frac{\partial (p_1 x_1 + \cdots + p_m x_m)}{\partial x_i} = p_i + x_i \frac{\partial p_i}{\partial x_i}$$

이제 재화 i에 대한 수요의 가격탄력성 $\epsilon_i = -\frac{\partial x_i}{\partial p_i} \frac{p_i}{x_i}$를 이용하여 이 식을 다음과 같이 정리한다.

$$\frac{\partial (p_1 x_1 + \cdots + p_m x_m)}{\partial x_i} = p_i \left(1 + \frac{\partial p_i}{\partial x_i} \frac{x_i}{p_i} \right) = p_i \left(1 - \frac{1}{\epsilon_i} \right)$$

지금까지 살펴본 조건들을 극대화 1계 조건에 대입하여 정리한다.

$$p_1 - MC_1 + \lambda p_1 \left(1 - \frac{1}{\epsilon_1} \right) - \lambda MC_1 = 0$$

$$\vdots$$

$$p_m - MC_m + \lambda p_m \left(1 - \frac{1}{\epsilon_m} \right) - \lambda MC_m = 0$$

이 식들을 다음과 같이 정리할 수 있다.

$$\frac{p_1 - MC_1}{p_1} = \frac{\lambda}{1 + \lambda} \frac{1}{\epsilon_1}$$

$$\vdots$$

$$\frac{p_m - MC_m}{p_m} = \frac{\lambda}{1 + \lambda} \frac{1}{\epsilon_m}$$

서로 다른 두 재화 i와 j에 대해 정리한 식을 나누면 역탄력성 법칙을 얻는다.

$$\frac{\dfrac{p_i - MC_i}{p_i}}{\dfrac{p_j - MC_j}{p_j}} = \frac{\epsilon_j}{\epsilon_i}$$

참고문헌

이명호 · 전영섭 · 김범석, 『전기통신요금과 통신경제이론』, 연구보고 91-03, 통신개발연구원, 1991.

Boiteux, M., "Sur la gestion des Monopoles Publics astreint a l'equilibre budgetaire," *Econometrica* 24 (1956), 22-40: Translated as "On the Management of Public Monopolies Subject to Budget Constraints," *Journal of Economic Theory* 3 (1971), 219-240.

Brown S. J., and D. S. Sibley, *The Theory of Public Utility Pricing*, Cambridge: Cambridge University Press, 1986.

Coase, R. H., "The Marginal Cost Controversy," *Economica* 13 (1946), 169-189.

Hopkinson, J., "The Cost of Electric Supply," *Transactions of Junior Engineering Society*, 1892, 33-46.

Oi, W. Y., "A Disneyland Dilemma: Two Part Tariffs for a Mickey Mouse Monopoly," *Quarterly Journal of Economics* 85 (1971), 77-90.

Ramsey, F. P., "A Contribution to the Theory of Taxation," *Economic Journal* 37 (1927), 47-61.

비용-편익
분석

CHAPTER

08

비용–편익분석

비용–편익분석(cost-benefit analysis)은 다양한 경제적 행위로부터 발생하는 비용과 편익을 측정하여 의사결정에 활용하고자 하는 접근법이다. 이는 투자에 필요한 재원이 제한적일 때 경쟁관계에 있는 민간부문과 공공부문의 투자계획들 중에서 또는 다수의 공공부문 투자계획들 중에서 어떤 것을 수행할 것인지 분석하는 데 이용될 수 있다. 비용–편익분석이 적용될 수 있는 공공부문 투자계획들의 예로는 도로, 공항, 발전소 등을 건설하는 사업 등이 있다. 이 장에서는 비용–편익분석의 이론과 실제에 대해 살펴본다.

8.1 비용–편익분석의 기초

모든 공공부문 또는 민간부문의 투자계획은 일련의 편익을 창출한다. 이 편익에서 투자계획의 제반비용을 제하면 순편익(net benefit)을 얻을 수 있다. 편익과 비용을 비교하기 위해서는 공통된 척도가 필요하며 일반적으로 화폐가치를 공통된 척도로 이용한다. 투자에 의해 창출된 편익과 비용은 여러 기간에 걸쳐 나타나기도 한다. 이 경우 순편익의 총가치를 계산하기 위해 각 시기의 편익과 비용을 현재가치로 바꾼 후 그 차이를 계산해 순편익의 현재가치를 산정하며, 이 과정에서 적절한 할인율(discount rate)을 사용하게 된다.

예산제약으로 인해 여러 투자계획 중에서 하나를 선택해야 한다면, 일관된 기준을 수립해 적절한 투자계획을 선택해야 한다. 만일 투자계획에 대한 시장이 형성되어 있다면 시장가격을 활용하여 비용과 편익을 평가할 수 있을 것이다. 실제로 대부분의 민간부문 투자계획을 평가하는 데에는 시장가격을 사용하기도 한다. 하지만 공공부문 투자계획의 경우에 그 편익과 비용이 시장가격으로 나타나지 않는 경우가 많다. 따라서 비용-편익분석의 목표는 시장의 기능을 가능한 한 모방함으로써 공공부문의 자원배분이 효율적으로 이루어질 수 있도록 하는 것이다. 결론적으로 비용-편익분석은 효율적인 공공부문 투자계획을 선택하여 경제를 효율적으로 운영하기 위한 하나의 수단이라고 할 수 있다.

8.2 비용-편익분석의 이론

모두 n개의 투자계획들이 있고, 각각의 투자계획을 i로 표시한다. 비용-편익분석을 통해 여러 투자계획 가운데서 하나를 선택하기 위해서는 각각의 투자계획 i에 대해 다음과 같이 편익, 비용, 순편익의 현재가치를 계산해야 한다.

$$\text{편익} \quad PVB_i = B_i(0) + \frac{B_i(1)}{(1+r)} + \frac{B_i(2)}{(1+r)^2} + \cdots + \frac{B_i(T)}{(1+r)^T} = \sum_{t=0}^{T} \frac{B_i(t)}{(1+r)^t}$$

$$\text{비용} \quad PVC_i = C_i(0) + \frac{C_i(1)}{(1+r)} + \frac{C_i(2)}{(1+r)^2} + \cdots + \frac{C_i(T)}{(1+r)^T} = \sum_{t=0}^{T} \frac{C_i(t)}{(1+r)^t}$$

$$\text{순편익} \quad PV_i = PVB_i - PVC_i = \sum_{t=0}^{T} \frac{B_i(t) - C_i(t)}{(1+r)^t}$$

여기서 $B_i(t)$는 t기에 발생하는 투자계획 i의 편익, $C_i(t)$는 t기에 발생하는 투자계획 i의 비용, r은 할인율, T는 투자계획의 기간을 의미한다. 이를 계산하기 위해서는 우선 다음과 같은 문제들을 해결해야 한다. 첫째, 비용과 편익에 각각 무엇이 포함되어야 하는지 결정해야 한다. 둘째, 비용과 편익을 화폐가치로 환산해야 한다. 셋째, 할인율을 어떻게 설정할 것인지 결정해야 한다.

이러한 문제들에 대해 살펴보기에 앞서 투자기준에 대해 알아본다. 특정한 투자계획에 대한 투자여부를 결정하거나 여러 투자계획 중에서 하나를 선택해야 하는 경우 의사결정을 위한 기준이 필요하며 이를 투자기준이라 부른다. 투자기준이 하나로 정해지면, 여러 투자계획에 대해 우선순위를 매겨 투자여부를 결정할 수 있을 것이다.

8.2.1 투자기준

비용-편익분석에서 일반적으로 사용하는 투자기준(investment criteria)에는 내부수익률법, 현재가치법, 편익-비용비율법 등이 있다. 이들에 대해 차례로 살펴본다.

(1) 내부수익률법

내부수익률법(internal rate of return method)에서는 먼저 투자계획에 대해 순편익의 현재가치를 0으로 만드는 할인율을 계산한다. 앞에서 정의한 순편익의 현재가치 PV_i는 할인율 r에 따라 다른 값을 갖는다. 이를 나타내기 위해 순편익의 현재가치를 $PV_i(r)$로 표시한다. 내부수익률법에서는 개별 투자계획 i에 대해 $PV_i(r^o) = 0$이 성립하는 할인율 값 r^o을 계산하고, 이를 투자계획 i의 내부수익률이라 부른다. 다음으로 내부수익률 r^o를 시장수익률 r^m과 비교한다. 만약 $r^o > r^m$이면 이 투자계획이 시장수익률보다 더 큰 수익률을 보장하므로 투자할 가치가 있다고 판단하고, 반대의 경우에는 투자할 가치가 없다고 본다. 투자계획들이 다수 존재하는 경우, 개별투자계획에 대해 내부수익률을 계산하여 내부수익률이 시장수익률보다 큰 투자계획들 중에서 가장 큰 내부수익률을 주는 것을 선택한다.

하지만 내부수익률법에는 다음과 같은 한계가 있다. 첫째, 수학적으로 고차(T차) 방정식에는 여러 해가 존재할 수 있으므로 내부수익률이 하나로 결정되지 않을 수 있다. 둘째, 비교대상으로 삼는 시장수익률을 선택하기가 어려울 수 있다.

(2) 현재가치법

현재가치법(present value method)에서는 적절한 할인율을 선택해 개별 투자계획에 대해 순편익의 현재가치를 계산한다. 즉 주어진 할인율이 r이면 순편익의 현재가치 $PV_i(r)$을 계산한다. 여기서 만약 순편익의 현재가치가 0보다 크면 그 투자계획은 투자할 가치가 있으며, 0보다 작을 경우에는 투자할 가치가 없다고 판정한다. 그리고 여러 투자계획 사이에서 선택해야 할 경우에는 순편익의 현재가치가 0보다 큰 투자계획 중에서 가장 큰 현재가치를 주는 것을 선택한다. 앞에서 언급한 내부수익률법의 한계로 인해 현실에서는 현재가치법을 더 많이 활용한다. 그러나 현재가치법을 사용하기 위해서는 할인율을 적절히 선택해야 하는데, 어떤 할인율 값을 선택하느냐에 따라 비용-편익분석의 결론이 달라질 수 있다. 이 문제에 대해서는 나중에 다시 논의하기로 하겠다.

(3) 편익-비용비율법

편익-비용비율법(benefit-cost ratio method)에 따르면, 투자계획 i에 대해 편익의 현재가치(PVB_i)와 비용의 현재가치(PVC_i)를 계산하고, 두 값의 비율(PVB_i/PVC_i)을 구하여, 이 편익-비용비율이 1보다 큰 투자계획은 투자할 가치가 있다고 판단한다. 만약 편익-비용비율이 1보다 큰 투자계획들이 여럿 존재하고 이 중에서 선택을 해야 한다면 편익-비용비율이 가장 큰 투자계획을 선택한다.

쉽게 예상할 수 있듯이 어떤 투자기준을 사용하여 투자계획을 선택하느냐에 따라 결과가 달라질 수 있다. 그런데 편익-비용비율법을 사용하면 사회적으로 최적이 아닌 투자계획을 선택할 수도 있다. 예를 통해 이러한 가능성에 대해 살

→ 표 8-1 **현재가치와 편익-비용비율**

투자계획	PVB	PVC	편익-비용비율	순편익 현재가치
X	450	200	2.25	250
Y	800	400	2.00	400
Z	900	600	1.50	300

펴보자. <표 8-1>에는 가상적인 투자계획 X, Y, Z의 비용-편익분석 결과를 보여주고 있다.

여기서 만약 편익-비용비율법을 투자기준으로 삼아 하나의 투자계획만 골라야 한다면, 투자계획 X를 선택할 것이다. 하지만 현재가치법을 따른다면, 순편익의 현재가치가 가장 큰 투자계획 Y를 선택해야 한다. 더욱이 현재가치법에 의하면 투자계획 X는 셋 중에서 순편익의 현재가치가 가장 작은 것이다.

이러한 현상이 발생하는 이유를 <그림 8-1>에서 살펴본다. 이 그림에서 수직축은 투자계획별 편익과 비용의 현재가치를 나타내고, 수평축은 투자계획의 크기, 즉 투자액을 나타낸다. 그리고 곡선 B는 투자의 편익곡선이고, 곡선 C는 투자의 비용곡선이다. 이제 투자계획 X와 Y를 비교한다. 이 두 투자계획은 동일한 편익곡선과 비용곡선을 갖고 있으나, 투자계획 X에는 Q_X만큼의 투자가 필요하며 투자계획 Y에는 Q_Y만큼의 투자가 필요하다. 우선 효율적인 자원배분을 위해서는 투자의 한계편익(MB)과 투자의 한계비용(MC)이 같아지는 Q_Y 수준까지 투자해야 한다. 현재가치법에 따르면 Q_Y에서 순편익의 현재가치가 극대화

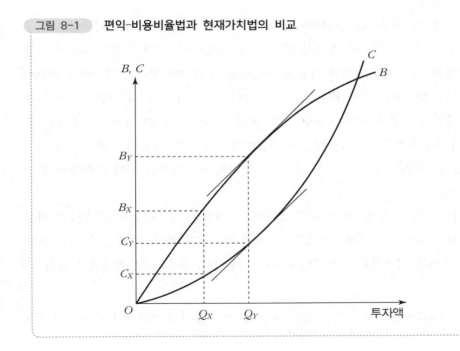

그림 8-1   편익-비용비율법과 현재가치법의 비교

되므로, 투자계획 Y를 선택할 것이다. 반면 편익-비용비율법에 이용되는 편익-비용비율은 이보다 더 적은 투자액 수준에서 극대화된다. 이 그림에서 편익-비용비율이 극대화되는 점을 바로 찾기는 어려우나, B_X/C_X 비율이 B_Y/C_Y 비율보다 크다는 것은 쉽게 확인할 수 있다. 그러므로 편익-비용비율법을 따르면 투자계획 X를 선택할 것이다. 하지만 투자계획 X의 투자액 Q_X에서는 한계편익이 한계비용보다 더 크기 때문에 Q_X가 최적 투자수준이 아니라는 것을 쉽게 알수 있다.

8.2.2 비용과 편익의 형태

이윤극대화를 추구하는 민간부문의 투자자는 순편익을 계산할 때 오직 사적비용과 사적편익만을 고려한다. 그러나 공공부문에서 의사결정을 할 때에는 사회구성원 전체의 이익을 고려해야 한다. 즉, 공공부문 투자계획의 경우 직접적편익과 비용 이외에도 투자계획이 창출하는 외부성(externality)까지 고려해서 결정해야 한다.

그런데 이 외부성은 실질적(real) 외부성과 금전적(pecuniary) 외부성으로 구분할 수 있다. 전자는 제5장에서 설명한 외부성을 의미하며 이것은 사회적 후생에 영향을 미치므로 편익과 비용을 계산하는 데에 포함해야 한다. 한편 금전적외부성은 공공부문 투자계획으로 인한 상대가격의 변화가 예산제약을 통해 다른 사람들의 후생에 미치는 영향을 말한다.[1] 그러나 이러한 금전적 외부성은 한집단의 사람으로부터 다른 집단의 사람에게로 소득을 재분배할 뿐 사회전체의후생에는 영향을 미치지 않으므로 편익과 비용을 계산하는 데에 포함하지 않아야 한다.

예를 들어, 새로운 고속도로를 건설하는 경우를 상상해보자. 고속도로 건설에 따른 직접편익은 여행시간 절약, 잠재적 여가시간 증가, 사고 감소 등을 포함한다. 그리고 직접비용은 건설비용, 유지보수비용, 고속도로순찰대비용 등을 포

---

1) 일반적으로 민간부문의 투자는 비교적 규모가 작아 상대가격을 적게 변화시키는 반면, 공공부문의 투자는 규모가 커서 상대가격 변화에 더 큰 영향을 미칠 수 있다.

함한다. 한편 실질적 외부성에 의한 편익은 고속도로가 건설되기 전에 교통혼잡으로 인해 고통을 받던 주민들이 얻는 편익을 포함할 것이다. 그러나 고속도로 주변 공장, 상점과 음식점의 이윤증가는 금전적 외부성에 속하므로 편익과 비용을 계산하는 데에 포함하지 않아야 한다. 이들의 이윤증가는 고속도로가 건설되기 전에 사용되던 구도로 주변업자들의 손실과 연결되어 있어 국민경제 전체의 관점에서는 단순히 소득을 재분배한 것에 지나지 않기 때문이다. 하지만 현실적으로 실질적 외부성과 금전적 외부성을 구분하는 것이 쉽지는 않다.

8.2.3 비용과 편익의 평가

일단 공공부문 투자계획과 관련된 편익과 비용의 형태를 파악하고 나면 그 다음 문제는 이들을 평가할 수 있는 적절한 가격을 결정하는 것이다. 이때 유형적인(tangible) 편익이나 비용에 대해서는 시장가격이 존재하나, 무형적인(intangible) 편익이나 비용에 대해서는 시장가격이 존재하지 않아 평가작업에 어려움이 따른다. 설사 시장가격이 존재하더라도 시장이 완전하지 않으면 시장가격이 자원의 정확한 기회비용을 반영하지 못하므로 사회적 편익과 비용을 제대로 평가하기 어려울 수 있다.

비용-편익분석에 사용하는 가격은 사회적 기회비용을 제대로 반영하고 있어야 한다. 만약 시장가격이 사회적 기회비용을 제대로 반영하고 있다면 순편익의 가치를 계산하는 데 당연히 시장가격을 사용해야 한다. 그러나 대다수 대형 공공투자계획의 경우, 시장실패로 인해 시장가격이 사회적 기회비용을 제대로 반영하지 못하거나 시장가격 자체가 아예 존재하지 않을 수 있다. 이 경우 사회적 기회비용을 제대로 반영하는 잠재가격(shadow price)을 계산해야 한다. 잠재가격은 이용가능한 시장가격 정보로부터 계산되거나 그러한 정보가 존재하지 않으면 다른 방법들을 이용해 계산되어야 한다.

시장가격정보를 이용할 수 있는 경우에는 대체시장(surrogate market)을 이용한 헤도닉가격기법을 사용할 수 있다. 예를 들어, 환경질 개선의 편익을 평가하는데 헤도닉가격기법을 활용한다고 하면, 어느 지역에서의 환경질 개선이 그 지역의 부동산 가격에 미치는 영향을 회귀분석을 통해 추정한다. 이를 통해 환경질 개선과 부동산 가격 사이의 상관관계를 파악하여 환경개선의 화폐적 가치를 평가하는 것이다.

한편 시장가격정보가 없는 경우에는 설문조사방법을 사용할 수 있다. 예를 들어, 공공투자계획의 결과로 조성된 아름다운 경치가 주는 편익을 평가하기 위해, 개인들에게 아름다운 경치를 위해 얼마를 지불할 용의가 있는지 물어보고 응답 결과를 분석하는 것이다. 하지만 이러한 방법의 단점은 응답자들이 자신의 대답이 결과에 영향을 미친다는 사실을 인식하는 경우 설문에 진실하게 대답하지 않을 수 있다는 것이다.

8.2.4 할인율의 선택

미래의 순편익을 현재가치로 환산하는 데 적절한 할인율을 선택하는 문제는 비용-편익분석에 대한 논의에서 가장 중요한 주제 중 하나이다. 적절한 할인율을 고르는 문제는 다음과 같은 이유로 중요하다. 첫째, 너무 낮은 할인율을 고르면 사회적으로 바람직하지 못한 투자계획도 승인할 수 있고 반대로 너무 높은 할인율을 고르면 사회적으로 바람직한 투자계획을 거부할 수 있다. 상당수 공공투자계획의 경우 초기에 많은 비용이 소요되는 반면 편익은 어느 정도 시간이 지난 후에야 발생한다. 이 경우 할인율이 너무 높으면 편익의 현재가치가 작아져서 바람직한 투자계획임에도 순편익의 현재가치가 음(-)인 것으로 평가될 수 있다. 둘째, 할인율의 선택은 특정 투자계획의 채택여부뿐만 아니라 공공부문과 민간부문 사이의 자원배분에도 영향을 미칠 수 있다.

이제 공공부문의 투자계획에 대한 순편익의 현재가치를 계산할 때 정부가 어떤 할인율을 사용해야 하는지에 대해 살펴보자. 여기서 정부가 사용하는 할인율을 사회적 할인율(social discount rate)이라고 한다. 사회적 할인율을 설정할 때에는 다음 두 질문에 대해 생각해볼 필요가 있다. 첫째, 사회적 할인율을 시장이자율로 가정할 수 있는가? 둘째, 시장이자율을 사용하지 못한다면 자본의 사회적 기회비용과 사회적 시간선호율 중에서 어떤 것으로 사회적 할인율을 정해야 하는가?

(1) 시장이자율

만약 자본시장이 완전하다면 시장이자율은 자본의 기회비용을 제대로 반영할 것이다. 그리하여 자본시장에서의 시장이자율은 저축하는 사람의 시간선호율(rate of time preference) 및 자본의 한계생산성과 동일하게 결정된다. 따라서 모든 개인들이 동일한 시간선호율을 가지므로 이것이 사회적 시간선호율이 된다. 이 경우에는 시장이자율을 사회적 할인율로 사용할 수 있다.

그러나 자본시장은 시장 자체의 불완전성, 독과점적인 시장구조, 정부규제, 세금 등으로 인해 왜곡되어 있는 경우가 많다. 따라서 완전한 자본시장에서의 시장이자율이란 것은 존재하지 않으며, 현실에는 여러 시장이자율이 동시에 존재한다. 뿐만 아니라 시간선호율이나 자본의 한계생산성을 제대로 반영하는 이 자율이 존재하지 않을 수 있다. 자본시장이 완전하지 않음에도 불구하고 시장이 자율을 사용한다면 다양한 종류의 시장이자율 중에서 어떤 시장이자율을 사용할 것인가라는 문제에 봉착한다. 그리고 이 중에서 특정 시장이자율을 선택하더라도 민간시장은 일반적으로 너무 높은 소비율을 보이고 미래를 위해 너무 적은 자원만을 배분하므로 시장이자율은 사회적 편익과 비용을 적절하게 반영하지 않을 수 있다.

(2) 사회적 할인율

공공투자의 경우에는 시장이자율을 사용하는 것이 바람직하지 않으므로 사회적 기회비용을 제대로 반영하는 사회적 할인율(social discount rate)을 계산할 필요가 있다. 이에 대해서는 기본적으로 두 가지 견해가 있다. 우선 자본의 사회적 기회비용(social opportunity cost of capital)을 바탕으로 사회적 할인율을 정의해야 한다는 의견이 존재한다. 이는 공공부문 투자계획에 소요되는 자본에 대한 사회적 기회비용을 측정하는 방식으로, 하버거(Harberger), 허쉬라이퍼(Hirschliefer), 맥킨(McKean) 등이 여기에 속한다. 여기서 자본에 대한 사회적 기회비용이란, 공공부문에 투자된 재원이 다른 차선의 목적으로 사용되었을 때 얻을 수 있는 가치를 의미하며, 그 투자재원이 민간소비를 대체한 것이냐 또는 민간투자를 대체한 것이냐에 따라 달라진다.

한편, 사회적 시간선호율(social rate of time preference)을 활용하여 사회적 할인율을 정의해야 한다는 의견도 있다. 이는 현재소비와 미래소비에 대한 한계대체율을 측정하는 방식이며, 펠드스타인(Feldstein), 마그린(Marglin), 스타이너(Steiner) 등이 여기에 속한다.

(3) 공공투자계획에 사용되는 실제 할인율

지금까지 공공투자계획에서 어떤 할인율을 사용할 수 있는지에 대해 살펴보았다. 하지만 실제로 어떤 할인율을 사용해야 하는지에 대해서는 여전히 구체적인 합의에 도달하지 못한 상황이다. 전통적으로 경제학자들은 장기국채이자율에 투자계획의 위험프리미엄을 더해 사회적 할인율로 사용해왔다. 그러나 위험프리미엄을 결정하는 것은 평가자의 재량에 맡겨져 왔으며 이로 인해 여러 나라의 정부들은 자신들의 투자계획을 합리화하기 위해 다양한 범위의 할인율을 사용하기도 했다. 예를 들어 미국의 경우, 1960년대에 수행되었던 공공투자계획에서 정부 부처들이 0%에서 20%까지의 다양한 할인율을 사용한 것으로 나타났다.[2] 이에 1970년대 이후 미국의 관리예산처(Office of Management and Budget)에서는 모든 정부부처들이 비용-편익분석에 공통적으로 10%의 할인율을 사용하는 지침을 정한 바 있다.

8.3 비용-편익분석의 실제

1950년대 초반 미국과 캐나다는 두 나라 국경에 접해 있는 파사마쿼디만(Passamaquoddy Bay)에 조력발전소를 건설하는 문제에 대해 논의하였다. 이 건설계획은 초기 자본비용이 많이 드는 반면 운영비용은 매우 낮은 특징을 가지고 있었다. 1959년에 양국은 이 투자계획의 비용과 편익의 목록을 작성하였다. 흥미로운 사실은 비용과 편익은 동일했으나 두 나라가 서로 다른 할인율을 적용하여 정반대의 결론에 다다랐다는 점이다. 캐나다는 4.125%의 할인율을 사용하여

---

2) 티텐베르그(Tietenberg, 1992), p. 89를 참고

발전소 건설을 반대했지만, 미국은 2.5%의 할인율을 사용하여 찬성하였다. 즉, 순편익의 현재가치를 계산할 때 높은 할인율을 사용하면 초기 비용에 더 큰 비중을 두게 되므로 캐나다는 발전소 투자계획이 음(-)의 순편익을 초래할 것이라 평가한 반면, 미국은 낮은 할인율을 적용하여 미래의 편익과 낮은 운영비용에 더 큰 비중을 두어 투자계획의 순편익이 양(+)이라는 결론을 도출한 것이다.

8.4 위험과 불확실성

지금까지의 논의에서는 미래의 편익과 비용을 온전히 파악할 수 있다고 가정하였다. 그러나 미래를 확실히 아는 것은 불가능하다. 경제주체들이 취한 행동들은 위험(risk)을 수반하거나 그 결과들이 불확실(uncertain)하기 때문이다. 이제 공공부문 투자결정에 이 위험과 불확실성을 도입하는 방법을 논의하도록 한다. 이를 위해서는 우선 위험과 불확실성을 구분할 필요가 있다.

어떤 투자계획이 위험을 내포한다는 것은 미래의 편익과 비용을 확실하게 알 수는 없으나 이에 대해 결정권자들이 확률을 부여할 수 있는 상황을 의미한다. 반면 투자계획의 결과가 불확실하다는 것은 결과의 발생확률을 전혀 모른다거나 결과 그 자체를 전혀 알지 못하는 상황을 의미한다. 여기에서는 위험에 국한하여 논의를 전개하도록 하겠다.

비용-편익분석에 위험을 고려하는 방법을 설명하기 전에 경제주체들의 위험에 대한 태도를 먼저 알아보도록 하자. 경제주체들의 위험에 대한 선호에 따라 위험이 내포된 투자계획의 비용과 편익에 대한 평가가 달라질 수 있기 때문이다. <그림 8-2>에서 수평축은 위험이 내포된 투자계획으로부터 얻을 수 있는 순편익의 화폐가치를 나타내며, 수직축은 효용을 나타낸다.

이제 p의 확률로 Y_1의 순편익이 발생하거나 $(1-p)$의 확률로 Y_2의 순편익이 발생하는 투자계획이 있다고 가정하자. 이러한 투자계획이 주는 순편익의 기대치는 $\overline{Y} = pY_1 + (1-p)Y_2$이다. 한편 투자계획이 주는 순편익의 기대효용은 효용의 기대치로서 $\overline{U} = pU(Y_1) + (1-p)U(Y_2)$이 된다. 물론 기대효용은 개인

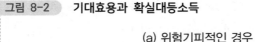

그림 8-2 **기대효용과 확실대등소득**

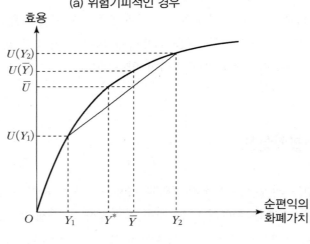

(a) 위험기피적인 경우

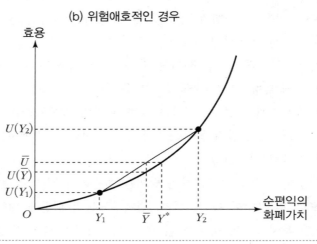

(b) 위험애호적인 경우

의 효용함수가 어떤 형태를 갖느냐에 따라 달라진다. <그림 8-2(a)>에서는 개인이 위험기피적이므로 순편익의 기대치가 주는 효용 $U(\overline{Y})$이 기대효용 $\overline{U}$보다 높게 나타난다. 하지만 <그림 8-2(b)>에서는 개인이 위험애호적이므로 순편익의 기대치가 주는 효용 $U(\overline{Y})$이 기대효용 $\overline{U}$보다 낮게 나타난다. 즉 순편익의 기대치가 동일하다 하더라도 개인들의 위험 선호에 따라 효용수준은 다르게 나타날 수 있다. 그러므로 비용-편익분석에서 이러한 점을 고려할 필요가 있는 것이다.

개인들의 위험에 대한 선호를 반영하는 척도로 확실대등소득(certainty equivalent income)이라는 개념이 있다. 확실대등소득이란, 위험이 내재된 의사결정 상황에서 순편익의 기대효용과 같은 수준의 효용을 주는 확실한 소득을 의미하는데, <그림 8-2>에서는 Y^*로 표시되어 있다. 한편 순편익의 기대치에서 확실대등소득을 뺀 차액($\overline{Y} - Y^*$)을 위험프리미엄(risk premium)이라 부른다. 이와 같이 위험이 내재된 투자계획으로부터 모든 개인들이 얻는 순편익을 확실대등소득으로 계산하고 나면, 앞에서 살펴본 투자기준을 따라 투자계획들 사이의 우선순위를 정할 수 있을 것이다.

한편 애로우-린드(Arrow and Lind, 1970) 정리에 따르면, 투자의 편익이 국민소득에 영향을 미치지 않을 정도로 규모가 작고 투자계획의 비용이나 편익이 다수의 사회구성원들에게 분할되는 경우, 위험 역시 다수의 사람에게 분산되기 때문에 위험에 따른 비용도 무시할 수 있을만큼 적은 것으로 간주할 수 있으므로, 비용-편익분석에서 위험에 대해 따로 고려할 필요가 없다.

8.5 비용-편익분석과 소득분배

공공투자계획의 편익이 모든 사람에게 균등하게 분배되는 것은 아니다. 예를 들어 댐과 같은 투자계획은 그 편익이 지역적으로 제한되며, 직업훈련 프로그램의 경우에는 그 혜택이 학생이나 구직자와 같은 특정 대상에게로 제한된다. 따라서 공공투자계획을 선택할 때, 정부는 투자계획이 소득분배에 미치는 영향을 고려해야 할 것이다. 이러한 소득분배에 대한 영향을 비용-편익분석에 포함하기 위해 통상적으로 두 가지 방법을 사용할 수 있다. 하나는 개인들의 편익에 대해 각기 다른 가중치를 부여하는 것이고, 다른 하나는 투자계획이 시행되기 전의 불평등도와 투자계획이 시행되었다고 가정한 후 추정한 불평등도를 비교하는 것이다.

먼저 비용-편익분석에 분배의 가중치를 도입하기 위해서는 전체 인구를 몇 개의 소득계층으로 나눈다. 그 후 각 계층에서 발생하는 순편익의 크기를 평가하고 각 계층에 부여할 사회적 가중치를 결정한다. 소득계층별로 어떤 가중치를 부여하는가는 소득의 한계효용을 이용하여 결정한다. 같은 금액의 소득이라도 한계효용은 부유한 사람의 경우보다 가난한 사람의 경우에 더 크므로 일반적으로 가난한 사람에게 더 큰 가중치를 부여할 것이다. 하지만 가중치를 결정하는 문제는 어느 정도 평가자의 주관적 판단에 의존할 수밖에 없다.

다음으로 투자계획을 시행하기 전과 후의 불평등도를 비교하는데, 지니계수, 앳킨슨지수 등의 다양한 불평등도의 척도를 사용할 수 있다. 주어진 척도에 따라 투자계획이 시행되기 전의 불평등도를 측정한 다음, 투자계획의 순편익을 감안하여 투자계획이 시행되고 난 후의 불평등도를 추정하여 두 값을 비교하는 것이다.

일각에서는 비용-편익분석에서 소득분배에 미치는 영향을 고려하지 않아야 한다고 주장한다. 이들은 정부가 소득재분배를 원한다면 누진소득세나 사회부조 등을 통해 직접 하는 편이 바람직하다고 주장한다. 사실 모든 정부정책들이 소득분배를 고려하여 결정된다면 경제의 비효율성을 초래할 뿐만 아니라, 소득재분배가 과도하게 이루어질 가능성도 있다. 그러나 비왜곡적인 수단을 통해 소득을 재분배하기가 어려운 상황에서는 공공투자계획을 검토하면서 소득재분배 효과도 고려해야 한다. 더욱이 소득재분배 자체가 목표인 공공투자계획을 평가할 때 소득재분배 효과를 무시하는 것은 그 투자계획의 본래 목적을 망각하는 것이다. 교육에 대한 정부보조와 저소득층에 대한 일자리 지원사업 등이 그러한 예이다.

8.6 동태적 비용-편익분석

지금까지 논의한 비용-편익분석은 공공투자에 대한 비용과 편익의 흐름이 시간에 따라 일정하고 그것이 경제전반에 미치는 효과 또한 일정한 것으로 가정한 정태적 분석이었다. 그러나 시간이 흐름에 따라 경제주체들의 행태나 정부의 경제정책 및 여타 중요한 경제변수들이 변화하는 경우에는 이러한 분석방법이 적절하지 않다. 동태적 요인들에 대해 충분히 고려하지 않으면 공공투자계획의 선택이 잘못될 수 있기 때문이다. 이런 상황을 반영하기 위해서는 동태적 비용-편익분석이 필요하나, 이와 관련된 내용은 이 책의 범위를 넘어서는 것이므로 생략하기로 한다.[3]

8.7 비용-효율성분석

공공투자계획의 편익을 추정하는 것이 어려울 때 비용-편익분석 대신에 사용할 수 있는 방법이 비용-효율성(cost-effectiveness)분석이다. 이 방법은 목표가 주어질 때 그 목표를 달성하기 위해 가장 비용이 적게 드는 투자계획을 찾는 것이다. 예를 들어 고속도로에서 교통사고로 인한 사망률을 줄이기 위한 여러 투자계획을 평가하는 경우를 생각해보자. 여기서 투자계획의 편익을 평가하기 위해서는 인명의 가치를 평가해야만 한다. 하지만 인명의 가치를 평가하는 것은 쉬운 문제가 아니므로 대신 사망률 자체를 지표로 삼아 투자계획들을 평가할 수 있을 것이다. 이 경우 동일한 사망률 감소를 달성하는 데 드는 여러 투자계획의 비용을 서로 비교하여 가장 적은 비용이 드는 투자계획을 선택할 수 있으며, 이러한 방법을 비용-효율성분석이라 한다. 또 다른 예로 환경오염을 경감하는 투자계획에 대해 생각해볼 수 있다. 환경오염방지의 결과로 나타나는 청정한 대기나 수질의 편익을 화폐가치로 계량화하는 것은 쉽지 않다. 대신 일정한 환경 기준을 달성하는 여러 투자계획의 비용을 서로 비교하고, 이 중 가장 적은 비용이 드는 투자계획을 선택할 수 있을 것이다.

---

3) 동태적 비용-편익분석법에 대해서는 마시아리엘로(Marciariello, 1975)를 참고하라.

참고문헌

Arrow, K. J., and R. C. Lind, "Uncertainty and the Evaluation of Public Investment Decisions," *American Economic Review* 60 (1970), 364-378.

Brown, C. V., and P. M. Jackson, *Public Sector Economics*, 2nd ed., Oxford: Martin Robertson, 1983.

Dasgupta, A. K., and D. W. Pearce, *Cost-Benefit Analysis: Theory and Practice*, London: Macmillan, 1978.

Marciariello, J. A., *Dynamic Benefit-Cost Analysis*, Lexington Books, D.C. Heath and Co., 1975.

Menges, G., *Economic Decision Making: Basic Concepts and Models*, London: Longman, 1974.

Mishan, E. J., *Cost-Benefit Analysis*, New York: Praeger Publishers, 1976.

Tietenberg, T, *Environmental and Natural Resource Economics*, 3rd ed., HarperCollins Publishers Inc., 1992.

예산제도

CHAPTER

09
예산제도

예산은 일정기간 동안 정부가 수행하는 활동을 뒷받침하기 위해 재원을 마련하고 지출하는 계획을 종합적으로 정리한 것이다. 일반적으로 정부는 예산서를 회계연도 단위로 작성한다. 우리나라의 경우 매년 1월 1일부터 12월 31일까지가 한 회계연도에 해당한다. 이 장에서는 예산의 기능, 규모, 편성과정 등에 대해 알아보고, 이어서 우리나라 예산제도의 현황 및 특징에 대해 살펴본다.

9.1 예산의 기능

예산은 기본적으로 자원의 효율적 배분, 공평성 제고, 경제 안정화 및 성장 등의 국가정책목표를 달성하기 위한 재정정책적 기능과 예산을 통해 각종 정부 활동을 합리적으로 계획·관리·통제하는 행정관리적 기능을 가지고 있다. 이러한 예산의 기능에 대해 살펴보도록 하자.

9.1.1 재정정책적 기능

(1) 효율성 증대

제2장에서 살펴본 바와 같이 시장경제는 일련의 전제조건들이 충족되는 경우 효율적인 자원배분을 달성한다. 그러나 현실에서 이러한 전제조건들이 완전

히 충족되기는 불가능하다. 그리하여 시장이 효율적인 자원배분을 달성하지 못하는 시장실패가 발생한다. 시장실패가 일어나면 정부의 개입이 필요하며 이를 위해 예산을 지출해야 한다.

(2) 공평성 제고

시장경제의 또 다른 문제점은 소득분배의 공평성을 보장할 수 없다는 것이다. 이러한 경우 정부가 개입하여 소득재분배 정책을 통해 사회적 공평성을 제고할 수 있다.

(3) 경제성장

경제가 성장하기 위해서는 과학·기술에 대한 연구개발, 교육, 전기·가스·수도와 같은 에너지자원 공급, 도로·공항·항만과 같은 사회간접자본 개발 등이 충분히 이루어져야 한다. 하지만 이러한 재화 및 서비스의 경우 생산·소비 과정에 있어 외부성이 존재하고 초기의 고정적인 투자비용도 상당하기 때문에 공공부문의 개입이 없이는 사회적으로 충분한 수준까지 공급이 제대로 이루어지지 않는 경향이 있다. 그러므로 정부가 개입하여 이러한 부문에 대해 예산을 지출함으로써 경제성장을 촉진할 수 있다. 직접적인 예산지출뿐만 아니라 세금감면을 통해서도 이러한 부문에 대한 민간의 투자를 유도할 수 있다.

(4) 가치재 생산 및 소비 활성화

어떤 재화나 서비스가 사회적으로 당장의 경제적인 이득은 없다고 하더라도 국민의 삶을 풍요롭게 한다면, 그러한 재화나 서비스를 가치재(merit goods)라고 부른다. 교육·문화·예술·체육 분야에서 가치재의 예를 찾을 수 있다. 그리고 이러한 재화들은 공공재적 성격도 지니고 있으므로 온정적 간섭주의에 의해 정부가 개입하여 생산과 소비를 장려할 수 있다.

9.1.2 행정관리적 기능

정부의 예산은 기본적으로 국회에서 예산 심의 및 승인을 거쳐 발효되므로 국민이 이러한 과정에 참여하여 정부를 통제할 수 있는 가능성이 열려있다. 이를 예산의 통제기능이라 한다. 한편 우리나라의 기획재정부와 같은 예산당국을 통해 정부부처들이 예산을 편성하는 과정에서 각각의 사업계획과 행정활동에 대한 관리가 이루어지는데, 이를 예산의 관리기능이라 한다. 그리고 예산은 국가의 경제활동 및 성장을 계획하는 데도 중요한 역할을 하므로, 이를 예산의 계획기능이라 한다. 예산의 통제·관리·계획 기능을 통틀어 예산의 행정관리적 기능이라 한다. 예산 제도는 초기에는 통제 중심이었다가, 관리 중심으로, 그리고 최근에는 계획 중심으로 변모해오고 있다.

9.2 예산의 규모

예산의 규모에 대해 논의할 때는, 예산의 절대적인 규모도 중요하지만, 국민경제의 전체적인 규모와 비교한 예산의 상대적인 크기도 중요하다. 일반적으로 국민경제의 규모는 국내총생산(GDP)을 의미한다. 즉 정부예산의 GDP 대비 비율이 중요한 기준이 된다. 뿐만 아니라 정부의 범위를 어디까지 보는지도 예산규모를 측정하는데 있어 중요하다. 중앙정부의 예산만을 다루는지, 지방정부의 예산도 포함하는지, 국민연금이나 공무원연금과 같은 사회보장성 기금의 예산도 포함하는지, 공공기관의 예산도 포함하는지에 따라 정부의 예산규모나 상대적인 크기가 상당히 다르게 측정될 수 있다.

한 정부의 예산규모가 적정한지에 대해서는 크게 세 가지 방법을 활용하여 생각해볼 수 있다. 이론적인 최적규모 추정, 주요국과의 상대적인 크기 비교, 개별 예산지출 사업에 대한 비용-편익분석 등이 그것이다.

9.2.1 최적규모 추정

한 정부의 예산규모에 대해 적어도 이론적으로는 최적규모를 계산할 수 있다. 예를 들어, 예산규모를 사회후생함수의 한 변수로 두고 여러 제약조건하에서 이 사회후생함수를 극대화함으로써, 최적 예산규모를 추정하는 것이다. 하지만 사회후생함수와 제약조건을 설정하는 데 있어 모형에 여러 모수(parameter)를 설정해야 하는데, 이에 대해서는 연구자의 기차판단이 필요할 수 있다. 그리고 어떻게 모수를 설정하는지에 따라 최적규모가 영향을 받기 때문에 최적규모가 과연 최적인가에 대한 논란이 있을 수 있다.

9.2.2 주요국과의 상대적인 크기 비교

이론적으로 최적규모를 추정하는 작업에는 많은 어려움이 따르기 때문에, 실무적으로 적정규모에 대해 판단하는 방법으로 주요국과의 국제비교가 많이 쓰인다. 경제적·사회적 여건이 비슷한 나라들끼리 경제규모를 감안하였을 때 정부예산의 규모가 어떤지 비교해보는 것이다.

<표 9-1>에서는 주요 OECD 회원국을 중심으로 국내총생산(GDP) 대비 일반정부 총지출의 비율을 보여준다. 일반정부 총지출은 중앙정부, 지방정부, 사회보장성 기금 지출을 포함하여 정의한다. 우리나라에서는 최근 들어 국내총생산 대비 일반정부 총지출의 비율이 증가하고 있다. 이 비율이 2017년 이전에는 30.3% 수준이었으나 점점 증가하여 2019년에 33.9% 수준이 되었다. 하지만 우리나라의 비율은 다른 OECD 회원국에서의 비율보다는 낮은 편이다. 2019년 기준으로 우리나라보다 비율이 낮은 OECD 회원국은 아일랜드(24.5%), 스위스(32.7%) 뿐이다. 반면 프랑스(55.3%), 핀란드(53.3%), 벨기에(51.8%), 노르웨이(51.5%) 등에서는 비율이 높게 나타난다. 2019년 평균비율은 약 42.9% 수준이다.

→ 표 9-1 국내총생산 대비 일반정부 총지출의 비율 (단위: %)

	2010	2011	2012	2013	2014	2015	2016	2017	2018	2019
그리스	53.0	55.1	56.6	62.6	50.7	53.8	49.6	48.4	48.5	47.5
네덜란드	47.9	46.8	46.8	46.5	45.7	44.6	43.6	42.4	42.3	41.9
노르웨이	45.4	44.2	43.3	44.4	46.3	49.3	51.5	50.5	48.8	51.5
덴마크	56.7	56.4	58.0	55.8	55.2	54.5	52.5	50.5	50.5	49.5
독일	48.1	45.2	44.9	44.9	44.3	44.1	44.4	44.1	44.3	44.9
라트비아	45.8	42.3	38.8	38.5	38.9	38.6	37.4	38.7	39.3	38.2
룩셈부르크	42.0	41.5	41.8	41.2	40.6	40.4	40.0	41.3	42.1	42.9
리투아니아	42.4	42.5	36.1	35.5	34.7	35.1	34.2	33.2	33.8	34.6
미국	43.0	41.9	40.1	38.9	38.3	38.0	38.3	38.1	38.0	38.3
벨기에	53.9	55.3	56.5	56.1	55.6	53.7	53.1	52.0	52.2	51.8
스웨덴	50.4	49.8	51.0	51.6	50.7	49.3	49.7	49.2	49.8	49.1
스위스	32.1	32.1	32.4	33.3	32.9	33.2	33.3	33.3	32.6	32.7
스페인	46.0	46.2	48.7	45.8	45.1	43.9	42.4	41.2	41.7	42.1
슬로바키아	42.3	41.5	41.3	42.6	43.4	45.7	42.7	41.4	41.8	42.7
슬로베니아	50.2	50.9	49.4	60.3	50.8	48.7	46.2	44.1	43.5	43.3
아이슬란드	48.9	50.7	47.9	46.1	45.9	43.6	46.5	44.5	43.9	43.4
아일랜드	65.2	46.7	42.4	40.8	38.0	29.3	28.3	26.6	25.7	24.5
에스토니아	40.3	37.4	39.2	38.4	37.8	39.5	39.4	39.2	39.5	39.5
영국	47.1	45.5	45.4	43.6	42.8	41.9	41.1	40.7	40.4	40.3
오스트리아	52.8	50.9	51.2	51.6	52.4	51.1	50.1	49.3	48.7	48.6
이스라엘	40.9	40.4	41.0	41.0	39.5	38.5	38.7	39.3	40.1	39.6
이탈리아	49.9	49.2	50.6	51.0	50.9	50.3	49.1	48.4	48.4	48.5
일본	39.2	40.5	40.3	40.5	40.0	39.0	38.6	38.3	38.3	38.7
체코	43.6	43.2	44.7	42.7	42.6	41.9	39.8	39.0	40.6	41.0
포르투갈	51.9	50.0	48.9	49.9	51.7	48.2	44.8	45.4	43.2	42.4
폴란드	45.8	44.1	43.1	43.0	42.6	41.7	41.1	41.3	41.5	41.7
프랑스	56.9	56.3	57.1	57.2	57.2	56.8	56.7	56.5	55.6	55.3
핀란드	53.9	53.7	55.4	56.8	57.3	56.5	55.6	53.6	53.4	53.3
한국	29.6	30.4	30.8	30.1	30.4	30.4	30.3	30.3	31.1	33.9
헝가리	48.8	49.0	49.1	50.0	50.0	50.4	46.8	46.4	45.8	45.6
호주	37.9	38.1	37.9	38.3	38.9	39.2	38.6	38.7	38.6	43.8

자료: https://data.oecd.org/gga/general-government-spending.htm

9.2.3 사업별 비용-편익분석

개별 예산지출 사업에 대해 비용과 편익을 분석하고, 그 결과를 바탕으로 효과가 있는 사업들만을 선택하여 해당 사업들의 예산을 총합함으로써 적정한 예산의 규모를 판단할 수 있다. 비용-편익분석을 통해 개별사업의 우선순위와 적정규모를 결정하고, 민간부문의 한계수익률을 감안하여 최종적으로 투자여부를 결정한다. 그리고 이러한 과정을 통과한 개별사업의 규모를 합산하여 전체 예산의 규모를 결정한다. 이 방법의 문제점은 모든 예산 사업들에 대해 비용-편익분석을 진행하기가 어렵다는 데 있다. 뿐만 아니라, 만약 비용이나 편익을 계량화하여 평가하기 불가능한 사업의 경우에는 비용-편익 분석을 통해 사업성여부를 판단하는 것이 적합하지 않을 수 있다.

9.3 예산의 지속적 증가 현상

19세기 독일의 경제학자 바그너(A. Wagner) 이래 경제학자들은 정부의 지출규모가 지속적으로 증가하는 현상에 대해 관심을 가져왔다. 이러한 현상을 바그너의 이름을 따서 바그너 법칙이라고 부르며 그 내용은 다음과 같다.

바그너 법칙: 산업화가 진전될수록 국민경제에서 차지하는 정부의 역할은 더 커지고 정부의 지출도 함께 증가한다.

이처럼 정부의 지출이 지속적으로 증가하는 이유를 살펴보기 위해서는 지출을 소모적(exhaustive) 지출과 이전(transfer) 지출로 나누어 생각해볼 필요가 있다. 여기서 소모적 지출은 사회의 자원을 소모하는 지출로 재화와 서비스에 대한 지출을 의미하며, 이전지출은 사회의 자원을 소모하지 않고 경제주체들 사이에 자원을 재분배하는 것으로 연금, 보조금, 실업급여 등을 의미한다. 이제 각각의 지출이 증가하는 이유에 대해 살펴본다.

9.3.1 소모적 지출의 증가

소모적 지출이 늘어나는 원인을 분석하기 위해 거시모형과 미시모형을 사용할 수 있다.

(1) 정부지출의 거시모형

머스그레이브(Musgrave, 1969, 1974)와 로스토우(Rostow, 1971)는 이른바 발전모형을 사용해서 소모적 지출이 증가하는 원인을 분석하고자 했다. 이들의 연구에 따르면, 경제발전 초기에는 정부가 경제를 도약단계에 올려놓기 위해 사회간접자본에 적극적으로 투자하여 정부의 투자지출이 증가한다. 중기에 이르면 정부의 투자와 민간의 투자가 보완관계를 이루면서 민간의 투자가 증가하고 정부의 투자도 함께 증가한다. 마지막으로 성숙기에 도달하면 정부는 복지, 교육 등의 분야에 대해 지출을 늘린다. 이와 같이 경제발전의 전 과정에 있어서 정부의 지출이 지속적으로 증가할 수 있다. 한편 경제가 성장하는 과정에서 시장이 완벽히 작동하지 못해 시장실패가 발생하면 이러한 실패를 교정하기 위해 정부가 개입하고 이 때문에 정부의 지출은 더욱 증가한다.

이와 비슷한 맥락에서 바그너 자신도 시장실패, 외부성 등의 원인에 의해 정부지출이 증가한다고 주장하였다. 경제가 산업화되면서 경제 내의 거래관계가 복잡해지고, 이처럼 복잡한 관계 속에 질서를 부여하기 위해서는 정부가 법질서를 세우고 집행하는 역할을 수행해야 한다. 이러한 과정에서 관련 법집행기관을 만들면 정부의 지출이 증가하는 것이다. 한편 경제발전과 함께 도시화가 진행되면서 도시환경을 정비하는 데도 정부의 지출이 점점 증가한다. 마지막으로 소득수준이 증가하면서, 복지, 교육, 문화 분야에 대한 국민들의 관심이 커지고, 이러한 분야에 대한 정부의 지출도 함께 증가한다.

한편 피콕-와이즈만(Peacock and Wiseman, 1961)의 연구에 의하면 사회적 변혁기에 정부의 지출이 크게 증가하는 경향을 발견할 수 있다고 한다. 일반적으로 국민들은 정부의 서비스나 공공재로부터 얻는 편익을 즐기지만 이를 공급받기 위해 세금을 부담하는 것은 싫어한다. 하지만 전쟁, 재난 등이 일어난 사회적 변혁기에는 정부의 지출이 증가하는 것을 상대적으로 쉽게 용인한다. 이러한 시기에 정부의 지출이 민간의 지출을 대체하는 현상이 나타나는데 이를 전위효과 (displacement effect)라고 부른다. 그리고 사회적 변혁기에 시민들이 사회적 문제에 큰 관심을 갖기 때문에 이를 해결하기 위한 정부의 지출에 대해 쉽게 동의한다. 이로 인해 정부지출이 늘어나는 현상을 점검효과(inspection effect)라고 한다. 그런데 이렇게 늘어난 정부지출은 사회적 변혁기가 끝난 후에도 원래의 상태로 돌아가지 않고 높아진 수준에서 계속 유지되거나 증가하는 현상을 보인다.

(2) 정부지출의 미시모형

브라운-잭슨(Brown and Jackson, 1990)은 미시모형을 사용해서 정부지출이 증가하는 현상을 설명하고자 했다. 이 미시모형에서는 우선 공공재의 수요와 공급에 영향을 주는 요소들을 파악한다. 그 다음 수요와 공급의 상호작용에 의해 공공재의 공급수준을 결정하고, 공공재를 공급하는 데 필요한 투입물에 대한 수요를 결정한다. 그리고 이를 통해 정부의 지출 수준을 정한다. 따라서 이 모형에 따르면 정부의 지출은 ① 공공부문 최종생산물 수요의 변화, ② 공공부문 생산물에 사용되는 투입물의 구성변화, ③ 공공부문 생산물의 질적인 변화, ④ 공공부문 투입물의 가격변화 등에 의해 영향을 받는다.

이제 이러한 요인들이 어떻게 정부지출의 증가를 가져오는지 살펴본다. 첫째, 공공부문 생산물의 수요가 소득탄력적이라면 개인의 소득이 증가함에 따라 공공재의 공급이 늘어나고 정부의 지출도 증가한다. 둘째, 인구가 증가하면 지출이 증가한다. 예를 들어, 취학 아동의 수가 증가하면 이들을 교육하기 위한 지출도 함께 증가한다. 셋째, 유권자들이 보다 좋은 질의 공공재를 요구하면 이에 부응하기 위해 정부의 지출도 함께 증가한다. 넷째, 공공부문의 생산성이 다른 부문보다 낮음에도 불구하고 임금은 다른 부문과 비슷한 수준에서 결정되어 정부지출이 증가하는 원인이 된다.

9.3.2 이전지출의 증가

이전지출은 정해진 조건을 충족하는 대상에게만 지불된다. 정치인들은 선거에서 더 많은 지지를 얻기 위해 이전지출의 수혜조건을 완화하려고 할 수 있으며 다른 한 편으로는 이전지출의 수준을 높이려고 할 수도 있다. 이러한 정치적 행위는 정부지출의 증가로 연결된다.

9.4 예산제도

예산제도는 크게 점증주의(incremental) 예산제도와 합리주의(rational) 예산제도로 구분할 수 있다. 점증주의 예산제도에서는 전년도의 예산을 기준으로 하여 증감하여 예산을 결정한다. 이러한 경우 예산은 개별 정부부처의 예산관행과 목표에 의해 상당한 영향을 받는다. 입찰제도(bid system)와 재정계획제도(financial planning system) 등이 점증주의 예산제도의 예이다. 다른 한편으로 합리주의 예산제도에서는 정부의 목표를 달성하기 위해 주어진 재원을 어떻게 배분할 것인지에 중점을 둔다. 따라서 개별 정부부처의 과거 예산관행으로부터 상대적으로 자유롭게 새 예산을 수립할 수 있다. 프로그램예산제도(program budgeting system)와 영기준예산제도(zero base budgeting system) 등이 합리주의 예산제도의 예이다.

9.4.1 입찰제도

입찰제도를 따라 예산을 편성하는 과정을 다음과 같이 설명할 수 있다. 첫 번째 단계에서 정부부처들은 각각 과년도의 예산(기준예산, base budget)을 바탕으로 내년도의 예상 예산안을 준비하고 이를 예산당국에 보낸다. 두 번째 단계로 예산당국은 개별부처의 예상예산안(입찰)을 통합해서 총액을 예상세수와 비교한다. 이 경우 총예상예산액은 총예상세수를 항상 초과하기 마련이다. 세 번째 단계에서 각 부처의 예상예산액들을 총예산세수와 균형을 맞추기 위해 삭감하고 개별부처로 회송한다. 네 번째로 각 부처는 삭감지침에 의거해 새로운 예산안을 작성하고 다시 예산당국에 보낸다. 예산당국은 이를 취합하여 예산안을 작성한다.

입찰제도의 문제점을 다음과 같이 정리할 수 있다. 첫째, 최종예산의 대부분을 차지하는 기준예산에 대한 재검토가 거의 이루어지지 않으며, 기준예산은 개별정부부처의 예산관행 및 부처 자체의 목표에 의존해 결정된다. 중앙의 예산당국 역시 기준예산 자체의 당위성을 평가하기보다는 기준예산과 비교해 내년도 예산을 일률적으로 삭감하는 데만 관심을 두는 경향이 있다. 둘째, 이 제도는 개별부처 중심으로 되어 있어 부처들 사이의 연계가 부족하다. 셋째, 입찰제도는 1년을 단위로 하여 효율적인 예산계획을 작성하기에는 너무 짧으며, 또한 장기적인 목표를 간과하는 경향이 있다. 마지막으로 개별부처로 하여금 예상예산액을 부풀려 제출하게 함으로써 정직한 부처가 손해를 보도록 만드는 경향이 있다.

9.4.2 재정계획제도

입찰제도에서는 과년도 예산을 기준으로 삼아 1년 단위로 예산을 수립하는데 비해 재정계획제도에서는 연간 예산과 더불어 중기적 계획을 고려하여 다년도 계획예산을 수립할 수 있도록 한다. 이 제도에서 한 해의 예산은 다년도 계획예산의 1기 예산인 셈이다. 재정계획제도에서는 개별부처의 예산안을 마련하기 이전에 예산 지침, 한도, 목표 등을 미리 설정하여 개별부처에 전달한다. 그러면 부처들은 이를 바탕으로 예산안을 수립하여 예산당국에 보낸다. 재정계획제도로 입찰제도에서보다는 개별부처의 과잉입찰 및 예산당국의 일률적인 삭감이 줄어들 수 있다. 하지만 이 제도에도 입찰제도에서와 마찬가지로 기준 예산의 당위성을 검토하기 어렵고 예산의 효과성을 평가하지 못한다는 단점이 있다.

9.4.3 프로그램예산제도

1960년대 미국에서 비용-편익분석의 개념을 정부의 예산편성과정에 응용하려는 시도로 프로그램예산제도가 등장하였다. 이 제도의 가장 큰 특징은 예산을 편성할 때 개별정부부처가 아닌 예산 프로그램을 편성 단위로 삼는다는 것이다. 즉 동일한 예산 프로그램 분류에 속한 사업들을 여러 부처들이 동시에 수행하는 경우 이들에 대한 예산을 함께 평가하고 배분하도록 함으로써 부처 사이의 업무 칸

막이를 허물고 정부의 종합적인 정책목표와 예산을 유기적으로 연결하도록 하는 것이다. 그리고 유사한 분류에 속한 사업들에 대해 비용-편익 분석 또는 비용-효과성 분석을 수행하여 정부지출의 정책적 효과를 제고하고자 한다.

한편 프로그램 예산제도의 문제점으로는 예산 프로그램과 정부조직 사이에 괴리가 커지는 경우 소관부처의 책임성이 떨어질 수 있다는 것과 한 예산 프로그램에 여러 부처들이 관련되어 있는 경우 공통적인 경비를 부처들 사이에 배분하기가 어렵다는 것 등을 들 수 있다. 이러한 문제들로 말미암아 1965년 미국의 존슨 행정부에서 도입하였던 프로그램 예산제도는 1971년에 폐기되었다.

그럼에도 정부부처의 조직을 기준으로 하지 않고 정부사업의 분야 및 특성을 기준으로 삼아 예산을 배분한다는 프로그램 예산제도의 취지는 현재 많은 나라의 예산제도에 그대로 담겨있다고 볼 수 있다. 우리나라도 2003년부터 중앙정부에서 2008년부터는 지방정부까지 성과주의 프로그램 예산제도를 도입하여 운영하고 있다. 현재 우리나라 중앙정부의 예산 분류체계를 정리하면 <표 9-2>와 같다.

9.4.4 영기준예산제도

영기준예산제도에서는 과년도의 예산을 완전히 무시하고 모든 예산항목이 0인 상태에서 내년도의 예산을 평가하고 배분한다. 즉 예산의 모든 항목에서 개별적으로 비용을 승인받아야 한다. 이 제도는 정부부처의 예산항목 중에서 정책적 효과가 거의 사라졌음에도 불구하고 많은 항목들이 그대로 남아 계속 지출되고 있는 문제를 방지하기 위한 것이다. 개별부처의 예산관리자로 하여금 사업의 효과성과 예산지출의 당위성이 없는 예산항목은 없애도록 하고 모든 항목에 대해 근거를 해마다 재검토하도록 함으로써 예산 낭비를 줄일 수 있다는 것이 장점이다.

하지만 영기준예산제도에는 다음과 같은 단점이 있다. 해마다 정부의 모든 예산항목을 하나하나 점검하고 지출의 근거를 평가하는 데 상당히 큰 행정비용이 들 수 있다. 그리고 해마다 새로이 예산을 검토하기 때문에 이 과정에서 자칫 장기적인 투자가 필요한 사업에 대해 지나친 불안정성을 초래할 수 있다. 만

→ 표 9-2 **프로그램예산 분야 및 부문 분류체계**

010 일반공공행정	**060 문화 및 관광**	**110 산업 · 중소기업 · 에너지**
011 입법및선거관리	061 문화예술	111 산업금융지원
012 국정운영	062 관광	112 산업기술지원
013 지방행정 · 재정지원	063 체육	113 무역및투자유치
014 재정 · 금융	064 문화재	114 산업진흥 · 고도화
015 정부자원관리	065 문화및관광일반	115 에너지및자원개발
016 일반행정		116 산업 · 중소기업일반
	070 환경	
020 공공질서및안전	071 상하수도 · 수질	**120 교통 및 물류**
021 법원및헌재	072 폐기물	121 도로
022 법무및검찰	073 대기	122 철도
023 경찰	074 자연	123 도시철도
024 해경	075 해양환경	124 해운 · 항만
025 재난관리	076 환경일반	125 항공 · 공항
		126 물류등기타
030 외교 · 통일	**080 사회복지**	
031 통일	081 기초생활보장	**130 통신**
032 외교 · 통상	082 취약계층지원	131 방송통신
	083 공적연금	132 우정
040 국방	084 보육 · 가족및여성	
041 병력운영	085 노인 · 청소년	**140 국토 및 지역개발**
042 전력유지	086 노동	141 수자원
043 방위력개선	087 보훈	142 지역 및 도시
044 병무행정	088 주택	143 산업단지
	089 사회복지일반	
050 교육		**150 과학기술**
051 유아및초중등교육	**090 보건**	151 기술개발
052 고등교육	091 보건의료	152 과학기술연구지원
053 평생 · 직업교육	092 건강보험	153 과학기술일반
054 교육일반	093 식품의약안전	
		160 예비비
	100 농림수산	161 예비비
	101 농업 · 농촌	
	102 임업 · 산촌	
	103 수산 · 어촌	
	104 식품업	

약 정책적 효과와는 관계없이 정치적으로 집행이 되어야만 하는 사업이 있다면, 이를 정당화하기 위해 예산편성과정이 왜곡될 가능성이 있다.

9.5 조세지출예산

조세지출(tax expenditure)이란 조세특례 제도를 통해 납세자에게 세금부담을 줄여주기 때문에 발생하는 정부 조세수입의 감소를 의미한다. 조세특례 제도의 종류에는 비과세, 소득공제, 세액공제, 세액감면, 저율과세, 과세이연 등이 있다. 비과세란 특정 소득을 과세대상 소득에서 제외하는 것을 의미한다. 소득공제는 소득금액에서 일정액을 차감하는 것이고, 세액공제는 납부할 세액에서 특정 지출금액 또는 투자금액의 일정비율을 차감하는 것이다. 세액공제와 달리, 세액감면은 납부할 세액에서 바로 일정비율을 차감하는 것이다. 저율과세는 일반적인 세율보다 낮은 세율을 적용하는 것이다. 과세이연은 납세자에게 과세시점을 연기해주는 것이다. 이외에도 부가가치세 면세, 영세율 제도 등이 조세특례제도에 해당한다.

조세특례가 있다면, 그렇지 않은 경우에 비해 정부가 납세자로부터 받을 조세수입이 감소할 것이다. 이렇게 줄어든 조세수입을 정부가 세금을 지출한 것으로 해석하여 조세지출이라 부른다.

우리나라에서는 조세특례제한법과 국가재정법에 의해 조세지출제도로 인한 국세감면액(즉 세수손실액)을 추정하여 조세지출예산서를 정부의 예산안과 함께 국회에 보고하도록 하고 있다. 뿐만 아니라 국세감면율에 법정한도를 두어 조세지출제도를 남용하여 세수손실이 지나치게 커지는 것을 방지하고 있다. 조세지출예산서에서는 국세감면율을 다음과 같이 정의한다.

$$국세감면율 = \frac{국세감면액}{국세감면액 + 국세수입총액}$$

→ 표 9-3 연도별 국세감면율 및 법정한도 (단위: %)

연도	2011	2012	2013	2014	2015	2016	2017	2018	2019	2020
국세감면율	13.3	14.1	14.3	14.3	14.1	13.4	12.6	12.7	13.9	14.8
법정한도	0.5	4.9	9.6	14.4	14.7	14.7	14.4	13.9	13.4	13.6

자료: 『조세지출예산서』, 각 연도

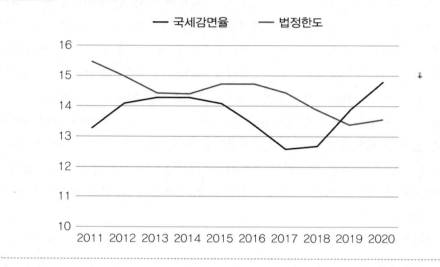

그림 9-1 국세감면율 및 법정한도 추이

특정 연도의 국세감면율 법정한도는 직전 3개년 평균 국세감면율에 0.5%p를 더하여 정의한다. <표 9-3>에서는 연도별 국세감면율과 법정한도를 보여주고 있다. 2020년의 국세감면율은 약 14.8%로, 법정한도 13.6%를 넘는 수준에서 나타나고 있다. <그림 9-1>은 연도별 추이를 보여주고 있다. 그동안 국세감면율이 법정한도를 넘지 않았으나, 최근 들어 한도를 초과하였다는 점을 확인할 수 있다.

조세지출제도의 현황을 파악하고자 할 때는 조세지출이 이루어지는 세금의 종류를 기준으로 감면액(지출액)을 추정할 수도 있고, 개별 조세지출 항목과 유사성이 있는 프로그램예산을 찾아 분류함으로써 예산 분류기준에 따라 감면액을 추정할 수도 있다.

먼저 <표 9-4>에서는 예산 분류기준에 따른 연도별 조세지출 현황을 보여주고 있다. 2020년의 총 조세지출액은 약 52.9조원에 이르고, 사회복지 분야 조세지출액은 약 18.7조원에 이른다. 사회복지, 산업·중소기업·에너지, 보건, 농림수산 등의 분야에서 조세지출액이 크게 나타났다. 특히 최근 들어 사회복지 분야에서의 조세지출이 크게 증가하였다.

→ 표 9-4 예산 분류기준별 조세지출 현황　　　　　　　　　　　　　(단위: 억원, %)

분류	2018		2019		2020	
	금액	비율	금액	비율	금액	비율
010 일반공공행정	27,430	6.2	28,640	5.8	31,923	6.0
020 공공질서 및 안전	-	-	-	-	-	-
030 외교 통일	9	0.0	12	0.0	10	0.0
040 국방	395	0.1	320	0.1	283	0.1
050 교육	13,983	3.2	13,946	2.8	13,716	2.6
060 문화 및 관광	419	0.1	383	0.1	393	0.1
070 환경	11,226	2.6	12,549	2.5	12,515	2.4
080 사회복지	119,157	27.1	173,892	35.1	187,173	35.3
090 보건	61,085	13.9	67,752	13.7	74,942	14.2
100 농림수산	56,634	12.9	57,156	11.5	59,352	11.2
110 산업 중소기업 에너지	131,122	29.8	124,026	25.0	132,572	25.0
120 교통 및 물류	5,023	1.1	5,223	1.1	5,160	1.0
130 통신	-	-	-	-	-	-
140 국토 및 지역개발	12,996	3.0	11,770	2.4	11,212	2.1
150 과학기술	53	0.0	31	0.0	106	0.0
160 예비비	-	-	-	-	-	-
합계	439,532	100.0	495,700	100.0	529,357	100.0

주: 020 공공질서 및 안전, 130 통신, 160 예비비에 해당하는 조세지출 항목이 없어 줄표(-) 표시
자료: 『조세지출예산서』, 각 연도

→ 표 9-5 세금 종류별 조세지출 현황

(단위: 억원, %)

분류	2018		2019		2020	
	금액	비율	금액	비율	금액	비율
소득세	246,817	56.2	303,540	61.2	319,488	60.4
법인세	82,127	18.7	74,225	15.0	79,054	14.9
상속 증여세	3,264	0.7	2,958	0.6	3,900	0.7
부가가치세	85,965	19.6	93,219	18.8	99,246	18.7
교통 에너지 환경세	7,539	1.7	7,909	1.6	8,318	1.6
개별소비세	6,539	1.5	6,927	1.4	11,136	2.1
주세	668	0.2	605	0.1	632	0.1
인지세	82	0.0	85	0.0	98	0.1
증권거래세	1,657	0.4	1,483	0.3	1,918	0.4
교육세	2,998	0.7	3,097	0.6	4,460	0.8
관세	1,876	0.4	1,652	0.3	1,107	0.2
합계	439,533	100.0	495,700	100.0	529,357	100.0

자료: 『조세지출예산서』, 각 연도

이어서 <표 9-5>에서는 세금 종류에 따라 분류한 연도별 조세지출 현황을 보여주고 있다. 여기서 보듯이 소득세, 법인세, 부가가치세와 관련된 조세지출이 전체 조세지출의 대부분을 차지하고 있다. 2020년 기준으로 이들 세 가지 세목에서의 조세지출이 약 49.8조원에 이르고, 전체 조세지출의 약 94.0% 수준인 것으로 나타났다.

9.6 우리나라의 예산제도

9.6.1 우리나라의 예산 구조 및 규모

우리나라 공공부문의 예산을 정부와 공공기관의 예산으로 구분할 수 있다. 공공기관의 예산은 공기업, 준정부기관, 기타공공기관 등 기관에 따라 구분한다.

정부의 예산은 중앙정부와 지방정부의 것으로 구분한다. 여기서는 중앙정부의 예산에 초점을 두고 살펴본다.

중앙정부의 예산을 수입이 들어오는 재원에 따라 일반회계, 특별회계, 기금 등으로 구분할 수 있다. 일반회계란 조세수입을 재원으로 하여 정부가 수행하는 사업에 충당하는 일반적인 예산을 일컫는다. 반면 특별회계란 일반회계와 대비되는 예산으로서 정부가 특별히 지출목적이 지정된 조세수입이나 특정 사업을 영위하여 마련한 재원을 통해 이미 정해진 목적의 사업에 충당하는 예산을 일컫는다. 기금이란 정부가 정해진 목적을 달성하기 위해 운용하는 재원을 의미하며, 목적의 성격에 따라 사회보장성, 계정성, 금융성, 사업성 기금 등으로 분류된다. 2021년 현재 우리나라 중앙정부의 일반회계, 특별회계, 기금 현황을 정리

→ 표 9-6 **중앙정부의 회계와 기금**

일반회계	기업특별회계	기타특별회계	기금
내국세 소득세 법인세 상속증여세 부가가치세 개별소비세 증권거래세 인지세 등 관세 교통·에너지·환경세 교육세 종합부동산세 세외수입 주식매각수입 경상세외수입	양곡관리 책임운영기관 조달 우편사업 우체국예금	농어촌구조개선 교통시설 등기 교도작업 에너지및자원사업 환경개선 소재부품장비경쟁력강화 우체국보험 주한미군기지이전 행정중심복합도시건설 국방군사시설이전 혁신도시건설 아시아문화중심도시조성 국가균형발전 유아교육지원	사회보장성기금(6개) 고용보험 공무원연금 국민연금 군인연금 사립학교교직원연금 산업재해보상보험 계정성기금(5개) 공공자금관리 공적자금상환 복권 양곡증권정리 외국환평형 금융성기금(8개) 사업성기금(48개) 총 67개

자료: 『나라살림 예산개요』, 2021

하면 <표 9-6>과 같다.

최근 우리나라 중앙정부 예산의 규모를 <표 9-7>에서 확인할 수 있다. 2021년 예산에서 총수입은 482.6조원인데, 일반회계로 286.9조원, 특별회계로 24.7조원, 기금으로 171.0조원의 수입이 각각 들어왔다. 한편 2021년 예산에서 총지출은 558.0조원인데, 일반회계에서 314.8조원, 특별회계에서 60.2조원, 기금에서 182.9조원을 각각 지출하였다. 최근 연도의 추이를 보면, 일반회계와 특별회계를 합계하였을 때, 지출이 수입보다 크게 나타났다. 기금에서는 2020년까지 수입이 지출보다 컸지만, 2021년에는 지출이 수입보다 크게 나타났다.

이제 예산지출현황을 분야별로 나누어 살펴보자. <표 9-8>은 분야별 재원배분현황을 보여준다. 예를 들어, 2021년 보건·복지·고용 분야에서의 지출액은 199.7조원, 일반·지방행정 분야에서의 지출액은 84.7조원에 이르렀다. 2017년과 2021년의 예산을 비교하면, 모든 분야에서 지출액이 증가하였고, 특히 산업·중소기업·에너지 분야에서 증가율이 가장 높게 나타났다. 보건·복지·고용, 환경, 연구개발 분야에서도 지출 증가율이 높았다.

→ 표 9-7 중앙정부 예산의 규모 (단위: 조원)

	2017		2018		2019		2020		2021	
	수입	지출	수입	지출	수입	지출	수입	지출	수입	지출
일반회계 (A)	245.5	224.4	271.7	248.8	297.1	279.1	295.9	296.0	286.9	314.8
특별회계 (B)	23.2	50.2	23.1	47.5	24.3	49.8	24.0	55.1	24.7	60.2
예산 (A+B)	268.7	274.6	294.8	296.3	321.4	328.9	319.9	351.1	311.6	375.0
기금 (C)	145.6	125.9	152.4	132.6	154.7	140.7	161.9	161.1	171.0	182.9
합계 (A+B+C)	414.3	400.5	447.2	428.8	476.1	469.6	481.8	512.3	482.6	558.0

자료: 『나라살림 예산개요』, 각 연도

→ 표 9-8 **중앙정부 분야별 재원배분**   (단위: 조원, %)

	2017	2018	2019	2020	2021	증가액	증가율
보건 복지 고용	129.5	144.7	161.0	180.5	199.7	70.2	54.2
교육	57.4	64.2	70.6	72.6	71.2	13.8	24.0
문화 체육 관광	6.9	6.5	7.2	8.0	8.5	1.6	23.2
환경	6.9	6.9	7.4	9.0	10.6	3.7	53.6
연구개발(R & D)	19.5	19.7	20.5	24.2	27.4	7.9	40.5
산업 중소기업 에너지	16.0	16.3	18.8	23.7	28.6	12.6	78.8
사회간접자본(SOC)	22.1	19.0	19.8	23.2	26.5	4.4	19.9
농림 수산 식품	19.6	19.7	20.0	21.5	22.7	3.1	15.8
국방	40.3	43.2	46.7	50.2	52.8	12.5	31.0
외교 통일	4.6	4.7	5.1	5.5	5.7	1.1	23.9
공공질서 안전	18.1	19.1	20.1	20.8	22.3	4.2	23.2
일반 지방행정	63.3	69.0	76.6	79.0	84.7	21.4	33.8
총지출	400.5	428.8	469.6	512.3	558.0	157.5	39.3

자료: 『나라살림 예산개요』, 각 연도

9.6.2 예산의 종류

예산은 국회에서의 의결 및 확정 시점에 따라 본예산, 추가경정예산 및 준예산으로 구분된다. 본예산은 국회에서 최초로 의결·확정된 예산을 이른다. 추가경정예산은 본예산이 국회를 통과해 확정된 후에 발생한 예기치 않은 사건들로 말미암아 이미 성립된 본예산을 변경할 필요가 있을 때 추가적으로 편성하는 예산이다. 우리나라는 그동안 추가경정예산을 자주 편성해 왔으므로, 우리나라 예산에 대한 분석에서는 본예산뿐만 아니라 추가경정예산도 고려해야 한다. 한편 준(準)예산이란 본예산이 회계연도 개시 전까지 국회에서 의결되지 못한 경우 전년도 예산에 준하여 임시적으로 본예산이 확정될 때까지 지출하는 예산을 말한다.

한편 우리나라는 1979년부터 국제통화기금(IMF)의 권유에 따라 통합예산

(unified budget)제도를 도입하여 발표하고 있다. 통합예산이란 일반회계, 특별회계, 기금에 공기업특별회계까지 합계한 것을 이른다. 이러한 통합예산은 재정이 국민경제에 미치는 효과를 종합적으로 더 정확하게 파악하기 위해 필요하다.

9.6.3 예산제도의 특징

우리나라 예산제도의 첫 번째 특징은 최근 들어 재정규모가 증가하는 추세에 있음에도 불구하고 여전히 다른 나라와 비교해서 '작은 정부'를 유지하고 있다는 점이다. 예산을 집행할 때, 정부가 그 예산을 순수하게 지출하는 경우가 많겠지만, 종종 정부가 예산을 융자 방식으로 지출하고 나중에 회수하는 경우도 있다. 만약 융자 방식으로 지출하였다면, 융자한 금액 전체를 지출액으로 보느냐, 융자금에서 회수금을 차감하여 순수하게 융자한 금액만을 지출액으로 보느냐에 따라 정부의 재정규모를 약간 다르게 판단할 수 있을 것이다. 총융자지출을 기준으로 정의한 지출액을 총지출이라 부르고, 순융자지출을 기준으로 정의한 지출액을 통합재정규모라고 부른다. 통합재정규모는 순지출 금액을 기준으로 계산되므로, 항상 총지출보다 작게 나타난다.

<표 9-9>에서 2011년부터 2020년까지 연도별 총지출 및 통합재정규모와 함께 통합재정규모의 GDP 대비 비율을 보여주고 있다. 우리나라 중앙정부의 통합재정규모는 2020년 약 481.4조원으로 국내총생산의 25.3% 수준에 해당한다. 2011년 이후 통합재정규모가 꾸준히 증가하였으며, 국내총생산 대비 비율도 증가하였다는 것을 <그림 9-2>에서 확인할 수 있다.

두 번째 특징은 최근 들어 재정규모가 증가하면서 수입보다 지출이 더 가파

→ 표 9-9 **중앙정부 총지출 및 통합재정규모** (단위: 조원, %)

연도	2011	2012	2013	2014	2015	2016	2017	2018	2019	2020
총지출	309.1	325.4	342.0	355.8	375.4	386.4	400.5	428.8	469.6	512.3
통합재정	273.7	293.0	300.2	312.4	339.4	354.4	379.8	397.7	439.9	481.4
GDP 대비 통합재정 비율	20.5	21.3	21.0	21.0	21.7	21.6	21.9	23.6	23.4	25.3

자료: e-나라지표

그림 9-2 GDP 대비 통합재정의 비율 추이

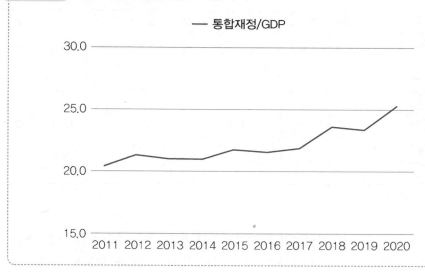

르게 증가하여 재정수지가 적자로 나타난다는 점이다. 정부의 재정수지를 살필 때, 사회보장성기금과 공적자금상환기금을 포함하느냐에 따라 통합재정수지와 관리재정수지로 구분할 수 있다. 통합재정수지는 사회보장성기금과 공적자금상 환기금을 포함하여 모든 일반회계, 특별회계, 기금에서의 순수입과 순지출 금액 의 차이로 계산한다. 앞에서 순지출 금액을 기준으로 통합재정규모를 정의하였 듯이, 순수입과 순지출 금액 차이로 통합재정수지를 정의하는 것이다. 한편 통 합재정수지에서 사회보장성기금과 공적자금상환기금의 수지를 차감한 것을 관 리재정수지라고 부른다.

　＜표 9-10＞에서 2011년부터 2020년까지 우리 정부의 통합재정수지와 관리 재정수지를 보여주고 있다. 각 수지의 GDP 대비 비율도 보여준다. 2020년에 통 합재정수지는 약 71.2조원 적자였고, 이는 국내총생산의 3.7% 수준에 해당한다. 관리재정수지는 약 112.0조원 적자였고, 국내총생산의 5.8% 수준에 해당한다. 사회보장성기금과 공적자금상환기금의 수지는 흑자였기 때문에, 이들을 합산하 는 통합재정수지의 적자가 관리재정수지의 적자보다 더 작게 나타났다. 그런데 2018년까지는 정부가 통합재정수지를 대체로 흑자로 유지하였고, 관리재정수지 에서의 적자도 그렇게 크지 않았다는 점을 확인할 수 있다. 이러한 맥락에서 최

→ 표 9-10 중앙정부 재정수지   (단위: 조원, %)

연도	2011	2012	2013	2014	2015	2016	2017	2018	2019	2020
통합재정수지	18.6	18.5	14.2	8.5	-0.2	16.9	24.0	31.2	-12.0	-71.2
GDP 대비 통합재정수지 비율	1.3	1.3	0.9	0.5	0.0	1.0	1.3	1.6	-0.6	-3.7
관리재정수지	-13.5	-17.4	-21.1	-29.5	-38.0	-22.7	-18.5	-10.6	-54.4	-112.0
GDP 대비 관리재정수지 비율	-1.0	-1.2	-1.4	-1.9	-2.3	-1.3	-1.0	-0.6	-2.8	-5.8

자료: e-나라지표

근의 재정수지 적자를 일시적인 현상으로 판단할 수 있을 것이다. 다만 재정수지를 균형적인 수준으로 회복하기 위해서는 정부가 수입과 지출을 관리하는데 정책적인 노력을 기울여야 할 것이다.

9.6.4 예산정책 발전방향

지금까지 우리나라의 예산제도 및 현황에 대해 살펴봤다. 이제 예산정책의 발전방향에 대해 생각해보자. 지속적으로 복지 및 산업 분야에서 정부예산 지출에 대한 수요가 늘어나고 있는 상황에서 정부가 재정건전성을 유지하기 위해 노력해야 한다. 최근 들어 재정규모가 증가하면서 수입보다 지출이 더 가파르게 증가하여 재정수지가 적자로 나타나고 있는데, 이러한 현상을 일시적인 수준으로 통제하기 위해서는 정부가 적극적으로 수입과 지출을 관리해야 한다. 조세수입을 늘리기 위해서는 불필요한 비과세·감면 항목을 정비하고 세입 기반을 확충해야 한다. 뿐만 아니라 예산지출을 관리하는 데 있어서도 여러 예산 사업들 사이에 중복적이고 낭비적인 지출이 없도록 해야 하며, 개별사업의 정책적 성과를 평가하고 성과가 적은 사업들은 정리하여 지출을 절감해야 한다.

참고문헌

기획재정부, 『나라살림 예산개요』, 각 연도

기획재정부, 『조세지출예산서』, 각 연도

기획재정부, 디지털예산회계시스템(http://www.digitalbrain.go.kr).

박태규·나성린·황의서, 『각종 예산지원의 단위당 사업비별로 분석한 적정예산규모』, 한국재정연구회 연구보고 92-1, 1992.

윤건영·임주영, 『조세지원제도의 현황과 개선방향』, 한국조세연구원 연구보고서 93-04, 1993.

Brown, C. V., and P. M. Jackson, *Public Sector Economics*, 4th ed., Oxford : Blackwell, 1990.

Chu, K. and R. Hemming (eds.), *Public Expenditure Handbook* : A Guide to Public Policy in Developing Countries, IMF, 1991.

Feldstein, M. S., "A Contribution to the Theory of Tax Expenditures : The Case of Charitable Giving," in H. J. Aaron, and M. J. Boskin eds., *The Economics of Taxation*, Washington D.C. : Brookings Institution, 1980.

Heller, P. S., and J. Diamond, "International Comparisons of Government Expenditure Revisited : The Developing Countries : 1975-86," IMF, 1990.

Musgrave, R. A., "Expenditure Policy for Development", in D.T. Geithman ed., *Fiscal Policy for Industrialization and Development in Latin America*, Gainesville : University of Florida Press, 1974.

――――, *Fiscal Systems*, New Haven : Yale University, 1969.

――――, and A. R. Peacock (eds.), *Classics in the Theory of Public Finance*, New York : Macmillan, 1958.

OECD, OECD Economic Outlook, Vol. 2013/2, OECD Publishing, 2013.

Peacock, A. R., and J. Wiseman, *The Growth of Public Expenditure in the United Kingdom*, Princeton University Press, 1961.

Rostow, W. W., *Politics and the Stages of Growth*, Cambridge University Press, 1971.

Tait, A., and P. S. Heller, "International Comparisons of Government Expenditure," Occasional Paper No. 10, IMF, 1982.

조세이론

공/공/경/제/학
PUBLIC ECONOMICS

CHAPTER

10

조세의
기본원리

10

조세의 기본원리

세금이 생겨난 이래 완벽한 조세제도를 운영하고 있는 나라는 없다고 해도 지나치지 않다. 하지만 현실의 조세제도를 바람직하게 개선하려는 노력이 여전히 필요하다는 사실을 부정할 수 없다. 이 장에서는 바람직한 조세제도가 갖추어야 하는 조건에 대하여 논의하도록 하겠다. 그러한 조건으로는 경제적 효율성(economic efficiency), 공평성(fairness), 행정적 단순성, 신축성, 정치적 책임성 등을 들 수 있다.

10.1 경제적 효율성

바람직한 조세제도는 그 제도가 존재하지 않았을 때 달성할 수 있었던 효율적인 자원배분을 방해해서는 안 된다. 그러나 현실에서는 많은 경우 조세부과가 자원배분을 왜곡하게 된다.

조세를 부과하면 납세자로부터 정부로 자원이 이전되는데, 이 경우 이전된 자원을 초과하는 추가적인 부담을 야기할 수도 있다. 이를 초과부담(excess burden)이라고 한다. 이는 조세부과로 인해 소비자의 재화 선택이나 생산자의 생산요소 선택이 왜곡될 수 있기 때문에 발생한다.

조세부과는 일반적으로 소득효과와 대체효과라는 두 가지 효과를 일으킨다. 소득효과는 조세부과에 따른 납세자의 소득감소로 인해 발생하는 효과를 의미한다. 이 경우 재화의 상대가격이 변하지 않으므로 소비자가 재화를 선택하는 문제에 한해서는 경제적 왜곡 현상, 즉 비효율성을 만들어내지 않는다. 다만 소득의 감소는 여가와 비교해서 노동의 상대가격이 줄어든다는 것을 의미하기 때문에 노동을 공급하는 문제에 있어서는 비효율성이 일어날 수 있다.

그리고 대체효과는 특정 재화에 조세를 부과함에 따라 과세되는 재화와 그렇지 않은 재화 사이에 상대가격이 변화하여 납세자가 자신의 생산이나 소비행위를 바꾸는 효과를 의미한다. 인두세(head tax)와 같이 재화의 상대가격에 영향을 미치지 않음으로써 대체효과가 발생하지 않는 조세를 비왜곡적(non-distortionary) 조세라 한다. 이와 달리 대체효과가 발생하는 조세를 왜곡적(distortionary) 조세라 하며 대부분의 조세가 이에 해당한다.

이상적인 조세제도하에서는 자원배분의 왜곡 현상이 일어나지 않아야 하지만, 이것이 불가능하다면 자원배분의 왜곡을 최소화하도록 조세제도를 만들어가야 할 것이다.

10.2 공평성

조세제도는 각기 다른 개인들을 공평하게 다루어야 한다. 그러나 공평성(fairness)을 하나의 조건으로 정의한다는 것은 쉬운 일이 아니다. 일반적으로 조세제도의 공평성은 편익원칙(benefit principle)과 지불능력원칙(ability-to-pay principle)을 만족하는 조건으로 정의될 수 있는데, 여기에 대해 자세히 살펴보도록 하겠다.

10.2.1 편익원칙

편익원칙이란 모든 납세자가 정부의 서비스로부터 받는 편익에 준해서 과세되어야 한다는 것을 의미한다. 사용료(fee), 통행료(toll) 및 도로의 보수·유지를 위한 재원으로 사용되는 유류세 등이 그 예이다.

이제 이러한 편익원칙에 따른 조세의 수준이 어떻게 결정되는가를 앞의 4.3

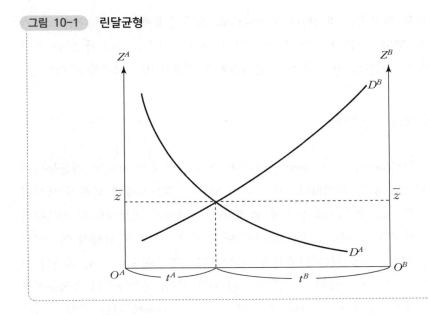

그림 10-1 린달균형

절에서 설명한 린달균형(Lindahl equilibrium)을 통하여 알아보도록 하겠다. <그림 10-1>은 하나의 공공재 Z를 두 소비자 A, B가 소비하고 있는 단순한 경제를 나타내고 있다. 수직축은 공공재의 양을 나타내며 수평축은 공공재에 대한 각 소비자의 지불가격을 나타낸다. 소비자 A의 가격은 왼쪽에서 오른쪽으로 갈수록 높아지고, 소비자 B의 가격은 오른쪽에서 왼쪽으로 갈수록 높아진다. 그리고 각 소비자의 공공재에 대한 수요곡선을 D^A, D^B로 표시한다.

여기서 공공재는 정의상 두 소비자가 동일한 양을 소비해야 하므로, 균형은 두 소비자의 수요곡선이 교차하는 점에서 결정된다. 그러한 균형을 린달균형이라고 부른다. 균형에서 소비자 A, B는 각각 t^A, t^B만큼을 지불할 용의가 있는데. 이를 린달가격(Lindahl price)이라고 부른다. 이 린달가격은 각 소비자가 공공재로부터 받는 편익만큼 지불하는 것이 되며, 이러한 특성을 갖는 조세를 편익세(benefit tax)라고 한다. 따라서 린달가격은 편익원칙을 잘 반영하는 조세로 간주할 수 있는 것이다.

이러한 편익원칙은 제7장에서 설명하였듯이 사용재의 특성을 지녔으나 그 공급을 정부가 담당하는 재화의 경우에는 적절히 적용될 수 있다. 그러나 편익세는 개인들의 편익에만 의존하여 부과되므로, 소득의 분배 상태에 대한 고려가 미흡할 수도 있다. 또한 정부가 각 개인들이 누리는 편익의 크기를 아는 것이 어려운 경우가 많은데, 이 경우에는 편익원칙을 적용하기도 어려울 것이다.

10.2.2 지불능력원칙

지불능력원칙(ability-to-pay principle)이란 모든 납세자가 자신의 지불능력에 따라 과세되어야 함을 의미한다. 이 원칙에 따르면 정부지출에 의하여 생산된 공공재가 어떤 식으로 분배되는지에 관계없이 납세자의 지불능력에 의존하여 과세가 이루어져야 한다는 것이다. 따라서 이 원칙에 입각하여 과세가 이루어질 때, 가장 선행되어야 할 것은 납세자의 지불능력을 측정하는 일이며, 대개의 경우 소득, 소비, 자산규모 등이 그 척도로 사용되고 있다. 지불능력의 측정문제가 해결된 다음에는 지불능력에 따라 조세부담액이 결정되도록 하는 적절한 기준이 필요한데 이에 대해서는 세 가지의 기준을 고려할 수 있다.

첫째는 수직적 공평성(vertical equity)으로, 지불능력이 다른 사람들은 서로 다른 수준의 세금을 내야 한다는 것이다. 이 기준이 적절히 사용되기 위해서는 어떤 납세자를 더 높은 세율로 과세할 것인가에 대한 명확한 기준이 필요하며, 일반적으로는 보다 높은 지불능력을 가진 사람이 더 높은 세율로 과세되는 것이 바람직하다고 한다. 수직적 공평성의 개념에서 또 하나 고려해야 할 점은, 지불능력의 차이에 따라 차등적인 과세가 이루어질 때 어느 정도의 차등을 둘 수 있는가 하는 문제이다. 예를 들어, 소득세의 경우 소득이 증가함에 따라 한계세율 또는 평균세율이 증가하는 누진세(progressive tax)와 소득에 대한 세율이 일정한 비례세(proportional tax) 중 어느 것을 택할 것인가를 결정해야 한다. 그리고 누진세를 선택하였다면, 누진세율을 어느 정도로 할 것인가를 결정해야 한다. 이러한 결정은 납세로 인한 희생을 납세자가 얼마나 참을 수 있는지와 소득의 한계효용곡선이 어떤 모양을 하고 있는지에 따라 달라질 것이다. 이에 대해서는 이 장의 부록에서 다시 논의하기로 한다.

두 번째는 수평적 공평성(horizontal equity)으로, 동일한 지불능력을 가진 사람들은 동일한 조세부담을 가져야 한다는 것이다. 이러한 수평적 공평성은 공평한 과세라는 측면에서 볼 때 매우 타당한 개념이라고 할 수 있으나, 지불능력의 측정이 어렵다는 문제점이 있다. 가령 독신자와 기혼자가 동일한 소득을 얻었다고 해서 세금도 동일하다면 이는 그다지 바람직하지 않을 것이다. 따라서 수평적 공평성에 의거하여 과세할 경우 가족 구성, 직종, 성별 등의 외부조건에 대해서도 함께 고려해야 한다.

마지막으로는 현재세대와 미래세대 사이의 조세부담을 어떻게 배분하는 것이 바람직한지에 대한 세대 간 공평성(intergenerational equity)을 생각해 볼 수 있다.

10.3 행정의 단순성

조세행정의 비용은 직접비용(direct cost)과 간접비용(indirect cost)으로 구분해 볼 수 있다. 직접비용은 국세청, 관세청과 같은 징세기관을 운영하는 데 드는 징세비용(tax collection cost)을 말한다. 그리고 간접비용은 납세의무를 이행하는 데 소요되는 납세비용(tax compliance cost)을 말한다. 납세신고서를 작성하는 데 드는 시간, 장부기입 비용, 그리고 회계사 및 세무 변호사를 고용하는 비용 등이 이에 포함된다.

바람직한 조세제도는 단순하고 이해하기 쉬워서 이러한 행정비용이 적게 들어야 한다. 현재 우리나라에서는 직접비용이 간접비용보다 높은 반면에, 미국 등의 선진국에서는 납세자가 매년 납세신고를 의무적으로 해야 하므로 간접비용이 직접비용보다 높다. 또한 이러한 행정비용은 조세의 종류 또는 납세자에 따라 차이가 나는데 일반적으로 근로소득에 부과하는 소득세의 경우 행정비용이 크지 않지만, 사업소득에 부과하는 소득세의 경우 행정비용이 상당하다고 알려져 있다.

10.4 신축성

바람직한 조세제도는 경제환경의 변화에 대하여 신축적으로 대응할 수 있어야 한다. 조세제도가 신축적이지 못할 경우, 경제환경의 변화에 따라 세율을 조정하고 징수하는 과정에서 시차가 발생하여 경제의 안정을 저해할 수도 있다. 예를 들어 <그림 10-2>에서처럼 시차가 커서 국민소득과 세수가 반대방향으로 움직인다면 경제가 이미 침체기에 접어들었음에도 불구하고 세수는 증가하여 조세제도가 경제활동을 오히려 위축시키는 효과를 가져올 수 있다.

한편 조세제도가 자동안정화 장치(automatic stabilization mechanism)로서의 기능을 수행하여 경제를 안정화하는 데 도움을 줄 수 있으며, 그러한 조세제도의 예로 누진소득세를 들 수 있다. 누진소득세 제도하에서는 경기불황으로 소득이 줄어들 때 한계세율도 함께 내려가도록 되어있는데, 이는 가처분소득이 경기에 따라 급격하게 감소하는 것을 완화하는 기능을 한다. 따라서 소비가 큰 폭으로 감소하는 것을 방지하여 경기침체를 완화하고 경제를 안정화시키는 기능을 하는 것이다. 경기호황으로 소득이 올라갈 때에도 마찬가지 이유로 경제가 과열되는 것을 막아주는 역할을 한다.

그림 10-2   신축적이지 못한 조세제도

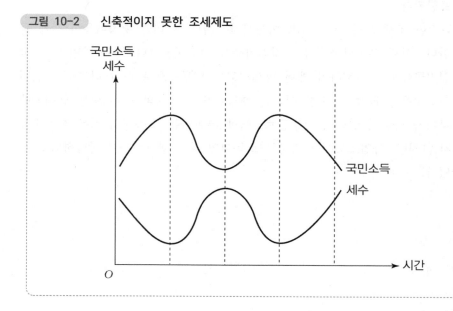

10.5 정치적 책임성

조세제도는 정부가 납세자들의 부족한 정보를 이용하여 부당하게 세금을 더 거두지 않도록 고안되어야 한다. 이를 위해서는 모든 납세자들이 자신이 얼마만큼의 세금을 내는지를 정확하게 알 수 있어야 하며, 반드시 적법한 입법절차에 의해서만 새로운 세금이 부과되고 기존의 조세제도가 조정되도록 하여야 한다. 우리나라의 경우 조세는 법률에 의해서만 부과될 수 있다는 조세법률주의 원칙을 채택함으로써 정치적 책임성이 보장되는 조세제도를 운영하려고 노력하고 있다. 하지만 실제 세무행정에 있어서는 법률보다 행정부처의 명령이나 징세기관의 업무 규칙에 의해 조세부과 및 징수 과정이 결정되는 것으로 알려져 있으므로, 이에 대해 투명성과 책임성을 높이기 위한 노력이 필요할 것이다.

부록 ▌ 수직적 공평성과 누진세

밀(Mill, 1921)은 수직적 공평성을 달성한다는 것은 모든 납세자들로 하여금 같은 희생을 감수하도록 요구하는 것과 같다고 주장하였다. 이를 균등희생의 원칙(principle of equal sacrifice)이라고 하는데, 해석에 따라 절대적 균등희생, 비례적 균등희생, 한계적 균등희생 등으로 나누어 생각해 볼 수 있다. 여기서는 이러한 균등희생의 원칙이 누진세와 어떠한 관계를 가지는가에 대해 살펴보기로 하겠다.

(1) 절대적 균등희생

절대적 균등희생(absolute equal sacrifice)은 납세로 인한 효용의 감소로 표시되는 희생의 절대적인 수준이 모든 납세자에 대해 동일해야 함을 의미한다. 개인 i의 소득을 Y_i, 세금 납부액을 T_i, 효용함수를 $U_i(\cdot)$로 나타내면, 개인 i가 감수하는 희생의 절대적인 크기는 $U_i(Y_i) - U_i(Y_i - T_i)$가 될 것이다. 절대적 균등희생 원칙에 따르면 각 개인이 감수하는 희생의 절대적인 크기가 모두 같을

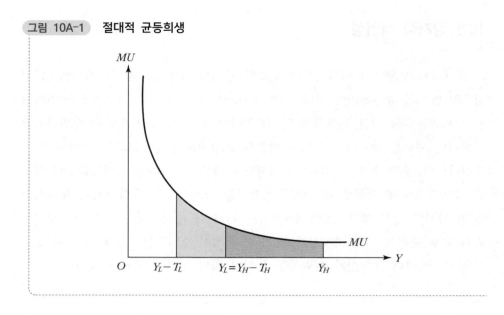

그림 10A-1   절대적 균등희생

때 수직적 공평성이 달성된다고 본다.

다음 그림을 통해 살펴보도록 하자. 논의의 편의를 위해 경제 내에 두 사람이 있고, 한 사람은 고소득자(H)이고 다른 한 사람은 저소득자(L)라고 하자. 고소득자의 소득과 세금액은 각각 Y_H, T_H로 표기하고, 저소득자의 소득과 세금액은 각각 Y_L, T_L로 표기한다. 이 두 사람이 동일한 한계효용곡선 MU를 갖고 있다고 하자. <그림 10A-1>에서 볼 때, 고소득자가 감수하는 희생의 크기는 회색 부분으로, 저소득자가 감수하는 희생의 크기는 녹색 부분으로 나타나며, 절대적 균등희생 원칙에 따르면 이 두 부분의 면적이 동일하도록 각각의 세금 납부액 T_H와 T_L을 정해야 할 것이다.

여기서 고소득자의 평균세율은 T_H / Y_H이 되고, 저소득자의 평균세율은 T_L / Y_L이 된다. 이러한 평균세율의 상대적 크기는 MU 곡선의 형태에 따라 달라지는데, 특히 MU 곡선의 기울기가 가파를수록 고소득자의 평균세율도 높아져야 한다. MU 곡선의 기울기와 조세제도의 누진성 사이의 관계를 정리하면 다음과 같다.

납세자의 소득이 증가하면서 평균세율도 증가하는 조세제도를 누진세로 정의하자. 조세제도가 절대적 균등희생 원칙을 만족한다고 가정하면, 한계효용

MU의 소득탄력성이 1보다 크면, 조세제도가 누진세 구조여야 하고, 소득탄력성이 1이면 비례세, 소득탄력성이 1보다 작으면 역진세 구조여야 한다. 만약 한계효용이 일정하게 상수라면, MU 곡선의 기울기는 0이 되는데, 이 경우에는 인두세가 절대적 균등희생 원칙을 만족한다.

한계효용의 소득탄력성이 1이면, 절대적 균등희생을 만족하는 조세제도가 비례세 구조를 따른다는 사실을 다음 예를 통해 살펴보자. <그림 10A-1>에서처럼 저소득자의 소득 Y_L이 고소득자 소득 Y_H의 절반(즉 $Y_L = Y_H/2$)이라고 가정하자. 그리고 이 두 사람의 효용함수가 $U(X) = \ln X$로 같다고 하자. 그러면 한계효용함수는 $MU(X) = 1/X$가 되고, 이 경우 한계효용의 소득탄력성이 1임을 확인할 수 있다. 이제 두 사람에게 비례적인 소득세를 부과하면 두 사람이 감수해야 할 희생의 절대적인 크기가 같아진다는 것을 보이자. 각각 소득의 절반을 세금으로 납부한다면(즉 $T_L = Y_L/2 = Y_H/4$이고, $T_H = Y_H/2$이면), 각 납세자가 부담할 희생의 크기는 다음과 같이 계산된다.

$$\int_{\frac{Y_H}{4}}^{\frac{Y_H}{2}} \frac{1}{Y} dY = \ln \frac{Y_H}{2} - \ln \frac{Y_H}{4} = \ln 2 \qquad \text{(저소득자 희생의 크기)}$$

$$\int_{\frac{Y_H}{2}}^{Y_H} \frac{1}{Y} dY = \ln Y_H - \ln \frac{Y_H}{2} = \ln 2 \qquad \text{(고소득자 희생의 크기)}$$

이상의 예에서 보듯이 한계효용의 소득탄력성이 1이면, 비례세 구조가 절대적 균등희생 원칙을 만족한다는 것을 알 수 있다.

(2) 비례적 균등희생

비례적 균등희생(proportional equal sacrifice)은 각 납세자가 부담하는 희생의 비율이 동일해야 함을 의미한다. 이는 각 납세자 i에 대해 다음 조건이 만족해야 함을 의미한다.

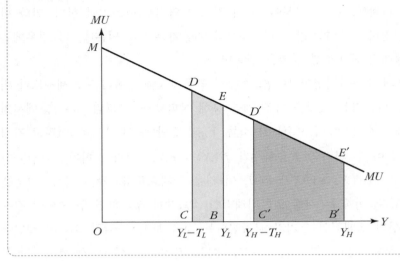

$$\frac{U_i(Y_i) - U_i(Y_i - T_i)}{U_i(Y_i)} = 일정$$

이 조건을 <그림 10A-2>에서 살펴보면,

$$\frac{CBED면적}{OBEM면적} = \frac{C'B'E'D'면적}{OB'E'M면적}$$

로 나타낼 수 있다. 조세제도가 비례적 균등희생 원칙을 만족하면, 조세제도와 MU 사이의 관계를 다음과 같이 정리할 수 있다. MU가 감소하고 직선이면 조세제도가 누진세 구조를 따르고, MU가 일정하게 상수이면 비례세 구조를 따라야 한다. 하지만 MU가 감소하고 곡선이면 그 관계가 명확하지 않다. 즉, MU가 일정할 경우 수평의 MU 곡선을 그려보고 비례적 균등희생 원칙를 따르는 조세제도가 비례세 구조를 보임을 쉽게 알 수 있다. 한편 MU가 직선이고 감소하는 경우 면적의 비를 구해 두 사람 사이의 평균세율을 비교함으로써 누진세가 됨을 보일 수 있다. 하지만 이를 곡선의 경우로 일반화하기는 쉽지 않다.

(3) 한계적 균등희생

한계적 균등희생(marginal equal sacrifice)이란 납세자들의 세금이 한 단위 증가함에 따른 희생의 증가량 즉, 한계희생량이 모든 납세자 사이에 같아야 한다는 것을 의미한다. 이를 <그림 10A-2>에서 살펴보면, 고소득자와 저소득자 모두 세금을 내고 난 후 가처분소득의 한계효용 MU가 동일해야 한다는 것이다. 세금을 내고 난 후 고소득자와 저소득자가 동일한 한계효용을 갖도록 각자가 납부할 세금의 규모를 정해주어야 한계적 균등희생 원칙을 만족할 수 있는데, 이를 위해서는 둘 모두가 동일한 세후 소득을 받도록 만들어야 한다. 예를 들어 두 납세자가 모두 동일한 세후 소득 OC를 받는다면, 고소득자의 납세액은 CB'가 되고, 저소득자의 납세액은 CB가 될 것이다. 조세제도가 한계적 희생균등 원칙을 따르는 경우, MU가 감소하면 누진세 구조가 되어야 한다는 것을 알 수 있다. 하지만 MU가 일정할 경우에는 조세구조를 특정할 수 없다.

Blum, W. J., and H. Kalven, Jr., *The Uneasy Case for Progressive Taxation*, Chicago: University of Chicago Press, 1953.

Lindahl, E., "Just Taxtion-A Positive Solution," ("Positive Losung, Die Gerechtigkeit der Besteuerung," Lund, 1919), Translated and Reprinted in R. A. Musgrave and A. J. Peacock, eds., *Classics in the Theory of Public Finance*, New York: Macmillan and Co., 1958.

Mill, J. S., *Principles of Political Economy*, London: Longmans, 1921.

Pigou, A. C., *A Study in Public Finance*, London: Macmillan, 1928.

Smith, A., *The Wealth of Nations*, London: Everyman's Library, 1910.

조세와
소득분배

11

조세와 소득분배

앞장에서는 바람직한 조세제도가 갖추어야 할 특성들에 대하여 살펴보았다. 이 중에서 효율성과 공평성이 가장 중요하다고 할 수 있으므로 이 두 특성에 대해 보다 자세히 알아보도록 하겠다. 먼저 이 장에서는 조세의 공평성 측면에 초점을 맞추어 논의하도록 한다.

11.1 조세의 귀착

어떤 조세가 공평한지를 파악하기 위해서는 조세의 부담이 사회의 구성원들 사이에 어떻게 배분되는가 하는 조세귀착(tax incidence)의 문제를 먼저 분석하여야 한다. 따라서 여기에서는 조세귀착의 정의와 그에 관한 분석방법들을 알아보기로 한다.

11.1.1 조세귀착의 정의

조세의 귀착은 법적 귀착(statutory incidence)과 경제적 귀착(economic incidence)으로 나누어볼 수 있다. 법적 귀착은 형식적 귀착(formal incidence)이라고도 하며, 법적으로 납부할 책임을 가진 사람이 조세를 부담한다고 보는 것을 일컫는다. 이에 반해 경제적 귀착은 실질적 귀착(effective incidence)이라고도 하며, 조세부과에 의해 실질적으로 소득이 감소하는 사람이 지는 부담을 의미한다. 앞으로는 경제적 귀착을 이해하는 데 목표를 두고 조세귀착에 관한 논의를 진행하도록 하겠다. 흔히 어떤 조세를 법적으로 납부하는 사람이 그 조세의 실질적인 부담을 모두 지는 것으로 생각하나, 현실에서는 대부분 그렇지 않다. 조세의 일부 또는 전부가 그로 인한 가격의 변화를 통하여 경제 내의 다른 사람에게 전가(shifting)될 수 있기 때문이다. 예를 들어 어떤 상품에 판매세가 부과되면 그 상품의 공급자는 세금을 모두 자기가 부담하기보다는 일정 부분을 소비자나 생산요소의 공급자에게도 부담하도록 할 것이다. 이러한 전가 현상을 전방전가(前方轉嫁; forward shifting)와 후방전가(後方轉嫁; backward shifting)로 구분할 수 있는데, 조세의 최종부담이 소비자에게 옮겨지는 현상을 전방전가라 하고, 생산요소의 공급자에게 이전되는 현상을 후방전가라 한다.

11.1.2 조세귀착에 대한 접근방법

조세귀착에 관한 연구는 조세와 정부지출이 납세자의 실질소득 분포에 어떠한 영향을 주는가에 관심을 가진다. 하지만 이러한 연구들은 일반적으로 다음과 같은 어려움에 직면한다. 첫째, 조세의 귀착을 정확하게 파악하기 위해서는 조세제도가 전혀 존재하지 않을 때의 소득분배상태와 비교하여야 하는데, 현실에는 이미 여러 조세가 존재하고 있으므로 그러한 비교가 불가능하다. 둘째, 국방이나 교육과 같은 정부지출의 편익이 납세자 사이에 어떻게 분배되는가를 파악하기 어렵다. 단순하게 모든 사람에게 동일하게 배분된다고 가정할 수 있으나 개별 납세자가 처한 상황이나 소득수준에 따라 실질적인 수혜 정도는 다를 것이다. 셋째, 어떤 상품에 조세가 부과되면 모든 재화의 가격에 영향을 미칠 뿐만 아니라 물가와 국민소득과 같은 거시경제변수에도 영향을 미쳐 납세자의 실질소득을 변화시키기 마련인데 이러한 일반균형효과를 계산하는 것이 쉽지 않다는 점이다. 이러한 문제점들을 고려하여 조세의 귀착에 관한 연구들은 대체로 다음과 같은 세 가지 접근방법을 택하고 있다.

(1) 절대적 조세귀착

절대적 조세귀착(absolute tax incidence)은 정부지출이 변하지 않는다고 가정하고 어떤 조세가 분배에 미치는 효과를 분석한 결과를 말한다. 이 방법은 분석이 간단하다는 장점이 있다. 그러나 이 방법은 정부지출이 변하지 않으면서 어떤 조세가 부과될 때 다른 조세가 그에 상응하게 인하되어야 한다는 점을 간과하고 있다. 따라서 어떤 조세의 부과가 총수요와 고용 등의 거시경제변수에 미치는 영향을 제대로 반영하지 못한다. 그런데 이러한 거시경제변수는 다시 소득분배에 영향을 주므로, 이 방법은 바로 이러한 효과를 반영하지 못한다는 한계를 지니는 것이다.

(2) 차별적 조세귀착

차별적 조세귀착(differential tax incidence)은 절대적 조세귀착의 문제점을 해결하기 위하여 정부지출이 변하지 않는다고 가정하고 어떤 한 조세를 다른 조세로 대체했을 때 분배에 미치는 효과를 분석한 결과이다. 이 방법의 문제점은 분석대상이 되는 조세를 대체하는 기준조세(reference tax)에 따라 조세귀착이 다르게 나타날 수 있다는 것이다. 이러한 기준조세로는 일반적으로 정액세(lump-sum tax)가 사용된다.

(3) 예산귀착

예산귀착(budget incidence)은 어떤 조세와 그것에 의한 정부지출을 혼합하여 분배에 미치는 효과를 분석한 결과이다. 이 방법으로 앞의 두 조세귀착의 문제점을 해결할 수는 있으나, 정부지출이 분배에 미치는 효과를 정확히 파악하기 어렵다는 문제점도 가지고 있다. 일반적으로 전체 정부예산이 분배에 미치는 효과를 파악하고자 할 때에는 이 방법을 많이 사용한다.

11.2 조세귀착의 부분균형분석

　조세귀착의 부분균형분석이란 조세가 부과되는 시장만을 고려하고 다른 시장으로의 파급효과는 무시하는 분석을 말한다. 이러한 분석은 조세가 부과되는 재화의 시장규모가 비교적 작을 때 적절하게 적용될 수 있다. 이 절에서는 부분균형분석을 사용하여 완전경쟁시장과 독점시장에서의 조세귀착을 분석하기로 한다.

11.2.1 완전경쟁시장에서의 부분균형분석

(1) 종량세의 조세귀착

　간접세는 종량세(unit tax, specific tax)와 종가세(ad valorem tax)로 나눌 수 있는데, 종량세는 재화의 양(개수, 부피)에 따라 단위별로 부과되는 조세이고 종가세는 재화의 가격에 따라 부과되는 조세이다. 여기서는 먼저 종량세의 조세귀착을 살펴보기로 하겠다. 종량세는 생산자에게 부과될 수도 있고 소비자에게 부과될 수도 있는데 그 조세귀착은 동일하다. 이제 각각의 경우를 차례대로 살펴보자.

　먼저 생산자에게 종량세를 부과하는 경우를 살펴보자. 이 경우 법적귀착은 생산자에게 발생한다. <그림 11-1>에서 종량세가 부과되기 이전의 재화 X에 대한 수요곡선과 공급곡선을 각각 D와 S라고 하면, 균형가격과 균형교환량은 각각 p_0와 q_0이다. 여기에 종량세를 T만큼 부과하면 공급자는 원래 자신이 받을 수 있던 생산자가격을 계속 받으려 하므로 공급곡선은 원래의 S에서 T만큼 위쪽으로 평행이동한 S'이 된다. 따라서 종량세를 부과하고 난 후 새로운 균형가격과 균형교환량은 각각 p^D와 q^1이 된다. 교환량 q^1에서 소비자는 p^D를 지불하고, 이 중 T만큼은 세금으로 납부하고, 생산자는 p^S를 받을 것이다. 따라서 상품 한 단위당 조세 T 중에서 소비자는 $p^D - p_0$만큼을 부담하고 생산자는 $p_0 - p^S$만큼을 부담한다. 바꾸어 말하면, 조세 T 중에서 $p^D - p_0$만큼이 소비자에게 전가되고, 나머지 $p_0 - p^S$만큼이 생산자에게 전가되었다고 할 수 있다.

그림 11-1　생산자에게 종량세가 부과된 경우

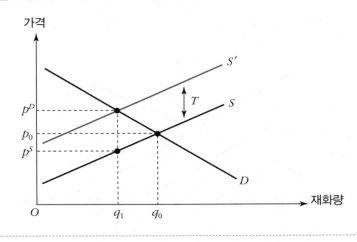

이어서 소비자에게 종량세를 부과하는 경우를 보자. 이때 법적귀착은 소비자에게 발생한다. 소비자의 입장에서는 주어진 재화량에 대해서 세금부과 전과 동일한 가격을 지불하려고 할 것이다. 따라서 소비자의 수요곡선은 원래의 수요곡선 D이다. 하지만 생산자는 소비자가 지출할 가격에서 세금을 뺀만큼을 받으므로 생산자가 직면하는 유효수요곡선은 조세 T만큼 아래쪽으로 평행이동한 D'이 된다. 그러므로 <그림 11-2>처럼 조세 T 중에서 $p^D - p_0$만큼이 소비자에게 전가되고, $p_0 - p^S$만큼이 생산자에게 전가된다.

<그림 11-1>과 <그림 11-2>를 비교하면 종량세의 귀착은 그것이 소비자에게 부과되는지 또는 생산자에게 부과되는지에 관계없이 동일하게 나타난다는 것을 알 수 있다. 어느 경우에도 소비자로의 귀착은 $p^D - p_0$만큼 발생하고 생산자로의 귀착은 $p_0 - p^S$만큼 발생하기 때문이다.

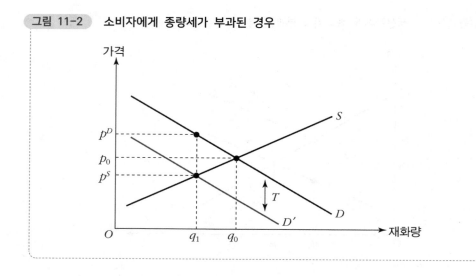

그림 11-2　소비자에게 종량세가 부과된 경우

그리고 종량세 귀착분의 상대적인 크기는 수요곡선과 공급곡선의 기울기 즉, 수요와 공급의 가격탄력성에 따라 달라진다. 즉 두 가격탄력성의 크기를 알면, 각각 소비자와 생산자로 귀착되는 조세부담의 크기를 계산할 수 있다. 종량세율 T, 소비자가격 p^D, 수요의 가격탄력성 ϵ, 공급의 가격탄력성 η로 나타내면, 세율이 변화할 때 소비자가격의 변화는 다음과 같다.

$$\frac{dp^D}{dT} = \frac{\eta}{\epsilon + \eta} \quad\text{...} \quad (11.1)$$

이 수식을 도출하는 과정은 본 장의 부록에서 보이도록 하겠다.

수식 (11.1)로부터 수요의 가격탄력성이 클수록 소비자로의 귀착은 작아지고, 공급의 가격탄력성이 클수록 소비자로의 귀착은 커진다는 것을 알 수 있다. 다음 <그림 11-3>부터 <그림 11-6>까지는 독자의 이해를 돕기 위해 수요곡선과 공급곡선이 극단적으로 주어지는 경우에 조세귀착이 어떻게 이루어지는지 살펴본다. 먼저 공급곡선이 완전비탄력적인 <그림 11-3>의 경우와 수요곡선이 완전탄력적인 <그림 11-6>의 경우에는 모든 조세부담이 생산자에게 귀착된다는 것을 알 수 있다. 하지만 공급곡선이 완전탄력적인 <그림 11-4>의

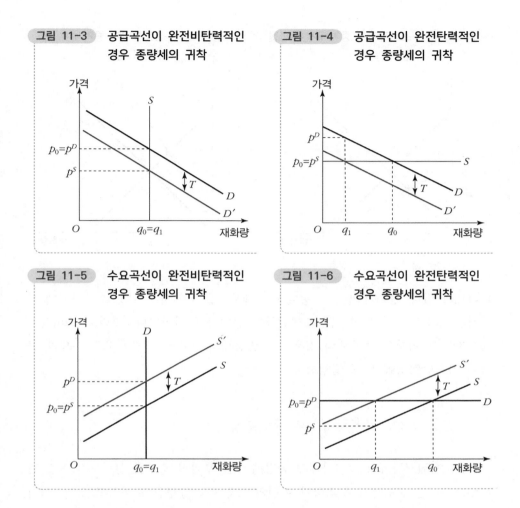

그림 11-3 공급곡선이 완전비탄력적인 경우 종량세의 귀착

그림 11-4 공급곡선이 완전탄력적인 경우 종량세의 귀착

그림 11-5 수요곡선이 완전비탄력적인 경우 종량세의 귀착

그림 11-6 수요곡선이 완전탄력적인 경우 종량세의 귀착

경우와 수요곡선이 완전비탄력적인 <그림 11-5>의 경우에는 모든 조세부담이 소비자에게 귀착됨을 알 수 있다.

(2) 종가세의 조세귀착

종가세의 조세귀착에 대한 분석도 종량세의 경우와 유사하다. 다른 점이 있다면 종가세는 가격에 비례하여 부과되므로 <그림 11-7>과 <그림 11-8>에서 보듯이 수요곡선이나 공급곡선이 평행이동을 하지 않는다는 것이다. <그림 11-7>은 수요자에게 <그림 11-8>은 생산자에게 종가세를 부과하는 경우를

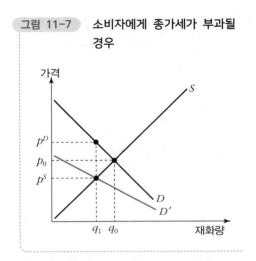

그림 11-7 소비자에게 종가세가 부과될 경우

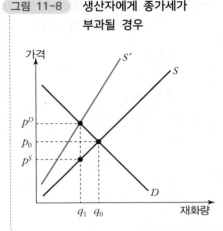

그림 11-8 생산자에게 종가세가 부과될 경우

나타내고 있다. 종가세의 경우 동일한 조세부담을 유지하는 이상 소비자에게 부과하든 생산자에게 부과하든 조세귀착은 동일하게 나타난다. 그리고 소비자와 생산자로의 귀착은 종가세의 경우에도 종량세의 경우와 마찬가지로 수요와 공급의 가격탄력성에 의해 결정된다.

11.2.2 독점시장에서의 부분균형분석

이제 독점시장에서 소비자에게 종량세 T를 부과한 경우를 살펴보자. <그림 11-9>에서는 종량세를 부과하기 이전의 독점시장 균형을 보여주고 있다. 여기서 수요곡선과 한계수입곡선은 각각 D와 MR이고, 한계비용곡선과 평균비용곡선은 각각 MC와 AC이다. 독점시장에서의 생산량은 한계수입곡선과 한계비용곡선이 교차하는 q_0가 되고, 시장가격은 p_0가 된다. 그리고 독점기업의 이윤은 그림에서 파란색 부분(즉 $(p_0 - AC_0) \times q_0$만큼)이 된다.

소비자에게 종량세를 부과하면 <그림 11-10>에서와 같이 기업이 직면하는 유효수요(effective demand)곡선은 D'이 되고, 한계수입곡선은 MR'이 된다. 이 경우 $MC = MR'$ 조건에 의해 생산량은 q_1에서 결정되고, 유효수요곡선 D'상에서 결정되는 생산자가격은 p^S가 되며, 수요곡선 D 상에서 결정되는 소비자가

그림 11-9   독점시장의 균형

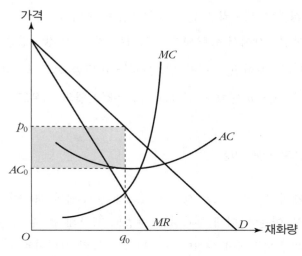

그림 11-10   소비자에게 종량세가 부과된 경우

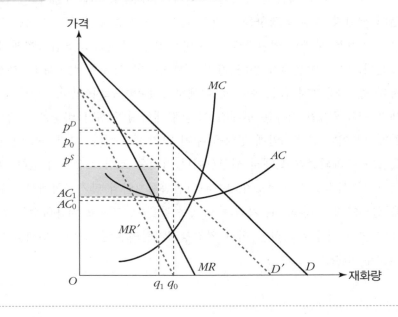

격은 p^D가 된다. 그러므로 독점기업의 이윤은 $(p^S - AC_1) \times q_1$로 계산되고, 종량세에 따른 정부의 세수입은 $(p^D - p^S) \times q_1$로 주어진다.

그러므로 독점시장에서 종량세를 부과하는 경우 ① 생산량은 $q_0 - q_1$만큼 줄어들고, ② 세금을 포함한 소비자가격은 $p^D - p_0$만큼 오르고, ③ 생산자가 받을수 있는 가격은 $p_0 - p^S$만큼 줄어들고, ④ 독점기업의 이윤도 줄어들 것이다.

11.2.3 이윤세의 귀착

지금까지 재화의 소비 또는 생산에 부과하는 조세에 대하여 논의하였다. 이와 달리 세금을 이윤에 대해 부과하는 방법도 생각해 볼 수 있을 것이다. 구체적으로, 기업의 총수입에서 생산에 사용된 요소들의 기회비용을 모두 빼고 남은 기업의 순수익을 의미하는 경제적 이윤(economic profit)에 대해 부과하는 세금은 이윤세(profit tax)라고 부르는데 이에 대해 살펴보겠다. 이윤세는 기업의 경제적 이윤에 대해 정해진 세율로 세금을 부과하기 때문에, 이윤극대화를 목표로 하는 기업의 생산량 결정에 영향을 주지 않는다. 즉 기업의 생산량 결정을 왜곡하지 않으며 이윤세 부과로 인한 부담이 소비자 또는 생산요소 공급자에게 전가되지도 않는다. 먼저 이윤세가 이와 같이 비왜곡적인 이유를 살펴보고, 현실에서 이윤세가 잘 사용되지 않는 이유에 대해서도 논의하고자 한다.

이윤세가 비왜곡적인 이유는 경제적 이윤에 대하여 일정한 비율로 부과되어 기업의 한계비용이나 한계수입에 영향을 주지 않기 때문이다. 그러므로 어떤 기업도 이윤세가 부과되었다고 해서 생산량이나 가격을 조정할 유인이 없다. 이러한 이유를 더 분석적으로 살펴보자. 먼저 완전경쟁기업의 단기균형에서 이윤세의 귀착을 살펴보자. 이윤을 π, 가격을 p, 생산량을 q, 그리고 비용함수를 $C(q)$로 나타내면, 이윤세를 부과하기 이전 완전경쟁기업의 이윤극대화 문제를 다음과 같이 쓸 수 있다.

$$\max \pi = pq - C(q)$$

한계비용함수를 $MC(q)$로 나타내면, 이윤극대화의 1계 조건을 $p = MC(q)$으로 쓸 수 있다. 즉 이윤을 극대화하기 위해서는 가격과 한계비용이 같아야 한다. 이제 이윤세를 세율 t로 부과하는 경우에 대해 알아보자. 과세 후 기업의 이윤극대화 문제는 다음과 같다.

$$\max (1-t)\pi = (1-t)(pq - C(q))$$

그러므로 과세 후의 이윤극대화 1계 조건 역시 $p = MC(q)$가 되어 과세 전의 조건과 같다는 것을 알 수 있다. 따라서 이윤세는 완전경쟁기업의 균형가격이나 균형생산량에 영향을 미치지 않으며, 또한 기업은 이윤세를 다른 경제주체들에게 전가할 수 없다. 한편 장기균형에서 완전경쟁기업의 이윤은 항상 0이 되므로 이윤세는 어떠한 영향도 미치지 못한다.

이제 독점기업에서의 이윤세 귀착에 대해 알아보자. 과세 전 독점기업의 이윤극대화 문제는 다음과 같다.

$$\max \pi = p(q)q - C(q)$$

한계수입함수를 $MR(q)$로 나타내면, 이윤극대화 조건을 $MR(q) = MC(q)$로 쓸 수 있다. 한편 이윤세의 세율을 t로 가정하고, 과세 후 독점기업의 이윤극대화 문제를 풀어보면, 과세 후의 극대화 조건과 과세 전의 극대화 조건이 동일하다는 것을 알 수 있다. 즉 완전경쟁기업의 경우와 마찬가지로 독점기업의 경우에도 이윤세를 부과하는 것이 기업의 생산량 결정에 영향을 미치지 않는 것이다. 그러므로 독점기업에게 부과하는 이윤세 역시 비왜곡적이며, 다른 경제주체로의 세부담 전가도 발생하지 않는다.

하지만 이윤세를 부과하는 기준이 되는 경제적 이윤을 현실에서 계산하는 것은 매우 어렵다. 그러므로 이윤세가 비왜곡적인 조세임에도 불구하고 현실에서 널리 채택되지 않고 있다. 한편 기업의 소득에 대해 부과하는 법인세를 이윤세로 혼동하기 쉬운데, 이는 잘못된 생각이다. 왜냐하면 법인세를 부과하는 기준이 되는 법인의 소득이 경제적 이윤으로 해석되기에는 한계가 있기 때문이다.

11.2.4 조세귀착과 자본화

토지나 주택과 같이 상당한 기간 공급이 고정된 재화에 세금을 부과할 경우 미래에 부담할 모든 조세의 현재가치만큼 재화의 가격이 하락하는 현상이 발생하는데, 이를 조세부담의 자본화(capitalization)라고 부른다. 조세부담의 자본화가 발생하는 이유는 과세되는 자산의 공급이 고정되어 있으므로(즉 공급이 완전비탄력적이므로) 조세부담이 전적으로 공급자(즉 자산소유자)에게 귀착되기 때문이다. 예를 들어 토지세가 부과된다면, 매기에 납부하는 세금은 해당시점에서의 토지소유자가 부담할 것이다. 하지만 조세를 처음 부과하는 시점에서 미래의 모든 납세액의 현재가치만큼 토지 가격이 하락하므로, 실질적으로 이 조세는 조세를 처음 부과하는 시점의 토지소유자가 전부 부담하는 것이다.

이를 더 구체적으로 살펴보자. 토지 가격 P는 미래 임대료 수입의 총현재가치로 나타낼 수 있다. 즉 할인율이 r로 일정하다고 가정하고, i기의 임대료 수입을 R_i로 표시하면, 토지 가격은 다음과 같다.

$$P = R_0 + \frac{R_1}{(1+r)} + \frac{R_2}{(1+r)^2} + \cdots + \frac{R_t}{(1+r)^t}$$

이 토지에 매기마다 T_i만큼의 세금을 부과하면 과세 후 토지 가격 P^T는 다음과 같다.

$$P^T = R_0 - T_0 + \frac{R_1 - T_1}{(1+r)} + \frac{R_2 - T_2}{(1+r)^2} + \cdots + \frac{R_t - T_t}{(1+r)^t}$$

그러므로 과세 전과 후의 토지 가격 차이 $\triangle P$는 다음과 같이 계산된다.

$$\triangle P = P - P^T = T_0 + \frac{T_1}{(1+r)} + \frac{T_2}{(1+r)^2} + \cdots + \frac{T_t}{(1+r)^t}$$

즉 토지에 부과될 세금의 현재가치만큼 토지 가격이 하락하는 셈이다. 한편 토지공급이 고정되어 있지 않을 때 조세를 부과하면, 토지에 대한 수요와 공급의 가격탄력성에 따라 토지사용자도 일정한 조세부담을 질 것이다. 그러므로 가격하락폭은 공급이 고정된 경우보다 줄어들 것이다.

11.3 조세귀착의 일반균형분석

부분균형분석은 단순하기 때문에 분석이 쉽다는 장점이 있다. 그러나 이 분석은 조세를 부과하는 시장만을 고려하고 다른 시장으로 파급되는 효과를 무시함으로써 조세귀착에 대한 분석이 부분적이라는 한계도 갖고 있다. 예를 들어 법인화된 생산부문과 법인화되지 않은 생산부문의 둘로 구성된 경제에서 법인화된 생산부문의 자본에 대해서만 조세를 부과한다고 하자. 만약 두 부문 사이에 자본이 자유롭게 이동할 수 있다면, 균형에서 과세 후 두 부문의 자본수익률이 동일해야 한다. 그러므로 법인화된 부문의 자본에만 과세하였을지라도 비법인화된 부문의 자본수익률에까지 영향을 끼칠 것이고, 이 조세는 두 부문의 자본 모두에 귀착될 것이다. 따라서 이 경우에 대한 부분균형분석은 비법인화된 부분에 미치는 영향을 고려하지 못한다는 한계를 가지고 있다.

그러므로 부분균형분석은 과세부문이 비교적 적은 규모일 경우 유용하게 쓰일 수 있을 것이다. 그러나 과세부문이 경제에서 차지하는 비중이 크다면 과세부분만을 떼어내어 분석하는 것은 바람직하지 않다. 이 경우 조세부과가 다른 부문에 미치는 영향까지 고려할 수 있도록 일반균형분석을 시도할 필요가 있다.

조세귀착에 대한 일반균형분석은 하버거(Harberger, 1962, 1974)의 연구로부터 출발하였다. 일반균형분석은 크게 두 가지로 나눌 수 있는데, 하나는 하버거의 일반균형분석이고, 다른 하나는 후에 쇼븐-훨리(Shoven and Whalley, 1973)로부터 출발한 일반균형계산(computable general equilibrium: CGE)분석이다. 하버거의 연구는 기존의 부분균형모형이 가진 한계를 극복하였다는 데 그 의의가 있다. 그러나 하버거의 연구에도 한계점이 있는데, 그것은 두 재화와 두 생산요소만을 가진 경제에만 적용될 수 있으며, 또한 정책변화가 큰 경우에 대한 분석에는 적합하지 않다는 점이다. 반면 쇼븐-휠리의 일반균형계산모형은 기존의 일반균형모형에 조세를 포함시킴으로써 조세의 일반균형효과를 계산하는 것으로, 하버거모형의 한계를 극복하였다. 그러나 이 모형은 복잡한 일반균형계산을 가능하게 하기 위해 경제를 지나치게 단순화해야 하고 경제 내의 생산함수와 수요함수들을 정확히 추정해야만 한다는 문제점도 가지고 있다.

11.3.1 하버거의 일반균형분석

먼저 하버거의 모형을 사용하여 물품세와 요소세의 귀착에 대해 살펴보도록 하겠다. 이 모형에서는 다음과 같이 가정한다.

① 경제는 자동차 X와 섬유 Y를 생산하는 두 생산자로 구성되고, 생산은 자본 K와 노동 L의 두 생산요소로 이루어지며, 생산기술은 규모에 대한 수익불변의 특성을 갖는다. 그리고 자동차는 자본집약적 상품이고 섬유는 노동집약적 상품이다.
② 자본과 노동은 두 산업 사이에 자유로이 이동할 수 있다. 따라서 두 산업에서의 자본과 노동의 세후 한계수익률은 항상 동일해야 한다.
③ 시장이 완전경쟁적이다.
④ 자본과 노동의 총량이 고정되어 있다.
⑤ 모든 소비자가 동일한 선호를 가진다.

이러한 가정하에서 재화 및 요소에 대한 조세가 경제에 미치는 영향을 일반균형적 접근법을 이용하여 살펴보도록 하겠다.

(1) 물품세의 귀착

자동차에 대해 세율 t_X로 물품세를 부과하였다고 가정하자. 자동차에 세금을 부과하였으므로 이는 자동차의 상대가격을 올릴 것이다. 따라서 효용을 극대화하려고 하는 소비자들은 자동차를 섬유로 대체하고자 할 것이다. 한편 생산자들도 자동차를 더 적게 생산하고 섬유를 더 많이 생산하고자 할 것이다. 따라서 자동차산업에 고용되어 있던 자본과 노동의 일부는 이제 섬유산업으로 옮겨가야 할 것이다. 그러나 자동차산업은 섬유산업보다 자본집약적이므로 자본의 초과공급이 발생하고, 이는 자본의 상대가격을 하락시켜 두 산업 모두 이전보다 자본집약적인 생산방식을 채택할 것이다. 조세부과의 결과 노동의 상대가격은 상승하는 반면 자본의 상대가격은 하락한다. 따라서 자본집약적인 재화에 부과되는 물품세가 미치는 영향은 다음과 같다.

① 특정 재화에 대한 과세는 그 재화의 생산에 집중적으로 사용되는 생산요소의 상대가격을 하락시킨다.
② 자본집약적 상품에 대한 수요탄력성이 더 클수록 자본의 가격은 더 많이 하락한다.
③ 상품생산에 있어 노동과 자본의 대체가 어려울수록 자본의 가격은 더 많이 하락한다.

<그림 11-11>에서는 자동차에 부과한 물품세가 미치는 영향을 나타내고 있다. <그림 11-11(a)>에서 보듯이 자동차에 물품세를 부과하면 균형이 E에

그림 11-11　자본집약적 상품에 물품세가 부과된 경우

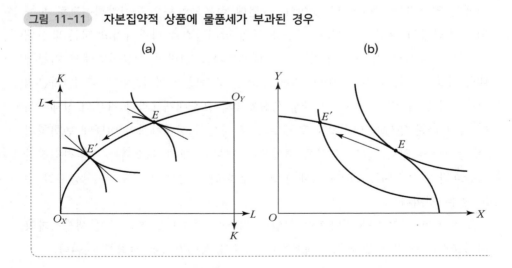

서 E'으로 이동하면서, 자동차 생산은 줄어들고, 자본의 상대가격은 이전보다 더 하락할 것이다. 또한 등량곡선의 모양에 따라서 자본의 상대가격이 하락하는 정도가 다를 수 있음을 확인할 수 있다. 이를 생산가능곡선상에서 살펴보면 <그림 11-11(b)>와 같이 나타난다. 이 모형에서는 자동차와 섬유생산의 요소집약도가 다르다고 가정하였다. 만약 두 재화생산의 요소집약도가 같다면, 어떤 생산요소가 다른 생산요소에 비해 상대적으로 더 많이 손해를 보는 일은 발생하지 않을 것이다. 왜냐하면 자동차산업에서 풀려난 자본과 노동이 같은 비율로 섬유산업에 흡수되기 때문이다.

(2) 요소세의 귀착

다음으로 특정 산업의 생산요소에만 부과되는 요소세(factor tax)가 경제에 미치는 영향에 대하여 분석하도록 하겠다. 예를 들어, 섬유산업에 사용되는 자본에만 요소세를 부과하였다고 하면, 이로 인한 효과는 다음의 두 가지로 나타날 것이다. 첫째, 생산효과가 나타나는데, 요소세로 인해 섬유 가격이 오르고 섬유에 대한 수요가 줄어드는 것이다. 둘째, 요소대체효과가 나타나는데, 섬유생산자들이 상대적으로 저렴한 노동을 더 많이 사용하고 상대적으로 비싼 자본을 더 적게 사용하는 것이다. 먼저 생산효과로 인하여 섬유에 대한 수요가 줄어들어 섬유생산이 감소할 것이므로 섬유산업으로부터 풀려난 자본과 노동은 자동차산업에서 일자리를 찾아야 할 것이다. 그런데 섬유산업은 노동집약적이므로 노동의 초과공급이 발생할 것이고, 이는 노동의 상대가격을 하락시키고 자본의 상대가격을 상승시킬 것이다. 반면에 요소대체효과로 인하여 섬유산업에서 자본에 대한 수요는 감소하고, 노동에 대한 수요는 증가할 것이다. 이에 따라, 자본의 상대가격은 하락할 것이다. 따라서 생산효과와 요소대체효과가 자본의 상대가격에 각기 다른 영향을 미치므로 조세부과 후 자본의 상대가격이 어떻게 변화할지는 분명하지 않다. 일부 산업에 투입되는 자본에 대해 요소세를 부과하였지만 생산효과와 요소대체효과의 상대적 크기에 따라 자본의 가격을 더 상승시킬 수도 있는 것이다.

그렇지만 만약 자본집약적인 산업의 자본에 요소세를 부과하면 생산효과와 대체효과가 동일한 방향으로 작용하여 자본의 상대가격이 하락할 것이다.

11.3.2 일반균형계산모형

쇼븐-휠리는 조세가 도입된 일반균형모형에서 기존 조세제도의 일반균형과 변화된 조세제도의 일반균형을 계산한 후, 이 두 균형을 비교함으로써 조세제도의 변화가 경제에 미치는 영향을 분석하고 있다. 이 분석에서는 정부의 세수가 일정하다고 가정하고 한 조세를 다른 조세로 변화시킬 때의 영향을 분석하는 차별적 조세귀착 접근방법을 이용하고 있다. 이러한 모형은 다수의 생산자와 소비자로 구성되므로 모든 생산자의 생산함수와 모든 소비자의 수요함수를 추정하여야 한다. 그러나 이러한 추정이 불가능할 수도 있다는 점이 이 모형의 문제점으로 지적되고 있다.

부록 ▌ 수요와 공급의 가격탄력성에 따른 종량세 귀착의 상대적인 크기

본 부록에서는 종량세 귀착의 상대적인 크기가 수요와 공급의 가격탄력성에 의해 결정됨을 보이겠다. 생산자가격 r, 소비자가격 p, 종량세 T로 나타내면, 정의상 $p = r + T$가 성립한다. 균형에서 수요와 공급이 같으므로, $X^D(p) = X^S(r)$이 성립하고, $r = p - T$이므로, 이를 $X^D(p) = X^S(p - T)$로 쓸 수 있다.

조세귀착을 살펴보기 위해서는 균형에서 작은 수준의 조세를 부과하였을 때 소비자가격이 어떻게 변화하는지 살펴보면 될 것이다. 그러므로 균형식을 p와 T로 전미분하면,

$$\frac{\partial X^D}{\partial p}dp = \frac{\partial X^S}{\partial(p-T)}\frac{\partial(p-T)}{\partial p}dp + \frac{\partial X^S}{\partial(p-T)}\frac{\partial(p-T)}{\partial T}dT$$

이고, 여기서 $\dfrac{\partial(p-T)}{\partial p} = 1$, $\dfrac{\partial(p-T)}{\partial T} = -1$이므로,

$$\frac{\partial X^D}{\partial p}dp = \frac{\partial X^S}{\partial (p-T)}dp - \frac{\partial X^S}{\partial (p-T)}dT$$

가 된다. 그리고 $\dfrac{\partial X^S}{\partial (p-T)} = \dfrac{\partial X^S}{\partial (p-T)}\dfrac{\partial (p-T)}{\partial p} = \dfrac{\partial X^S}{\partial p}$ 이므로, 이 수식을 다시 쓰면,

$$\frac{\partial X^D}{\partial p}dp = \frac{\partial X^S}{\partial p}dp - \frac{\partial X^S}{\partial p}dT$$

가 된다. 여기에 균형조건 $X = X^D = X^S$를 사용하여, 양변에 $\dfrac{p}{X^D}$와 $\dfrac{p}{X^S}$를 각각 곱하면, 다음과 같다.

$$\frac{\partial X^D}{\partial p}\frac{p}{X^D}dp = \frac{\partial X^S}{\partial p}\frac{p}{X^S}dp - \frac{\partial X^S}{\partial p}\frac{p}{X^S}dT$$

여기에 수요의 가격탄력성 $\epsilon = -\dfrac{\partial X^D}{\partial p}\dfrac{p}{X^D}$과 공급의 가격탄력성 $\eta = \dfrac{\partial X^S}{\partial p}\dfrac{p}{X^S}$을 대입하여 정리하면, $(\epsilon + \eta)dp = \eta dT$ 로 쓸 수 있다. 그러므로 수식 (11.1)과 같이

$$\frac{dp}{dT} = \frac{\eta}{\epsilon + \eta}$$

이 성립함을 확인할 수 있다. 따라서 종량세 부과에 따른 조세귀착의 상대적인 크기가 수요와 공급의 가격탄력성에 의해 결정된다는 것을 알 수 있다. 보다 구체적으로 각 경우를 살펴보면 다음과 같다.

① 수요가 완전탄력적이면, 즉 $\epsilon \to \infty$이면, 공급자에게 모든 종량세 부담이 귀착된다.

② 수요가 완전비탄력적이면, 즉 $\epsilon = 0$이면, 소비자에게 모든 종량세 부담이 귀착된다.

③ 공급이 완전탄력적이면, 즉 $\eta \to \infty$이면, 소비자에게 모든 종량세 부담이 귀착된다.

④ 공급이 완전비탄력적이면, 즉 $\eta = 0$이면, 공급자에게 모든 종량세 부담이 귀착된다.

Ballard, C. L., D. Fullerton, J. B. Shoven, and J. Whalley, *General Equilibrium Model for Tax Policy Evaluation*, NBER, Chicago: University of Chicago Press, 1985.

Harberger, A. C., "The Incidence of the Corporation Income Tax," *Journal of Political Economy* 70 (1962), 215-240.

——— , "Efficiency Effects of Taxes on Income from Capital," in A. C. Harberger ed., *Taxation and Welfare*, Boston: Little, Brown, 1974a, 163-170.

——— , "The Corporation Income Tax: An Empirical Appraisal," in A. C. `Harberger ed., Taxation and Welfare, Boston: Little, Brown, 1974b, 135-162.

Scarf, H. E. with the collaboration of T. Hansen, *The Computation of Economic Equilibria*, New Haven: Yale University Press, 1973.

Shoven, J. B., and J. Whalley, "A General Equilibrium Calculation of the Effects of Differential Taxation of Income from Capital in the U.S.," *Journal of Public Economics* 1 (1972), 281-321.

Stolper, W. F., and P. A. Samuelson, "Protection and Real Wages," *Review of Economic Studies* 9 (1941), 58-73.

CHAPTER

12

정부개입의
필요성

12
조세와 효율성

이 장에서는 바람직한 조세제도가 지녀야 하는 중요한 특성 중 하나인 조세의 효율성에 대하여 논의하겠다. 효율적인 조세는 조세부과로 인한 왜곡을 최소화하는 것이므로, 우선 조세 왜곡으로 인한 초과부담에 대해 살펴본 다음, 조세가 노동공급 및 저축에 미치는 영향에 대해서도 분석하겠다.

12.1 효율적인 조세

조세는 소비자와 기업의 경제적 의사결정을 왜곡하여 실질적으로 이들이 부담하는 세금보다 더 많은 부담을 지도록 하는 초과부담을 발생시킨다. 따라서 바람직한 조세제도는 가능한 초과부담을 최소화할 수 있도록 설계되어야 한다. 우선 일반적으로 효율적인 조세로 간주되는 정액세의 특성을 살펴본 후, 초과부담에 대하여 상세히 논의하도록 한다.

12.1.1 정액세

정액세(lump-sum tax)는 납세자의 진정한 지불능력에 따라 일정액을 일시불로 과세하는 조세이다. 정액세를 부과하면, 납세자의 경제적 결정과는 무관하게 그 납세자의 진정한 지불능력에만 의존하여 세금을 부과하기 때문에, 납세자가 경제적 결정을 바꾸어 납세액을 변화시킬 수 없다. 달리 말하면, 납세자의 경제적 결정은 정액세에 의해 영향을 받지 않으므로 조세에 의한 왜곡이 일어나지 않는 것이다. 흔히 정액세를 인두세와 혼동하는데, 정확히 표현하면 인두세(head tax, poll tax)는 정액세의 특별한 형태이다. 모든 사람의 지불능력이 같다고 가정하는 경우, 정액세는 균등정액세(uniform lump-sum tax)가 되는데, 이 균등정액세가 바로 인두세인 것이다. 하지만 정액세는 원칙적으로 지불능력이 다른 납세자에게 다른 액수로 조세를 부과할 수 있다. 그러나 납세자들의 진정한 지불능력을 파악하는 것은 불가능하므로 현실에서는 정액세를 거의 사용하지 않는다.

12.1.2 초과부담

여기에서는 사회적 잉여와 동등변화를 이용하여 초과부담(excess burden)에 대해 논의한다. 초과부담이란, 어떤 세금을 부과하였을 때 납세자가 납부할 세금액 이외에 추가로 부담해야 하는 효용의 감소분을 의미하며, 후생비용(welfare cost) 또는 자중손실(deadweight loss)이라고 불리기도 한다.

(1) 소비자·생산자잉여에 의한 분석

초과부담을 설명하기 위하여 하나의 재화 X에 물품세를 부과하는 경우를 살펴보도록 하자. <그림 12-1>에서 이 재화에 물품세를 부과하기 전의 균형은 수요곡선 D와 공급곡선 S가 만나는 A점이며, 균형가격은 p_0가 된다. 균형에서 소비자는 수요곡선 아래 면적인 $ABOF$만큼의 총편익을 누리고, $ACOF$만큼을 생산자에게 지불하기 때문에, ABC만큼의 순편익을 누린다. 이를 소비자잉여(consumer surplus)라고 한다. 그리고 생산자는 q_0를 생산하기 위해 공급곡선 아래 면적인 $AEOF$만큼의 총비용을 들이고, $ACOF$만큼의 수입을 올리기 때문에, ACE만큼의 순이익을 누린다. 이를 생산자잉여(producer surplus)라고 한다. 그리고 소비자잉여와 생산자잉여를 합하여 사회적 잉여(social surplus)라고 한다.

이제 생산자에게 물품세를 부과하여 물품 한 단위당 세금 T를 부과하면, 공급곡선 S는 위쪽으로 T만큼 평행이동하여 S'가 되고, G점이 새로운 균형이

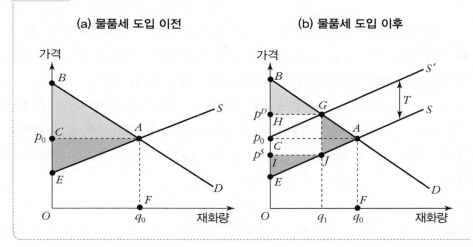

그림 12-1 소비자·생산자잉여와 초과부담

(a) 물품세 도입 이전

(b) 물품세 도입 이후

된다. 이때 소비자들은 단위당 가격 p^D를 지불하고, 이 가격에서 세금 T를 납부한 후 생산자는 단위당 가격 p^S를 받는다. 이 경우 소비자잉여는 GBH로 감소하고, 생산자잉여는 JIE로 감소한다. 그리고 $GHIJ$만큼이 조세수입이 된다. 과세 후 소비자잉여, 생산자잉여 및 조세수입의 합은 $GBEJ$로 과세 전 사회적 잉여 ABE와 비교하여, AGJ만큼이 감소하였다. 이러한 감소분을 조세부과로 인한 자중손실(deadweight loss) 또는 초과부담이라고 부른다. 이와 같은 초과부담이 적을수록 보다 효율적인 조세라고 할 수 있다.

(2) 동등변화에 의한 분석

어떤 재화에 대해 조세를 부과하면 납세자들의 소득수준이 감소할 뿐만 아니라 재화 간의 상대가격체계가 변화하여 납세자들의 효용수준도 감소한다. 상대가격의 변화가 없을 경우, 원래의 효용수준에서 과세 후 효용수준으로 납세자의 효용을 줄이기 위하여 필요한 소득의 변화분을 동등변화(equivalent variation)라고 부른다. 이러한 동등변화의 크기와 조세수입을 비교하여 초과부담에 대해 분석할 수도 있다. 이를 보다 구체적으로 살펴보도록 하겠다.

1) 종가세의 초과부담

어떤 소비자가 주어진 소득으로 사과 X와 배 Y를 구입한다고 하자. 두 재화의 가격은 각각 p_X와 p_Y로 나타낸다. 그리고 분석의 편의를 위해 초기에는 조세를 포함하여 어떠한 왜곡도 존재하지 않는다고 가정하자.

<그림 12-2>에서와 같이 조세를 부과하기 이전의 예산선이 AB라고 하면 소비자는 균형 E_1에서 각 재화를 x_1과 y_1만큼 소비할 것이다. 이제 사과에 종가세를 세율 t로 부과하면, 예산선은 AC가 되고, 소비자는 새로운 균형 E_2에서 사과를 x_2만큼, 배를 y_2만큼 소비할 것이다.

이제 새로운 균형 E_2에서 소비자가 납부하는 세금을 측정해보자. 과세 후 소비자들은 (x_2, y_2)만큼 재화를 소비하는데, 세금이 없을 때는 과세 전 소득으로 사과를 x_2만큼 소비할 때, 배를 y_3만큼 소비할 수 있었다. 그러므로 그 차이 $(y_3 - y_2)$만큼을 배의 단위로 표시한 납세액으로 볼 수 있다. 한편 이 모형에서는 상대가격만을 고려하므로, 배의 단위당 가격을 1로 정규화하면, $(y_3 - y_2)$를 화폐단위로 표시한 납세액으로 생각할 수 있다.

여기서 초과부담의 크기는 조세부과에 의한 소비자의 효용손실과 납세액을

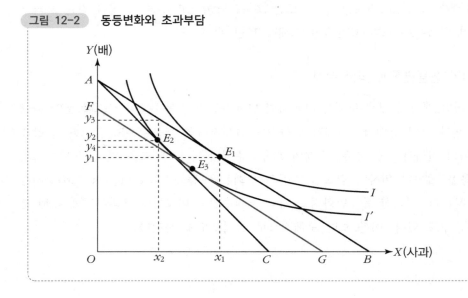

그림 12-2 동등변화와 초과부담

비교하여 파악할 수 있다. 이를 위해 먼저 소비자의 효용손실을 화폐단위로 나타내야 하는데, 이때 동등변화의 개념을 사용할 수 있다. 동등변화란, 상대가격체계가 변화하지 않는다고 가정하고, 소비자가 과세 후의 효용수준을 보장받으면서 받아들일 수 있는 소득의 감소분을 의미한다. <그림 12-2>에서 상대가격체계가 변화하지 않으면서 과세 후의 효용수준인 I'으로 소비자의 효용수준을 줄이려고 한다면, 두 예산선 AB와 FG의 수직거리 AF만큼 소비자의 소득이 감소해야 할 것이다. 이 수직거리 AF는 $(y_3 - y_4)$와 같고, <그림 12-2>에서의 동등변화를 나타낸다. 그리고 동등변화 $(y_3 - y_4)$는 납세액 $(y_3 - y_2)$보다 $(y_2 - y_4)$만큼 크다는 것을 확인할 수 있는데, 이것이 바로 초과부담이다.

2) 정액세의 초과부담

정액세 부과는 상대가격체계에 영향을 주지 않고, 초과부담도 야기하지 않는다는 것을 다음과 같이 확인할 수 있다. 다시 <그림 12-2>를 살펴보자. 만약 정부가 정액세로 조세수입을 $(y_3 - y_4)$만큼 올리고자 한다면, 정확히 그만큼을 소비자에게 부과할 것이다. 그러면 소비자의 효용수준도 I'으로 감소하고, 동등변화도 $(y_3 - y_4)$만큼이 될 것이므로, 초과부담은 나타나지 않는다.

3) 대체효과와 초과부담

사과에 조세를 부과할 때 일어나는 가격효과($E_1{\to}E_2$)는 소득효과($E_1{\to}E_3$)와 대체효과($E_3{\to}E_2$)로 나누어볼 수 있다. 이때 초과부담은 대체효과에 의해서만 나타난다. 정액세를 부과하면 대체효과는 없고 소득효과만 있으므로 초과부담이 발생하지 않는다.

만약 대체효과가 없었더라면, 소비자는 E_3점을 선택하여 $(y_3 - y_4)$만큼의 세금을 납부하였을 것이다. 그러나 소비자는 상대가격의 변화에 반응하여 E_2점을 선택하고, 그 결과 $(y_3 - y_2)$만큼의 세금만 납부한다. 그러므로 초과부담은 대체효과로 인한 조세수입의 감소분 $(y_2 - y_4)$을 나타내기도 한다.

지금까지 논의한 것처럼 초과부담은 대체효과에 의해 발생하므로, 수요곡선을 이용하여 초과부담을 측정할 때는 보통수요곡선(ordinary demand curve)보다는 소득효과를 제거한 보상수요곡선(compensated demand curve)을 사용하여야 한다. 하지만 실제분석에서는 보상수요곡선을 도출하는 작업에 어려움이 있기 때문에 보통수요곡선을 사용하기도 한다.

12.1.3 초과부담의 측정

한편 하버거(Harberger, 1964)는 초과부담을 수식으로 계산하였다. 분석의 편의를 위하여 공급곡선이 수평이라고 가정하자. 이 경우 생산자에게 단위당 T원의 물품세를 부과하면, 공급곡선은 T만큼 위쪽으로 평행이동($S{\rightarrow}S'$)할 것이다. 그러면 초과부담은 <그림 12-3>에서 보듯이 ABC가 된다는 것을 알 수 있다. 물론 그림에서의 수요곡선 D는 소득효과를 제거한 보상수요곡선를 나타낸다.

과세 전의 가격과 수량을 각각 p_0와 q_0로 나타내고, 물품세의 세율을 t, 보상수요의 가격탄력성을 ϵ_c로 쓰면, 초과부담(Excess Burden; EB)을 다음과 같이 계산할 수 있다.

그림 12-3 하버거의 삼각형

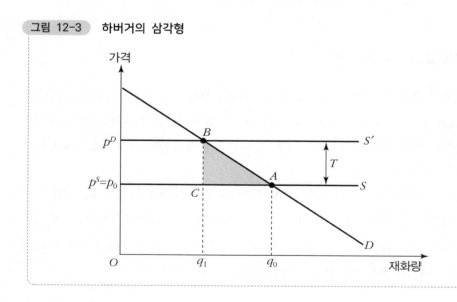

$$EB = \frac{1}{2}\epsilon_c p_0 q_0 t^2$$

이 초과부담 계산식을 도출하는 과정은 다음과 같다. 먼저 가격변화 $\Delta p = T$는 세율이 t이므로 $T = tp_0$로 나타낼 수 있다. 그리고 탄력성의 정의 $\epsilon_c = -(\Delta q / \Delta p)(p_0/q_0)$에 의해 수량변화$(-\Delta q)$는 $-\Delta q = \epsilon_c(q_0/p_0)\Delta p = \epsilon_c q_0 t$으로 나타낼 수 있다. 그러므로 초과부담을 계산하면

$$EB = \frac{1}{2}\Delta p(-\Delta q) = \frac{1}{2}(tp_0)(\epsilon_c q_0 t) = \frac{1}{2}\epsilon_c p_0 q_0 t^2$$

임을 확인할 수 있다. 이 계산식을 통해 다음과 같은 사실을 알 수 있다.

① 보상수요의 가격탄력성(ϵ_c)이 클수록 초과부담은 더 커진다.
② 과세 전의 지출액$(p_0 q_0)$이 클수록 초과부담은 더 커진다.
③ 세율(t)이 증가할수록 초과부담은 세율의 제곱에 비례하여 더 커진다.

12.1.4 왜곡이 이미 존재하는 경제에서 새로운 조세의 도입

지금까지의 분석에서는 조세를 새로 부과하기 이전의 경제에 왜곡이 존재하지 않는다고 가정하였다. 그러나 새로운 조세가 도입되기 전에 이미 다른 종류의 조세에 의해 왜곡이 존재하고 있다면 초과부담에 대한 분석은 더욱 복잡해진다. 이러한 상황에서 새로운 조세를 부과하면, 소비자의 효용수준이 증가할 수도 있기 때문이다.

앞에서 논의한 사과와 배의 두 재화가 있는 경제에서 사과에 이미 물품세를 부과하고 있을 때, 배에도 물품세를 부과하는 경우에 대해 생각해보자. 이 경우 배에 대한 과세는 소득효과를 통하여 소비자의 효용수준을 낮추겠지만, 동시에 모든 조세가 도입되기 전의 수준에 가깝게 상대가격이 변화하기 때문에 사과에만 과세할 때의 대체효과를 교정하면서 오히려 소비자의 효용수준을 높일 수도

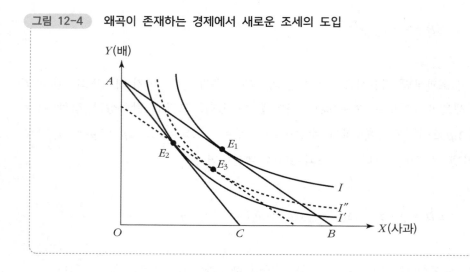

그림 12-4 왜곡이 존재하는 경제에서 새로운 조세의 도입

있을 것이다. 그러므로 이미 조세를 부과하고 있는 경우 새로운 조세를 도입하였다고 해서 항상 소비자 효용이 줄지는 않는다. 즉 소득효과와 교정되는 대체효과의 상대적인 크기에 따라 소비자의 후생이 증가할 수도 있고 감소할 수도 있다. <그림 12-4>에서 사과에만 물품세를 부과하였을 때의 균형은 E_2이다. 하지만 동일한 조세수입을 얻으면서 사과와 배에 동일한 세율을 적용하면(즉 세후의 상대가격이 세전의 상대가격과 동일하도록 두 재화에 대한 세율을 설정하면) 소비자의 균형은 E_3가 된다. 두 균형에서 소비자 효용수준을 비교하면, 사과에 이미 과세하고 있을 때 배에 추가적으로 과세함으로써, 효용수준을 I'에서 I''으로 높일 수 있다는 것을 확인할 수 있다.

12.2 소득세가 노동공급에 미치는 영향

소득세가 노동공급에 미치는 영향을 분석하는 데 있어 중요한 주제는 대략 세 가지이다. 첫째, 한계세율이 높아지면 노동공급이 줄어드는지의 여부이다. 많은 나라에서 소득세의 한계세율이 높으면 노동공급이 줄어든다는 주장을 받아들여 소득세의 한계세율을 낮추는 추세에 있다. 예를 들어 영국에서는 최고소득층에 대한 한계세율이 한때 83%에 이르렀으나, 40%까지 인하되었고, 우리나라에서도 최고 한계세율이 55%에서 38%로 낮아졌다. 둘째, 소득세가 노동공급에 미치는 영향에 대한 실증적 증거가 있느냐 하는 것이다. 마지막으로 어떤 소득세율이 적정한가 하는 것이다. 이 절에서는 첫 번째와 두 번째 주제를 다루고, 세 번째 주제는 제13장의 최적조세이론에서 논의하도록 하겠다.

소득세를 부과하면 노동자의 임금이 줄고 결과적으로 노동공급 결정에도 영향을 줄 것이다. 이러한 노동공급 결정은 기본적으로 노동시간을 결정하는 것과 노동시장 참여여부를 결정하는 것으로 나누어 생각할 수 있다. 소득세를 부과하는 것이 이 두 가지 결정에 어떤 영향을 주는지 살펴보자.

12.2.1 노동자의 노동공급 결정

노동자가 노동공급을 어떻게 결정하는가를 다음과 같은 모형을 사용하여 살펴보도록 하자. 노동자의 소득은 근로소득과 비근로소득 $\overline{Y}$로 구성된다. 노동자는 자신의 효용을 극대화하기 위해 여가 L과 소득 Y를 선택한다. 이때 여가를 더 선택하면 근로소득이 줄고, 소득을 더 올리려고 하면 여가가 줄어든다. 이제 사용가능한 여가의 부존량(endowment)이 $\overline{L}$로 주어졌다고 하고, 시간당 임금을 w라고 하자. 그러면 노동자가 L만큼 여가를 선택한다는 것은 $(\overline{L}-L)$만큼 노동을 공급하여 $w(\overline{L}-L)$만큼 근로소득을 얻게 된다는 것을 의미한다.

이를 <그림 12-5>를 통하여 살펴보도록 하자. 이 그림에서 수평축은 여가를 나타내고 수직축은 소득을 나타낸다. 노동공급시간은 수평축 $\overline{L}$에서 출발하여 왼쪽으로 갈수록 증가한다. 비근로소득이 $\overline{Y}$만큼 주어졌으므로, 노동자의 예산선은 그림에서와 같이 꺾인 선 $D\overline{L}$이 된다. 노동공급이 0일 때, 즉 $\overline{L}$에서는 소득이 비근로소득밖에 없으며, 점점 노동을 공급함에 따라 근로소득은 시간당 w만큼 증가한다. 한편 노동자의 여가와 소득에 대한 무차별곡선을 I라고 하면, 노동자는 E에서 효용을 극대화할 수 있다. 따라서 노동자는 $(\overline{L}-L_1)$만큼 노동을 공급하여 소득 Y_1을 얻는데, 여기서 비근로소득은 $\overline{Y}$이고, 근로소득은 $Y_1-\overline{Y}$ $=w(\overline{L}-L_1)$이 된다.

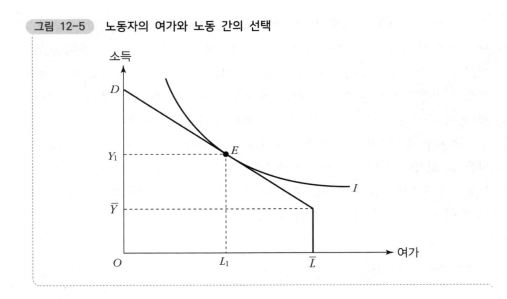

그림 12-5   노동자의 여가와 노동 간의 선택

12.2.2 소득세가 노동시간에 미치는 영향

이제 한계소득세율을 인상하면 노동공급이 감소하는지 살펴보자. 이를 위해 먼저 비례소득세(proportional income tax)와 누진소득세(progressive income tax)를 소개한다. 비례소득세는 소득 Y가 증가함에 따라 일정한 세율 t로 소득세액 T가 증가하는, 즉 $T=tY$인 조세이다. 반면 누진소득세는 소득이 증가함에 따라 소득세액이 점점 더 높은 세율로 증가하는 조세를 의미한다. 다시 이 누진소득세는 면세점 Y_E를 지나면 일정한 세율로 소득세액이 증가하는 선형누진소득세 (linear progressive income tax)와 비선형으로 증가하는 비선형누진소득세(non-linear progressive income tax)로 나눌 수 있다. 이를 정리하면 <표 12-1>과 같

→ 표 12-1 소득세의 형태

	비례소득세	선형누진소득세	비선형누진소득세
형태	$T=tY$	$T=t(Y-Y_B)$	$T=t(Y)Y$
평균세율	일정(t)	소득증가에 따라 증가	소득증가에 따라 증가
한계세율	일정(t)	일정(t)	소득증가에 따라 증가

다. 여기서 평균세율이란 소득에 대한 세액의 비율 T/Y를 의미하며, 한계세율이란 소득 증가분에 대한 세금 증가분의 비율 $\Delta T/\Delta Y$를 의미한다.

(1) 비례소득세의 경우

분석의 편의를 위하여 비근로소득이 0이라고 가정하면, <그림 12-6>에서처럼 과세 전 예산선은 기울기 w인 $A\overline{L}$이고 균형은 E_1이다. 이제 비례소득세를 세율 t로 부과하면 새로운 예산선은 기울기 $w(1-t)$인 $B\overline{L}$이 되고, 균형은 E_2가 될 것이다. 소득세가 없을 때 $(\overline{L}-L_2)$만큼 노동을 공급하면 소득이 Y_3가 된다. 하지만 소득세를 내면 Y_2가 소득이 되므로, 소득세액을 (Y_3-Y_2)로 나타낼 수 있다.

<그림 12-6>에서 보듯이 소득세 과세 후의 균형은 무차별곡선의 형태에 따라 (a)처럼 나타날 수도 있으며 (b)처럼 나타날 수도 있다. 다시 말해 무차별곡선의 형태에 따라 비례소득세는 노동시간을 줄일 수도 있고 늘릴 수도 있다. 비례소득세의 부과가 노동시간에 미치는 영향을 더 구체적으로 알아보기 위하여 여가가 정상재(normal goods)인 경우와 열등재(inferior goods)인 경우로 나누어 살펴보자.

그림 12-6   비례소득세가 노동시간에 미치는 영향

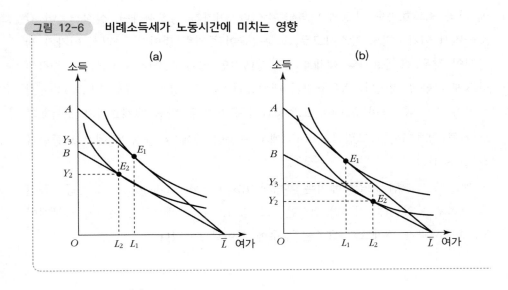

그림 12-7 여가가 정상재인 경우

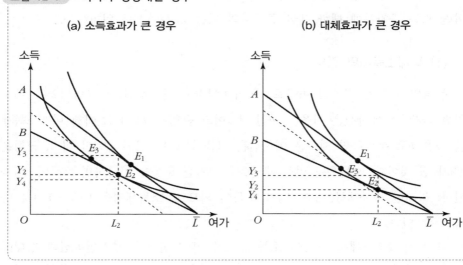

먼저 여가가 정상재인 경우를 보자. 이때 과세 전 균형 E_1에서 과세 후 균형 E_2로의 변화는 소득효과($E_1 \to E_3$)와 대체효과($E_3 \to E_2$)로 나누어 살펴볼 수 있다. 비례소득세를 부과하면 여가의 가격이 w에서 $w(1-t)$로 하락하고, 대체효과로 인해 여가의 소비가 증가한다. 즉 대체효과에 의해 노동공급이 감소한다. 하지만 비례소득세를 부과하면 실질소득이 감소하고, 여가가 정상재이냐 열등재이냐에 따라 소득효과도 다르게 나타날 것이다. 여가가 정상재라면, 실질소득이 감소하면서 여가소비도 감소하므로, 노동공급이 증가할 것이다. 따라서 여가가 정상재인 경우, 소득효과와 대체효과의 상대적인 크기에 따라 노동공급의 증감이 다르게 나타날 것이다. 소득효과가 대체효과보다 큰 경우 <그림 12-7(a)>에서 보듯이 과세 후 균형 E_2에서 노동공급이 증가한다. 반면 대체효과가 소득효과보다 큰 경우에는 <그림 12-7(b)>에서 보듯이 과세 후 균형 E_2에서 노동공급이 감소한다.

참고로 <그림 12-8>에서는 후방굴절(backward bending)하는 노동공급곡선을 보여주고 있는데, 이러한 현상은 <그림 12-7(a)>에서처럼 여가가 정상재이고, 소득효과가 대체효과보다 큰 경우에 일어날 수 있다.

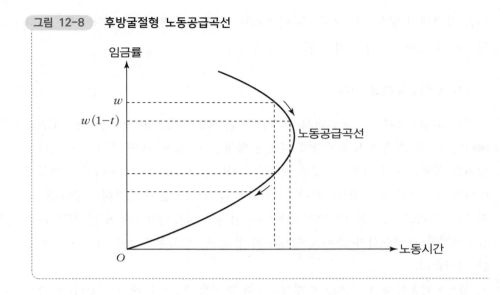

그림 12-8   후방굴절형 노동공급곡선

임금률

w

$w(1-t)$

노동공급곡선

O

노동시간

만약 여가가 열등재라면, 소득효과에 의해서도 여가의 소비가 증가하므로, 노동공급이 감소한다. 이 경우 소득효과와 대체효과가 같은 방향으로 작용하므로, 노동공급이 항상 감소한다. <그림 12-9>에서는 이를 보여주고 있다.

여기서 동등변화는 $(Y_3 - Y_4)$이고, 조세수입은 $(Y_3 - Y_2)$이므로, 비례소득

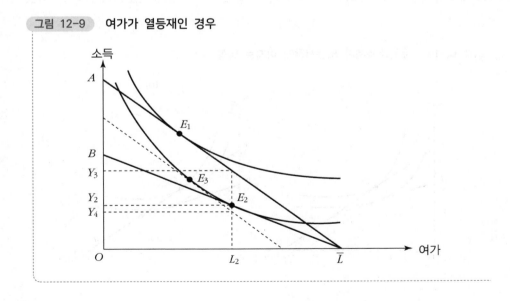

그림 12-9   여가가 열등재인 경우

소득

A

B

Y_3

Y_2

Y_4

E_1

E_3

E_2

O

L_2

$\bar{L}$

여가

세를 부과하여 발생하는 초과부담이 $(Y_2 - Y_4)$임을 확인할 수 있다. 이는 <그림 12-7>에서도 마찬가지이다.

(2) 누진소득세의 경우

선형누진소득세의 경우, 과세 후 예산선은 <그림 12-10>에서처럼 $BC\overline{L}$로 나타난다. 이 조세가 노동시간에 미치는 영향은 비례소득세의 경우와 마찬가지 방법을 사용하여 분석할 수 있다. 먼저 <그림 12-10(a)>에서는 여가가 정상재이면서 소득효과가 대체효과보다 커서 과세 후 노동공급이 증가하는 경우를 보여준다. 그리고 <그림 12-10(b)>에서는 여가가 열등재이거나 또는 여가가 정상재이지만 대체효과가 소득효과보다 커서 과세 후 노동공급이 감소하는 경우를 보여준다.

선형누진소득세의 구조는 한계세율 t와 면세점 Y_E에 의해 결정된다. 따라서 이 두 변수를 어떻게 설정하느냐에 따라 노동자의 여가와 소득에 대한 결정이 다르게 나타날 것이다. <그림 12-11>에서는 면세점을 인상할 때 노동공급이 어떻게 변화하는지 보여주고 있다. 면세점을 인상하면 예산선은 $BC\overline{L}$에서 $B'C'\overline{L}$로 변화한다. 이 경우 시간당 임금에는 변화가 없으므로 대체효과는 없고 소득효과만 있다. 그러므로 여가가 정상재이면 <그림 12-11(a)>처럼 새로

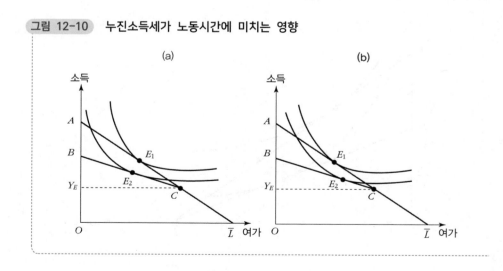

그림 12-10 누진소득세가 노동시간에 미치는 영향

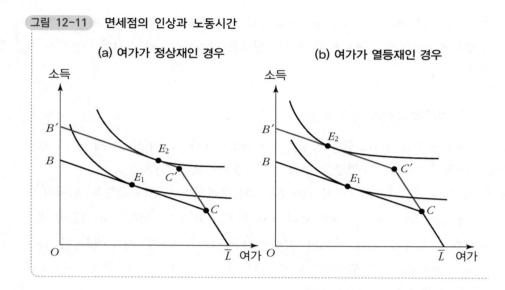

그림 12-11   면세점의 인상과 노동시간

(a) 여가가 정상재인 경우

(b) 여가가 열등재인 경우

운 균형 E_2에서 여가의 소비가 증가하고, 노동시간은 감소한다. 하지만 여가가 열등재이면 <그림 12-11(b)>처럼 여가의 소비가 감소하고 노동시간은 증가한다.

마지막으로 비선형누진소득세의 경우를 살펴보자. 통상적인 비선형누진소득세 제도하에서는 납세자의 소득이 증가하면서 한계세율이 불연속적으로 증가한

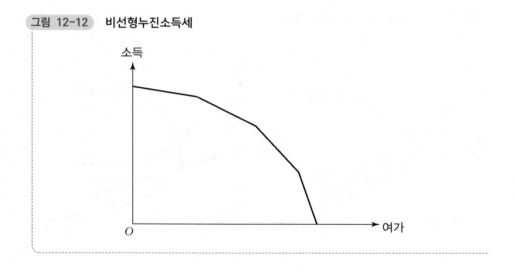

그림 12-12   비선형누진소득세

다. 그러므로 예산선은 <그림 12-12>와 같은 형태로 나타난다. 이와 같은 비선형누진소득세가 노동시간에 미치는 영향은 앞에서와 마찬가지의 방법으로 분석할 수 있다.

(3) 비례소득세와 누진소득세

이제 동일한 조세수입이 발생하는 비례소득세와 선형누진소득세 중 어느 것이 노동시간에 더 큰 영향을 미치는가를 분석하도록 한다.

먼저 <그림 12-13>에서처럼 소득세가 부과되기 이전의 균형을 E_1이라 하고, 선형누진소득세가 부과된 후의 균형을 E_2라고 하자. 이제 비례세율이 변함에 따라 여가와 소득 사이의 선택을 나타내는 여가의 가격소비곡선(price-consumption curve)을 생각해보자. 이 곡선은 <그림 12-13(b)>에서 보듯이 균형 E_2의 왼쪽으로 지나야 한다.

만약 <그림 12-13(a)>에서처럼 가격소비곡선이 E_2의 오른쪽을 지난다고 가정하자. 그리고 E_2를 지나는 무차별곡선 I'과 이 가격소비곡선이 만나는 점을 K라고 하자. 그림의 점선처럼 예산선이 K점과 $\overline{L}$점을 지나도록 주어지면, K점이 가격소비곡선 위에 있으므로 이 점에서 예산선과 무차별곡선이 접해야 한다. 하지만 정의상 K점은 이미 무차별곡선 I'상에 있으므로, 점선의 예산선

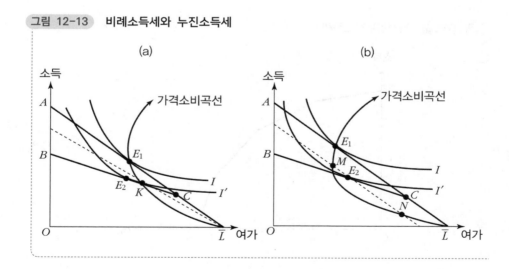

그림 12-13 　비례소득세와 누진소득세

과 접하는 무차별곡선이 또 지날 수 없다. 만약 그런 무차별곡선이 있다면, K점에서 다른 무차별곡선 I'과 교차할 수밖에 없고, 이는 모순이기 때문이다. 그러므로 가격소비곡선은 항상 E_2의 왼쪽을 지나야 한다.

<그림 12-13(b)>에서처럼 E_2점을 지나면서 조세부과 이전의 예산선 $A\overline{L}$과 평행한 직선을 그리면, E_2점에서와 동일한 조세수입이 발생하는 등세수선을 얻을 수 있다. 이 등세수선은 가격소비곡선과 두 점 M과 N에서 만날 것이다. 이 중에서 N점의 효용수준이 M점보다 낮기 때문에, 비례세제하에서 노동자가 N점을 선택하리라고 보기는 어렵다. 이제 M점과 E_2점을 비교하면, M점에서의 노동시간이 E_2점에서보다 많다는 것을 알 수 있다. 달리 말하면, 비례소득세보다 선형누진소득세 제도하에서 노동자의 노동의욕이 더욱 감소한다는 것을 알 수 있다.

하지만 이러한 결과는 모든 노동자가 동일한 경우에만 적용된다. 즉 소득세가 경제 전체의 총노동공급에 미치는 영향을 분석하는 데는 적합하지 않을 수 있다. 예를 들어, 어떤 경제에 고소득자와 저소득자가 있고, 여가는 정상재이며, 비례소득세가 동일한 조세수입이 발생하는 선형누진소득세로 대체되었다고 하자. 이 경우 면세점으로 인하여 고소득자와 저소득자의 한계소득세율은 비례소득세율보다 높아진다. 그리고 납세액은 고소득자의 경우에는 증가하고 저소득자의 경우에는 감소할 것이다. 이제 선형누진소득세가 두 소득계층의 노동시간에 미치는 영향을 살펴보자.

먼저 저소득자의 경우 납세 후 소득이 이전보다 많아졌으므로 소득효과에 의해 여가의 소비가 증가하고, 노동시간은 감소한다. 만약 저소득자의 소득이 면세점 이상이라면, 높아진 한계세율로 인해 임금률이 하락하였으므로 대체효과에 의해서도 여가의 소비가 증가하고, 노동시간은 감소한다. 따라서 저소득층의 노동시간은 항상 감소한다. 하지만 저소득자의 소득이 면세점 미만이라면, 한계세율은 오히려 낮아지므로 대체효과에 의해 여가의 소비는 감소하고, 노동시간은 증가한다. 이 경우 소득효과와 대체효과가 다른 방향으로 움직이므로, 이러한 저소득자의 노동시간의 증감여부는 불확실하다. 마지막으로 고소득자의 경우 납세 후 소득이 이전보다 감소하였으므로 소득효과에 의해 여가의 소비가 감소하고, 노동시간은 증가한다. 그러나 대체효과에 있어서는 한계세율 증가로 인해 노동시간이 감소한다. 따라서 고소득자의 경우에도 노동시간의 증감여부가 불확실하다. 결과적으로 비례소득세를 누진소득세로 대체할 때 총노동공급에 미치는 영향 또한 확실하지 않다.

지금까지의 논의에서는 과세 후의 임금이 변하지 않는다고 가정하였다. 그러나 소득세를 부과하여 노동공급이 변화한다면, 노동시장에서 임금도 변화할 것이다. 그러므로 이 가정은 현실적이지 못하다고 볼 수 있다. 따라서 소득세가 노동공급에 미치는 영향을 정확히 파악하기 위해서는 일반균형분석이 필요하다고 할 수 있다.

12.2.3 소득세가 노동시장 참여결정에 미치는 영향

지금까지의 논의에서는 노동자가 노동시간을 연속적으로 선택할 수 있다고 가정하였다. 하지만 제도적인 경직성(예: 노동조합)이나 노동시간의 비분할성(예: 하루 8시간 근무)으로 인하여 노동시간을 연속적으로 변화시키는 것은 현실적으로 어려운 경우가 많다.

이에 따라 노동자가 노동시장에 참여하기로 일단 결정하면 일정한 노동시간만큼 일해야 하는 경우에 대하여 살펴보겠다. 예를 들어, 어떤 가정주부가 8시간 동안 일을 하는 것과 전혀 일을 하지 않는 것 중에서 선택하여야 하는 경우를 생각해 볼 수 있다.

<그림 12-14>에서 보듯이 노동자가 일을 하기로 결정하였다면 그는 $\bar{L} - L$ 만큼(예: 하루 8시간) 일을 하여야 하고, 이로부터 소득 Y_1을 얻어서, 효용수준 I를 누린다고 하자. 이 K점에서는 임금률과 한계대체율이 같지 않을 수 있음에 주의할 필요가 있다. 이 경제 내에 사회부조(social benefit)나 실업수당 등이 존재하여 이 노동자가 일을 하지 않는다고 하더라도, 소득 Y_2를 얻어, 효용수준 I'을 누릴 수 있다고 하자. 그러면 노동자는 I의 효용수준을 누리기 위하여 K점을 선택하고 노동을 공급할 것이다. 이제 비례소득세를 부과하였다고 가정하자. 이 경우 일을 하면 과세 후 소득은 Y_3으로 줄고 효용수준도 I''으로 감소한

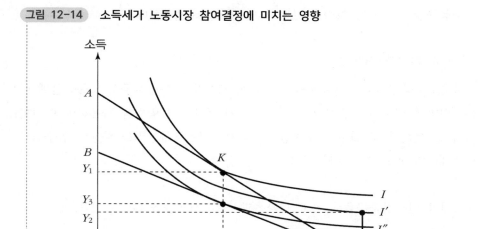

그림 12-14 소득세가 노동시장 참여결정에 미치는 영향

다. 따라서 이 노동자는 일을 하지 않고 사회부조나 실업수당으로 Y_2를 얻어 효용수준 I'을 누리는 것을 선호할 것이다. 즉 소득세를 부과하기 이전에는 노동시장에 참여하던 노동자가 소득세 부과 때문에 참여하지 않는 것이다. 이러한 현상은 한 집안의 주소득원인 가장에게서보다는 다른 가구원들에게서 더 많이 관찰된다. 특히 사회복지제도가 잘 마련되어 있는 나라들에서 이러한 현상이 심각한데, 이를 실업함정(unemployment trap)이라 부른다.

12.2.4 실증적 연구

지금까지 살펴본 바와 같이 소득세가 노동공급에 어떤 영향을 미치는지 이론적으로는 확실한 결론을 내리기 어려우므로, 다음으로는 이에 관한 실증적 연구를 살펴보도록 하겠다. 이러한 연구는 설문조사방법, 계량분석적 방법, 실험적 방법의 세 가지로 나눌 수 있다. 아직까지 실험적 방법은 경제학에서 잘 사용되지 않으므로,[1] 여기에서는 설문조사방법과 계량분석적 방법을 사용하여 소득세

---

1) 실험적 방법론에 대해서는 Ferber and Hirsch(1978), Hall(1975), Watts and Rees(1977) 등

가 노동공급에 미치는 영향을 분석한 연구들을 소개하겠다.

(1) 설문조사방법

설문조사방법에서는 설문서를 이용하여 소득세가 응답자들의 노동공급에 미치는 영향에 대하여 질문한 다음, 여러 가지 통계적인 방법을 사용하여 이러한 응답들을 분석한 후 결론을 도출한다. 이러한 설문조사방법을 사용한 연구결과를 소개하면 <표 12-2>와 같다.

이러한 연구결과들을 살펴보면 다음과 같은 사실들을 알 수 있다.

① 대부분의 응답자들은 소득세가 노동공급에 미치는 영향이 그다지 크지 않다는 반응을 보여주며, 조세와 같은 금전적인 요인보다는 건강 등의 요인이 노동공급에 더 크게 영향을 미치는 것으로 나타났다.
② 응답자의 10~20%는 소득세가 일을 적게 하도록 만들었다고 보고하였다.
③ 고소득층의 경우 소득세가 증가할 때 일을 많이 하는 경향보다 적게 하는 경향이 상대적으로 큰 것으로 나타났다.
④ 저소득층의 경우에는 소득세가 증가할 때 일을 많이 하는 경향이 상대적

→ 표 12-2 **소득세가 노동공급에 미치는 영향에 대한 설문조사**   (단위: %)

연구자	노동공급의 감소	노동공급의 증가
저소득층 대상:		
Brown and Levin(1974)	11	15
고소득층 대상:		
Break(1957)	13	10
Barlow, Brazer and Morgan(1966)	12	보고 안 됨
Fields and Stanbuy(1970)	19	11
Holland(1977)	15	11
Fiegehen and Reddaway(1981)	11	4~7

을 참고하기 바란다.

으로 더 큰 것으로 나타났다. 이는 저소득층의 경우 소득이 낮으므로 소득세로 인하여 과세 후 소득이 더 낮아지는 것을 방지하기 위하여 일을 더 하기 때문일 수 있다.

그러나 이러한 설문조사방법은 다음과 같은 문제점을 내포하고 있다. 첫째, 응답자들의 응답이 자신의 생각보다는 조세에 대한 일반적인 편견을 반영할 수 있다. 둘째, 응답자들은 자신이 열심히 일을 하지 않는 이유를 조세정책으로 돌리기 위하여 고의적으로 조세의 영향을 과대보고할 수 있다. 셋째, 응답자들이 조세의 성격을 정확히 알지 못할 때 그 영향을 과소보고할 수 있다. 넷째, 설문조사방법을 통해서는 소득효과와 대체효과를 분리하여 분석할 수 없다.

(2) 계량분석적 방법

계량분석적 방법은 시계열자료(time series data) 분석방법과 횡단면자료(cross-section data) 분석방법으로 구분된다. 계량분석적 방법에서는 어느 한 개인을 대상으로 하여 세부담의 증가에 따른 영향을 분석하는 것이 불가능하므로, 모든 사람들이 동일한 선호를 갖는다고 가정하여 저소득층부터 고소득층에 이르는 각 계층의 과세 후 노동시간을 과세 후 소득수준에 회귀분석한다. 그리고 여기서 도출되는 결과를 임금의 변화가 개개인의 노동시간에 미치는 영향으로 해석한다. 이러한 연구결과들을 정리하면 <표 12-3>과 같다.

이러한 연구들을 통하여 다음과 같은 사실들을 알 수 있다.

① 과거 연구에서는 대체로 남성 노동공급의 임금탄력성이 음(-)의 낮은 값을 보였고, 노동공급곡선이 후방굴절하는 모양으로 나타났다. 즉 소득세가 증가하면 임금이 감소하므로 노동시간이 증가하는 경향을 보일 것으로 예측되었다. 하지만 비교적 최근 연구에서는 남성 노동공급의 임금탄력성이 양(+)의 값을 보이기도 하였다. 노동공급곡선이 우상향하는 모양을 보이는 것이다. 이는 소득세가 증가할 때 노동시간 감소 효과가 나타난다는 것을 시사한다.

→ 표 12-3 소득세가 노동공급에 미치는 영향에 대한 계량분석 결과

연구자	노동공급의 임금탄력성	노동공급곡선 모양
남성 대상:		
Kosters(1969)	−0.09	후방굴절
Ashenfelter and Heckman(1973)	−0.16	
Boskin(1973)	−0.07	
Blomquist(1983)	0.08	우상향
MaCurdy, Green, and Paarsch(1990)	0.00	
Triest(1990)	0.05	
Ecklof and Sacklen(2000)	0.05	
여성 대상:		
Cogan(1981)	0.89	우상향
Heckman and MaCurdy(1982)	2.35	
Moffitt(1984)	1.25	
Blundell, Duncan, and Meghir(1998)	0.17	
Kimmel and Kniesner(1998)	3.05	

② 여성 노동공급의 임금탄력성은 양(+)의 값을 보이고, 그 크기도 상대적으로 크게 나타났다. 이러한 경우, 노동공급곡선이 우상향하는 모양을 보이고, 소득세 증가가 노동시간을 줄이도록 작용할 것이다. 여성의 경우에 임금탄력성이 큰 값을 보이는 것은, 임금이 노동시간에 대한 결정만이 아니라 노동시장 참여여부에 대한 결정에도 영향을 미치기 때문으로 보인다.

그러나 이러한 계량분석적 방법은 노동시간을 소득세에 직접적으로 회귀분석하는 것이 아니라 과세 후 임금에 회귀분석한 후, 그 결과를 유추해석한다는 한계를 가지고 있다.

12.3 조세가 저축에 미치는 영향

투자는 경제성장에서 중심적 역할을 하며, 저축은 바로 투자를 위한 재원이 된다. 따라서 저축에 대한 조세정책의 효과는 주요한 관심사가 되어왔다. 저축은 기본적으로 가계저축, 기업저축 및 정부저축의 세 가지로 구성되는데, 여기서는 가계저축에 초점을 두고 조세가 저축에 미치는 영향을 논의하겠다.

12.3.1 기본모형

조세가 가계저축에 미치는 영향을 분석하기 위해 2기간 생애주기 모형(two-period life-cycle model)을 사용하겠다. 이 모형에서 소비자는 현재 1기에 노동을 공급하여 얻은 소득의 일부를 저축하고 미래 2기에 은퇴하여 1기의 저축으로 생활한다. 현재와 미래의 소비를 각각 C_p와 C_f라고 하고, 모든 저축은 2기에 소비한다고 가정하자. 소비자의 효용함수는 현재소비와 미래소비의 함수이다. 그는 생애예산제약(life-time budget constraint)하에서 효용을 극대화하도록 각기의 소비수준을 선택한다. 이때 조세는 생애예산제약을 변화시켜서 시점 간(intertemporal) 소비선택에 영향을 미칠 수 있다. 1기의 임금소득을 Y, 이자율을 r이라 하면, 예산제약식은

$$C_f = (Y - C_p)(1 + r)$$

이고, 달리 쓰면

$$C_p + \frac{C_f}{1+r} = Y$$

가 된다. 두 번째 예산제약식에서 좌변은 생애소비의 현재가치이고 우변은 생애소득의 현재가치를 나타낸다. 이 경우 균형은 <그림 12-15>에서와 같이 생애예산선과 무차별곡선이 접하는 E_1점이 된다. 즉 소비자는 1기와 2기에 각각

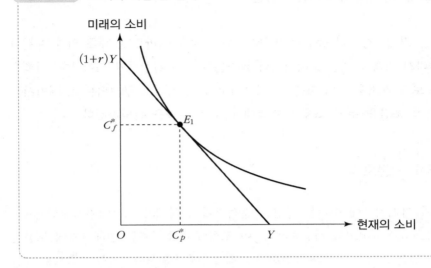

그림 12-15 소비의 시점 간 선택

C_p^*와 C_f^*만큼 소비하고 1기의 저축은 $Y - C_p^*$만큼이 된다.

이제 이 경제에 세율 t_Y인 근로소득세와 세율 t_r인 이자소득세를 도입한다고 하자. 이러한 조세에 의해 생애예산제약식은 다음과 같이 바뀐다.

$$C_p + \frac{C_f}{1 + r(1 - t_r)} = (1 - t_Y) Y$$

12.3.2 근로소득세가 저축에 미치는 영향

이자소득세는 없고 근로소득세만 있는 경우 예산제약식은 다음과 같다.

$$C_p + \frac{C_f}{1 + r} = (1 - t_Y) Y$$

이 경우 예산선은 <그림 12-16>에서처럼 조세도입 이전의 예산선이 세액만큼 아래쪽으로 평행이동한 것으로 나타나며, 이때의 균형은 E'이다. 매기의 소비가 정상재라고 가정하면, 소득효과에 의해 매기의 소비가 줄어들 것이다.

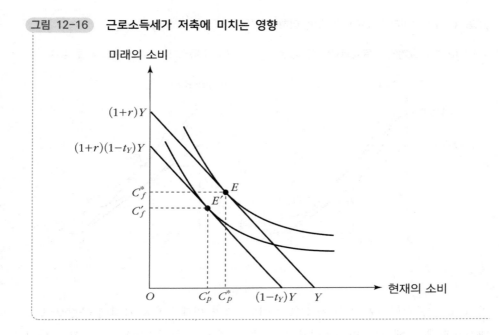

그림 12-16 근로소득세가 저축에 미치는 영향

특히 2기의 소비가 감소하므로, 저축도 감소한다. 따라서 매기의 소비가 정상재라면 근로소득세는 저축을 줄이는 효과를 가져온다. 그리고 이 모형에서 근로소득세는 소득효과만 있고 대체효과는 없으므로 초과부담도 유발하지 않는다.

12.3.3 이자소득세가 저축에 미치는 영향

다음으로 근로소득세는 없고 이자소득세만 있는 경우 예산제약식은 다음과 같다.

$$C_p + \frac{C_f}{1 + r(1 - t_r)} = Y$$

이자소득세를 부과하면 미래소비의 가격이 $1/(1+r)$에서 $1/[1+r(1-t_r)]$로 오르고, <그림 12-17>에서처럼 Y점을 중심으로 하여 예산선이 좌하향으로 회전이동한다. 이자소득세의 부과는 과세 후 소득을 줄이므로, 소득효과에 의해 매

그림 12-17　이자소득세가 저축에 미치는 영향

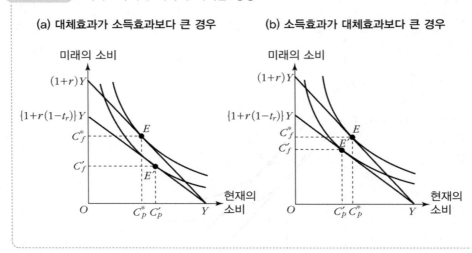

(a) 대체효과가 소득효과보다 큰 경우　　　(b) 소득효과가 대체효과보다 큰 경우

기의 소비가 정상재인 이상 감소할 것이다. 한편 미래소비의 가격이 올랐으므로, 대체효과에 의해서도 미래소비가 감소한다. 하지만 현재소비는 증가한다. 따라서 매기의 소비가 정상재라면, 미래소비는 항상 감소하고 현재소비는 소득효과와 대체효과의 크기에 따라 증가할 수도 있고 감소할 수도 있다. 만약 대체효과가 소득효과보다 크다면, <그림 12-17(a)>와 같이 현재소비가 증가하고 저축은 감소한다. 하지만 소득효과가 대체효과보다 크다면, <그림 12-17(b)>와 같이 현재소비가 감소하고 저축은 증가한다. 따라서 이자소득세가 저축에 미치는 영향은 대체효과와 소득효과의 상대적 크기에 따라 다르게 나타난다. 그리고 이자소득세의 부과는 대체효과를 유발하므로 초과부담도 야기한다.

12.3.4 근로소득세와 이자소득세를 동시에 부과하는 경우

이제 근로소득세와 이자소득세를 함께 부과하는 경우를 생각해보자. 이 경우 예산제약식은 다음과 같다.

$$C_p + \frac{C_f}{1 + r(1 - t_r)} = (1 - t_Y)Y$$

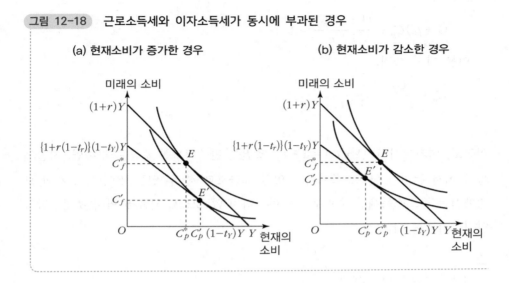

그림 12-18 근로소득세와 이자소득세가 동시에 부과된 경우

(a) 현재소비가 증가한 경우

미래의 소비

$(1+r)Y$

$\{1+r(1-t_r)\}(1-t_Y)Y$

C_f^*

C_f'

E

E'

O

$C_p^*\ C_p'\ (1-t_Y)Y\ Y$ 현재의 소비

(b) 현재소비가 감소한 경우

미래의 소비

$(1+r)Y$

$\{1+r(1-t_r)\}(1-t_Y)Y$

C_f^*

C_f'

E

E'

O

$C_p'\ C_p^*\ (1-t_Y)Y\ Y$ 현재의 소비

그러면 예산선은 <그림 12-18>에서처럼 나타나고, 이 조세가 저축에 미치는 영향은 이자소득세의 경우와 마찬가지로 불확실하게 나타날 것이다.

12.3.5 지출세의 가능성

1980년대에 제안된 지출세(expenditure tax)가 여러 경제학자들로부터 지지를 받았다.[2] 개개인의 지출에 대해 부과하는 지출세를 도입하면, 근로소득세와 이자소득세를 동시에 부과하였을 경우보다 더 효율적일 뿐만 아니라, 국민총저축이 더 증가할 것이라고 여겨졌기 때문이다. 현재의 모형에서 지출세는 이자소득세가 0이면서 매기의 소비에 대해 과세하는 소비세(consumption tax)와 동일하다. 따라서 매기의 소비에 동일한 세율 t_c를 적용하면, 예산제약식은 다음과 같이 나타난다.

---

2) Kaldor(1955), Meade(1978), Auerbach and Kotlikoff(1983) 등을 참고하라.

$$(1+t_c)C_p + \frac{(1+t_c)C_f}{1+r} = Y$$

이를 다시 쓰면,

$$C_p + \frac{C_f}{1+r} = \frac{Y}{1+t_c}$$

이므로, 여기에서 $1/(1+t_c) = 1 - t_Y$ 조건을 만족하도록 t_c를 조정하면, 지출세를 앞에서 논의한 근로소득세와 동일한 세금으로 볼 수 있는 것이다. 현재의 모형에서는 근로소득세가 초과부담을 야기하지 않으므로, 지출세 역시 초과부담을 야기하기 않는다.

12.3.6 실증적 연구

조세가 저축에 미치는 영향에 대한 실증적 연구들은 직접적으로 조세에 초점을 맞추기보다는 이자율이 소비나 저축에 미치는 영향을 분석하고 있으며 또한 과세 후 실질이자율을 구하기 어려워 과세 전 이자율을 사용하는 경우가 많기 때문에, 아직 미흡한 수준에 머물러 있다. 이러한 실증적 연구에서는 앞의 노동공급에서와 마찬가지로 설문조사방법과 계량분석적 방법을 주로 사용하고 있다. 먼저 설문조사방법에 의해 조사된 저축의 목표는 퇴직 후의 보장, 미래의 긴급사태 대비, 자녀들의 교육 등이었다. 그러나 설문조사방법을 통하여 조세가 저축률에 미치는 영향을 파악하기는 어려운데, 이는 조세의 효과를 다른 정책변수들의 효과로부터 구별해내기가 쉽지 않기 때문이다.

한편 계량분석적 방법에서는 이자율이 저축에 미치는 영향을 분석함으로써 조세가 저축에 미치는 영향을 간접적으로 추론하고 있다. <표 12-4>에서는 저축의 이자율탄력성을 추정한 주요 연구결과들을 보여준다.

이 결과들은 현저한 차이를 보이고 있으므로 어떤 이자율탄력성을 사용하느냐에 따라 이자소득세가 저축에 미치는 영향 또한 상이하게 나타날 것이다.

이렇게 결과가 다르게 나타나는 이유는 다음과 같다. 첫째, 원칙적으로 과세 후 실질이자율의 기대치를 사용하여야 하나 현실적으로 이러한 이자율을 관찰

→ 표 12-4 저축의 이자율탄력성 추정결과

연구자	이자율탄력성
• Wright(1967, 1969)	약 0.2
• Blinder(1975), Weber(1970) • David and Scadding(1974) • Howrey and Hymans(1978)	거의 무시할 정도
• Boskin(1978)	0.3~0.6
• Boskin and Lau(1978)	0.4

하는 것이 불가능하므로, 그 대안으로 사용되는 이자율에 따라 결과가 다르게 나타난다. 둘째, 사용되는 계량분석적 방법에 따라 결과가 다르게 나타날 수 있다. 이러한 이유들을 들어 폰 퍼스텐버그(von Furstenberg, 1981)는 저축의 이자율탄력성을 구하는 것이 거의 불가능하다고 하였다. 결론적으로 조세가 저축에 미치는 영향에 대한 실증적 연구는 아직 많은 과제를 안고 있다고 할 수 있다.

Ashenfelter, O. and J. J. Heckman. 1973. "Estimating Labor Supply Functions." *In Income Maintenance and Labor Supply*, ed. G. Cain and H. Watts, 265–78. Chicago: Markham.

Auerbach, A. J., and L. J. Kotlikoff, "National Savings, Economic Welfare, and the Structure of Taxation," *in Behavioral Simulation Methods in Tax Policy Analsis, M. S. Feldstein ed.*, Chicago: University of Chicago Press, 1983.

Barlow, R., H. E. Brazer, and J. N. Morgan, *Economic Behavior of the Affluent*, Washington D.C.: Brookings Institution, 1966.

Blinder, A. S., "Distribution Effects and the Aggregate Consumption Function," *Journal of Political Economy* 83 (1975), 447–475.

Blomquist, S. 1983. "The Effect of Income Taxation on the Labor Supply of Married Men in Sweden." *Journal of Public Economics*, 22(2): 169–97.

Blundell, R., A. Duncan, and C. Meghir. 1998. "Estimating Labor Supply Responses Using Tax Reforms." *Econometrica*, 66(4): 827–61.

Boskin, M. J. 1973. "The Economics of Labor Supply Functions." *In Income Maintenance and Labor Supply*, ed. G. Cain and H. Watts, 163–81. Chicago: Markham.

Boskin, M. J., "Taxation, Saving, and the Rate of Interest," *Journal of Political Economy* 86 (1978), S3–S27.

Boskin, M. J., and L. J. Lau, "Taxation, and Aggregate Factor Supply, Preliminary Estimates," *in Compendium of Tax Research* 1978, Department of Treasury, Washington D.C., 1978.

Break, G. F., "Income Taxes and Incentives to Work: An Empirical Study," *American Economic Review* 47 (1957), 529–549.

Brown, C. V., and E. Levin, "The Effects of Income Taxation on Overtime," *Economic Journal* 84 (1974), 833–848.

Cogan, J. F. 1981. "Fixed Costs and Labor Supply." *Econometrica*, 49(4): 945–63.

David, P. A., and J. L. Scadding, "Private Savings: Ultrarationality, Aggregation and Denison's law," *Journal of Political Economy* 82 (1974), 225-249.

Eklöf, M. and H. Sacklén. 2000. "The Hausman-MaCurdy Controversy: Why Do the Results Differ across Studies? Comment." *Journal of Human Resources*, 35(1): 204-20.

Ferber, R., and W. Z. Hirsch, "Social Experimentation and Economic Policy: A Survey," Journal of Economic Literature 16 (1978), 1379-1414.

Fiegehen, G. C., and W. B. Reddaway, *Companies, Incentives and Senior Managers*, Institute for Fiscal Studies, London: Oxford University Press, 1981.

Fields, D. B., and W. T. Stanbury, "Incentives, Disincentives and the Income Tax: Further Empirical Evidence," *Public Finance* 25 (1970), 381-419.

Hall, R. E., "Effects of the Experimental Negative Income Tax on Labor Supply," *in Work Incentives and Income Guarantees*, J. A. Pechman, and P. M. Timpane eds., Washington D.C.: Brookings Institution, 1975.

Harberger, A. C., "The Incidence of the Corporation Income Tax," *Journal of Political Economy* 70 (1962), 215-240.

Heckman, J. J., and T. MaCurdy. 1982. "Corrigendum on a Life Cycle Model of Female Labour Supply." *Review of Economic Studies*, 49(4): 659-60.

Holland, D. M., "Effect of Taxation on Incentives of Higher Income Groups," *in Fiscal Policy and Labour Supply*, London: Institute for Fiscal Studies, 1977.

Howrey, P. E., and S. H. Hymans, "The Measurement and Determination of Loanable-Funds Saving," *Brookings Papers on Economic Activity* 3 (1978), 655-705.

Kaldor, N., *An Expenditure Tax*, London: Allen and Unwin, 1955.

Kimmel, J., and T. J. Kniesner. 1998. "New Evidence on Labor Supply: Employment versus Hours Elasticities by Sex and Marital Status." *Journal of Monetary Economics*, 42(2): 289-301.

Kosters, M. 1969. "Effects of an Income Tax on Labor Supply." *In The Taxation of Income from Capital*, ed. A. Harberger and M. Baily, 304-24. Washington,

D.C.: Brookings Institution Press.

MaCurdy, T., D. Green, and H. J. Paarsch. 1990. "Assessing Empirical Approaches for Analyzing Taxes and Labor Supply." *Journal of Human Resources*, 25(3): 415-90.

Meade, J. E., *The Structure and Reform of Direct Taxation*, London: Allen and Unwin, 1978.

Moffitt, R. 1984. "Profiles of Fertility, Labour Supply and Wages of Married Women: A Complete life-cycle Model." *Review of Economic Studies*, 51(2): 263-78.

Triest, Robert K. 1990. "The Effect of Income Taxation on Labor Supply in the United States." *Journal of Human Resources*, 25(3): 491-516.

von Furstenberg, G., "Saving," *in How Taxes Affect Economic Behavior*, H. J. Aaron, and J. A. Pechman eds., Washington D.C.: Brookings Institution, 1981.

Watts, H. W., and A. Rees (eds.), The New Jersey Income-Maintenance Experiment: Vol. 2, Labor Supply Responses by Watts & Ress, New York: Academic Press, 1977.

Weber, W. E., "The Effect of Interest Rates on Aggregate Consumption," *American Economic Review* 60 (1970), 591-600.

Wright, C., "Some Evidence on the Interest Elasticity of Consumption," *American Economic Review* 57 (1967), 850-855.

———— , "Saving and the Rate of Interest," *in The Taxation of Income from Capital*, A. C. Harberger, and M. J. Bailey eds., Washington D.C.: Brookings Institution, 1969.

최적조세이론

CHAPTER
13
최적조세이론

앞에서는 공평성과 효율성을 중심으로 하여 바람직한 조세제도가 지녀야 하는 특성에 대하여 살펴보았다. 이 장에서는 공평성과 효율성을 동시에 고려한 조세제도에 대하여 논의하도록 하겠다. 최적조세(optimal tax)로 알려진 이 방식은 공평성과 효율성을 적절하게 조화시키면서 정부의 세수목표를 달성할 수 있도록 한다.

13.1 최적조세와 차선의 이론

최선(first-best)의 자원배분을 달성하기 위해서는 제2장에서 논의한 세 가지 파레토효율조건을 만족해야 한다. 조세에 관한 한 이러한 최선의 자원배분은 소비자의 지불능력에 따라 일정액으로 부과하는 정액세에 의해서만 달성될 수 있다. 그러나 모든 소비자들의 지불능력을 측정한다는 것은 어려우므로 정액세를 사용하는 것은 현실적으로 불가능하다. 따라서 초과부담을 완전히 제거할 수는 없다 하더라도 가능한 한 줄일 수 있는 정부정책을 고안할 필요가 있으며, 이러한 문제를 다루는 것이 바로 차선의 이론(theory of second-best)이다. 바꾸어 말하면 차선의 이론은 상충관계에 있는 효율성과 공평성이 조화를 이루도록 하면서 사회후생도 극대화할 수 있는 실현가능한 정부정책을 고안하는 것이다.

최적조세(optimal tax)는 바로 이러한 차선의 이론의 전형적인 예로서, 세수와 소득분배의 목표를 달성하면서도 효율성 감소로 인한 사회후생 손실을 최소화하는 조세구조로 정의된다. 즉 최적조세는 공평성과 효율성이라는 상충적인 목표에 대한 사회구성원들의 견해를 반영하면서 주어진 세수목표를 달성하는 조세구조를 의미하는 것이다.

그러므로 최적조세를 고안할 때 정부는 세수목표와 개인들의 효용극대화 조건을 제약조건으로 받아들여야 한다. 정부는 이러한 두 가지 제약조건하에서 조세의 세율구조를 선택하여 사회후생을 극대화하고자 한다. 그리고 여기서 선택된 세율구조가 최적조세가 되는 것이다. 그러므로 이러한 최적조세는 다음과 같은 제약하의 최적화(constrained optimization) 문제를 풀어서 그 해로 표현할 수 있다.

$$\text{maximize 사회후생함수} \quad \cdots\cdots\cdots\cdots\cdots\cdots\cdots\cdots\cdots\cdots\cdots\cdots\cdots\cdots \quad (13.1)$$
$$\text{subject to} \quad (1) \text{ 정부예산제약}$$
$$(2) \text{ 개인들의 효용극대화 제약}$$

여기서 사회후생함수(social welfare function)는 사회구성원 개개인의 효용을 반영하여야 하므로 이러한 개별효용들의 함수가 된다. 또한 이 함수의 구체적인 형태가 그 사회의 소득분배에 대한 선호를 반영하고 있으므로, 사회후생함수를 극대화하여 사회적으로 바람직한 소득분배와 효율성을 함께 달성할 수 있다.

다음으로 제약조건들에 대해 살펴보겠다. 먼저 정부의 예산제약은 조세를 통하여 정부가 목표로 하는 세수를 달성할 수 있어야 함을 의미한다. 정부가 거둬들이는 세수는 정부의 선택변수인 세율 t에 의하여 영향을 받으므로 이 제약식은 세율을 포함하여 구성된다. 두 번째의 제약조건은 개인들이 효용극대화 행위를 반영하는 것으로서, 정부의 조세정책이 주어지면 이에 대응하여 개인들은 자신의 예산제약하에서 효용을 극대화한다는 것이다. 이때 개인들의 예산제약은 재화의 소비자가격에 따라 변하며, 이 소비자가격은 다시 세율에 따라 변화한다. 달리 말하면, 정부가 선택하는 세율이 재화의 소비자가격을 변화시키고, 이것은 예산제약을 통하여 개인들의 재화에 대한 수요에 영향을 주는 것이다. 이러한 수요의 변화는 개인들의 효용수준에 영향을 미침과 동시에 정부의 세수에도 영향을 미친다. 궁극적으로 이러한 과정을 통하여 결정한 최적세율에서 정부

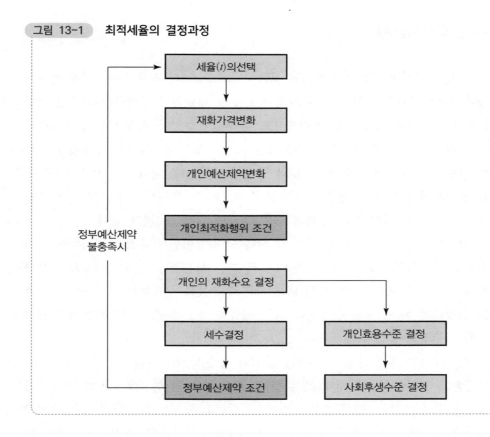

그림 13-1   최적세율의 결정과정

```
                    ┌──────────────────┐
        ┌──────────▶│    세율(t)의선택    │
        │           └──────────────────┘
        │                    │
        │                    ▼
        │           ┌──────────────────┐
        │           │    재화가격변화     │
        │           └──────────────────┘
        │                    │
        │                    ▼
        │           ┌──────────────────┐
        │           │   개인예산제약변화   │
        │           └──────────────────┘
        │                    │
        │                    ▼
        │           ┌──────────────────┐
        │           │  개인최적화행위 조건  │
        │           └──────────────────┘
        │                    │
        │                    ▼
        │           ┌──────────────────┐
정부예산제약         │  개인의 재화수요 결정  │──────────┐
불충족시            └──────────────────┘          │
        │                    │                    ▼
        │                    ▼            ┌──────────────────┐
        │           ┌──────────────────┐  │   개인효용수준 결정   │
        │           │      세수결정      │  └──────────────────┘
        │           └──────────────────┘          │
        │                    │                    ▼
        │                    ▼            ┌──────────────────┐
        │           ┌──────────────────┐  │   사회후생수준 결정   │
        └───────────│   정부예산제약 조건   │  └──────────────────┘
                    └──────────────────┘
```

의 세수목표가 충족될 것이며, 이때 개인들이 극대화한 효용수준에 의해 사회후
생수준도 결정될 것이다.

<그림 13-1>에서는 정부의 세율선택이 두 가지 제약조건을 충족시키면서
사회후생수준을 결정하는 과정을 보여 주고 있다. 이 과정에서 두 가지 제약조
건을 충족시키는 세율이 여러 개 나타날 수 있는데, 정부는 그 중에서 사회후생
수준을 극대화하는 세율을 선택하며, 이것이 최적조세가 된다. 이러한 최적조세
를 수식을 통해 직접 계산할 수 있는데, 식 (13.1)에서 묘사된 최적화 문제의 해
를 구하면 그 해가 바로 최적세율이 된다.

13.2 최적물품세

이제 간접세의 대표적인 형태인 물품세(excise tax)의 최적세율에 대해 살펴보겠다. 만약 여가를 포함한 모든 재화에 동일한 세율의 물품세를 부과하면 재화들의 상대가격이 영향을 받지 않으므로 정액세와 동일한 효과를 보여 초과부담이 없겠지만, 여가에 조세를 부과하기는 어려우므로 일반적으로 물품세를 부과할 경우에는 어느 정도의 초과부담을 감수해야만 한다. 따라서 주어진 세수목표를 달성하면서도 사회후생을 극대화할 수 있는 최적물품세를 고안할 필요가 있는데, 이를 제안자의 이름을 따서 램지 조세(Ramsey tax)라고 한다.

최적물품세를 고안한다는 것은 각 상품에 대해 어떤 세율로 부과하여야 사회적으로 바람직한가를 결정하는 것이다. 즉 모든 상품들에 동일한 세율로 조세를 부과하는 것이 바람직한가 또는 다른 세율로 조세를 부과하는 것이 바람직한가를 결정해야 하며, 또한 상품들을 다른 세율로 과세한다면 어떤 세율이 바람직한지도 결정해야 한다.

여기에서는 먼저 모든 소비자가 동일한 동질적(homogeneous) 소비자경제를 가정하고 최적물품세에 대해 분석하기로 한다. 하지만 현실에서 모든 소비자가 동일할 수 없으므로, 이런 가정은 비현실적이라고 할 수 있다. 또한 모든 소비자가 동일하다면 균등정액세(uniform lump-sum tax)를 부과할 수 있으므로 애초에 최적조세에 대해 고민할 필요조차 없을 것이다. 그럼에도 불구하고 이러한 가정에서부터 출발하는 것은, 동질적 소비자경제에서는 소득분배에 대해 고려할 필요가 없어 분석이 비교적 단순할 뿐만 아니라 여기서 도출한 결론들을 보다 현실적인 경제에도 일반화하여 적용할 수 있기 때문이다. 그러므로 이러한 분석 후에 모든 소비자가 동일하지는 않은 이질적(heterogeneous)인 소비자경제에 대해서도 간략히 논의하도록 하겠다. 이 절의 논의에서 물품세는 종량세로 부과되는 경우에 한해서만 다루도록 하겠다. 하지만 물품세가 종가세로 부과된다 하더라도 마찬가지의 결론을 얻을 수 있다.

13.2.1 동질적 소비자경제에서의 램지 조세

모든 소비자가 동일하다면 소비자의 소득이 모두 같으므로 소득분배의 문제를 고려하지 않아도 된다. 또한 사회후생을 극대화하는 문제가 대표적 개인(representative individual)의 효용수준을 극대화하는 문제와 동일하므로 정부는 대표적 개인의 효용수준을 극대화하도록 세율을 결정할 것이다.

(1) 기본모형

먼저 사무엘슨(Samuelson, 1951)과 다이아몬드-멀리스(Diamond and Mirrless, 1971)의 모형에 기초하여 램지 조세를 설명한다. 두 재화 X_1과 X_2가 있고, 재화 i에 대한 수요를 x_i라고 하자. 논의의 편의를 위해 각 재화에 대한 공급이 완전탄력적이라고 가정하면, 이는 생산자가격이 r_i로 고정되어 있다는 것을 의미한다. 재화 i의 소비자가격을 p_i라고 하고, 여기에 종량세 T_i를 부과하면, 생산자가격은 $(p_i - T_i)$가 될 것이다. 한편 여가의 부존량을 $\overline{L}$라 하고 소비자가 선택한 여가의 양을 L이라 하면, 시간당 임금률이 w일 때 소비자는 노동을 $(\overline{L} - L)$만큼 공급하여 근로소득을 $w(\overline{L} - L)$만큼 얻을 것이다. 또한 여가에는 물품세를 부과하지 못한다는 점을 반영하기 위해 노동에는 조세를 부과하지 않는다고 가정하겠다.

이 모형에서는 모든 소비자들이 동일하므로 사회후생을 극대화하기 위해 정부는 대표적 개인의 효용 $U(L, x_1, x_2)$를 극대화하도록 세율을 결정해야 한다. 그리고 정부가 목표로 하는 세수를 R이라 하면 정부의 예산제약을 $R = T_1 x_1 + T_2 x_2$로 나타낼 수 있다. 그러므로 램지 조세를 구하기 위해 정부는 다음과 같은 최적화 문제를 풀어야 한다.

$$\max \ U(L, x_1, x_2) \quad \cdots\cdots\cdots\cdots\cdots\cdots\cdots\cdots\cdots\cdots\cdots\cdots\cdots\cdots (13.2)$$

$$\text{subject to (1)} \ R = T_1 x_1 + T_2 x_2 \ (\text{정부의 예산제약})$$

$$(2) \ \max \ U(L, x_1, x_2) \ (\text{개인의 효용극대화 제약})$$

$$\text{subject to} \ w(\overline{L} - L) = p_1 x_1 + p_2 x_2$$

이 최적화 문제를 풀어 그 해로 구한 세율구조를 램지 조세라 부르는데, 이는 다음과 같은 램지 법칙(Ramsey rule)으로 설명될 수 있다.

램지 법칙: 물품세의 최적조세구조는 모든 재화에 대해 보상수요량이 동일한 비율로 감소하도록 조세를 부과하는 것이다.[1]

이 최적조세는 그 형태가 복잡하므로 세율에 관한 명확한 대답을 바로 제시하지 않는다. 다음에서는 재화들이 서로 독립적이라는 가정이 추가적으로 성립할 때, 램지 법칙을 만족하는 최적조세가 어떤 형태로 나타나는지 살펴본다.

(2) 역탄력성 법칙

두 재화 X_1과 X_2가 서로 독립적이라고 가정하면, 제7장의 부록에서와 마찬가지로 정부의 최적화 문제를 풀 수 있다. 이에 대한 자세한 도출과정은 부록에서 설명하기로 하고 여기에서는 결과에 대해서만 논의하겠다.

이제 재화 i에 대한 보상수요의 가격탄력성을 ϵ_i라고 하면 램지 조세의 세율 $t_i(=\dfrac{T_i}{p_i})$는 다음과 같은 조건을 만족해야 한다.

$$\frac{t_1}{t_2} = \frac{\epsilon_2}{\epsilon_1} \quad\text{..} (13.3)$$

이 조건에 의하면 세율 t_i가 보상수요의 가격탄력성 ϵ_i의 역에 비례하도록 종량세를 부과할 때 초과부담을 최소화할 수 있다. 그러므로 이를 역탄력성 법칙(inverse elasticity rule)이라고 부른다.

---

1) 여기서 개별 재화의 보상수요곡선은 주어졌다고 가정한다. 보상수요곡선은, 보통수요곡선과 달리, 재화의 가격이 변화할 때 일어나는 소득효과를 제거한 수요곡선을 의미한다.

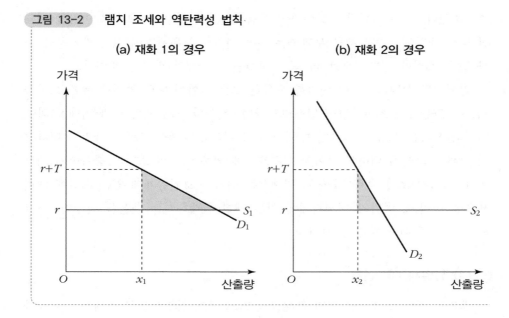

그림 13-2 램지 조세와 역탄력성 법칙

(a) 재화 1의 경우

가격

$r+T$

r ·············· S_1
D_1

O x_1 산출량

(b) 재화 2의 경우

가격

$r+T$

r ·············· S_2

D_2

O x_2 산출량

<그림 13-2>에서는 보상수요의 가격탄력성에 반비례하도록 세율을 결정하는 것이 초과부담을 줄일 수 있음을 보여주고 있다. 두 재화의 생산자가격이 r로 동일하고, 재화 X_1에 대한 가격탄력성이 재화 X_2보다 크다고 하자. 이 그림에서 두 재화에 대해 같은 크기 T만큼 종량세를 부과하면, X_1에 과세하면서 발생하는 초과부담이 X_2에 과세하여 발생하는 초과부담에 비해 더 크다는 것을 알 수 있다. 그러므로 만약 X_1에 대한 세율을 낮추고, X_2에 대한 세율을 높인다면, 세수목표를 여전히 달성하면서도 초과부담을 줄일 수 있을 것이다. 즉 수요의 가격탄력성이 낮은 재화에 상대적으로 높은 세율을 부과하고 탄력성이 높은 재화에는 낮은 세율을 부과하여, 초과부담을 줄일 수 있는 것이다.

(3) 콜렛 - 헤이그 조세

물품세를 부과할 때 초과부담이 발생하는 가장 중요한 이유는 여가에 대해 조세를 부과할 수 없기 때문이다. 그래서 콜렛-헤이그(Corlett and Hague, 1953)는 '여가와 상대적으로 보완관계에 있는 재화에 더 높은 세율을 부과해야 한다'고 주장하였다. 이는 현실적으로 여가에 물품세를 부과할 수 없으므로 여가를 제외한 다른 재화에만 물품세를 부과하는 경우 여가와 보완관계에 있는 레저용품 등과 같은 재화에 상대적으로 더 높은 세율을 부과해야 한다는 뜻이다.

앞에서도 설명하였듯이 여가를 포함한 모든 재화에 대해 동일한 세율로 물품세를 부과한다면 초과부담이 발생하지 않을 것이다. 물품세를 부과할 때 초과부담이 발생하는 이유는 여가에 대해 조세를 부과하지 못하므로 여가의 상대가격이 다른 재화들에 비하여 낮아져 대체효과에 의해 여가의 소비가 증가하기 때문이다. 따라서 초과부담을 줄이기 위해서는 여가와 보완관계에 있는 재화에 대해 세율을 높이고, 여가와 대체관계에 있는 재화에 대해서는 세율을 낮추어, 여가의 소비를 줄여야 한다는 것이다.

(4) 단일세율의 문제

램지는 자신이 제시한 램지 조세를 근거로 하여 단일세율의 조세는 바람직하지 않다고 주장하였다. 예를 들어, 역탄력성 법칙은 단일세율의 조세보다는 각 재화의 수요탄력성에 반비례하도록 세율을 설정해야 사회적으로 바람직하다는 것을 보여 주고 있기 때문이다.

그러나 경우에 따라서는 단일세율의 조세가 바람직할 수도 있다.[2] 예를 들면, 노동공급이 완전비탄력적인 경우에는 식 (13.3)에 따라 모든 조세를 노동에 부과하는 것이 최적이 된다. 그리고 이 경우 노동에만 조세를 부과하는 것은 모든 상품에 동일한 세율로 물품세를 부과하는 것과 같은 결과를 유도한다는 사실을 소비자의 예산제약식을 통해 쉽게 알 수 있다. 이러한 단일세율의 조세가 바람직한가 하는 문제는 부가가치세(value added tax)가 바람직한가라는 문제와도 연결되어 있어 이론적으로 관심의 대상이 되고 있다.

---

2) 앳킨슨-스티글리츠(Atkinson and Stiglitz, 1972), 산드모(Sandmo, 1974, 1976) 등을 참고하라.

13.2.2 이질적 소비자경제에서의 램지 조세

동질적 소비자경제에서는 모든 소비자가 동일하므로 대표적 개인의 효용함수로 사회후생을 나타내어 소득분배의 문제를 고려할 수가 없었다. 따라서 소득분배의 문제까지 고려한 최적물품세를 고안하기 위해서는 다이아몬드-멀리스(1971)와 같이 모든 소비자가 동일하지 않은 이질적 소비자경제를 상정해야만 한다. 이 경우에도 정부의 예산제약과 개인들의 효용극대화제약이라는 두 제약조건하에서 사회후생함수를 극대화하여 최적조세를 구할 수 있다.

이때 이질적 소비자경제에서의 램지 조세는 동질적 소비자경제에서의 램지 조세와는 달리 소득분배에 대한 사회적 선호를 반영하는 소득의 사회적 한계가치(social marginal valuation of income)를 고려하여 결정된다. 일반적으로 소득이 낮은 사람에 대한 소득의 사회적 한계가치가 높게 나타나며, 소득이 높은 사람에 대한 소득의 사회적 한계가치는 낮게 나타난다. 따라서 소득의 사회적 한계가치만을 고려하였을 경우 소득이 낮은 사람이 더 많이 사용하는 재화에는 낮은 세금을 부과하여야 하고, 소득이 높은 사람이 더 많이 사용하는 재화에는 높은 세금을 부과하여야 한다.

이제 역탄력성 법칙에서처럼 수요탄력성이 낮은 재화에는 높은 세율로, 수요탄력성이 높은 재화에는 낮은 세율로 물품세를 부과하였다고 하자. 일반적으로 소득이 적은 소비자가 주로 소비하는 생활필수품의 경우 수요탄력성이 낮고 소득이 많은 소비자가 주로 소비하는 사치품은 수요탄력성이 높은 경우가 많은데, 이런 경우 역탄력성 법칙에 따른 물품세는 소득분배상태를 악화시킬 것이다. 그러나 이질적 소비자경제에서 도출된 최적물품세는 탄력성뿐만 아니라 소득의 사회적 한계가치까지도 고려하므로 반드시 탄력성이 낮다고 하여 높은 세금을 부과하도록 요구하지 않는다. 만약 그 재화를 사용하는 사람들이 소득의 사회적 한계가치가 높은 소비자라면 상당히 낮은 세금을 부과하도록 요구할 수도 있는 것이다.

마지막으로 모든 상품에 동일한 세율로 조세를 부과하는 것이 바람직한가 아니면 다른 세율로 조세를 부과하는 것이 바람직한가 하는 문제는 역시 소비자의 선호체계와 분배에 대한 사회의 선호를 함께 고려하여 결정되어야 한다.

13.3 최적소득세

이 절에서는 소득세의 최적과세에 대해 살펴보도록 하겠다. 최선의 조세로 간주되는 정액세는 초과부담을 야기하지 않으나 소비자의 지불능력을 측정하기 어렵다는 문제가 있어 현실적으로 사용이 불가능하다. 따라서 측정가능한 지불능력의 척도에 대해 과세해야 하는데, 이런 척도로서 가장 많이 사용되는 것이 소득이며, 이에 대해 과세하는 조세가 소득세이다. 이제 이러한 소득세 중에서 초과부담을 최소화하는 최적소득세에 대하여 논의하도록 하겠다.

최적소득세를 고안하는 데 있어 소득수준에 따라 어느 정도의 누진세율을 적용할 것인가 하는 문제와 상위소득계층에 대해 어느 정도의 한계세율이 바람직한가 하는 문제가 중요하다. 특히 1980년대 이후 선진국들이 상위소득계층의 한계세율을 경쟁적으로 인하함에 따라 어떠한 한계세율이 적정한지에 대한 연구가 계속되고 있다.

최적소득세를 분석하는 모형에 있어 개인은 자신들의 소득능력을 결정하는 임금률에서만 차이가 나고, 선호를 포함한 다른 모든 측면에서는 동일하다는 가정을 일반적으로 사용하고 있다. 그리고 정부는 각 개인의 임금률은 모르지만, 임금률의 사회전체적인 분포에 대해서는 안다고 가정한다. 이러한 가정 하에서 개인들의 효용함수에 나타나는 여가와 소득 간의 대체탄력성, 그리고 사회후생함수에 나타나는 평등성과 효율성에 대한 사회구성원의 선호에 따라 최적소득세율이 다르게 결정될 것이다.

최적소득세 구조에 대한 분석은 최적물품세와 마찬가지로 램지(Ramsey, 1927)로부터 출발하여, 1970년대에 들어와 멀리스(Mirrlees, 1975)와 다이아몬드-멀리스(1971) 등에 의해 발전되었다.

여기서는 소득세 중에서도 가장 단순한 형태인 선형소득세에 대해 먼저 논의하도록 한다. 그리고 여기서 얻어진 결과들을 기초로 하여 비선형소득세에 대해서도 간단히 언급하기로 하겠다.

13.3.1 최적선형소득세

선형소득세에서는 소득수준이 면세점 이상인 모든 소득계층에 대해 동일한 한계소득세율을 적용한다. 즉 선형소득세의 세율구조는 면세점 Y_E와 한계세율 t에 의해 결정된다.

(1) 기본 모형

먼저 노동자는 여가 L과 과세 후 소득 Y의 함수인 효용함수 $U(L, Y)$를 극대화하려고 하며, 이를 위해 주어진 임금률하에서 노동공급량을 결정하고 소득을 얻는다. 노동자가 임금률 w에서 노동 $l = \overline{L} - L$을 공급한다면 과세 전 노동소득은 wl이 될 것이다. 면세점 Y_E 이상의 모든 소득에 대해 한계세율 t로 소득세를 부과하므로, 노동자의 납세액 T는 $T = t(wl - Y_E)$로 계산된다. 여기서 tY_E는 노동자의 소득과는 무관하게 노동자의 납세액을 줄이는 균등정액보조금 (uniform lump-sum subsidy)으로 볼 수 있으며 $G = tY_E$으로 두겠다. 그러면 노동자의 납세액 T는 $T = twl - G$로 표시할 수 있다. 그리고 과세 후 소득 Y는 $Y = wl - T$이므로, 다시 $Y = (1 - t)wl + G$로 나타난다. 노동자의 여가 L은 $L = \overline{L} - l$이므로, 노동자의 효용극대화 조건을 다음과 같이 쓸 수 있다.

$$\max \ U(L, Y)$$
$$\text{subject to} \quad Y = (1 - t)wl + G$$
$$L = \overline{L} - l$$

만약 정부가 모든 노동자의 임금률을 안다면, 노동자의 노동소득 wl에 한계세율을 곱하여 그 노동자로부터 징수할 세금액을 계산하여 소득세를 부과할 것이다. 그리고 이를 모든 노동자에 대해 합하면 정부의 세수가 될 것이다. 그러나 정부는 모든 노동자의 임금률을 알지 못하므로 정확한 세수를 계산할 수는 없고 임금률의 사회전체적인 분포를 이용해 세수에 대한 기대값만을 계산할 수 있다. 임금률의 사회적인 분포가 최저임금률 $\underline{w}$에서 무한대에 걸친 확률밀도함수 $f(w)$로 주어진다면, 정부의 예상세수는 임금률의 기댓값에 노동시간 l과 한계세율 t를 곱하여 계산할 수 있을 것이다. 이 예상세수에서 정액보조금 G를 차감한 값이 정부의 세수가 될 것이므로, 정부의 세수목표가 R이라 할 때, 정부의 예산제약 조건을 다음과 같이 쓸 수 있다.

$$R = tl \int_{\underline{w}}^{\infty} wf(w)dw - G$$

최적선형소득세 구조를 알기 위해 정부는 노동자의 효용극대화 조건 및 정부의 예산제약 조건하에서 사회후생을 극대화하는 문제를 풀어야 한다. 사회후생함수를 SWF로 표시하면 정부의 최적화 문제를 다음과 같다.

max SWF (사회후생함수)

subject to (1) $R = tl \int_{\underline{w}}^{\infty} wf(w)dw - G$ (정부의 예산제약)

(2) max $U(L, Y)$ (노동자의 효용극대화)

subject to $Y = (1-t)wl + G$

$L = \overline{L} - l$

구체적으로 노동자의 효용함수 U, 임금률의 확률밀도함수 f, 그리고 공평성에 대한 사회적 선호를 반영하는 사회후생함수 SWF가 주어지면, 정부는 최적화 문제를 풀고 그 해로서 최적선형소득세의 구조를 설계할 수 있다.

(2) 스턴의 최적선형소득세 계산

스턴(Stern, 1976)은 세 가지 함수의 형태에 대해 추가적인 가정을 하고 최적선형소득세율을 계산하였다. 먼저 확률밀도함수 f는 로그정상(lognormal)분포라고 가정하였고, 노동자의 효용함수 U는 소득과 여가 간의 대체탄력성 σ가 일정한 함수라고 가정하였다. 그리고 평등에 대한 사회적 선호를 반영하는 매개변수 v이 포함된 사회후생함수를 가정하였다.[3]

---

3) 구체적으로 스턴은 일반화된 공리주의적 사회후생함수 $SWF = \dfrac{1}{1-v} \int_{\underline{w}}^{\infty} U^{1-v} f(w)dw$를

σ	$\nu=0$	$\nu=2$	$\nu=3$	$\nu=\infty$
R=0(순수 소득재분배적 조세)				
0.2	36.2	62.7	67.0	92.6
0.4	22.3	47.7	52.7	83.9
0.6	17.0	38.9	43.8	75.6
0.8	14.1	33.1	37.6	68.2
1.0	12.7	29.1	33.4	62.1
R=0.05				
0.2	40.6	68.1	72.0	93.8
0.4	25.4	54.0	58.8	86.7
0.6	18.9	45.0	50.1	79.8
0.8	19.7	38.9	43.8	73.6
1.0	20.6	34.7	39.5	68.5
R=0.10				
0.2	45.6	73.3	76.7	95.0
0.4	35.1	60.5	65.1	89.3
0.6	36.6	52.0	57.1	83.9
0.8	38.6	46.0	51.3	79.2
1.0	40.9	41.7	47.0	75.6

주: σ=1.0은 실제로는 σ=0.99의 경우이다.
자료: 스턴(1976, Table 3).

이러한 가정으로부터 스턴이 계산한 최적소득세율이 <표 13-1>에 정리되어 있다. 표에서 R은 노동자들의 총소득에서 정부의 순세수입이 차지하는 비율을 나타낸다. 즉 $R=0$이면 소득세는 노동자들의 소득을 재분배하는 역할을 수행할 뿐, 정부가 재량적으로 지출할 수 있는 순세수입을 남기지 않는다. 이 표로

사용하였는데, 여기서 매개변수 υ은 평등에 대한 사회적 선호를 반영하며, 그 값이 커질수록 사회적으로도 평등에 대한 선호도가 커진다. 즉 $\upsilon=0$이면 사회후생함수는 벤담의 공리주의적 사회후생함수가 되고, $\upsilon\rightarrow\infty$이면 롤스의 사회후생함수가 된다.

부터 다음과 같은 시사점을 얻을 수 있다.

첫째, 사회적 평등도 매개변수 v이 증가함에 따라 최적소득세율이 증가함을 알 수 있다. 이는 한 사회가 공평한 소득분배에 대해 더 높은 가치를 부여할수록 더 높은 한계소득세율을 매겨야 한다는 것을 의미한다. 둘째, 소득과 여가 간의 대체탄력성 σ가 클수록 최적소득세율은 낮아져야 함을 알 수 있다. 이는 소득과 여가 간의 대체탄력성이 클수록 소득에 대한 과세는 여가의 소비를 늘리도록 작용하고, 이러한 대체효과에 의해 초과부담이 커지고 사회후생 손실이 증가하므로, 사회후생 손실을 줄이기 위해서는 최적소득세율을 낮춰야 한다는 것을 의미한다. 셋째, 세수목표인 R이 커질수록 최적소득세율도 높아짐을 알 수 있다. 정부의 지출수요가 증가하면 더 많은 세수입이 필요하고 이를 위해 소득세율도 인상해야 하기 때문이다.

13.3.2 최적비선형소득세

선형소득세 구조를 가정하면 소득이 증가함에 따라 한계세율이 어떻게 변해야 하는지에 대해서는 분석하지 못한다. 따라서 한계세율을 논의하기 위해서는 비선형소득세 구조를 가정해야 하며, 멀리스(1975) 이후 최적비선형소득세에 대한 연구가 활발히 진행되고 있다. 여기서 비선형소득세란 소득 Y가 증가하면서 납세액 T가 비선형으로 증가하는 $T = T(Y)$, $\Delta T / \Delta Y > 0$ 구조의 조세를 의미한다.

이러한 최적비선형소득세에 대한 논의는 이 책의 범위를 넘어서므로 여기에서는 최근 연구 결과들이 한계소득세율에 대해 시사하는 점만 언급하기로 하겠다. 일반적으로 공평과세를 지향할 경우 소득이 증가함에 따라 한계세율도 점차 증가해야 할 것이라고 여겨졌다. 그러나 최적비선형소득세의 한계세율은 단조증가하는 것이 아니라, 대개의 경우 소득이 일정수준 이상으로 증가하면 오히려 감소하는 것으로 나타나고 있다. 이는 최적조세이론에서 공평성뿐만 아니라 효율성까지도 함께 고려하기 때문에 나타나는 결과이다.

부록 ▌ 동질적 소비자경제에서 역탄력성 법칙의 수학적 도출

이 부록에서는 동질적 소비자경제에서 램지 조세가 만족해야 하는 역탄력성 법칙을 수리적으로 도출한다. 재화 i의 생산자가격이 r_i로 주어지고, 재화 i에 종량세 T_i를 부과하면, 재화 i의 소비자가격 p_i는 $p_i = r_i + T_i$가 된다. 그리고 소비자가 소비하는 여가의 양을 L이라 하면, 노동의 양 l은 $l = \overline{L} - L$로 나타낼 수 있다. 이러한 동질적 소비자경제에서 램지 조세는 다음과 같은 정부의 최적화 문제를 풀어 그 해로 구할 수 있다.

$$\max \; U(L, x_1, x_2) \;\cdots\cdots\cdots\cdots\cdots\cdots\cdots\cdots\cdots\cdots\cdots\cdots\cdots (13.2)$$
$$\text{subject to (1)} \; R = T_1 x_1 + T_2 x_2 \qquad \text{(정부의 예산제약)}$$
$$\text{(2)} \max \; U(L, x_1, x_2) \quad \text{(소비자의 효용극대화 제약)}$$
$$\text{subject to} \; wl = p_1 x_1 + p_2 x_2$$

정부의 최적화 문제를 풀기 위해 먼저 소비자의 효용극대화 문제를 풀어야 한다. 이를 위해 다음과 같은 라그랑지 함수를 구성한다.

$$\mathcal{L} = U(L, x_1, x_2) + \mu[wl - p_1 x_1 - p_2 x_2]$$

이 라그랑지 함수를 L, x_1, x_2, μ로 편미분하면, 다음과 같은 1계 조건을 구할 수 있다.

$$\frac{\partial \mathcal{L}}{\partial L} = \frac{\partial U}{\partial L} - \mu w = 0$$

$$\frac{\partial \mathcal{L}}{\partial x_1} = \frac{\partial U}{\partial x_1} - \mu p_1 = 0$$

$$\frac{\partial \mathcal{L}}{\partial x_2} = \frac{\partial U}{\partial x_2} - \mu p_2 = 0$$

$$wl = p_1 x_1 + p_2 x_2$$

이제 정부의 최적화 문제를 풀기 위해 다음과 같은 라그랑지 함수를 구성한다.

$$\mathcal{L} = U(L, x_1, x_2) + \lambda[R - T_1 x_1 - T_2 x_2]$$

이 라그랑지 함수를 T_1과 T_2로 편미분하여 극대화의 1계 조건을 구한다.

$$\frac{\partial \mathcal{L}}{\partial T_1} = \frac{\partial U}{\partial L}\frac{\partial L}{\partial T_1} + \frac{\partial U}{\partial x_1}\frac{\partial x_1}{\partial T_1} + \frac{\partial U}{\partial x_2}\frac{\partial x_2}{\partial T_1} - \lambda x_1 - \lambda T_1 \frac{\partial x_1}{\partial T_1} - \lambda T_2 \frac{\partial x_2}{\partial T_1} = 0$$

$$\frac{\partial \mathcal{L}}{\partial T_2} = \frac{\partial U}{\partial L}\frac{\partial L}{\partial T_2} + \frac{\partial U}{\partial x_1}\frac{\partial x_1}{\partial T_2} + \frac{\partial U}{\partial x_2}\frac{\partial x_2}{\partial T_2} - \lambda T_1 \frac{\partial x_1}{\partial T_2} - \lambda x_2 - \lambda T_2 \frac{\partial x_2}{\partial T_2} = 0$$

서로 다른 두 재화 i와 j의 수요가 서로 독립적이라고 가정하고 있으므로, $\frac{\partial x_j}{\partial p_i} = 0$이고, $\frac{\partial x_j}{\partial T_i} = \frac{\partial x_j}{\partial p_i}\frac{\partial p_i}{\partial T_i} = 0$이 성립한다. 이를 대입해서 1계 조건을 정리한다.

$$\frac{\partial \mathcal{L}}{\partial T_1} = \frac{\partial U}{\partial L}\frac{\partial L}{\partial T_1} + \frac{\partial U}{\partial x_1}\frac{\partial x_1}{\partial T_1} - \lambda x_1 - \lambda T_1 \frac{\partial x_1}{\partial T_1} = 0$$

$$\frac{\partial \mathcal{L}}{\partial T_2} = \frac{\partial U}{\partial L}\frac{\partial L}{\partial T_2} + \frac{\partial U}{\partial x_2}\frac{\partial x_2}{\partial T_2} - \lambda x_2 - \lambda T_2 \frac{\partial x_2}{\partial T_2} = 0$$

소비자 효용극대화의 1계 조건에서 $\frac{\partial U}{\partial L} = \mu w$, $\frac{\partial U}{\partial x_1} = \mu p_1$, $\frac{\partial U}{\partial x_2} = \mu p_2$이 성립하므로, 이를 대입하면 다음과 같다.

$$\frac{\partial \mathcal{L}}{\partial T_1} = \mu w \frac{\partial L}{\partial T_1} + \mu p_1 \frac{\partial x_1}{\partial T_1} - \lambda x_1 - \lambda T_1 \frac{\partial x_1}{\partial T_1} = 0$$

$$\frac{\partial \mathcal{L}}{\partial T_2} = \mu w \frac{\partial L}{\partial T_2} + \mu p_2 \frac{\partial x_2}{\partial T_2} - \lambda x_2 - \lambda T_2 \frac{\partial x_2}{\partial T_2} = 0$$

다시 재화가 독립적이라는 가정을 활용하여, 예산제약식 $wl = p_1x_1 + p_2x_2$을 T_1과 T_2로 편미분하면

$$w\frac{\partial l}{\partial T_1} = \frac{\partial(p_1x_1)}{\partial T_1} = x_1 + p_1\frac{\partial x_1}{\partial T_1}$$

$$w\frac{\partial l}{\partial T_2} = \frac{\partial(p_2x_2)}{\partial T_2} = x_2 + p_2\frac{\partial x_2}{\partial T_2}$$

를 얻는데, 여기서 $\frac{\partial l}{\partial T_i} = -\frac{\partial L}{\partial T_i}$ 이므로 이를 대입하면

$$-w\frac{\partial L}{\partial T_1} = x_1 + p_1\frac{\partial x_1}{\partial T_1}$$

$$-w\frac{\partial L}{\partial T_2} = x_2 + p_2\frac{\partial x_2}{\partial T_2}$$

이 된다. 이를 1계 조건에 대입하면 다음과 같이 정리할 수 있다.

$$\frac{\partial \mathcal{L}}{\partial T_1} = -\mu x_1 - \lambda x_1 - \lambda T_1\frac{\partial x_1}{\partial T_1} = 0$$

$$\frac{\partial \mathcal{L}}{\partial T_2} = -\mu x_2 - \lambda x_2 - \lambda T_2\frac{\partial x_2}{\partial T_2} = 0$$

재화 x_i에 대한 수요의 가격탄력성을 ϵ_i라 하면, $\epsilon_i = -\frac{\partial x_i}{\partial p_i}\frac{p_i}{x_i} = -\frac{\partial x_i}{\partial T_i}\frac{p_i}{x_i}$ 이므로, $-\frac{\partial x_i}{\partial T_i} = \frac{x_i}{p_i}\epsilon_i$가 된다. 이를 1계 조건에 대입하고 정리하면 다음과 같다.

$$\frac{T_1}{p_1} = \frac{\mu + \lambda}{\lambda} \frac{1}{\epsilon_1}$$

$$\frac{T_2}{p_2} = \frac{\mu + \lambda}{\lambda} \frac{1}{\epsilon_2}$$

이제 세율 t_i를 $t_i = \dfrac{T_i}{p_i}$로 정의하고, 두 식을 서로 나누면, 다음과 같은 역탄력성 법칙을 구할 수 있다.

$$\frac{t_1}{t_2} = \frac{\epsilon_2}{\epsilon_1}$$

참고문헌

Atkinson, A. B., "Optimal Taxation and the Direct versus Indirect Tax Controversy," *Canadian Journal of Economics* 10 (1977), 590-606.

————, and J. E. Stiglitz, "The Structure of Indirect Taxation and Economic Efficiency," *Journal of Public Economics* 1 (1972), 97-119.

————, "The Design of Tax Structure: Direct versus Indirect Taxation," *Journal of Public Economics* 6 (1976), 55-75.

————, *Lectures on Public Economics*, New York: McGraw-Hill, 1980.

Corlett, W. J., and D. C. Hague, "Complementarity and the Excess Burden of Taxation," *Review of Economic Studies* 2 (1953), 21-30.

Diamond, P. A., "Inflation and the Comprehensive Tax Base," *Journal of Public Economics* 4 (1975), 227-244.

————, and J. A. Mirrlees, "Optimal Taxation and Public Production I: Production Efficiency and II: Tax Rules," *American Economic Review* 61 (1971), 8-27 and 261-278.

Mirrlees, J. A., "Optimal Commodity Taxation in a Two-Class Economy," *Journal of Public Economics* 4 (1975), 27-33.

Ramsey, F. P., "A Contribution to the Theory of Taxation," *Economic Journal* 37 (1927), 47-61.

Sandmo, A., "A Note on the Structure of Optimal Taxation," *American Economic Review* 64 (1974), 701-706.

————, "Optimal Taxation: An Introduction to the Literature," *Journal of Public Economics* 6 (1976), 37-54.

Stern, N. H., "On the Specification of Models of Optimum Income Taxation," *Journal of Public Economics* 6 (1976), 123-162.

CHAPTER

14

개별조세이론

14

개별조세이론

지금까지 공평성과 효율성의 관점에서 바람직한 조세의 특징을 논의하였다. 이 장에서는 현실에서 사용하는 다양한 조세를 그 특성에 따라 구분하여 살펴보도록 하겠다.

14.1 조세의 종류

현실에서 사용하는 조세를 특성에 따라 여러 가지 범주로 분류할 수 있다. 다음에서는 몇몇 중요한 분류방법에 대해 알아본다.

14.1.1 직접세와 간접세

직접세(direct tax)란 과세주체에게 직접 부과되어 납세자와 실질적인 세부담자가 동일한 조세를 의미한다. 그 예로 소득세, 법인세, 양도소득세 등을 들 수 있다. 반면 간접세(indirect tax)는 과세주체에게 직접 부과되지 않고 다른 세원에 부과되기 때문에 조세 부담이 전가되어 납세자와 실질적인 세부담자가 서로 다르게 나타나는 조세이다. 그 예로 부가가치세, 판매세, 환경세, 주세 등이 있다.

14.1.2 종가세와 종량세

종가세(ad valorem tax)는 과세대만큼의 가격을 기준으로 납부할 세액을 계산하는 세금이다. 즉 과세표준이 과세대만큼의 가격인 것이다. 부가가치세와 판매세가 예이다. 반면 종량세(unit tax)는 과세대상의 질량, 부피, 수량 등을 기준으로 납부할 세액을 계산하는 세금이다. 즉 과세표준이 과세대상의 수량인 것이다. 환경세, 주세 등 개별소비세가 예이다.

14.1.3 인세와 물세

인세(人稅; personal tax)는 납세자의 개인적 지불능력에 따라 부과하는 조세로서, 소득세가 대표적 예이다. 반면 물세(物稅; in rem tax)는 납세자의 개인적 특성과는 관계없이 소비 행위 또는 물적 대상에 대해 부과하는 조세로서, 부가가치세나 판매세 등이 그 예이다.

14.1.4 국세와 지방세

국세(national tax)는 중앙정부가 징수하는 조세이고, 지방세(local tax)는 지방정부가 징수하는 조세이다. 우리나라에서는 소득세, 법인세 등이 국세에 속하고, 취득세, 등록세 등이 지방세에 속한다. 국세와 지방세의 구체적인 분류에 대해서는 15.1절에서 논의한다.

14.2 소득세

현실에서 소득세 제도를 설계하는데 있어 중요한 사항은 소득세의 세원이 되는 소득의 정의 및 범위, 소득세의 구조를 결정하는 공제제도 및 세율 설정, 과세단위의 선택 (개인, 부부, 가구) 등이다. 일반적으로 소득세는 다음 세 단계를 거쳐 결정되는데, 앞에서 나열한 사항들에 대해 어떻게 정하느냐에 따라 상이한 정책 효과를 만들어낼 것이다.

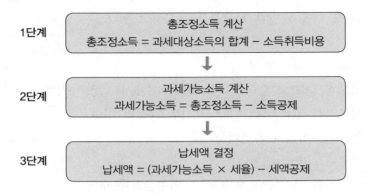

이제 소득세 제도를 설계하는데 있어 중요한 사항들에 대해 차례로 살펴본다.

14.2.1 소득의 정의

소득에 대한 과세가 적절히 이루어지려면, 소득세의 세원(tax base)이 납세자의 소득능력(earning ability)을 정확히 반영해야 한다. 따라서 소득을 정확하게 정의하고, 이렇게 정의된 소득을 바탕으로 현실적으로 과세가능한 소득의 범주를 정해야 한다.

(1) 헤이그-사이먼즈의 소득

재정학자들이 전통적으로 사용하고 있으며, 이론적으로도 바람직한 소득의 개념이 헤이그-사이먼즈(Haig and Simons)에 의해 제시되었다. 이들에 따르면 소득은 "주어진 과세기간 동안 소비의 시장가치와 자산가치 순변화의 합"으로 정의된다.

이는 해당 과세기간 동안 개인의 소비력(power to consume) 순증가와 동일하게 나타난다. 헤이그-사이먼즈의 기준에서는 실제 소비의 발생여부나 소비의 형태와는 관계없이 모든 잠재소비력(potential to consume)의 증가분을 포함한다.

물론 이 경우 소득을 얻기 위해 개인이나 기업이 지출해야 하는 비용 등과 같은 잠재소비력의 감소분이 차감되어야 한다. 한편 헤이그-사이먼즈의 소득은 보통의 측정소득(measured income)에 일반적으로 포함되는 근로소득, 사업소득, 재산소득 이외에도 다음과 같은 항목들을 포함하고 있다.

① 연금의 고용주 기여분
② 실업보험, 의료보험 등의 피고용자보험에서 고용주 기여분
③ 사회보장성 연금, 실업수당, 사회부조 등의 이전소득
④ 실현 또는 미실현 자본이득
⑤ 귀속임대료(imputed rent)[1]
⑥ 가정주부의 가사노동 등과 같은 비현금소득(income in kind)

이러한 헤이그-사이먼즈의 소득이 이상적이라고 간주되는 것은 다음의 두 가지 이유 때문이다. 첫째, 수평적 공평성의 관점에서 볼 때 동일한 소득능력을 가진 사람을 동일하게 과세해야 하므로, 잠재적인 모든 소득원이 세원에 포함되는 헤이그-사이먼즈의 소득 개념이 소득세제의 수평적 공평성을 제고할 수 있다. 둘째, 효율성의 관점에서 볼 때 헤이그-사이먼즈의 소득은 모든 종류의 소득을 동일하게 취급하므로, 동일한 소득을 다르게 취급할 때 생기는 왜곡 현상을 막을 수 있다는 장점이 있다.

하지만 이러한 장점은 동전의 양면처럼 단점이 될 수도 있다. 만약 소득의 종류에 따라 세율에 대한 탄력성이 다를 경우 모든 종류의 소득을 합산하여 동일하게 취급하는 것은 오히려 자원재분의 왜곡을 부추길 수 있다.

그리고 이 헤이그-사이먼즈의 소득 개념을 현실에서 적용하는 데 있어서는 다음과 같은 문제점이 발생할 수 있다. 실제로 미실현 자본이득, 귀속소득, 비현금소득 등의 시장가치를 계산하는 것은 쉽지 않으며, 비용지출의 경우에도 소득

---

1) 자가소유자는 집을 소유함으로써 무주택자들이 지불해야 하는 임대료를 내지 않아도 된다. 그러므로 자가소유자가 집을 임대하여 받을 수 있는 임대료에서 주택유지비용과 재산세 납부액 등을 차감한 만큼을 집을 소유하고 거주하는 데서 발생하는 귀속임대료 소득으로 볼 수 있다.

을 발생시키는 데 필요한 지출과 순수한 소비적 지출을 서로 구분하는 것이 쉽지 않다. 따라서 어떤 항목이 소득에 포함되는가에 대한 결정은 자의적일 수밖에 없는 것이다.

위와 같은 이유들로 인해 소득세의 세원으로 헤이그-사이먼즈의 포괄적 소득을 사용하기는 어려우므로, 현실에서는 다음과 같은 점들을 고려하여 소득세를 부과하고 있다. 미실현 자본이득, 상속받은 자산의 자본이득, 비현금소득 등은 과세대상소득의 범위에 들어가지 않는다. 이외에도 연금이나 개인보험에 대한 고용주의 기여나 연금저축의 이자에 대한 과세는 납세자들의 강한 저항으로 말미암아 과세대상소득에 포함시키기가 정치적으로 어렵다. 그 다음 효율성과 공평성을 이유로 들어 저소득층의 재산형성저축이나 지방채의 이자에 대해서는 낮은 세율로 과세하며, 소득의 종류에 따라 차등세율을 적용하기도 한다. 물론 이런 경우 이 소득들에 동일한 세율을 부과하는 것이 바람직한지 혹은 다른 세율을 부과하는 것이 바람직한지를 판단하기란 이론상 쉽지 않다.

현실에서 이러한 제약이 있음에도 불구하고, 소득세 제도에서 헤이그-사이먼즈의 소득 개념을 어떻게 수용하는지에 따라, 제도를 크게 둘로 구분할 수 있다. 먼저 종합소득세제(global income tax system)하에서는 개인별로 근로소득, 사업소득, 자본소득, 이전소득 등의 각종 소득을 모두 합산한 후 개인적 담세능력에 따라 누진세율을 적용한다. 이 제도의 장점은 소득재분배기능이 강하다는 것이고 단점은 복잡하고 탈세가능성이 많다는 것이다. 한편 분리소득세제(classified income tax system)하에서는 소득을 발생원천별로 징수한다. 이 제도의 장점은 납세 및 징세가 간편하다는 것이고 단점은 소득재분배기능이 약하다는 것이다.

많은 나라들이 20세기 중반까지는 분리소득세제를 사용하다가 그 이후 종합소득세제를 도입하여 왔으나, 최근에는 유럽국가들을 중심으로 다시 분리소득세제를 도입하려는 움직임이 일고 있다. 현재 우리나라의 소득세제는 종합소득세제를 바탕으로 분리소득세제를 혼용한 형태를 취하고 있다.

(2) 소득과 소비지출

소득세의 세원으로 소득과 소비 중에서 어느 것이 더 바람직한가에 대한 논쟁이 계속되어 왔다. 소비에 과세해야 한다고 주장하는 사람들의 근거는 다음

두 가지이다. 첫째, 개인들이 사회의 자원총량에 기여하는 행위가 소득인 데 비해 개인이 사회의 자원을 써서 줄이는 행위가 소비이므로, 소비에 대한 과세가 더 바람직하다는 것이다. 둘째, 소비에 대해 과세하면 저축이나 투자에 대해서는 면세하므로, 소득에 대해 과세하는 것보다 사회적으로 저축과 투자를 더욱 촉진하여 경제성장에 도움을 줄 수 있다는 점이다.

여기서 한 가지 유의할 점은 소득세의 일종으로서 소비지출(consumption expenditure)에 대한 조세인 지출세(expenditure tax)는 간접세로서의 소비세와는 성격이 약간 다르다는 것이다. 개별적인 소비 행위 또는 소비 물건에 과세하는 소비세와 달리, 개념적으로 지출세는 납세자의 소비지출액에 대해 과세하기 때문이다. 그러므로 일반적인 소득세 제도에서처럼 지출세를 결정하는 데 있어 공제 항목을 허용하고, 지출액이 증가함에 따라 누진세율을 적용할 수 있다. 여기서 소비지출액이란 기본적으로 과세기간 동안 이루어진 부의 증가분(소득, 증여, 부채)에서 투자에 대한 지출, 저축, 대부, 부채상환액 등을 차감한 것이 된다.

이러한 지출세는 인도와 스리랑카에서 칼도(Kaldor, 1955, 1956)의 자문에 따라 각각 두 번씩 도입되었다가 폐지된 적이 있다. 미국에서도 1942년에 상원재정분과위원회에 의해, 그리고 1977년에 재무부에 의해 제안된 바 있으나 결국 도입되지 않았다. 그리고 영국에서도 1978년에 미이드 위원회(Meade Committee)에 의해 실용적인 도입방안이 제시되었으나 결국 도입되지는 않았다. 이처럼 현실에서 지출세를 도입하는 데 어려움이 큰 이유는 그 도입과정이 너무 복잡하고, 개인의 소비지출액을 정확하게 파악한다는 것이 행정적으로 매우 어려울 뿐만 아니라, 새로운 제도를 도입하는 데 따른 과도기적인 불확실성도 크다는 데 있었다. 따라서 이러한 문제를 안고 있는 새로운 제도를 도입하기보다는 기존의 소득세제도를 수정하여 지출세의 취지와 비슷한 효과를 내는 방안이 시도되기도 하였다. 투자소득을 모두 면세하거나 모든 투자에 대해 전액 자본공제(capital allowances)를 부여하는 것이 바로 그러한 예이다. 생명보험 또는 연금과 같은 특정한 형태의 저축이나 그로부터의 소득에 대해서 면세하는 제도들도 지출세의 취지에 부합하는 사례로 볼 수 있다.

14.2.2 공제제도

소득세를 결정하는 두 번째 단계에서 통상 과세가능소득을 계산하는 데 있어 총조정소득으로부터 다양한 항목의 경비를 공제하는데, 이러한 공제를 소득공제라고 부른다. 소득공제제도(exemptions and deductions)는 보통 인적공제(personal exemption)와 필요경비공제(deduction)로 구분해서 살펴볼 수 있다.

(1) 인적공제

인적공제란 가족구성원의 특성이나 수에 따라 일정한 소득을 총조정소득으로부터 공제하는 제도이다. 부양가족공제, 장애인공제, 경로우대공제 등이 대표적인 예이다. 인적공제를 허용하는 이유로 다음의 두 가지를 들 수 있다. 첫째 자녀를 양육하거나 장애인이나 노약자를 돌보는 데는 비용이 수반되므로 진정한 지불능력을 반영하기 위해서는 과세가능소득이 그 비용을 고려하여 조정될 필요가 있다는 것이다. 그러나 자녀의 수는 납세자 스스로가 경제적 선택에 의해 결정한 것이므로, 이에 대해 공제하는 것은 자녀를 가지지 않은 사람과 비교할 때 불공평한 제도라는 반론도 있다. 따라서 많은 국가에서는 공제대상이 되는 자녀의 수를 제한하고 있다. 둘째, 일반적으로 저소득층이 적용받는 인적공제액이 커질수록 소득세제는 평균세율의 측면에서 더 누진적이 되므로, 인적공제는 저소득층의 세금 부담을 완화해 주는 효과가 있다는 것이다. 하지만 소득계층에 상관없이 공제액이 동일하다면 혜택의 절대적 수준은 한계세율이 낮은 저소득층에게서보다 한계세율이 높은 고소득층에게서 더 크게 나타날 것이다. 예를 들어 10만원의 소득공제를 허용하면, 40%의 한계세율을 적용받는 고소득층은 4만원의 세금 감면 혜택을 받을 수 있지만, 10%의 한계세율을 적용받는 저소득층은 단지 1만원의 감면 혜택을 받을 뿐이다.

(2) 필요경비공제

사람을 대상으로 하는 인적공제 이외에, 법에서 정한 바에 따라 특정한 지출에 대해 공제를 해주는 것을 필요경비공제라고 한다. 이러한 필요경비공제는 대개 사회보장적 경비를 보조하려는 목적을 갖고 있는데, 그러한 예로 연금보험료, 건강보험료, 주택자금 등에 대한 공제가 있다. 이러한 필요경비공제는 두 가지 형태를 띨 수 있는데, 하나는 항목별 공제(itemized deduction)로 지출을 증명할 수 있는 각 공제항목별로 공제해 주는 것이고, 다른 하나는 표준공제(standard deduction)로 지출증명 없이 고정액을 공제해 주는 것이다. 필요경비공제도 앞의 인적공제와 마찬가지로 동일한 공제액을 적용받는다고 하더라도 저소득층보다 고소득층에게서 혜택의 절대 금액이 더 크게 나타날 수 있다.

(3) 세액공제

세액공제(tax credit)제도는 다음의 세 번째 단계에서 다루어야 하나 소득공제와 비교하기 위해 여기서 소개한다. 총조정소득으로부터 공제되는 소득공제와 달리 세액공제는 납세액으로부터 공제되는 것이므로, 그 효과가 더 직접적이다. 그리고 10만원의 세액공제는 개인의 한계세율과 관계없이 납세액을 10만원 줄이는 것이므로, 소득공제와 달리, 실질혜택이 납세자 개인의 한계세율과는 무관하다. 이러한 점에서 최근 정부는 많은 소득공제제도를 세액공제제도로 전환하였다. 예를 들어, 기부금에 대한 공제는 2013년까지는 소득공제 형태로 운영되었지만, 2014년부터는 세액공제 형태로 운영된다. 의료비, 교육비 등에 대한 공제도 세액공제로 바뀌었다. 그런데 원칙적으로 특정 비용 항목에 대해 소득공제를 적용하는 것이 바람직한지 또는 세액공제를 적용하는 것이 바람직한지 하는 문제는 공제의 목적에 따라 달라질 것이다. 각종 소득공제로 인해 고소득층에게 세금 감면 혜택이 집중될 가능성이 있다는 비판을 고려하면, 세액공제가 소득공제보다 더 바람직해 보이지만, 불가피한 비용 지출에 의한 소득세 담세 능력 감소를 고려한다는 측면에서는 소득공제가 더 바람직해 보일 수 있다.

14.2.3 세율구조

이제 세 번째 단계로서 과세가능소득(과세표준)이 주어졌을 때, 이에 적절한 한계세율을 곱하여 납세액을 계산할 차례이다. 일반적으로 소득세제는 소득 재분배를 위해 누진세제를 채택하고 있다. 누진세제는 면세점 위의 모든 소득에 동일한 한계세율을 적용하는 선형누진세제와 소득이 증가함에 따라 한계세율이

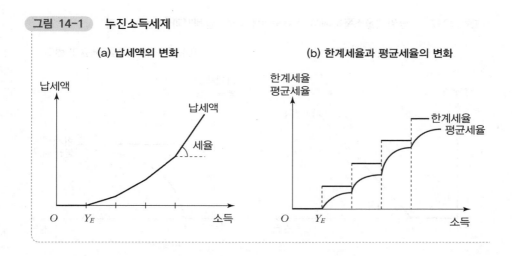

그림 14-1 누진소득세제

(a) 납세액의 변화

납세액

납세액

세율

O Y_E 소득

(b) 한계세율과 평균세율의 변화

한계세율
평균세율

한계세율
평균세율

O Y_E 소득

높아지는 비선형누진세제로 나눌 수 있다. 대부분의 나라에서는 비선형누진세제를 단순화한 형태인 소득구간(income bracket)제도를 채택하고 있다. 즉 면세점 이상의 소득을 소득구간별로 나누어 각 소득구간에 일정한 한계세율을 적용하는 것이다. <그림 14-1>에서는 이러한 누진소득세를 보여 주고 있는데, (a)는 소득 Y의 변화에 따른 납세액 T의 변화를 보여 주고 있으며, (b)는 소득 증가에 따른 소득구간별 한계세율과 평균세율의 변화를 보여 주고 있다. 여기서 Y_E는 면세점을 나타내며, 편의상 그림에서는 면세점 이상의 소득을 네 구간으로 나누고 있다.

면세점, 소득구간의 개수, 소득구간별 한계세율 등은 제13장의 최적소득세에 대한 분석에 따라 결정할 수 있으나, 1980년대 이후에는 많은 나라에서 소득구간의 개수를 줄이고 고소득구간의 한계세율을 낮추는 추세로 변화가 이루어져 왔다. 한편 최근에는 선형누진소득세인 균일세율소득세(flat tax)의 도입을 주장하는 견해도 등장하고 있다. 이러한 주장은 소득구간의 개수가 많고 한계세율이 높을수록, 소득세를 징수하는 행정적 비용이 많이 들고, 탈세가능성이 높아질 뿐만 아니라, 소득세로 인한 초과부담이 늘어나 경제적 왜곡이 더 커진다는 비판에 근거한다.

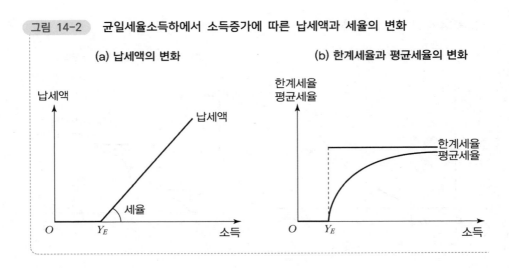

그림 14-2   균일세율소득하에서 소득증가에 따른 납세액과 세율의 변화

(a) 납세액의 변화

납세액

납세액

세율

O Y_E 소득

(b) 한계세율과 평균세율의 변화

한계세율
평균세율

한계세율
평균세율

O Y_E 소득

한편 <그림 14-2>에서는 균일세율소득세하에서 소득증가에 따른 납세액과 세율의 변화를 보여 주고 있다.

14.2.4 과세단위

지금까지 소득세제를 설계하는 데 있어 중요한 사항을 소득세의 결정과정에 따라 단계별로 살펴보았다. 여기서는 소득세의 과세단위에 대해 논의한다. 소득세의 과세단위는 개인이 될 수도 있고, 가족(세대, family)이 될 수도 있다. 일반적으로 소득이 있는 자녀에 대해서는 분리과세하므로, 여기서는 결혼한 부부의 경우에 대해서만 살펴보도록 하겠다. 결혼한 부부의 경우에는 다음의 네 가지 방식이 사용되고 있다.

① 부부의 소득을 분리하여 과세하는 분리과세방식
② 부부의 소득을 합산하여 과세하는 합산과세방식
③ 부부의 소득을 합산하여 이를 반분한 다음, 반분소득에 대한 세액을 산출하고 그 세액의 2배를 납세액으로 하는 소득분할(income splitting)방식
④ 위의 세 가지 방식 중에서 납세자가 선택하도록 하는 방식

이상의 네 가지 방식 중에서 일반적으로 어느 것이 더 바람직한가를 판단하기는 쉽지 않다. 한편 로젠(Rosen, 1977)은 바람직한 과세단위를 판별하기 위해 다음 세 가지 원칙을 제시하고 있다. 첫째, 한계소득세율은 소득이 증가함에 따라 증가해야 한다. 둘째, 수평적 공평성의 관점에서 다른 모든 조건이 같다면 동일한 소득을 갖는 가족은 동일한 세금을 납부해야 한다. 셋째, 결혼이 두 개인의 조세부담에 변화를 주어서는 안 된다는 의미에서 결혼중립적(marriage neutral)이어야 한다.

이제 부부의 합산소득이 같은 두 쌍의 가상적인 부부들에 대해 각각의 과세방식에 따른 납세액을 비교해보고, 각각의 방식들이 로젠의 원칙들을 충족시키는지 살펴보도록 하자. 설명의 편의를 위해 소득이 100만원 이하이면 소득세율이 10%이고, 소득이 100만원을 넘으면 100만원을 초과하는 금액에 대한 소득세율이 30%인 누진세제를 가정한다. 그리고 공제제도는 존재하지 않는다.

→표 14-1 과세단위별 소득세액 계산   (단위: 만원)

| | | 결혼 전 소득 | 결혼 전 납세액 | 과세단위 | | | 유리한 방식 |
| | | | | 개인 | 가족 | | |
				분리과세	합산과세	소득분할	
A	남편	350	85	85	100	80	소득분할
	부인	50	5	5			
B	남편	200	40	40	100	80	소득분할 또는 분리과세
	부인	200	40	40			

두 부부를 비교하기 위해, 결혼 전 A 부부는 남편의 소득이 많았고, B 부부는 소득이 같았다고 하자. <표 14-1>에서는 각각의 과세방식에 따른 두 부부의 납세액을 보여 주고 있다. 이 표에서 보듯이 분리과세방식은 결혼 전과 후의 납세액을 변화시키지 않는다. 그리고 합산과세방식은 두 부부의 결혼 후 납세액을 증가시킨다. 마지막으로 소득분할방식은 소득에 차이가 있는 A 부부의 결혼 후 납세액을 줄이고, 소득이 동일한 B 부부의 납세액은 변화시키지 않는다. 따

라서 방식을 선택할 수 있는 경우 A 부부는 소득분할방식을 선택하고, B 부부는 소득분할방식 또는 분리과세방식을 선택할 것이다. 예에서 보듯이, 누진소득세가 적용될 경우 과세단위가 충족시켜야 할 원칙 모두를 충족시키기는 어렵다. 분리과세방식은 수평적 공평성의 원칙을 만족하지 못하고, 합산과세방식이나 소득분할방식은 결혼중립성의 원칙을 만족하지 못한다. 그리고 결혼하지 않고 동거하는 것을 사회적으로 바람직하지 않게 여길 경우, 결혼에 대한 세제상 유인을 주기 위해 결혼한 부부가 자신들에게 유리한 과세방식을 선택할 수 있도록 할 수 있다.

14.2.5 물가상승과 지수연동제

물가상승이 있을 때 소득세제에서 소득구간이나 공제한도를 물가상승률에 따라 해마다 조정하지 않으면, 납세자의 실질소득이 변하지 않았음에도 불구하고 물가상승에 따라 명목적인 소득 및 경비 지출이 증가하여, 납세자의 실질적인 세금 부담도 증가한다. 물가상승률에 따라 소득구간이나 공제한도를 자동적으로 조정하는 제도를 지수연동제(indexation)라고 부른다. 만약 소득세가 지수연동제를 채택하지 않아 물가상승으로 인해 납세자가 추가로 부담해야 하는 세금이 있다면, 이를 인플레이션세(inflation tax)라고 부르기도 한다. <표 14-2>에서는 물가상승률이 100%일 때, 소득이 100만원이고 인적공제가 20만원인 납세자의 납세액이 소득세제의 지수연동여부에 따라 어떻게 달라지는지 보여주고

→표 14-2 인플레이션과 소득세

	인플레이션 발생 전	인플레이션 발생 후	
		지수화 안 될 경우	지수화될 경우
소득	100만원	200만원	200만원
인적공제	20만원	20만원	40만원
과세기능소득	80만원	180만원	160만원
납세액	16만원	52만원	32만원
평균세율	16&	26%	16%

있다. 이 표에서 세율은 소득 100만원까지 20%이고 100만원 초과분에 대해 40%라고 가정한다. 그리고 지수연동제를 채택하여 물가상승률을 따라 소득구간과 공제한도를 조정한다면, 인적공제는 40만원으로 인상되고, 20%의 세율을 적용하는 소득구간도 100만원 이하에서 200만원 이하로 조정될 것이다.

이 경우 소득구간과 인적공제를 물가상승률에 연동하지 않으면, 20%의 세율을 적용받던 납세자가 물가상승으로 말미암아 명목소득이 올라 40%의 한계세율을 적용받을 것이다. 이로 인해 납세액은 52만원으로 증가하는데, 만약 지수연동제를 채택하고 있다면 납세액은 32만원일 것이고, 그 차이 20만원을 인플레이션세라고 할 수 있다.

이러한 현상을 방지하기 위해 미국에서는 1980년대 이래 소득세제를 물가상승률에 연동하여 조정하고 있다. 그러나 이러한 지수연동제에 대해서는 찬반양론이 있다. 찬성론자들은 비입법적인 과정을 통해 실질 세부담이 증가하는 것은 민주주의적 가치에 반하는 것이며, 안정적이면서 예측가능한 조세 제도를 위해 지수연동제가 필요하다고 주장한다. 반면 지수연동제를 반대하는 사람들은 지수연동제가 없는 소득세제가 경기에 대한 자동안정화 기능을 수행할 수 있는 장점을 갖는다고 주장한다.

14.3 법인세

법인세(corporation tax)는 법인의 순이윤에 대해 부과하는 세금이다. 여기서 법인이란, 소유자의 책임이 제한된 기업을 일컫는다. 그런데 법인은 개인주주들이 소유하므로 개인주주들의 소득에 대해 세금을 부과하면 충분하지 법인에 대해 따로 세금을 부과할 필요가 있느냐는 의문이 있을 수 있다. 따라서 이 절에서는 법인세 부과 타당성, 법인세의 구조 및 종류 등에 대해 알아본다. 그리고 법인세가 기업의 자금조달 및 투자행위에 미치는 영향을 중심으로 바람직한 법인세의 기준을 논의한 다음 법인세를 결정하는 데 있어 가장 중요한 요인인 이자공제와 감가상각에 대해서도 살펴보도록 한다.

14.3.1 법인세 부과의 합리성

법인세를 부과하는 것이 타당하다는 견해는 다음과 같은 이유에 근거한다. 첫째, 독립된 법적 실체(entity)인 기업도 개인들과 마찬가지로 조세를 부담해야 공평하다는 것이다. 둘째, 법인은 사회로부터 주주의 제한된 책임, 사회간접자본 및 공공서비스의 이용 등과 같은 혜택을 받으므로 이에 대한 대가를 지불해야 한다는 것이다. 셋째, 사내유보(retention)를 이용한 개인소득세의 회피를 법인세를 통한 원천징수에 의해 방지할 수 있다는 것이다. 넷째, 순이윤에 대한 과세는 정액세와 마찬가지로 왜곡효과가 없으므로, 법인세를 기업의 순이윤에 대해 부과할 수 있도록 잘 설계하면, 왜곡효과가 적은 효율적인 조세 제도를 만들 수 있다는 것이다.

14.3.2 법인세의 구조

법인의 형태가 영리법인, 비영리법인, 협동조합 등으로 다양하고, 각각의 법인이 서로 다른 세율과 공제제도를 적용받기 때문에, 법인세 제도를 현실에서 설계하고, 이를 바탕으로 법인세를 실제로 계산하여 부과하는 것은 상당히 어려운 작업이다. 하지만 앞에서 살펴본 소득세의 결정과정에 비추어 법인세의 결정과정도 다음과 같이 세 단계로 나누어 볼 수 있다.

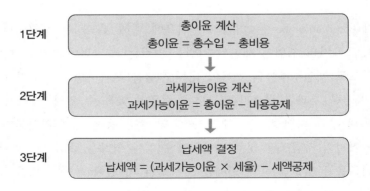

여기서 비용공제란, 원료매입비용, 판매부대비용, 인건비, 임차료, 이자비용, 내구재 투자에 의한 감가상각비용 등과 같이 법인이 경제활동을 영위하기 위해 지출해야 하는 경비를 총이윤으로부터 차감하는 것을 일컫는다. 그리고 세액공제란, 연구개발, 고용증대 등과 같이 법인이 사회적으로 긍정적인 외부효과를 가져오는 활동을 하도록 유인하기 위해 납세액을 직접적으로 줄여주는 제도를 의미한다.

14.3.3 법인세의 종류

배당이윤(distributed profit)과 사내유보이윤(retained profit)에 대해 어떻게 과세하는지에 따라, 법인세 제도를 크게 고전적 제도(classical system), 분리세율제도(two-rate system; split rate system), 귀속제도(imputation system), 통합제도(integrated system) 등으로 구분할 수 있다. 이처럼 다양한 과세방식이 사용되는 이유는 기본적으로 배당소득의 이중과세(double taxation)를 방지하기 위함이다. 왜냐 하면 법인세 납부단계에서 이미 원천과세한 배당소득에 개인소득세를 다시 과세할 수 있기 때문이다. <표 14-3>은 네 가지 과세방식을 비교하고 있다. 여기서 R은 과세가능이윤, G는 과세전 배당이윤, T는 기업이윤에 대한 기업과 개인주주의 총담세액을 나타낸다. 그리고 c는 법인세율, c_u는 사내유보이윤에 대한 세율, c_d는 배당이윤에 대한 세율, m은 개인한계소득세율, s는 귀속세율(imputation rate)을 의미한다.

→표 14-3 **법인세의 종류**

종류	기업의 세율	주주의 세율	총담세액(T)
고전적 제도	c	m	$cR + mG$
분리세율제도	c_u, c_d	m	$c_u(R-G) + c_d G + mG$
귀속제도	c	$m-s$	$cR + (m-s)G$
통합제도	-	m	mR

고전적 제도하에서 기업이윤은 배당여부에 관계없이 일단 법인세율 c로 원천과세된다. 그리고 배당이윤은 다시 주주의 투자소득으로 간주되어 공제없이 개인소득세가 부과된다. 따라서 고전적 제도하에서는 주주의 배당금이 두 번 과세되는 '이중과세' 문제가 발생한다. 이러한 이중과세는 법인세가 부과되는 법인기업의 배당이윤과 법인세가 부과되지 않는 비법인기업의 배당이윤 사이에 불평등을 초래한다. 또한 이중과세로 인해 기업이윤의 배당이 억제될 수도 있다. 배당의 억제는 이윤의 사내유보를 증가시켜 투자를 촉진할 수 있을 것처럼 보이지만, 다른 한편으로는 배당된 이윤이 보다 더 효율적인 기업에 투자될 수 있는 기회가 줄어들기 때문에, 반드시 더 바람직하다고 할 수는 없다. 한편 고전적 제도는 미국, 네덜란드, 룩셈부르크 등에서 아직도 사용되고 있다. 앞으로 살펴볼 과세방식들은 이중과세 문제를 해결하기 위해 고안된 것들이다.

분리세율제도는 사내유보이윤보다 배당이윤에 더 낮은 법인세율을 적용하는 것이다. 그러므로 이 제도는 이중과세 문제를 완전히 해결하지는 못한다. 분리세율제도는 서독에서 1976년까지, 그리고 포르투갈에서 1989년까지 사용되었다.

귀속제도는 배당금에 대해 기업이 미리 납부한 법인세액을 주주에게 귀속시켜, 주주가 배당소득에 대한 개인소득세를 납부할 때 이 금액만큼의 세액공제를 받을 수 있도록 하는 제도이다. 이 제도하에서 법인세는 선납법인세(advanced corporation tax)와 주법인세(mainstream corporation tax)로 구분되는데, 선납법인세는 기업이 주주에게 배당금을 배분할 때 그 배당금에 귀속세율(imputation rate)을 곱하여 세무당국에 법인세 납부기일 이전에 미리 납부하는 것이다. 이 귀속세율과 동일한 한계소득세율을 적용받는 주주는 더 이상 배당금에 대해 개인소득세를 납부할 필요가 없다. 하지만 한계세율 m이 귀속세율 s보다 높은 경우 주주는 배당이윤 G에 두 세율의 차이를 곱하여 배당금에 대한 개인소득세 $(m-s)G$를 납부해야 한다. 반대로 한계세율이 귀속세율보다 낮은 주주는 그 차액을 돌려받는다.

한편 주법인세는 법인의 과세가능이윤 R에 법인세율 c를 곱한 납세의무액에서 미리 지불한 선납법인세액을 차감한 것이다. 이 장의 부록에서는 귀속제도를 사용할 경우 선납법인세, 주법인세 그리고 개인주주의 배당금에 대한 개인소득세납세액을 계산한 예를 보여 주고 있다. 이러한 귀속제도는 대부분의 유럽국가에서 사용되고 있다. 우리나라에서도 이 제도의 일종인 배당세액공제제도를 실시하고 있다.

마지막으로, 통합제도란 법인세제도와 개인소득세제도를 완전히 통합하는 것을 말한다. 이 제도하에서 법인의 모든 이윤은 주주의 주식지분율에 따라 각 주주의 개인소득으로 귀속되고, 이 귀속소득은 개인소득세의 과세대상이 된다. 따라서 이 기업의 이윤은, 그것이 배당되든지 또는 사내유보되든지 관계없이 주주 개인의 과세가능소득에 포함되는 것이다.

14.3.4 바람직한 법인세의 기준: 중립성

기업의 활동은 기본적으로 자금조달결정과 투자결정에 의해 이루어진다. 먼저 자금조달결정(financial decision)은 투자를 위해 자금을 어떻게 조달하는가와 관련된 것으로, 주요한 자금조달방식으로 사내유보, 신주발행, 사채발행(debt finance) 등 세 가지 방식을 생각해볼 수 있다. 그리고 투자결정(investment decision)은 조달된 자금을 어떤 종류의 물적 자산에 얼마만큼 투자하는가에 관한 결정이다. 바람직한 법인세는 기업의 자금조달결정과 투자결정에 영향을 미치지 않는다는 의미에서 중립적이어야 한다. 만약 법인세가 중립적이지 않아 이러한 결정들에 영향을 미치는 경우, 법인은 납세액을 줄일 수 있도록 자금조달 방식이나 투자 방식을 변경할 것이기 때문이다. 그리고 이러한 변화는 법인세 제도가 법인의 경제행위를 왜곡할 수 있음을 의미한다.

법인세가 자금조달 및 투자 결정에 미치는 영향에 대해 살펴보기에 앞서, 비교를 위해, 법인세나 거래비용이 존재하는 않는 경우를 상상해보자. 이처럼 이상적인 경우, 기업이 어떻게 자금을 조달하느냐 하는 의사결정은 기업의 이윤극대화에 별다른 영향을 주지 않는다. 이러한 이론적 통찰을 모딜리아니-밀러(Modigliani and Miller, 1958) 정리라고도 이르는데, 다음과 같이 요약해볼 수 있다.

모딜리아니-밀러 정리: 만약 조세와 거래비용이 존재하지 않는다면, 기업의 가치는 투자재원 조달방식에 의해 영향을 받지 않는다.

즉 법인세가 없는 경우 기업이 투자를 위해 자금을 조달하는 데 있어 어떤 종류의 자금조달방식을 사용하든지 그 기업의 가치에 영향을 주지 않는다는 것이다. 따라서 법인세도 가능하면 이러한 중립성을 유지하는 방향으로 부과되는 것이 바람직할 것이다. 그러나 현실에서의 법인세 제도는 중립성을 유지하는 방향으로 발전하지 못했다. 예를 들어, 법인세 제도에서 이자공제는 법인의 이자비용을 총이윤에서 공제하도록 하여 납세액을 줄이기 때문에, 기업이 자금조달방식을 결정하는 데 영향을 미친다.

법인세가 없을 때 기업의 최적투자(optimal investment)는 우선 투자의 한계수입이 한계비용과 일치하는 수준에서 결정될 것이다. 이때 투자의 한계비용이란 이자지출과 자산의 감가상각의 합에서 자산의 자본이득을 제한 것으로, 자본의 사용자비용(user cost of capital)이라고도 한다. 법인세 제도에서 감가상각비, 이자 공제는 일반적으로 자본의 사용자비용에 영향을 주어, 기업의 투자결정에 영향을 미친다. 따라서 바람직한 법인세는 이러한 영향을 최소화할 수 있도록 설계되어야 한다.

다음에서는 법인세가 기업의 자금조달결정과 투자결정에 미치는 영향에 대해 살펴보도록 하겠다. 현실에서 기업은 자금조달 및 투자 결정을 동시에 진행할 것이다. 하지만 여기서는 설명의 편의를 위해 둘을 나누어 설명하기로 한다.

14.3.5 법인세와 자금조달결정

현실에서 법인세는 기업의 자금조달결정에 영향을 미친다. 왜냐하면 기업의 목표는 주주의 부(주가)를 극대화하는 것인데, 자금조달방식에 따라 주주의 세금부담이 달라질 수 있기 때문이다. 기업의 자금조달방식에는 이윤의 사내유보를 통하든지, 아니면 이윤을 배당할 경우에는 사채를 발행하든지 혹은 신주를 발행하는 방법이 있다. 법인세가 이러한 자금조달결정에 직접적으로 영향을 미치는 대표적인 요인으로는 과세가능이윤을 결정할 때 지급이자에 대한 공제여부를 들 수 있다. 이자에 대해 공제를 해주지 않으면 사채발행의 유인은 없어지고, 사내유보나 신주발행 중에서 선택할 것이다. 그리고 이자공제가 허용되면 이윤배당을 하는 경우의 두 조달방식 중에서 신주발행보다는 사채발행이 세금 부담을 줄이는 방법이 되므로 기업은 사채발행과 사내유보방식 중에서 선택할 것이다. 대부분의 국가들에서는 이자공제를 허용하고 있으므로 여기서는 사채발행과 사내유보의 두 방식을 비교하도록 하겠다.

이자공제가 허용되는 데도 불구하고 왜 기업이 사채발행방식을 택하지 않는 가라는 의문이 있을 수 있는데 이에는 두 가지 이유가 있다. 하나는 사채를 많이 발행하면 이자지급이 그만큼 늘어나고 기업의 운영이 어려워질 경우에 파산 (bankruptcy) 가능성이 증가하는데 기업들은 이러한 가능성을 두려워 한다는 것이다. 다른 하나는 법인세와 개인소득세의 세율에 따라 주주의 세금부담액이 다르기 때문이다.

이제 기업에 1원의 이윤이 발생하였을 때 이를 배당하고 사채를 발행해서 새로운 투자를 하는 경우와 사내유보를 통해 새로운 투자를 하는 경우를 비교해보자. 법인세율을 c, 한계소득세율을 m, 양도소득세율을 z, 이자율을 r로 나타내면, 고전적 법인세 제도에서 주주의 납세액은 다음과 같다.

사채를 발행하면, 이윤 1원을 배당하므로 기업은 일단 법인세 c를 지불하고 주주는 법인세후의 배당금 $(1-c)$에 대해 개인소득세 $(1-c)m$를 지불한다. 그리고 사채에 대해 이자 r을 지출하였으므로, 법인세가 cr만큼 공제된다.

이윤을 사내에 유보했다가 재투자하면, 우선 기업이 법인세 c를 부담한다. 그리고 법인세후 사내유보금 $(1-c)$만큼 기업가치가 상승하여 이것이 그대로 기업의 주식가치 상승에 반영되면 주주는 주식가치 상승에 의한 양도소득세 $(1-c)z$를 납부해야 한다. 이를 정리하면 다음과 같다.

사채발행에 따른 세금부담: $c - cr + (1-c)m$

사내유보에 따른 세금부담: $c + (1-c)z$

그러므로 주주의 세금부담은 개인소득세율, 양도소득세율, 법인세율, 이자율 등의 상대적 크기에 따라 달라질 것이다. 예를 들어, 양도소득세율이 0일 경우, 주주의 소득세액이 사채이자에 의한 공제액보다 크면, 주주는 사내유보를 더 선호할 것이다. 한편 양도소득세율이 개인소득세율과 동일하다면, 주주는 사채발행을 더 선호할 것이다. 그러나 양도소득세율이 0보다 크면서 개인소득세율보다는 적은 구간에 있다면, 각 세율과 이자율의 상대적 크기에 따라 주주가 선호하는 기업의 자금조달방식이 달라질 것이다.

이제 배당금 지급이 사내유보보다 주주들의 납세부담을 증가시키는데도 불구하고 왜 기업들이 배당금을 지급하는지에 대해 설명하도록 하겠다. 첫째, 배당금을 지급한다는 것은 기업의 재무구조가 건전하다는 것을 나타내는 신호가 될 수 있다. 둘째, 고객효과(clientele effect)로서, 연금재단, 대학 등의 비과세기관이나 낮은 소득세율의 적용을 받는 사람들은 배당금을 선호하므로 어떤 기업들은 이러한 고객들을 유인하기 상대적으로 높은 배당성향을 유지하려고 할 수 있다. 셋째, 사내유보의 기회비용으로 인해 배당금이 지급될 수 있다는 견해도 있다. 예를 들어, 사내유보 1원의 기회비용은 배당금 1원이 된다. 이 경우 주주의 개인소득세율이 올라가면 주주의 과세후 배당이윤이 줄어들어, 사내유보의 기회비용도 낮아진다. 포터바-섬머스(Poterba and Summers, 1985)는 영국 데이터를 이용하여 개인소득세율이 내려가 사내유보의 기회비용이 올라가면 배당금 지급이 증가한다는 것을 발견하였다. 미국의 브리튼(Brittain, 1966)도 이와 비슷한 결과를 발견한 바 있다.

14.3.6 법인세와 투자결정

법인세가 기업의 투자결정에 미치는 영향은 법인세와 다양한 투자유인제도(예: 감가상각제도) 사이의 상호작용에 달려있다. 그러나 이러한 영향이 정확하게 어떠한가는 기업의 투자결정모형에 따라 달라진다. 다음에서 이러한 모형을 차례로 살펴본다.

(1) 투자의 고전적 모형

조겐슨(Jorgenson, 1963)의 고전적 모형(classical model)에 의하면 법인세가 기업의 투자에 영향을 미치는 메커니즘은 자본의 사용자비용(user cost of capital)을 통해서이다. 자본의 사용자비용 C는 자본재 사용과 관련된 기회비용으로, 법례가 없는 경우에는 이자 및 감가상각과 같은 직접비용을 합한 후 자본이득을 뺀 것이 된다. 즉 r이 과세후 실질이자율, δ가 경제적 감가상각률, Δp가 자본이득을 나타낼 때, $C=r+\delta-\Delta p$로 자본의 사용자비용을 정의한다. 조겐슨 모형에 의하면 자본저량(capital stock) K는 자본의 사용자비용에 의해 결정된다. 즉 $K=f(C)$로 둘 수 있다. 이때 자본의 사용자비용이 클수록 자본저량이 줄어들고 투자도 감소한다.

이제 법인세 제도가 어떻게 자본의 사용자비용에 영향을 미치는지 살펴보자. 기업의 이윤이 모두 배당된다고 가정하고, 고전적 법인세가 세율 θ로 부과되며, 개인소득세율이 t라고 하자. 이 경우 기업에 1원을 투자하려는 사람은 $(1-\theta)(1-t)C$만큼 수입을 올릴 수 있어야 투자할 것이다. 그러므로 과세후 자본의 사용자비용은 다음 조건을 만족해야 한다.

$$(1-\theta)(1-t)C=r+\delta-\Delta p$$

즉 과세후 자본의 사용자비용 C를 다음과 같이 쓸 수 있다.

$$C=\frac{r+\delta-\Delta p}{(1-\theta)(1-t)}$$

그러므로 법인세나 개인소득세를 부과하면 자본의 사용자비용이 증가한다는 것을 확인할 수 있다.

대개 법인세는 각종 투자유인제도를 포함하고 있는데, 이는 자본의 사용자비용을 낮추는 효과가 있다. 투자유인제도의 대표적 예가 감가상각(depreciation)인데 이는 앞에서 언급한 경제적 감가상각과는 다르다. 경제적 감가상각은 자본재의 수명이 다해감에 따라 그 자연적인 마모에 의해 자산가치가 줄어드는 것을 의미하는 데 반해, 세법상 감가상각은 법인세 부담을 줄여주기 위해 의도적으로 정해진 규칙에 의해 자본재의 가치하락을 인정하고 이를 과세가능이윤에서 공제하도록 허용하는 것이다.

감가상각에는 두 가지 방법이 있는데, 하나는 정액(straight-line) 감가상각이고, 다른 하나는 가속(accelerated) 감가상각이다. 정액감가상각은 자본재의 조세수명(tax life)이 T년이라고 하면 매년 $1/T$만큼 감가상각을 허용하는 것이고, 가속감가상각은 초기에 이보다 더 빨리 감가상각을 허용하는 것이다. 자본재 가치 1원에 대한 법인세 감가상각의 현재가치를 P라고 하고, 할인율을 r, t년의 감가상각을 $D(t)$라 하면, $D(t)$의 합은 1이고,

$$P = \frac{\theta \times D(1)}{(1+r)} + \frac{\theta \times D(2)}{(1+r)^2} + \cdots + \frac{\theta \times D(T)}{(1+r)^T}$$

가 성립한다. 여기서 모든 t에 대해 $D(t)$가 일정하면 정액감가상각이 되고, 초기의 t에 대해 $D(t)$가 더 크게 주어지면 가속감가상각이 되는 것이다. 이 식에서 알 수 있듯이 감가상각의 현재가치 P는 조세수명이 짧을수록, 감가상각이 초기에 더 많이 허용될수록 크게 나타난다. 감가상각의 가장 극단적인 예는 자산을 취득하는 그 해에 모든 자산가치를 일시에 감가상각하는 것으로 이는 위에서 $D(1) = 1$인 경우이다. 이러한 제도를 즉시말소(immediate write-off, expensing)라고 부른다.

이외에도 투자유인제도에는 자산가치의 일부를 자산을 취득하는 해에 법인세액으로부터 공제해 주는 투자세액공제(investment tax credit)가 있다. 투자세액공제율을 k라 하면, 투자유인제도를 고려한 자본의 사용자비용은 다음과 같다.

$$C = \frac{(r + \delta - \Delta p)(1 - P - k)}{(1 - \theta)(1 - t)}$$

이 식에서 알 수 있듯이 법인세율과 개인소득세율의 증가는 자본의 사용자비용을 증가시켜 투자를 감소시키는 데 반해, 법인세의 감가상각제도나 투자세액공제제도는 자본의 사용자비용을 감소시켜 투자를 증가시킨다.

(2) 투자의 q모형

토빈(Tobin, 1969)은 기업의 순투자는 기업자산 대체비용에 대한 기업자산 시장가치의 비율, 즉 토빈의 q에 달려 있다고 하였다. 여기서 기업자산의 시장가

치는 증권시장에서 평가되는 그 기업의 모든 주식과 부채의 시장가치이다. 따라서 기업자산의 시장가치가 기업자산의 대체비용보다 크면 순투자가 계속 이루어진다. 법인세는 기업자산의 시장가치뿐만 아니라 대체비용에도 영향을 미쳐 q 를 변화시킴으로써 순투자에 영향을 준다.

(3) 투자의 가속도모형

투자의 가속도모형(accelerator model)에 의하면 생산에 대한 자본의 비율은 항상 고정되어 있으므로, 투자액은 생산수준에 의해 결정된다. 따라서 이 모형에서 법인세나 투자유인제도는 투자에 영향을 미치지 못한다.

(4) 배당세의 투자에 대한 효과

법인세가 투자에 미치는 효과에 대한 연구는 대체로 법인수준에서 과세된 조세의 효과, 즉, 법인세율과 감가상각제도 등의 효과에만 초점을 맞추었다. 그러나 최근에 와서는 배당금에 대한 과세가 투자에도 영향을 미친다는 주장이 제기되고 있으며, 이에 대해 두 가지 견해가 서로 대립하고 있다. 하나는 전통적인 이중과세 견해로서 기업이윤에 대한 총유효세율(total effective tax rate)이 투자에 영향을 주기 때문에 배당금에 대한 과세는 이중과세이므로 투자에 영향을 미친다는 것이다. 반면 자본화(capitalization) 견해는 배당금에 대한 과세가 주식시장에서 주가를 통하여 자본화되므로 배당세율의 변화는 기업의 투자결정에 영향을 미치지 않는다고 주장한다. 이 견해는 경제학자들이 배당에 대한 과세가 상대적으로 무거운 데도 불구하고 왜 기업들이 계속 배당금을 지급하는가 하는 것을 설명하려는 과정에서 제시되었다. 포터바-섬머스(1985)의 영국자료를 이용한 계량분석의 결과는 이중과세 견해를 뒷받침하고 있다.

14.4 간접세

14.4.1 간접세의 종류

(1) 종가세와 종량세

종가세와 종량세의 정의에 대해서는 14.1절에서 설명하였으므로 여기에서는 그 장단점에 대해서만 논의하기로 한다. 우선 종량세의 장점으로 제도 자체가 단순하다는 점을 꼽을 수 있다. 이에 반해 재화마다 수량 단위가 다르므로 세율 및 세부담을 서로 비교하기 어렵다는 점이 단점이다. 한편 세금 부담을 줄이기 위해 납세자가 의도적으로 수량을 과소신고할 가능성도 있다. 그리고 종량세의 세율이 고정되어 있지만 물가 및 소득 수준이 계속 상승하고 있다면 실질 세부담이 꾸준히 감소할 것이다. 그러므로 세부담 수준을 적절히 유지하기 위해서는 종량세의 세율을 주기적으로 조정해야 하는데, 이러한 입법과정에서 관련 이해단체의 활동으로 인해 어려움이 있을 수 있다. 한편 종가세의 장단점은 종량세와 반대로 생각해볼 수 있다. 물가상승에 따라 실질세부담을 유지하기 위해 세율을 조정할 필요는 없지만, 종가세가 물가상승을 증폭하는 효과를 불러올 수도 있다. 만약 과세물품의 가격 변동이 심하다면, 세수입에도 변동이 클 것이기 때문에, 정부가 안정적인 세수입을 기대하기 어렵다는 것도 단점이다.

(2) 일반소비세와 개별소비세

일반소비세(general consumption tax)는 모든 재화와 용역에 대해 일률적으로 부과하는 조세이며, 그 예로는 일반판매세(general sales tax)와 부가가치세(value added tax : VAT) 등이 있다. 반면에 개별소비세(individual consumption tax)는 특정한 재화와 용역에 특정세율로 선별적으로 부과하는 조세로서, 물품세(excise tax), 환경세, 주세, 담배세, 관세 등이 그 예이다.

(3) 단일단계세와 다단계세

간접세는 과세단계별로 단일단계세(single-stage tax)와 다단계세(multi-stage

tax)로 구분된다. 조세의 과세단계는 제조업자, 도매업자, 소매업자 등으로 구분될 수 있는데, 단일단계세는 이 중에서 어느 한 단계에만 부과하는 것이고 다단계세는 여러 단계에 걸쳐 부과하는 것이다. 전자의 예로는 일반판매세와 물품세가 있고, 후자의 예로는 부가가치세가 있다.

14.4.2 부가가치세

부가가치세에 대해 설명하기 전에 먼저 부가가치(value added)에 대해 설명하도록 하겠다. 부가가치는 각 생산단계에서 추가적으로 창출된 가치로서 생산된 상품의 가치에서 모든 중간투입재의 가치를 뺀 것으로 정의한다. 예를 들어, 구두제조업자가 20,000원 어치의 가죽을 원료로 하여 가격이 50,000원인 구두를 생산하였다면 이 생산단계에서의 부가가치는 30,000원이 된다.

(1) 부가가치세의 계산방식

부가가치세는 각 과세단계에서 발생한 부가가치(value added)에만 부과하는 것이고 거래세는 이전 단계에서 부과된 세금을 포함하여 각 단계에서의 총가치에 대해 과세하는 것이다. <표 14-4>에서는 세율이 10%일 때 부가가치세와 거래세의 과세방식을 비교하고 있다. 여기서 제조업자는 제품을 원가 400원에 부가가치세 40원을 추가하여 도매업자에게 440원에 넘기고, 도매업자는 부가가치 200원을 붙인 다음 부가가치세 20원을 추가하여 660원에 소매업자에게 넘기고, 마지막으로 소매업자는 다시 부가가치 300원을 붙인 다음 부가가치세 30원을 추가하여 990원에 소비자에게 판매를 하고 있다. 바꾸어 말하면 도매업자의 부가가치세 순납부액은 자신이 소매업자에게 부과한 매출세(output tax) 60원($=(400+200)\times0.1$)에서 제조업자에게 지불한 매입세(input tax) 40원을 공제한 20원이 된다. 마찬가지로 소매업자의 부가가치세 순납부액도 매출세 90원에서 매입세 60원을 뺀 30원이다. 결국 국세청이 징수한 부가가치세 총액은 90원인데, 이것은 최종 소비자가격(900원)에 부가가치세율을 곱한 것과 같다. 반면에 거래세는 매입세를 환급받을 수 없으므로 국세청이 징수하는 총액은 204.4원에 이르며, 그 계산방법은 <표 14-4>와 같다.

→ 표 14-4 **부가가치세와 거래세 계산비교**

과세단계	부가가치세				거래세		
	순가격	부가가치	세액	총가격	순가격	세액	총가격
제조업자	400	400	40	440	400	40	440
도매업자	600	200	20	660	640	64	704
소매업자	900	300	30	990	1004	100.4	1104.4
세액합계	90				204.4		

(2) 부가가치세의 장단점

이제 부가가치세의 장점과 단점을 알아보도록 하자. 먼저 장점을 열거하면, 첫째, 모든 상품의 구매자들은 그들이 지불한 매입세를 환급받기 위해 세금계산서(tax invoice)를 요구하는데, 이를 통해 과세당국이 거래정보를 확보하고 세금탈루를 방지하여 세수를 증대시킬 수 있다. 둘째, 거래세와 비교하여 부가가치세는 매입세를 환급하므로 중간투입재에 대한 세부담이 줄어들어 투자를 장려하는 역할을 한다. 셋째, 매출세의 선납과 매입세의 후환급을 통해 민간부문이 정부에 영구적으로 대부(loan)하는 것과 같은 효과가 있다. 넷째, 국제적으로 부가가치세는 소비지과세의 원칙을 따라, 수출하는 재화 및 용역에 대해 부가가치세를 모두 환급하도록 하고 있는데, 이 덕분에 부가가치세는 상대적으로 수출을 장려하고 수입을 억제하는 효과를 불러온다. 이러한 환급 제도를 영세율 제도라고 부른다.

반면 부가가치세는 다음과 같은 단점을 안고 있다. 첫째, 부가가치세는 많은 징세점(collection point)을 가지고 있고 기록 및 정보처리에 많은 비용이 든다는 점에서 높은 행정비용을 수반한다. 둘째, 판매자와 구입자가 공모하여 세금계산서를 누락할 경우 부가가치세제 역시 조세회피로부터 완전히 자유로울 수 없다. 셋째, 부가가치세는 원칙적으로 모든 거래에 대해 동일한 세율로 부과되므로 저소득층이나 고소득층이 모두 동일한 세율을 적용받는다. 이 때문에 사회적으로 부가가치세 부담의 역진성에 대한 논란이 있을 수 있다.

(3) 부가가치세의 세율구조

원칙적으로 부가가치세는 모든 거래에 대해 동일한 세율을 적용하고 있으며, 이러한 세율을 표준세율이라 부른다. 하지만 일부 거래에 대해서는 표준세율보다 경감된 세율을 적용하기도 하고, 면세 또는 영세율 제도와 같은 세금 면제 제도를 적용하기도 한다. 우리나라의 경우에는 경감세율이 달리 없이 표준세율만 있는 단일세율 부가가치세 체계를 유지하고 있다. 그리고 세율은 10%이다. 하지만 다른 나라에서는 복수의 경감세율이 표준세율과 함께 존재하기도 한다. 생활필수품이나 사회적으로 소비를 장려할만한 이유가 있는 품목에 대해 경감세율, 면세, 영세율 제도 등을 적용하는 것이다. 여기서 면세와 영세율의 차이점은 매입세액의 환급여부에 있다. 면세의 경우 매입세액을 환급받을 수 없지만, 영세율의 경우 매입세액을 환급받을 수 있다. 이 때문에 중간거래단계에서 면세가 있을 경우 전체적인 세금 부담이 증가하는 부가가치세 누적 효과가 일어날 수 있다. 하지만 영세율을 적용받으면 매입세액 환급을 통해 부가가치세 부담을 완전히 없앨 수 있다. 대부분의 나라에서는 수출을 장려하기 위하여 수출품에 대해 영세율을 적용한다.

14.5 자산세

지금까지 논의한 조세들이 유량변수(flow variable)인 소득이나 소비에 부과되는 데 반해 자산세(wealth tax)는 저량변수(stock variable)인 자산에 부과되는 조세이다. 이러한 자산 또는 부(wealth)는 개인이 일정 시점에서 보유하는 경제적 자원의 양을 의미한다. 자산은 재산(asset)과 채무(liability)로 구성되는데, 재산은 주택, 토지, 내구재(가구, 승용차), 연금, 주식, 채권, 생명보험금, 예금 및 현금을 포함하고, 채무는 은행채무, 사채, 주택융자금 등을 포함한다. 재산에서 부채를 제한 것을 순자산(net wealth)이라고 한다.

14.5.1 자산세의 근거와 문제점

자산으로부터 파생되는 소득에만 과세하는 것이 아니라 자산에도 세금을 부과하여야 하는 이유에 대하여 논의하도록 하겠다. 첫째, 자산세는 부의 불평등한 분배를 시정할 수 있다. 부의 분배는 대개 소득의 분배보다 더 불평등한데, 부는 임대료, 이자 및 배당금 같은 소득을 유발하므로 부의 분배에 있어서 불평등을 완화하는 것은 그 자체가 사회적으로 바람직할 뿐만 아니라 소득의 불평등한 분배까지 시정할 수 있는 것이다. 둘째, 편익원칙에 부합된다. 자산을 많이 가지고 있는 사람은 국방이나 치안유지와 같은 공공서비스로부터 더 많은 편익을 향유하기 때문에 그에 따른 세금을 납부할 필요가 있다는 것이다. 셋째, 개인의 부가 많을수록 세금을 지불할 능력이 더 크므로 자산세의 부과는 지불능력원칙에 부합된다고 할 수 있다. 그러나 지불능력원칙에 따르면 자산보다는 부채를 고려한 순자산에 부과하는 것이 자산에 부과하는 것보다 더 바람직하다. 그러나 대부분의 자산세는 부채를 고려하지 않고 자산만을 세원으로 하는 경향이 있다.

한편 자산세는 다음과 같은 문제점을 안고 있다. 첫째, 자산은 저축의 축적이므로 자산에 대한 과세는 저축에 대한 유인을 감소시킬 수 있다. 둘째, 부의 종류에 따라서는 그 가치를 평가하는 것이 쉽지 않다. 예를 들면 우표, 장서, 동전, 골동품 등의 수집품, 연금, 생명보험금 등의 가치를 평가하는 것은 쉽지 않다.

14.5.2 자산세의 종류

자산세는 상속세, 증여세, 재산세와 같은 물세와 부유세와 같은 인세로 구분될 수 있다. 이제 이들에 대해 살펴보도록 하자.

(1) 상속세

상속세(inheritance tax, accessions tax)는 유산기증자가 사망했을 때 유산을 상속받는 사람에게 부과하는 조세이다. 이와 비슷한 것으로 유산세(estate tax, bequest tax)를 들 수 있는데, 이는 유산을 남기는 사람에게 부과하는 조세이다. 상속세는 상속인의 상속액에 대해 부과하므로 개인소득세와 마찬가지로 일정수준까지는 인적공제를 포함한 다양한 공제를 받을 수 있고 그 공제액을 넘어서는 상속액에 대해 누진세율을 적용하여 부과한다. 반대로 유산세는 유산기증자의 유산총액에 누진적으로 부과한다. 이 경우 공제는 장례비, 자선기금증여, 배우자 공제, 상속인별 인적공제, 채무 등을 포함한다.

그러나 상속세의 효과에 대해서는 의문이 제기되고 있다. 많은 나라에서 유산기증자들이 다양한 방법을 동원하여 상속세를 회피하여 세수입이 미미하기 때문이다. 가장 많이 사용하는 방법으로 신탁기금(trust)을 통한 세대뛰어넘기(generation skipping)를 들 수 있다. 신탁기금을 이용할 경우 기금을 신탁하는 시점에서는 상속세를 납부하지만 신탁기간이 종료되어 피신탁인(예 : 신탁인의 자녀)이 그들의 자녀들에게 신탁기금을 넘겨줄 때는 상속세를 피할 수 있기 때문이다.

(2) 증여세

유산기증자가 사망하면서 일어나는 자산이전에 대해 부과하는 상속세와 달리, 증여세(gift tax)는 자산의 기증자가 살아 있는 동안 증여할 경우에 대해 부과하는 세금이다. 유산기증자들은 상속세를 피하기 위해 그들이 살아 있는 동안 재산의 일부를 증여할 수도 있으므로, 증여세는 상속세를 보완하는 효과가 있다. 증여세는 그러한 자산이전의 누적총액에 부과되고 위의 상속세와 마찬가지로 일정수준까지는 공제를 허용한 뒤 누진세율로 부과된다.

(3) 통합증여세

증여세율과 상속세율이 서로 다를 경우 증여행위에 왜곡이 일어날 수 있으므로 증여와 상속에 대해 동일한 세율을 적용하는 통합증여세(unified transfer tax)를 사용하는 국가들도 있는데, 그 예로 미국을 들 수 있다. 통합증여세도 상속세나 증여세와 마찬가지로 일반적으로 일정수준까지의 공제를 허용한 후 누진세율을 적용한다.

(4) 재산세

재산세(property tax)는 부동산, 기업의 고정자본 등과 같은 특정한 유형의 재산에 매년 부과되는 조세이다. 지방정부가 이용할 수 있는 잠재적 세원 중에서 가장 이동성이 적은 것이 재산이므로 재산세는 지방세에서 중요한 비중을 차지한다. 지방소득세는 다른 지방으로의 이주에 의해 회피될 수 있고, 지방소비세는 다른 지방으로 가서 물품을 구입함으로써 회피될 수 있지만 재산세는 피할 수가 없다.

일반적으로 지방자치제가 실시되고 있는 나라에서는 지방정부가 재산세의 과세표준 및 세율을 재량적으로 결정할 수 있는데, 이러한 경우 동일한 가치의 재산에 대해서도 세부담이 지방마다 다를 수 있다. 이로 인해 재산 가치로 높은 지역과 낮은 지역 사이에 형평성에 대한 문제가 제기될 수도 있다.

(5) 부유세

지금까지 언급한 상속세, 증여세, 재산세는 본래 의도한 목적인 부의 재분배 기능을 수행하지 못하였으므로 부(wealth) 자체에 대해 과세하는 방안이 제시되고 있다. 이 경우 과세대상은 재산에서 부채를 뺀 순자산이 된다. 이 부유세(net wealth tax)를 적용하는 방법에는 두 가지가 있는데, 하나는 모든 사람에게 적용하는 것이고, 다른 하나는 상위그룹의 부유층에만 적용하는 것이다. 전자의 경우에는 모든 납세대상자들의 자산을 평가하는 것이 결코 쉽지 않다는 문제가 대두된다. 후자의 경우에는 자산평가의 문제는 어느 정도 쉬워지겠지만 소수의 부유층에게만 적용되기 때문에 실질적인 세수 효과가 제한적일 수 있다. 이러한 문제점들로 인하여 현재까지 부유세는 잘 활용되고 있지 않은 편이다.

부록 ┃ 귀속제도하에서의 법인세 계산

여기서는 귀속제도를 사용할 경우 법인세가 어떤 식으로 계산되는지를 살펴보도록 하겠다. 먼저 법인세율은 52%이고, 귀속세율은 30%이며, 기업의 과세가능이윤은 10,000이라고 하자. 이 기업은 과세가능이윤에서 법인세 납세액 5,200 ($=10,000 \times 0.52$)을 제한 나머지 금액인 배당가능이윤 4,800 중에서 3,500을 배당하고 1,300을 사내유보한다고 가정하자. 다음에서는 이 기업의 법인세액 및 주주의 개인소득액을 계산하고 있다.

기업의 법인세액		
과세가능이윤	10,000	
법인세	- 5,200	
배당가능이윤	4,800	
배당이윤	- 3,500	
사내유보이윤	1,300	
주주의 개인소득세액		
배당소득	3,500	
귀속세액(또는 선납법인세액)	+ 1,500	($=3,500 \times 0.3/(1-0.3)$)
과세전 배당액(G)	5,000	

이 예에서 각각 법인세액 5,200, 선납법인세액 1,500이므로 주법인세액은 3,700이 된다.

Brittain, J. A., *Corporate Dividend Policy*, Washington D.C.: Brookings Institution, 1966.

Haig, R. M., "The Concept of Income: Economic and Legal Aspects," in R. M. Haig ed., *The Federal Income Tax*, New York: Columbia University Press, 1921.

Jorgenson, D. W., "Capital Theory and Investment Behavior," *American EconomicReview* 53 (1963), 247-259.

Kaldor, N., An *Expenditure Tax*, London: Allen and Unwin, 1955.

――― , "Alternative Theories of Distribution," *Review of Economic Studies* 29 (1956), 83-100.

Modigliani, F., and M. H. Miller, "The Cost of Capital, Corporation Finance, and the Theory of Investment," *American Economic Review* 48 (1958), 261-297.

Poterba, J. M., and L. H. Summers, "The Economic Effects of Dividend Taxation," in E. I. Altman, and M. G. Surahmanyam eds., *Recent Advances in Corporate Finance*, Homewood, IL: Richrd D. Irwin, 1985, 227-284.

Rosen, H. S., "Is It Time to Abandon Joint Filing?," *National Tax Journal* 30 (1977), 423-428.

Simons, H. C., *Personal Income Taxation*, Chicago: University of Chicago Press, 1938.

Tobin, J., "A Dynamic Aggregative Model," *Journal of Political Economy* 63 (1955), 103-115.

15

우리나라의 조세제도

CHAPTER

15

우리나라의 조세제도

이 장에서는 우리나라 조세제도의 특성에 대하여 살펴보도록 하겠다. 우리나라의 조세제도는 크게 국세와 지방세로 구분할 수 있는데 여기서는 국세에 초점을 맞추어 조세제도에 대해 알아보도록 하겠다. 한편 지방세에 대해서는 제19장에서 다루도록 하겠다.

15.1 조세구조의 특성

15.1.1 조세체계

우리나라의 현행 조세체계를 <그림 15-1>과 같이 요약할 수 있다. 조세를 먼저 국세와 지방세로 구분할 수 있는데, 국세는 기획재정부에서 지방세는 행정안전부에서 운용한다. 우리나라 조세체계의 특징 중 하나는 세목이 세분화되어 있다는 것이다. 그림에서 보듯이, 국세는 14개, 지방세는 11개 세목으로, 총 25개 세목으로 구성되어 있다. 세목이 많다는 것은 세제가 복잡하다는 것을 의미하며 이는 세정에서 납세비용(compliance cost)과 행정비용(administration cost)이 많이 든다는 것을 의미한다.

한편 국민들의 세부담을 나타내는 지표로는 국내총생산(GDP) 대비 세수규모의 비율인 조세부담률을 많이 사용하고 있다. 조세부담률이 국민들의 세부담을 나타내는 이상적인 지표는 아니지만, 그 계산이 쉬우므로 조세와 관련된 논의에서 많이 사용된다. <표 15-1>에서 우리나라의 조세규모와 조세부담률을 보여주고 있다. 2020년 기준, 우리나라 조세규모는 국세와 지방세를 합하여 약 387.5조원이었고, 이 중에서 국세는 285.5조원, 지방세는 102.0조원이었다. 국내총생산 대비 조세규모의 비율인 조세부담률은 약 20.0%로 나타났다.

그림 15-1 현행 조세 종류

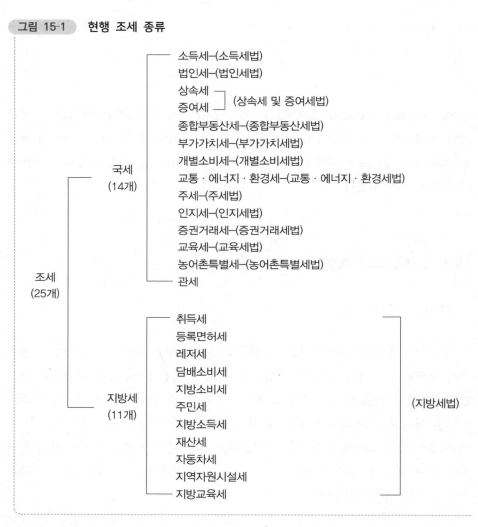

자료: 조세개요 2021

→ 표 15-1 조세부담률   (단위: %)

구분		2016	2017	2018	2019	2020
GDP		1740.8	1835.7	1898.2	1924.5	1933.2
규 모	조 세	318.1	345.8	377.9	384.0	387.5
	-국 세	242.6	265.4	293.6	293.5	285.5
	-지방세	75.5	80.4	84.3	90.5	102.0
부담률	조세부담률	18.3	18.8	19.9	20.0	20.0
	-국 세	13.9	14.5	15.5	15.3	14.8
	-지방세	4.3	4.4	4.4	4.7	5.3

자료: 조세개요 2021, 국가통계포털 (https://kosis.kr/) 이용하여 갱신

→ 표 15-2 주요 OECD 회원국의 조세 및 국민부담률(2019년 기준)   (단위: %)

구 분	한 국	미 국	일 본	프랑스	독 일	이탈리아	영 국	OECD평균
조세부담률	20.0	18.9	18.5	30.1	24.0	29.2	26.3	24.8
국민부담률	27.3	25.0	31.4	44.9	38.6	42.4	32.7	33.4

자료: OECD Revenue Statistics 2021

우리나라의 조세부담률이 우리의 경제여건을 고려할 때 적절한가를 판단하기는 어려우나, 국제비교를 통하여 간접적으로 조명해 보기로 하겠다. <표 15-2>에서 주요 OECD 회원국의 조세부담률과 국민부담률을 보여주고 있다. 여기서 국민부담률이란, 국민들이 부담하는 사회보장 기여금과 부담금을 세금과 함께 합산하고, 이를 국내총생산으로 나눈 값을 의미한다. 정의상 국민부담률은 조세부담률보다 항상 더 크다. 2019년 기준, 우리나라의 조세부담률은 20.0%, 국민부담률은 27.3% 수준이었다. 우리나라의 조세부담률은 미국과 일본에 비해서는 높지만, 프랑스 등 유럽국가에 비해서는 낮다. 국민부담률은 미국에 비해서는 높지만, 일본, 프랑스 등 나머지 국가에 비해서는 낮다. 조세부담률과 국민부담률 모두, OECD 회원국에서의 평균 수준보다 낮게 나타났다.

15.1.2 국세와 지방세의 구성

이제 전체 조세에서 국세와 지방세가 차지하는 비율로 국세와 지방세의 구성에 대해 살펴보자. 우리나라의 경우 조세가 명목적으로는 국세와 지방세로 구분되어 있지만, 지방교부세, 교육재정교부금, 국고보조금 등을 통해 국세의 상당부분이 중앙에서 지방으로 이전되고 있다. <표 15-3>를 보면 전체 조세에서 국세가 차지하는 비율이 최근 들어 차츰 감소하였고, 2020년에는 약 73.7% 수준에 이르렀다는 것을 확인할 수 있다. 반대로 지방세가 차지하는 비율은 점차 증가하는 추세를 보였다.

→표 15-3 **국세와 지방세의 비율** (단위: %)

구분	2011	2012	2013	2014	2015	2016	2017	2018	2019	2020
국세	78.6	79.0	79.0	76.9	75.4	76.3	76.7	77.7	76.4	73.7
지방세	21.4	21.0	21.0	23.1	24.6	23.7	23.3	22.3	23.6	26.3

자료: 조세개요 2021, 국가통계포털(https://kosis.kr/) 이용하여 갱신

국세와 지방세로 각각 중앙정부와 지방정부에 들어온 수입을, 중앙정부가 지방정부에 각종 교부세와 보조금으로 이전한 후, 중앙과 지방이 지출하는 비율을 보면 <표 15-4>와 같다. 2018년 기준, 전체 재정지출에서 중앙정부 지출이 차지하는 비율은 약 37.0% 수준이었고, 지방자치단체 지출이 차지하는 비율은 63.0% 수준이었다.

→표 15-4 **중앙·지방자치단체 간 재정지출 비율** (단위: %)

구분	2009	2010	2011	2012	2013	2014	2015	2016	2017	2018
중앙	34.7	38.1	38.6	39.4	34.2	33.9	33.6	33.3	36.6	37.0
지방	65.3	61.9	61.4	60.6	65.8	66.1	66.4	66.7	63.4	63.0

주: 지방 = 지방이전재원(지방교부세 +교육재정교부금) + 지방세
자료: 조세개요 2020

<표 15-5>에서 주요 OECD 회원국을 대상으로 전체 조세 중 국세와 지방세가 차지하는 비율을 보여주고 있다. 지방정부의 자치 수준이 높은, 미국, 독일 등 연방제 국가와 비교하면, 우리나라에서는 국세가 차지하는 비율이 높은 편이다. 하지만 연방제가 아닌 국가와 비교하면, 우리나라의 국세 비율이 그렇게 높은 편은 아니라는 것도 확인할 수 있다.

→표 15-5 **주요 OECD 회원국의 국세와 지방세 비율(2019년기준)**　　　　(단위: %)

	연방제국가			비연방제국가				
	미 국	독 일	평 균	영 국	프랑스	일 본	한 국	평 균
국 세	52.2	47.6	66.6	93.6	71.1	61.8	76.4	85.0
지방세	47.8	52.4	33.4	6.4	28.9	38.2	23.6	15.0

자료: 조세개요 2021

15.1.3 국세의 세목별 구성

<표 15-6>에서 국세 세목별 수입 금액과 비율을 보여주고 있다. 2020년의 총국세 수입 금액은 285.5조원이었다. 이를 세목별로 구분하면, 소득세 수입 금액이 약 93.1조원, 법인세 55.5조원, 부가가치세 64.9조원, 개별소비세 9.2조원, 교통·에너지·환경세 13.9조원 등으로 나타났다. 총국세 수입 금액에서 각 세목의 수입 금액이 차지하는 비율을 보면, 소득세(32.6%), 부가가치세(22.7%), 법인세(19.4%), 교통·에너지·환경세(4.9%) 등의 순서로 비율이 큰 것을 확인할 수 있다.

(단위: 억원, %)

세 목 별	2020	
	수입 금액	비율
총국세	2,855,462	100.0
(일반회계)	(2,762,782)	(96.8)
• 내국세	2,469,872	86.5
소 득 세	931,087	32.6
법 인 세	555,132	19.4
상속증여세	103,753	3.6
부가가치세	648,829	22.7
개별소비세	92,181	3.2
증권거래세	87,587	3.1
인 지 세	9,652	0.3
과년도수입	41,651	1.5
• 교 통 · 에 너 지 · 환 경 세	139,379	4.9
• 관 세	70,585	2.5
• 교 육 세	46,937	1.6
• 종 합 부 동 산 세	36,006	1.3
(특별회계)	(92,680)	(3.2)
• 주 세	30,084	1.1
• 농 어 촌 특 별 세	62,596	2.2

자료: 조세개요 2021

15.2 우리나라의 소득세

우리나라 소득세제에서 세율구조 및 과세표준(과표) 구간수의 변천에 대해 살펴보자. <표 15-7>에서 보듯이, 소득세 과표 구간수는 1980년의 17단계에서 1998년 4단계로 줄었다가, 2013년 이후 다시 늘어나, 2021년 현재 총 8단계가

되었다. 과표 구간수가 많을수록 소득 구간을 자세하게 구분하는 것이므로 공평성을 높일 수 있겠지만, 제도가 복잡해져서 징세에 따른 행정비용이 커질 것이다. 2012년부터 현재까지 최저소득 구간은 1,200만원 이하이며, 이 구간의 세율은 6%이다. 한편 최근 들어 새로운 최고소득 구간을 추가하는 방향으로 제도를 개정하였는데, 2017년에 5억 초과 구간이 신설되었고, 2021년에는 10억 초과 구간이 신설되었다. 최고소득 구간의 세율도 점차 인상되어, 2021년 신설된 10억 초과 구간에 대해 45%를 적용하고 있다.

→ 표 15-7 **우리나라 소득세 세율구조의 변천**   (단위: 단계, 만원, %)

	과표 구간수	최저소득 구간		최고소득 구간	
		과세표준(이하)	세율	과세표준(초과)	세율
1980~1981	17	120	6	6,000	62(74.4)
1982	17	120	6	6,000	60(72)
1983~1988	16	180	6	6,000	55(66)
1989~1990	8	250	5	5,000	50(60)
1991~1992	5	400	5	5,000	50
1993	6	400	5	6,400	50
1994~1995	6	400	5	6,400	45
1998~2001	4	1,000	10	8,000	40
2002~2004	4	1,000	9	8,000	36
2005~2006	4	1,000	8	8,000	35
2008	4	1,200	8	8,800	35
2012	4	1,200	6	8,800	35
2013	5	1,200	6	30,000	38
2014	5	1,200	6	15,000	38
2017	6	1,200	6	50,000	40
2018	7	1,200	6	50,000	42
2021	8	1,200	6	100,000	45

주: ( )안은 방위세 포함
자료: 각 연도 조세개요

우리나라의 소득세는 종합소득세로서 모든 종류의 소득을 종합하여 과세하는 것을 원칙으로 삼고 있다. 다만 예외적으로 퇴직소득과 양도소득은 종합과세에서 제외하여 분류과세하고 있으며, 산림소득의 경우 2007년부터 사업소득으로 통합되어 분류과세 항목에서 제외되었다. <그림 15-2>에서 종합소득세의 과세체계를 보여주고 있다. 소득세는 개인별로 모든 소득을 종합하여 과세된다. 또한, 금융소득자에 대해서는 당초 1996년부터 종합과세할 예정이었으나, 금융실명거래 및 비밀보장에 관한 법률에 의하여 유보되었다가 2001년부터 시행되고 있다. 과세표준은 개인별로 합산된 종합소득에 소득공제를 적용하여 계산한다.

<표 15-8>에서 보듯이 소득공제를 인적공제와 특별공제로 구분할 수 있다. 인적공제는 본인과 부양가족 인원에 따라 적용한다. 장애인, 고령 부양가족이 있으면 추가로 공제를 받는다. 특별소득공제 항목에는 연금보험료, 건강보험료, 주택자금, 신용카드 등 사용액이 있다. 종합소득금액에서 소득공제금액을 차감한 것을 과세표준으로 정의하는데, 이것에 세율을 적용하여 산출세액을 계산한다. 그리고 산출세액에서 세액공제금액을 차감하여 결정세액을 계산한다. <표 15-8>에서 보듯이 세액공제 항목에는 자녀, 의료비, 교육비, 기부금 등이 있다. 결정세액에 가산세를 더하고 기납부세액을 빼서, 납부할 세액을 계산한다.

<표 15-9>에서 보듯이, 2021년 현재 우리나라의 소득세제는 8단계 과세표준 구간에 따라 최저 6%에서 최고 45%까지 세율을 적용하는, 초과누진구조로 설계되어 있다. 예를 들어, 과세표준이 8천 8백만원을 초과하고 1억 5천만원 이하이면, 과세표준에 35% 세율을 곱한 값에서 누진공제액 1,490만원을 빼서 산출세액을 계산한다. 이러한 초과누진구조에서는 소득이 클수록 세율이 높아지고 부담할 세액도 커지므로, 소득재분배 효과가 나타난다.

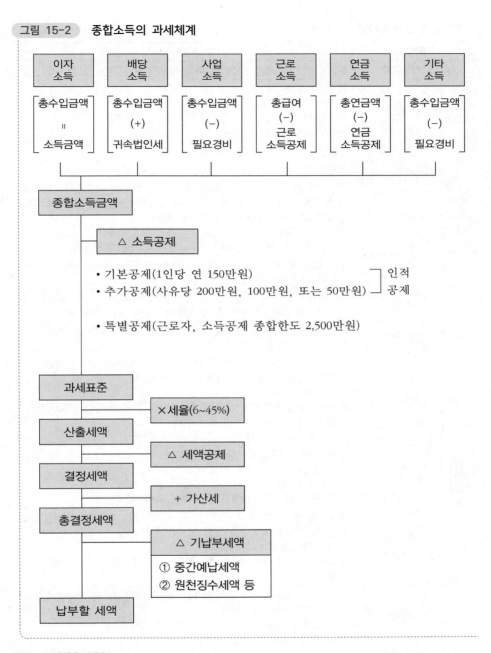

그림 15-2   종합소득의 과세체계

자료: 조세개요 2021

→ 표 15-8 소득공제와 세액공제

구분		내용
인적 공제	기본공제	• 본인 · 연간소득금액 100만원 이하 배우자 부양가족: 1인당 150만원
	추가공제	• 장애인 : 200만원 • 70세 이상 경로자 : 100만원 • 부녀자세대주 : 50만원(종합소득금액 3천만원 이하) • 한부모공제: 100만원(부녀자공제와 중복배제)
특별 소득 공제	연금보험료	• 국민연금, 공무원 · 군인 · 사학연금 부담금 전액
	건강보험료 등	• 건강보험료, 노인장기요양보험료, 고용보험료 전액
	주택자금*	• 무주택세대주가 주택청약저축에 납입한 금액 또는 국민주택규모의 주 택 임차를 위해 차입한 차입금의 원리금상환액 : 납입액 또는 원리금상 환액의 40% 소득공제(연 300만원 한도) • 기준시가 5억원 이하인 주택을 취득하기 위한 상환기간 15년 이상인 장기주택저당차입금의 이자 전액 (연 500만원 한도)
	신용카드 등	• (신용카드 등 사용액-총급여액의 25%) × 15%, 30%, 40% • 급여에 따라 연 200~300만원 한도
특별 세액 공제	자녀	• 자녀세액공제: 7세 이상 1명당 15만원, 3명부터는 1명당 30만원, 출 산 · 입양시 첫째 30만원, 둘째 50만원, 셋째 이상 70만원
	의료비*	• 기본공제 대상자를 위해 지출한 의료비: 연급여액의 3% 초과분에 대해 15% 세액공제(연 700만원 한도)
	교육비*	• 학생 또는 보육시설 영유아 취학전아동을 위하여 지급한 입학금, 수업료, 학원수강료 등에 대해 15% 세액공제 • 근로자본인 : 대학원까지 전액공제 • 배우자, 자녀, 형제자매 : 영유아, 취학전아동, 초중고생은 연 300만원, 대학생은 연 900만원 한도 • 장애인을 위해 지급한 특수교육비 : 한도 없음
	기부금	• 법정기부금 : 소득금액 범위내 전액공제 • 지정기부금: 소득금액의 30% 이내 • 종교단체 기부금: 소득금액의 10% 이내 • 1천만원 이하 15% 세액공제, 초과분 30% 세액공제
	연금저축, 퇴직연금	• 연금저축 연 400만원 한도(종합소득 1억원 또는 총급여 1.2억원 초과 자는 300만원), 퇴직연금 포함 연 700만원 한도 • 12% 세액공제 • 종합소득금액 4,000만원 이하, 총급여 5,500만원 이하 공제율 15% 적용
	보험료*	• 본인 또는 소득이 없는 가족명의로 계약한 보험으로서 피보험자를 기본공제대상자로 한 보험료 • 보장성보험료 : 공제율 12%, 연 100만원 한도 • 장애인전용보험료 : 공제율 15%, 연 100만원 한도
	표준세액공제	• 특별소득 · 세액공제 미신청시 13만원

주: *는 근로소득자에게만 적용하는 공제항목

자료: 조세개요 2021

→ 표 15-9 소득세 기본세율

과세표준	세율	누진공제액
1천2백만원 이하	6%	0
1천2백만원 초과~4천 6백만원 이하	15%	108만원
4천6백만원 초과~8천 8백만원 이하	24%	522만원
8천8백만원 초과~1억 5천만원 이하	35%	1,490만원
1억5천만원 초과~3억원 이하	38%	1,940만원
3억원 초과~5억원 이하	40%	2,540만원
5억원 초과~10억원 이하	42%	3,540만원
10억원 초과	45%	6,540만원

자료: 조세개요 2021

퇴직소득이란 근로소득자가 퇴직하여 발생하는 소득을 말한다. <그림 15-3>에서 퇴직소득의 과세체계를 보여주고 있다. 먼저 퇴직급여에서 장해보상금 등 비과세소득을 제외하고, 다시 근속연수에 따라 일정 금액을 공제하여 환산급여를 계산한다. 이후 환산급여 금액에 따라 환산급여공제를 적용하여 과세표준을 계산한다. 마지막으로 과세표준에 세율을 적용하여 세액을 산출한다.

양도소득이란 특정한 자산의 양도로 인하여 발생한 소득을 말한다. <그림 15-4>에서 보듯이 양도소득금액은 양도소득에서 필요경비를 공제한 금액에 다시 장기보유특별공제를 적용한 금액이다. 양도소득금액으로부터 기본공제 250만원을 공제한 금액이 양도소득 과세표준이다. 양도소득 산출세액은 양도소득 과세표준에 최대 70% 세율을 곱하여 계산한다.

그림 15-3 퇴직소득의 과세체계

(퇴직급여 − 비과세소득 − 퇴직소득공제) × 12 ÷ 근속연수 = 환산급여

환산급여 − 환산급여공제 = 과세표준

과세표준 × 기본세율 × 근속연수 ÷ 12 = 퇴직소득 산출세액

비과세소득 : 장해보상금 등

퇴직소득공제
· 5년 이하 : 30만원×근속연수
· 5년~10년 : 150만원+(근속연수-5년)×50만원
· 10년~20년 : 400만원+(근속연수-10년)×80만원
· 20년 초과 : 1,200만원+(근속연수-20년)×120만원

환산급여공제
· 8백만원 이하 : 환산급여의 100%
· 8백만원~7천만원 : 8백만원+(8백만원 초과분의 60%)
· 7천만원~1억원 : 4,520만원+(7천만원 초과분의 55%)
· 1억원~3억원 : 6,170만원+(1억원 초과분의 45%)
· 3억원 초과 : 1억 5,170만원+(3억원 초과분의 35%)

자료: 조세개요 2021

그림 15-4 양도소득의 과세체계

양도가액	−	필요경비	=	양도차익
양도차익	−	장기보유특별공제	=	양도소득금액
양도소득금액	−	양도소득기본공제	=	과세표준
과세표준	×	세율	=	산출세액

자료: 조세개요 2021

15.3 우리나라의 법인세

우리나라 법인세제에서 세율구조 및 과세표준 구간수의 변천에 대해 살펴보자. <표 15-10>에서 보듯이, 일반법인의 경우, 2008년에 과세표준 구간이 2단계로 구분되었는데, 이후 점차 세분화되어, 2018년부터는 구간이 4단계로 구분되고 있다. 최고 구간에 적용하는 세율은 2009년에 25%에서 22%로 인하되었다가, 2018년에 25%로 다시 인상되었다. 2018년부터 현재까지 과세표준 3천억원을 초과하면 25% 세율을 적용하고, 3천억원 이하 200억원을 초과하면 22%, 200억원 이하 2억원을 초과하면 20%, 2억원 이하이면 10% 세율을 적용한다. 조합법인의 경우, 과세표준이 20억원을 초과하면 12% 세율을 적용하고, 20억원 이하이면 9% 세율을 적용한다. 소득세와 마찬가지로 법인세에서도 정부는 과표구간을 세분화하여 이익이 많은 법인이 더 많은 세금을 부담하도록 세제의 누진성을 강화하고 있다.

<그림 15-5>에서 법인세를 계산하는 과정을 볼 수 있다. 먼저 법인의 총수입에서 원료매입비용, 판매부대비용, 인건비, 임차료, 이자비용, 감가상각비용 등을 빼고, 이월된 결손금 등을 제외하여 법인세의 과세표준을 계산한다. 이 과세표준에 세율을 적용하여 산출세액을 계산한다. 그리고 산출세액에서 세액공제

→ 표 15-10 **우리나라 법인세율구조의 변천**   (단위: %)

구 분			2008	2009	2010	2012	2015	2018
법인세율	일반법인	과세표준	3,000억원 초과	25	22	22	22	22	25
			3,000억원 이하 200억원 초과						22
			200억원 이하 2억원 초과				20	20	20
			2억원 이하	11	11	10	10	10	10
	조합법인		20억원 초과	12	9	9	9	12	12
			20억원 이하					9	9
원천징수세율			14	15	14	14	14	14

자료: 조세개요 2021

를 적용한 금액을 빼고, 가산세를 더하여 결정세액을 계산한다. 여기서 세액공제란, 설비투자, 연구개발, 고용증대 비용의 일정 부분을 세액에서 빼거나, 외국에서 납부한 세액을 국내 세액에서 빼는 것을 의미한다. 마지막으로 결정세액에서 원천납부세액 등 기납부세액을 빼면 법인이 납부할 세액이 된다.

법인세액 계산에서 감가상각 및 조세지원 제도가 중요하므로 다음에서는 이에 대해 살펴보기로 하겠다.

그림 15-5 법인세의 과세체계

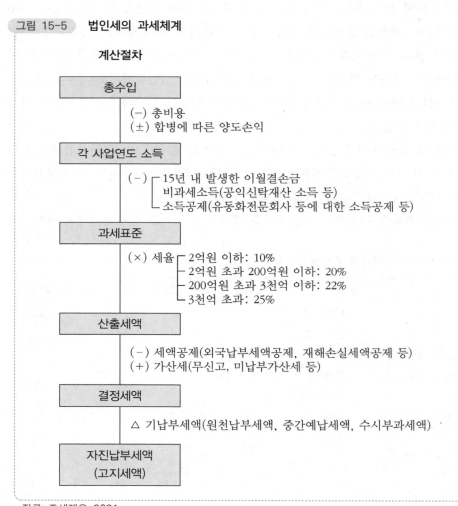

자료: 조세개요 2021

15.3.1 감가상각비의 산정

일반적으로 법인세에서 감가상각 제도는 기업의 세부담에 큰 영향을 미치는데, 그 운용방향에 따라 기업의 투자결정에 영향을 줄 수 있다. 그래서 미국에서는 기업의 투자를 촉진하는 경제정책의 일환으로 감가상각 정책을 이용해 왔다. 하지만 우리나라는 실제 감가상각과 비교하여 일관성이 있도록 세법상 감가상각 제도를 운용해 왔다.

법인의 총수입에서 차감할 비용 중 하나로서 감가상각액을 계산할 때, 자산별 내용연수, 잔존가액, 감가상각방법 등 세 가지 요인이 중요한 역할을 한다. 먼저 감가상각방법에는 정액법과 정률법이 있다. 정액법에서는 주어진 내용연수 기간 동안에 매년 균등하게 일정액을 비용으로 반영한다. 반면 정률법에서는 주어진 내용연수 기간 동안에 매년 일정 비율로 비용을 반영한다. 두 방법을 수식으로 표현하면 다음과 같다.

$$\text{정액법: 감가상각비} = \frac{(\text{취득가액} - \text{잔존가액})}{\text{내용연수}}$$

$$\text{정률법: 감가상각률} = 1 - \left(\frac{\text{잔존가액}}{\text{취득가액}}\right)^{1/\text{내용연수}}$$

정률법의 경우에는 내용연수 초기에 감가상각 비용을 많이 반영할 수 있고, 시간이 갈수록 그 비용이 감소한다. 정액법에서는 잔존가액이 영(0)이어도 되지만, 정률법에서는 반드시 양(+)인 잔존가액이 있어야 한다.

우리나라의 현행 감가상각 제도에서는 건축물과 무형자산에 대해 정액법을 적용하고, 기계, 차량 등 유형자산에 대해서는 정액법과 정률법 중에서 납세자가 선택하도록 한다. 정률법에서는 취득가액의 5%를 잔존가액으로 정하고 있다. 한편 법인세법에서 자산 종류와 법인 업종에 따라 내용연수를 달리 규정한다. 예를 들어, 건축물의 내용연수는 20년을 기준으로 하고, 기준 내용연수의 25% 범위에서, 즉 15~25년 범위에서, 납세자가 내용연수를 선택하도록 한다. 납세자가 자산의 이용 및 관리 정도를 감안하여 그 자산의 실질적인 상태에 따라 감가상각 비용을 반영할 수 있도록 하는 것이다.

15.3.2 조세지원제도

조세지원이란 정부가 특정한 정책 목표를 달성하기 위하여 조세의 부과 및 징수를 일부 또는 전부 포기하는 행위를 의미한다. 정부가 세금부과를 포기하면 납세자의 입장에서는 세금 부담이 줄어들기 때문에, 조세지원은 조세감면이라고도 불린다. 한편 정부 예산의 측면에서는 세금부과를 포기하는 것이 일단 거둬들인 세금을 지출하는 것과 동일한 효과를 주기 때문에 조세지출(tax expenditure)이라고도 불린다. 우리나라는 조세특례제한법에서 조세지원제도를 규정하고 있다.

정부는 소득분배의 공평성과 자원배분의 효율성을 높이기 위하여 조세지원제도를 운용한다. 소득분배의 공평성을 높이기 위한 조세지원의 예로는 저소득층, 근로소득층, 농어민 등에 대하여 세금을 경감하여 주는 것을 들 수 있고, 효율성을 높이기 위한 예로는 연구개발을 촉진하거나 특정 산업을 육성할 목적으로 세금을 경감하여 주는 것을 들 수 있다.

조세지원제도를 지원방법에 따라 직접지원과 간접지원으로 구분할 수 있다. 직접지원에는 세액감면, 세액공제, 소득공제, 비과세, 저율과세 등이 있고, 간접지원에는 특별상각이 있다. 간접지원은 지원시점에서 경감된 세액을 일정기간 후에 다시 환수하는 것으로 법인의 세금 부담 시기를 늦추는 작용을 한다.

조세지원제도는 제도 설계에 따라 소득분배 공평성과 자원배분 효율성을 높이는 긍정적인 역할을 하지만, 종종 부정적인 영향을 미치기도 한다. 첫째, 조세지원은 본질적으로 특정 집단에 대해 세금을 줄이도록 작용하기 때문에, 세금이 줄어드는 집단(계층)과 줄지 않는 집단(계층)이 나뉘기 마련이고, 두 집단에서의 세금 부담을 불평등하게 만든다. 둘째, 조세지원, 특히 산업지원 제도는 특정 산업의 발전을 도모하므로 시장 중립적이지 못하다. 셋째, 세금을 경감시켜 주므로 세수 감소를 초래한다. 그러므로 조세지원제도는 꼭 필요한 대상에 대해서만 최소한으로, 그리고 한시적으로, 운영되어야 한다.

15.4 우리나라의 소비세

소비세는 모든 소비재를 과세대상으로 하는 일반소비세와 특정한 품목에 대하여 과세하는 개별소비세로 구분할 수 있다. 우리나라의 일반소비세로는 부가가치세가 있다. 개별소비세는 특정 사치품, 유류, 석탄, 가스 등 에너지원, 승용자동차, 담배, 술 등에 대해 과세된다. 정부는 개별소비세 과세를 통해 수입을 확보하면서 동시에 사회적으로 바람직하지 않은 재화나 용역의 소비를 억제하는 효과를 도모한다. 아울러 고소득층이 주로 소비하는 사치품에 과세함으로써 소비세제의 누진성을 보완한다.

15.4.1 부가가치세

부가가치란 생산 및 유통 단계에서 발생하는 매출액 전체에서 기업이 부담한 외부구입가액을 차감한 금액을 의미한다. 부가가치세(value added tax)란 이러한 부가가치에 부과하는 조세이다.

부가가치세의 세율은 일반과세자의 경우 부가가치의 10%이고, 간이과세자의 경우 매출액에 업종별 부가가치율을 곱한 것의 10%이다. 2020년까지는 간이과세자가 되려면, 개인사업자로서 직전연도 공급대가가 4,800만원 미만이어야 했다. 하지만 2021년부터는 직전연도 공급대가가 8,000만원 미만이어도 간이과세자가 될 수 있다.

<그림 15-6>에서 일반과세자에게 부가가치세를 과세하는 과정을 설명하고 있다. 먼저 과세자는 자신이 재화와 용역을 공급하고 받은 대가를 합산하여 과세표준을 계산한다. 과세표준에 10% 세율을 곱하여 매출세액을 계산한다. 매출세액에서 여러 매입세액을 공제하여 납부세액을 산출한다. 마지막으로 납부세액에서 경감액, 공제세액, 가산세액 등을 반영하여 차가감 납부할 세액을 계산한다.

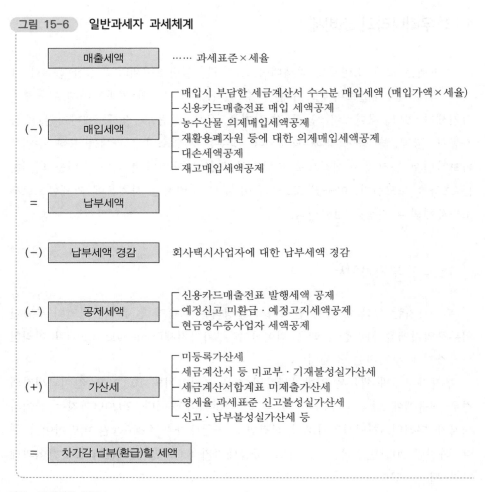

그림 15-6 일반과세자 과세체계

	매출세액	…… 과세표준×세율
(−)	매입세액	┌ 매입시 부담한 세금계산서 수수분 매입세액 (매입가액×세율) ├ 신용카드매출전표 매입 세액공제 ├ 농수산물 의제매입세액공제 ├ 재활용폐자원 등에 대한 의제매입세액공제 ├ 대손세액공제 └ 재고매입세액공제
=	납부세액	
(−)	납부세액 경감	회사택시사업자에 대한 납부세액 경감
(−)	공제세액	┌ 신용카드매출전표 발행세액 공제 ├ 예정신고 미환급 · 예정고지세액공제 └ 현금영수증사업자 세액공제
(+)	가산세	┌ 미등록가산세 ├ 세금계산서 등 미교부 · 기재불성실가산세 ├ 세금계산서합계표 미제출가산세 ├ 영세율 과세표준 신고불성실가산세 └ 신고 · 납부불성실가산세 등
=	차가감 납부(환급)할 세액	

자료: 조세개요 2021

15.4.2 개별소비세

개별소비세는 귀금속, 고급가방 등 사치품, 유류, 석탄, 가스 등 에너지원, 승용자동차, 담배, 술 등을 소비할 때 부과하는 조세이다. <표 15-11>에서 과세품목별 세율을 보여주고 있다.

<표 15-11>에서 품목별 세율을 보면, 우리나라 개별소비세제가 종가세, 종량세, 정액세를 혼합하여 설계되어 있다는 것을 발견할 수 있다.

오락용 사행기구, 사치품 등에 대해서는 종가세 방식으로 부과하며, 세율은 20%이다. 승용차에 대해서도 종가세 방식으로 부과한다. 한편 유류, 석탄, 가스 등 에너지원에 대해서는 종량세 방식으로 질량 또는 부피 단위에 따라 세금을 부과한다. 예를 들어, 발전용이 아닌 천연가스에 대한 기본세율은 킬로그램당 60원이다. 그리고 경마장, 회원제 골프장, 카지노 등을 출입하면 정액세 방식으로 출입할 때마다 정해진 금액의 세금을 내야 한다. 예를 들어, 경마장을 출입할 때의 개별소비세는 1천원이다.

개별소비세제에서는 법에서 정하는 기본세율 이외에 시행령에서 정하는 탄력세율을 두기도 한다. 경기조절, 가격안정, 수급조정, 재원조달을 위해 필요하면, 기본세율의 30% 범위에서 탄력세율을 설정할 수 있다. 예를 들어, 발전용이 아닌 천연가스에 대한 탄력세율은 킬로그램당 42원인데, 이는 기본세율의 30%를 인하한 것이다.

그런데 개별소비세는 다음과 같은 문제점을 가지고 있다. 첫째, 국민의 생활수준이 높아지면서 과거에는 사치품으로 여겨지던 것들이 점차 생활필수품으로 받아들여지고 이로 인해 사치품에 대한 과세라는 본래의 의미가 줄어들고 있다. 둘째, 새로운 상품이 공급될 경우 이를 개별소비세의 과세대상으로 편입해야 하는지에 대한 검토가 필요하다. 셋째, 몇몇 고가품의 경우 세율이 높아 음성적인 시장이 확대되고 자원배분이 왜곡되는 부작용이 있을 수 있다. 넷째, 현재의 세율구조가 복잡하다.

→ 표 15-11 항목별 개별소비세율

품목	세율	품목	세율
〈제1호〉		〈제3호〉	
• 투전기, 오락용 사행기구	20%	• 승용자동차	
• 수렵용 총포류	〃	- 2,000cc 초과, 캠핑용자동차	5%
		- 2,000cc 이하, 이륜자동차	5%
〈제2호〉		* 1,000cc 이하 경차 과세 제외	
• 보석(500만원 초과)	20%	• 전기승용자동차	5%
• 귀금속제품(500만원 초과)	〃	〈제6호〉	
• 고급모피(500만원 초과)	〃	• 피우는 담배	
• 고급시계(200만원 초과)	〃	- 궐련(20개비)	594원
• 고급융단(200만원 초과)	〃	- 파이프담배·각련	21원/g
• 고급가방(200만원 초과)	〃	- 엽궐련	61원/g
• 고급가구(500만원 초과)	〃	- 전자담배	
		(액체형)	370원/㎖
		(궐련형)	529원
		(일반고체형)	51원/g
〈제4호〉		- 물담배	422원/g
• 휘발유	475원/ℓ	• 씹거나 머금는 담배	215원/g
	(529원/ℓ)	• 냄새 맡는 담배	15원/g
• 경유	340원/ℓ	〈과세장소〉	
	(375원/ℓ)	• 경마장	1,000원
• 등유	90원/ℓ	• 투전기장	10,000원
	(63원/ℓ)	• 골프장(회원제)	12,000원
• 중유	17원/ℓ	• 카지노	50,000원
• 프로판(LPG)	20원/kg	- 폐광지역(내국인)	6,300원
(가정용·상업용)	14원/kg	- 외국인	면세
• 부탄(LPG)	252원/kg	• 경륜장·경정장	400원
	(275원/kg)	〈과세유흥장소〉	
• 천연가스(LNG)	60원/kg	유흥주점·외국인전용유흥주점 및	10%
	(42원/kg)	기타 이와 유사한 장소	
(발전용)	12원/kg	〈과세영업장소〉	
	(8.4원/kg)	• 카지노	500억원 이하	0%
• 부생연료유	90원/ℓ	(매출액)	1,000억원 이하	2%
	(63원/ℓ)		1,000억원 초과	4%
• 유연탄(발전용)	46원/kg			
	(43원, 49원)			

주 1. 고급가방은 2014년부터 과세
   2. 제4호 품목 중 휘발유·경유는 교통·에너지·환경세 적용
      유연탄 탄력세율: 5,000kcal/kg 이상 5,500kcal/kg 미만은 기본세율 46원, 5,500kcal/kg 이상
      49원, 5,000kcal/kg미만 43원 적용(순발열량 기준)
      천연가스(LNG) 탄력세율: 기재부령으로 정하는 발전용 이외의 물품에 적용
      발전용 천연가스(LNG) 기본세율: 12원/kg(열병합발전 등 탄력세율 8.4원/kg)
   3. ( )안 세율은 현재 적용하는 탄력세율
   4. 장외경마장 2,000원, 장외 경륜장·경정장 800원
   5. 강원랜드는 2012.1.1. 이후(외국인전용 카지노는 2014.1.1. 이후) 매출분부터 과세
자료 : 조세개요 2021

참고문헌

국가통계포털 https://kosis.kr/index/index.do

기획재정부, 『조세개요』, 각 연도

OECD(2021), Revenue Statistics 2021, OECD Publishing, Paris

사회보장제도

공/공/경/제/학
PUBLIC ECONOMICS

CHAPTER

16

사회보장제도의
이론

$\oplus$

CHAPTER

16

사회보장제도의 이론

이 장에서는 자본주의 시장경제체제에서 사회보장제도가 필요한 이유와 바람직한 사회보장제도가 지녀야 하는 특성에 대하여 논의하고, 사회보장제도의 종류에 대해서도 설명하도록 하겠다. 다음으로 사회보장제도가 빈곤 완화에 미치는 영향을 측정하는 데 사용되는 빈곤의 척도에 대해 살펴보도록 하겠다. 그리고 조세제도를 활용하여 빈곤층을 지원하는 제도인 부(負)의 소득세(negative income tax)와 근로장려세제(Earned Income Tax Credit; EITC)에 대한 논의도 정리하도록 하겠다.

16.1 사회보장제도의 목표와 필요성

16.1.1 사회보장제도의 목표

사회보장제도(social security system)의 목표는 사회의 모든 구성원들이 인간적인 삶을 영위할 수 있도록 경제적 곤경으로부터 구성원들을 보호하는 데 있다. 다시 말해 사회보장제도는 빈곤(poverty)을 줄이고 가능하면 완전히 제거하는 데 목표를 두고 있다. 이는 빈곤이 발생할 수 있는 가능성에 미리 대비하거나 발생 요인을 통제함으로써 달성될 수 있을 것이다.

16.1.2 사회보장제도의 필요성

정부개입에 의한 사회보장제도가 왜 필요한가? 달리 묻자면 사회보장제도가 목표하는 바를 민간보험(private insurance)만을 통해 달성할 수 없는 이유는 무엇인가? 그 이유는 시장이 제대로 기능한다고 하더라도 정부의 조달·간섭(provision and intervention) 없이는 개별 경제주체들이 경제적 곤경을 스스로 해결할 수 없는 경우가 발생할 수 있기 때문이다. 이제 사회보장제도가 필요한 이유를 차례대로 살펴보도록 하겠다.

(1) 시장이 완전한 경우

1) 소득분배

시장이 완전하고 불확실성이 존재하지 않더라도 개별 경제주체의 신체적·정신적·사회적 여건이 불리하여 인간적인 생활을 영위하도록 하는 것을 어렵게 만들 수 있다. 이 때 정부가 개입하여 소득을 재분배함으로써 불리한 여건에 처한 경제주체들의 곤경을 해결해주는 것이 필요할 수 있다.

2) 가부장적 온정주의

애로우-드브루(Arrow and Debreu) 경제에서처럼 시장이 완전하고, 개별 경제주체들이 실업이나 질병과 같은 불확실한 사고에 대해 발생 확률을 예측할 수 있다면, 경제주체들은 불확실한 사고에 대비해 합리적으로 보험을 들어 둘 것이다. 하지만 현실에서는 경제주체들의 합리성에 제약이 있을 수 있다. 예를 들어, 만약 경제주체들이 매우 근시안적인 선호를 갖고 있어서 먼 미래에 발생할 사고에 대해 확률을 과소평가한다면, 적절한 수준으로 보험에 가입하지 않을 것이고, 사고가 발생하였을 때 보험의 혜택을 받을 수 없을 것이다. 이러한 상황을 방지하기 위해 정부가 경제주체들에게 의무적으로 보험에 가입하도록 할 수 있다. 그럼에도 불구하고 몇몇 경제주체들은 의무보험에 가입하지 않아 사고가 일어났을 때 인간적인 생활수준을 보장받지 못할 수 있다. 이러한 경우에는 정부가 소득보조(income support)를 할 필요가 있을 수 있다. 마치 부모가 자식을 돌보듯이 정부가 나서서 국민들을 보호하는 가부장적 온정주의(paternalism)를 실천하는 것이다.

(2) 시장이 불완전한 경우

1) 이타주의와 공공재

만약 어떤 개인의 효용함수가 이타주의적이어서 다른 사람들의 효용이 증가할 때 그의 효용도 함께 증가한다면, 소득재분배를 통해 파레토 개선을 이끌어낼 수 있다. 이러한 경우 소득재분배는 공공재(public goods)와 같은 역할을 하므로 정부가 개입하여 재분배 정책을 시행할 필요가 있을 것이다.

2) 보험의 한계

민간보험은 다음과 같은 이유로 인해 개별 경제주체들을 위험과 불확실성으로부터 보호하지 못할 수 있다. 첫째, 이유는 역선택(adverse selection) 현상의 발생 가능성이다. 역선택 현상은 보험가입자와 보험 공급자가 가진 정보의 비대칭성 때문에 발생한다. 여기서 정보의 비대칭성은 보험 가입자의 특성에 대한 정보를 보험 공급자가 파악하기 어려운 상황을 의미한다. 예를 들어, 상당히 높은 빈도로 암 발병에 대한 가족력이 있는 사람이 이러한 사실을 숨기고 보험에 가입하여 나중에 병에 걸린다면, 보험 공급자는 손실을 볼 것이고, 이런 가능성이 있는 사람들이 보험에 가입하는 것을 더욱 제한하려 할 것이다. 역설적으로, 보험을 통한 보호가 정말 필요한 사람들이 보험에 가입하지 못하는 상황이 발생할 수 있다. 한편 주어진 보험 가입 조건과 보험료하에서 정보의 비대칭성이 있다면, 보험에 의해 혜택을 더 많이 볼 수 있는 사람들만 보험에 가입하려고 할 것이므로, 공급자는 손실을 피하기 어려울 것이다. 그러므로 민간보험은 사회적으로 봤을 때 충분하지 못한 수준으로만 공급되기 마련이고, 보험 시장이 효율적으로 작동하기도 어려울 것이다. 둘째 이유는 도덕적 해이(moral hazard) 현상의 발생 가능성이다. 여기서 도덕적 해이 현상이란, 보험 가입 이후 가입자가 사고에 성실히 대비하지 않아서 사고 발생 확률이 더 높아지는 현상을 일컫는다. 예를 들어, 자신의 집에 대해 화재보험을 가입하고, 화재 예방에 대한 주의를 게을리 하는 것이다. 이러한 경우 민간보험이 제 기능을 발휘하지 못할 수 있으며, 정부가 경제주체들에게 의무적으로 보험에 가입하도록 하여 사회적으로 위험을 공동부담(pooling)하도록 하여 불완전 보험의 문제를 어느 정도 해결할 수 있을 것이다.

3) 자본시장의 불완전성

사람들은 교육, 질병, 실업 등 여러 가지 이유 때문에 자신의 소비 수준에 비해 일시적으로 소득이 매우 적은 상황을 경험할 수 있다. 만약 자본시장이 불완전하여 이러한 상황에 닥친 사람들이 필요 자금을 대출 받을 수 없다면, 정부가 나서서 제도적으로 대출을 주선함으로써 평생 동안 개인이 벌어들이는 소득을 생애 시기별로 재배분하도록 도와 줄 수 있을 것이다.

16.2 바람직한 사회보장제도

사회보장제도가 발달한 유럽 국가들의 경험에 비춰보면 사회보장제도가 지나칠 경우 개인의 근로의욕을 낮추고 정부의 재정여건을 악화시키는 문제를 일으킬 수 있다는 사실을 알 수 있다. 그러므로 사회보장제도를 확충해가는 우리나라의 입장에서는 바람직한 사회보장제도가 갖추어야 할 특성에 대해 이해할 필요가 있다.

16.2.1 경제적 효율성

일반적으로 여러 사회보장제도들은 경제주체들의 저축성향이나 근로의욕에 대해 부정적인 영향(disincentive)을 줄 수 있다고 알려져 있다. 그러므로 이러한 가능성을 통제하여 경제적 효율성(economic efficiency)을 잃지 않도록 제도를 설계하여야 할 것이다. 잘못 설계된 사회보장제도가 일으킬 수 있는 문제로 빈곤함정(poverty trap)과 실업함정(unemployment trap)을 들 수 있다. 여기서 빈곤함정이란, 빈곤층의 노동자가 새로 취업하거나 더 열심히 일하여 세전 소득이 증가하였음에도 불구하고 세후 소득은 오히려 줄어들어 열심히 일할 유인을 제대로 받지 못하고, 이로 인해 빈곤 상태에 계속 머무르는 상황을 일컫는다. 빈곤함정은 주로 기초생활보장제도와 같은 사회보장제도하에서 수급 대상이 소득이나 자산 수준 등에 의해 결정되는 경우 발생할 수 있다. 예를 들어, 취업 이전에는 소득 수준이 낮아 사회보장제도의 수급 대상이 되어 혜택을 받다가, 취업을 통해 소득이 증가하여 수급 대상에서 제외되었지만, 정작 증가한 소득 수준이 예전에 받던 사회보장 혜택에 비해 크지 않다면, 수급 대상자가 누리는 전반적인 생활수준이 감소할 것이고, 이는 대상자가 취업을 통해 빈곤 상태에서 벗어나려고 노력할 유인을 줄이도록 작용할 것이다. 마찬가지로 고용보험과 같은 실업급여 제도하에서 실업함정이 발생할 수 있다.

16.2.2 행정적 효율성

사회보장제도는 가능하면 적은 비용으로 정책 목표를 달성할 수 있어야 한다. 예를 들어, 100만원의 사회부조를 지급하는데 100만원 이상의 행정비용이 소요된다면, 이 제도가 행정적 효율성(administrative efficiency)을 갖추고 있다고 보기 어려울 것이다. 행정비용이 많이 드는 이유로는 복잡한 제도, 과도한 행정 인건비, 비효율적인 정보 수집·관리 관행 등을 예로 들 수 있을 것이다.

16.2.3 목표 효율성

사회부조 및 급여는 진정으로 필요한 사람에게만 지급되어야 하고 또 가능하면 필요한 사람은 모두 혜택을 받을 수 있어야 한다. 이러한 조건을 목표 효율성(target efficiency)이라 일컫는다. 여기서 목표 효율성은 여러 빈곤 지표를 통해 사회보장제도가 빈곤 수준을 얼마나 완화했는지 계량화하여 측정할 수 있을 것이다. 다른 한편으로 목표 효율성을 수령률(take-up ratio)을 기준으로 측정할 수도 있다. 여기서 수령률이란, 전체 수혜 대상 중에서 실제로 혜택을 받은 사람들의 비율을 의미한다. 만약 제도 자체가 복잡하여 수혜 대상이 되는지 여부를 스스로 판단하기 어렵거나, 이에 대해 일선 행정관서에 자문을 구하기도 어려운 상황이라면, 수령률이 낮게 나타날 것이다.

16.2.4 최소한의 수치심

사회보장제도는 수령자가 수치심을 갖지 않도록 운영되어야 한다. 이러한 수치심은 사람들로 하여금 수혜자격이 있는 사회부조조차도 신청하지 않게 만들어 수령률을 낮추는 원인이 된다. 특히 자산심사(means test) 제도는 상당한 정도의 수치심을 유발하는 것으로 평가되고 있다.

16.2.5 보편성

사회보장제도는 수혜자가 신청하는 경우에만 지급될 수 있는데 많은 사람들이 그러한 제도의 존재조차 모를 수도 있다. 따라서 사회보장제도는 보편성(comprehensibility)을 지녀 수혜자격이 있는 사람들이 자동적으로 혜택을 받을 수 있도록 고안되어야 한다.

하지만 현실의 사회보장제도가 앞에서 설명한 특성들을 동시에 만족시키는 것은 어려울 것이다. 이는 여러 특성들 사이에 서로 상충하는 점이 있기 때문이기도 하다. 예를 들어 어떤 사회보장제도를 설계하는데 있어 목표 효율성을 높이고자 한다면, 행정 비용이 상승하여 행정적 효율성이 감소할 수 있고, 자산 심사 등을 통해 수혜 대상을 엄격히 통제하려고 한다면 심사 과정에서 수혜 대상자들에게 불필요한 수치심을 불러일으킬 가능성도 있다.

16.3 사회보장제도의 종류

사회보장제도는 화폐급여(cash benefit)와 비화폐급여(benefit in kind)로 구분된다. 화폐급여는 화폐의 형태로 지불되는 사회보장제도로, 이는 다시 기여적 급여(contributory benefit)와 비기여적 급여(non-contributory benefit)로 구분된다. 기여적 급여는 급여의 자격을 얻기 위해 수혜자들이 보험금을 사전에 불입해야 하는 것으로 사회보험(social insurance)이 여기에 속한다. 그리고 비기여적 급여는 보험금을 불입하지 않고 무상으로 지급받는 것으로 사회부조(social benefit)가 여기에 해당한다. 한편 비화폐급여는 화폐 이외에 현물이나 서비스의 형태로 지불되는 사회보장제도를 의미한다. 여기에서는 사회보험과 사회부조에 대하여 설명하도록 하겠다.

16.3.1 사회보험

사회보험은 민간보험과 비교하여 일반적으로 보험가입이 의무적이고 계약조건이 덜 구체적이라는 점에서 차이가 있다. 이는 민간보험이 사고 발생의 확률을 어느 정도 예측할 수 있는 우발사고(contingency)에 대비하기 위한 것인 데 반하여 사회보험은 예측불가능한 우발사고에 대비하는 것이기 때문이다. 따라서 사회보험은 민간보험이 취급할 수 없는 불확실성으로부터 경제주체들을 보호하는 데 목적이 있다. 사회보험의 예로는 연금보험, 질병보험, 실업보험 등이 있는데, 각각의 사회보험에 대해 알아보도록 한다.

연금보험(retirement pension)은 생애 동안 일정기간 이상 기여금을 납부한 사람들에게 은퇴 이후에 일정한 연금을 지불하는 제도이다. 연금보험의 기여금은 소득에 관계없이 균등액(flat rate)으로 책정될 수도 있고, 소득에 연계하여 책정될 수도 있다. 한편 기여금 납부자가 사망한 후에는 배우자나 자녀들에게 삭감된 액수의 연금급여가 계속 지불되기도 한다.

연금보험의 재원조달방식은 크게 적립방식(funded system)과 부과방식(pay-as-you-go system)으로 나누어진다. 적립방식은 연금보험료 수입으로 기금을 조성하여 은퇴 후 적립금에 따라 연금을 받도록 하는 제도이다. 즉 적립방식에 의

한 연금은 정부에 의한 의무적 저축의 성격을 갖고 있는 셈이다. 반면 부과방식은 각 시점의 경제활동 인구가 납부한 보험료 수입으로 그 시점에 은퇴한 인구에게 연금을 지급하도록 하는 제도이다. 즉 부과방식에 의한 연금 제도하에서는 목적세 성격의 연금보험료로 연금 재원이 충당되는 것이다. 적립방식과 부과방식은 급여혜택대상의 범위와 국민저축에 미치는 영향에서 차이가 난다.

먼저 적립방식의 경우는 일정기간 동안 보험료를 납부한 가입자만이 급여혜택을 받을 수 있다. 한편 부과방식의 경우 도입초기에는 보험료를 납부하지 않은 노후계층도 급여혜택을 받을 수 있다. 그 다음으로 다른 조건이 일정할 경우 적립방식은 부과방식에 비해 국민저축을 증가시키는 효과가 있다. 이는 연금제도의 도입이 각 개인의 노후를 대비한 민간저축을 감소시키는 효과가 있지만, 적립방식의 경우 부과방식과는 달리 기금조성액만큼의 정부저축이 늘어나게 되어 민간저축의 감소분을 상쇄시켜 주기 때문이다. 결론적으로 말하면, 부과방식은 도입당시의 노령세대나 특정세대에게 기여분 이상의 급여혜택을 부여함으로써 사회후생을 증대시키는 효과가 있는 반면에, 장기적으로는 국민저축의 감소로 인해 자본축적이 감소하여 경제성장 및 다음세대의 사회후생에 부정적 영향을 미칠 가능성이 있다.

질병보험(sickness insurance)은 보험료 납부실적이 있는 경우 피고용인이 질병으로 인하여 일을 할 수 없을 때 질병급여를 받을 수 있도록 하는 제도이다.

실업보험(unemployment insurance)은 보험료 납부실적이 있는 사람이 실직한 경우 일정 기간 동안 실업수당을 지불하는 제도이다. 하지만 정해진 기간이 지나면 실업급여의 수혜자격을 잃는다. 이후 재취업하여 법에 정해진 기간 동안 일을 하고 실업보험금을 납부하면 다시 실업보험금의 수혜자가 될 수 있다.

16.3.2 사회부조

사회부조는 사회보장세나 사회보험금의 납부여부와 관계없이 도움이 필요한 사람에게 급여를 지불하도록 하는 제도이다. 이 제도는 지급방법에 따라 자산심사급여(means-tested benefit)와 보편적 급여(universal benefit)로 나눌 수 있다. 자산심사급여는 소득과 자산이 일정한 수준 이하인 사람에게만 주어지는 급여로,

다양한 형태의 소득보조(income support)가 이에 해당한다. 자산심사급여의 주요 목표는 빈곤의 완화에 있다. 반면 보편적 급여제도하에서는 수혜자의 소득이나 자산 수준이 아닌 다른 기준에 의하여, 예를 들어, 나이 또는 자녀수와 같은 기준에 의하여, 수급 대상이 결정된다. 그리고 이러한 기준을 충족시키는 사람 모두에게 동일한 액수로 급여를 지불한다. 보편적 급여의 주요 목표는 빈곤의 완화라기보다는 해당 급여대상의 복지증진에 있다. 따라서 보편적 급여는 해당 급여대상이 빈곤층에 속하든 부유층에 속하든 상관없이 급여를 지불하도록 함으로써 사회구성원 사이의 결속을 다지는 데 기여할 수 있다.

16.4 빈곤의 개념과 측정

16.4.1 빈곤의 개념

일반적으로 빈곤은 사회적으로 받아들이기 힘든 생활수준으로 정의되고, 이러한 생활수준 이하에 처해 있는 사람들을 빈곤층이라고 부른다. 그리고 빈곤의 개념에는 절대적 빈곤과 상대적 빈곤이 있는데, 이들을 차례로 살펴보기로 한다.

(1) 절대적 빈곤

절대적 빈곤(absolute poverty)은 인간이 제대로 삶을 유지할 수 있는 최저수준 이하의 생활수준이라고 정의된다. 이러한 최저수준은 생물학적으로 필요한 최소한도의 생활수준에서 결정된다. 예를 들어 인간의 신체와 정신을 함께 유지하기 위해 필요한 최소한도의 영양분의 섭취량을 위한 생계비가 그것이다. 이러한 최저생계비지출(subsistence expenditure)을 빈곤선이라고 하며, 이는 영국의 라운트리(Rowntree, 1901)에 의해 처음 제시되었다. 1899년 요크(York)지방의 빈곤에 관한 연구에서 그는 기본적인 영양분을 섭취하기 위해 필요한 최소한도의 소득을 빈곤선으로 규정하였다. 하지만 이 기준에 의하면 선진국에서는 현재 빈곤층에 속하는 사람이 거의 존재하지 않는다.

이와 같은 절대적 수준의 빈곤 개념은 타운젠드(Townsend, 1954)와 레인

(Rein, 1970)에 의해 비판을 받는데, 주요 내용은 빈곤선을 위한 근거로서 사용될 수 있는 생존수준이 유일하게 정의될 수 없다는 것이다. 음식의 경우에도 사람에 따라 활동량이 다르므로 생존수준이 유일하게 규정될 수 없으며, 음식 이외의 경우에는 더욱 규정하기 어렵다는 것이다. 그러므로 빈곤선이란 절대수준으로 정의되기보다는 특정한 시대의 특정한 사회와 연관되어서만 정의될 수 있는 것이다. 다시 말해서 빈곤은 상대적 관점에서 논의되어야 할 것이다.

(2) 상대적 빈곤

한 사회에서 받아들이기 힘든 생활수준을 상대적으로 정의할 수 있다. 이러한 경우 절대적 빈곤을 정의할 때와는 달리 해당 사회의 구성원들이 향유하고 있는 생활수준과 비교하여 상대적으로 빈곤선을 정의할 수 있는 것이다. 어떤 사람이 기아선상에 허덕이지 않더라도 자신은 상대적으로 빈곤하다고 느낄 수 있으며, 이러한 느낌은 실제로 사회문제를 일으키는 원인으로 작용할 가능성이 있다.

한 사회에서 상대적 빈곤(relative poverty)의 개념을 적용하여 빈곤선을 정의할 경우, 해당 사회의 생활수준이 높아짐에 따라 빈곤선도 높아질 것이다. 그러므로 상대적 빈곤 개념을 적용하여 빈곤선을 정의하면 사회에서 빈곤을 완전히 제거하는 것이 불가능할 것이라고 생각할 수 있다. 하지만 이는 잘못된 생각이다. 상대적으로 빈곤을 정의하는 경우에도 구체적인 빈곤선의 정의에 따라 빈곤을 완전히 제거하는 것이 가능할 수 있다. 예를 들어, 빈곤선을 평균소득 또는 중위소득의 절반으로 정의한다면, 소득분포에 따라 빈곤선 이하에 있는 사회구성원이 없을 수도 있는 것이다. 반면 주어진 소득분포에서 하위 사분위에 해당하는 소득을 빈곤선으로 정의한다면, 상대적 빈곤을 완전히 제거하는 것은 불가능할 것이다.

16.4.2 빈곤의 측정

빈곤을 측정하기 위해서는 먼저 빈곤선을 정의해야 한다. 앞에서 설명한 대로 빈곤선의 정의는 절대적 빈곤과 상대적 빈곤 중 어느 개념을 사용하느냐에 따라 달라질 것이다. 하지만 일단 빈곤선이 정의되면, 빈곤선 이하의 생활수준에 처한 사람들로 빈곤층을 정의하고, 이를 바탕으로 빈곤의 정도를 측정할 수 있다. 여기에서는 대표적인 빈곤 지표들로 빈곤율(incidence of poverty), 빈곤갭(poverty gap) 등을 먼저 설명하고, 이 두 지표의 약점을 보완하는 센 지수(Sen index)를 이어서 설명하도록 하겠다. 이상의 빈곤 지표들을 정의하는 데 필요한 개념들을 다음과 같이 표기하기로 한다.

n: 전체 인구수
μ: 전체 인구에서의 평균소득
π: 빈곤선
m: 빈곤층 인구수, 즉 빈곤선 이하에 있는 인구수
ν: 빈곤층 인구에서의 평균소득
G_p: 빈곤층 인구에서의 소득분배 지니계수

(1) 빈곤율

빈곤율은 가장 단순하면서 널리 쓰이는 빈곤 지표로서 전체 인구 대비 빈곤층 인구의 비율로 정의된다. 즉 빈곤율의 정의를 다음과 같이 나타낼 수 있다.

$$빈곤율 \quad H = \frac{m}{n}$$

빈곤 지표로서 빈곤율이 갖고 있는 첫 번째 단점은 빈곤선 이하에 있는 사람들의 숫자만 고려할 뿐 그들의 소득이 빈곤선에서 얼마만큼 부족한지를 전혀 반영하지 못한다는 데 있다. 그리고 두 번째 단점은 빈곤층 내부에서 일어날 수 있는 소득재분배에 의해 전혀 영향을 받지 않는다는 것이다. 사회보장제도에 따라 빈곤층 사람들 사이에서 더 가난한 사람으로부터 덜 가난한 사람으로 소득이전이 발생할 수 있다고 하더라도, 빈곤율에는 변화가 없기 때문이다.

(2) 빈곤갭과 소득갭비율

빈곤갭은 모든 빈곤층 인구의 소득을 빈곤선 수준으로 끌어 올리는 데 필요한 총소득으로 정의된다. 우선 전체 인구를 소득의 크기에 따라 배열하여,

$$y_1 \leq y_2 \leq \cdots \leq y_n$$

$$y_m \leq \pi$$

$$\pi < y_{m+1}$$

로 표시하면, 빈곤갭은 다음과 같이 정의된다.

$$\text{빈곤갭} \ \ P_G = \sum_{i=1}^{m} (\pi - y_i) = m(\pi - \nu)$$

빈곤갭을 그림으로 나타내면 <그림 16-1>과 같다. 이 그림에서 수평축은 전체 인구를 소득의 크기순으로 배열한 것이며, 수직축은 소득수준을 나타내는 것인데, 곡선 ABC는 사람들의 소득수준을 연결한 선이다. 여기서 빈곤갭은 음

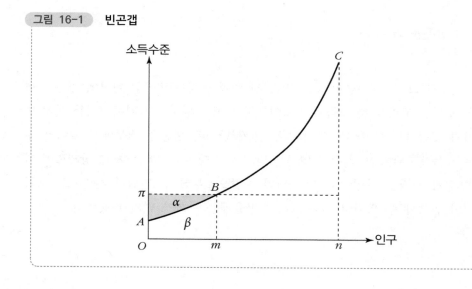

그림 16-1   빈곤갭

영 부분인 πAB의 크기에 해당한다.

이러한 빈곤갭의 문제점으로는 빈곤층 인구수를 반영하지 못한다는 점과 빈곤율과 마찬가지로 빈곤층 내부에서의 소득재분배 효과를 반영하지 못한다는 점을 들 수 있다.

이제 <그림 16-1>에서와 같이 빈곤갭을 α라고 두고 빈곤층의 총소득을 β 라고 두자. 그러면 소득갭비율(income-gap ratio)은 α를 $\alpha + \beta$로 나눈 값으로 정의된다. 달리 표현하자면 소득갭비율은 빈곤갭을 빈곤층 총소득으로 나눈 값을 의미한다.

$$\text{소득갭비율 } I_G = \frac{\alpha}{\alpha + \beta} = \frac{\pi - \nu}{\pi}$$

한편 $\alpha = P_G = m(\pi - \nu)$이고, $\alpha + \beta = m\pi$이므로, 소득갭비율을 $\pi - \nu$를 π 로 나눈 값으로 정의할 수도 있다. 정의상 소득갭비율은 0에서 1 사이의 값을 가진다. 빈곤층이 존재하지 않을 때, 즉 모든 사람들이 빈곤선 이상의 소득을 영위할 때, 소득갭비율은 0이 된다. 반면 모든 빈곤층의 소득이 0일 때, 소득갭비율은 1이 된다.

(3) 센 지수

앞에서 소개한 빈곤 지표들의 문제점을 보완하기 위해 개발된 지표가 바로 센 지수이다. 그 정의는 다음과 같다.

$$\text{센 지수 } S = H[I_G + (1 - I_G)G_p]$$

즉 센 지수는 빈곤율 H와 소득갭비율 I_G에 빈곤층 소득분배 지니계수 G_p를 결합하여 정의된 빈곤 지표이다. 만약 빈곤층의 소득이 모두 동일하다면, 즉 $G_p = 0$이면, 센 지수는 $H \times I_G$이므로, 빈곤율과 소득갭비율의 곱으로 나타난다. 센 지수는 빈곤율과 소득갭비율을 포함하여 정의되었기 때문에, 이 두 빈곤 지표가 지닌 약점을 보완할 수 있으며, G_p를 고려하기 때문에, 빈곤층 인구에서의 소득분배 정도도 반영할 수 있다.

16.5 부의 소득세와 근로장려세제

16.5.1 부의 소득세

부(負)의 소득세(negative income tax)란 한 납세자의 소득이 정해진 수준 이하인 경우 음의 세율을 적용하는 소득세 제도를 의미한다. 음의 세율이 적용되는 최대 소득과 음의 세율 크기에 따라 모든 납세자에게 최소한의 소득 수준을 보장하도록 한다는 데 특징이 있다. 그리고 소득세를 중심으로 사회보장제도를 결합하여, 낮은 소득 수준에 있는 사람이 소득세를 부담하면서 동시에 사회보장제도의 혜택을 받도록 하는 행정적 번거로움 없이 하나의 제도로 일정한 세후 소득 수준을 보장하는 셈이다. 하지만 부의 소득세는 아직 현실에서 제도화된 사례가 없다. 최근 미국, 영국 등을 비롯하여 우리나라에서 운용하는 근로장려세제가 부분적으로 그 취지를 반영하고 있을 뿐이다.

부의 소득세 제도가 갖고 있는 장점은 조세 제도와 사회부조 제도를 통합하여 운영함으로써 한 번의 자산심사를 통해 고소득자의 조세 부담과 저소득자의 사회보장 급여를 동시에 결정할 수 있다는데 있다. 다시 말해, 면세점을 중심으로 그 이상의 소득자는 납세자가 되고 그 이하의 소득자는 부의 소득세, 즉 사회보장급여의 수혜자가 되는 것이다. 부의 소득세 제도를 통해 모든 납세자들에게 일정한 수준의 최소 소득을 보장할 수 있는데, 이를 <그림 16-2>를 통하여 살펴보자. 그림에서 수평축은 세전 소득을, 수직축은 세후 소득을 나타낸다. OA는 세금이 존재하지 않는 경우, 즉 세전 소득과 세후 소득이 같을 경우를 나타낸다. 여기서 세전 소득이 면세점 Y_E 이상인 사람은 BC 곡선을 따라 세금을 부담하고, Y_E 이하인 사람은 BC 곡선의 연장선인 DB를 따라 부의 소득세, 즉 사회보장급여를 받는다. 이 경우 보장된 최저소득은 OD이다.

조세제도를 활용하여 납세자의 최저소득을 보장한다는 데 있어 유사한 제도라고 볼 수 있는 사회배당금(social dividend) 제도에 대해서도 살펴보자. 이 제도는 모든 사람에게 사회배당금, 즉 기초최저소득 OD를 제공한다. 그 다음에 이 최저소득을 포함한 총소득에 대해 DBC곡선을 따라 세금을 납부하도록 한다.

부의 소득세 제도가 단순성을 유지하기 위해서는 충분한 수준의 최저소득을

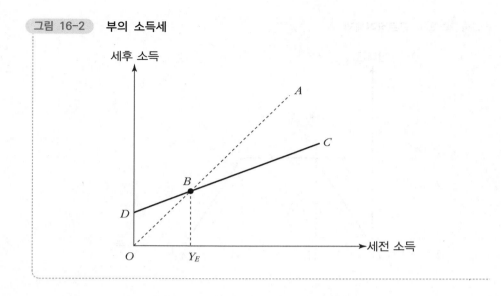

그림 16-2　부의 소득세

세후 소득

A

C

B

D

O　　*Y_E*

세전 소득

보장해야 하나 이는 상당한 조세부담을 초래할 수 있다. 만약 이러한 조세부담을 피하기 위해 충분치 못한 최저소득이 설정된다면, 빈곤층의 개별적인 필요를 충족시키기 위해 다양한 사회보장급여를 함께 운영하여야 할 필요가 있다.

16.5.2 근로장려세제

근로장려세제는 저소득 가구에 대해 근로유인을 제공하기 위해 도입된 환급형 소득세 세액공제 제도이다. 가구별로 소득·재산 등의 조건을 충족하여 근로장려금 수급 대상이 되면, 근로소득 구간에 따라 장려금이 증가, 유지, 감소하여, 일정 소득 이상에서는 장려금이 없는 구조로 제도가 설계된다. 경제활동 참여여부와 상관없이 사회부조를 지급하는 경우 수급 가구의 근로유인을 줄이고 사회적으로 노동 공급도 줄어드는데, 근로장려세제는 사회보장제도에 의한 노동시장 왜곡 문제를 완화하기 위해 도입된 제도이다.

<그림 16-3>에서 수평축은 소득을 수직축은 장려금을 나타낸다. 수평축에서 소득이 0부터 Y_1 이하인 가구는 소득이 증가하면서 더 많은 장려금을 받는다. 그리고 소득이 정확히 Y_1이 되면 장려금도 최대가 된다. 소득이 Y_1부터

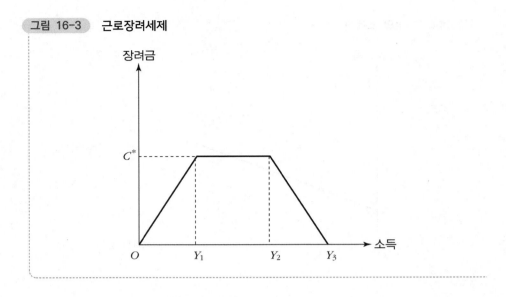

그림 16-3　근로장려세제

Y_2 이하인 가구는 동일하게 최대 장려금 C^* 를 받는다. 그리고 소득이 Y_2 부터 Y_3 이하인 가구는 소득이 증가하면서 장려금도 점점 줄어든다. 소득이 Y_3 를 초과하는 가구는 장려금을 받지 못한다. 소득이 Y_2 부터 Y_3 까지인 가구에 대해 소득이 증가할수록 더 적은 장려금을 받도록 제도를 설계하는 이유는, 이 구간에 속한 가구와 소득이 Y_3 를 넘는 가구 사이에 장려금에 의한 소득 역전 현상이 일어나는 것을 방지하기 위해서이다.

참고문헌

김재진 · 이혜원, 『근로장려세제와 두루누리 사회보험 지원사업 연계방안』, 한국조세재정연구원, 2012.

이두호 · 최일섭 · 김태성 · 나성린, 『빈곤론』, 나남, 1991.

Barr, N., *The Economics of the Welfare State*, 2nd ed., Weidenfeld and Nicolson, 1993.

Prest, A. R., and N. Barr, *Public Finance in Theory* and Practice, Weidenfeld and Nicolson, 1979.

Rowntree, B. S., *Poverty: A Study of Town Life*, London: Macmillan, 1901.

Townsend, P., "Measuring Poverty," *British Journal of Sociology* 5 (1954).

Rein, M., "Problems in the Definition and Measurement of Poverty," in P. Townsend, ed., The *Concept of Poverty*, London: Heinemann, 1970.

우리나라의 사회보장제도

17

우리나라의 사회보장제도

우리나라에서 근대적 의미의 사회보장제도가 도입된 것은 1960년대에 들어와서이다. 그 이후 사회보장정책은 경제성장에 미칠지도 모를 부정적 영향으로 말미암아 항상 정부정책의 주관심사에서 벗어나 있었다. 그럼에도 불구하고 사회복지재정투자는 꾸준히 확대되어 1980년대에 들어와서는 전국민 의료보험제도의 실현, 국민연금제도와 최저임금제도의 도입 등으로 사회보장제도의 기본골격을 갖추었고, 1990년대에는 고용보험이 도입되고 이어서 국민기초생활보장법의 제정을 통하여 제도적인 측면뿐만 아니라 내용면에서도 보다 충실해졌다.

이러한 우리나라의 사회보장제도는 사회부조, 사회보험 및 사회복지서비스로 구성되어 있다. 다음에서는 이 제도들을 구체적으로 살펴보도록 하겠다. 그리고 우리나라의 조세와 사회보장 제도가 빈곤완화에 어느 정도 기여하였는지에 대해서도 알아보도록 한다.

17.1 우리나라의 사회부조

사회부조(social benefit)[1]는 생활상의 곤란으로 경제적인 지원이 필요한 사람들에게 최저한의 생활을 보장하기 위한 사회보장제도로서, 2000년 10월부터 시

---

1) 이를 과거에는 공적부조(public benefit)라고 불렀으나, 공적부조는 일본식 표현인데다 사회부조가 더 포괄적이므로 근래에는 사회부조를 더 많이 사용하고 있다. 종종 공적부조를 공공부조라고 부르기도 한다.

행된 국민기초생활보장제도를 근간으로 한다. 국민기초생활보장제도는 자신이나 가족의 힘으로 생계를 유지할 능력이 없고 최저생활수준 이하에 있는 사람에게 생계, 의료, 주거, 교육 등의 급여를 통해 기본적인 생활을 국가가 보장하고, 근로능력이 있는 사람에게는 체계적인 자활지원서비스를 제공하여 자립을 지원하는 제도이다. 이는 기존의 시혜적 단순 보호차원의 생활보호제도로부터 저소득층에 대한 국가의 책임을 강화하는 복지시책으로의 대전환을 의미하며, 보호가 필요한 절대빈곤층의 기초생활을 국가가 보장하되, 종합적 자활·자립서비스의 체계적 지원을 통해 생산적 복지를 구현하는 데 그 의의가 있다.

국민기초생활보장 수급자로서 급여를 받기 위해서는 부양의무자가 없거나 부양의무자가 있어도 부양능력이 없거나 부양을 받을 수 없는 자로서, 개별가구의 소득인정액이 급여종류별 선정기준 이하에 해당되어야 한다. 다만, 주거와 교육 급여의 경우에는 부양의무자 기준을 적용하지 않는다. 생계, 의료, 주거, 교육 급여에 따라 각각 수급자를 결정하며, 급여별로 수급자 선정 기준을 다르게 정하고 있다. 개별 가구의 소득인정액 수준에 따라 동시에 여러 급여의 수급자가 될 수 있다. 2020년 기준으로 소득인정액이 생계급여는 기준 중위소득의 30%, 의료급여는 40%, 주거급여는 45%, 교육급여는 50% 이하인 경우, 해당 급여의 수급자로 선정된다. 여기서 가구별 소득인정액은 소득평가액과 재산의 소득환산액을 합산하여 산출한다. <표 17-1>에서 2020년도 기준 급여별 수급자 선정기준과 소득인정액 산정방식에 대해 보여주고 있다.

(1) 생계급여

생계급여는 수급자에게 의복·음식물 및 연료비와 기타 일상생활에 기본적으로 필요한 금전을 지급하여 그 생계를 유지하게 하는 것이다. 예외적인 상황에서 금전 대신에 물품으로 지급할 수도 있다. 개별 수급가구의 생계급여액은 기준 중위소득의 30%에 해당하는 최저보장수준에서 소득인정액을 뺀 것으로 결정된다. <표 17-2>에서 보듯이, 일반생계급여, 긴급생계급여, 시설생계급여로 구분할 수 있다.

	1인 가구	2인 가구	3인 가구	4인 가구	5인 가구	6인 가구	7인 가구
중위소득	1,757,194	2,991,980	3,870,577	4,749,174	5,627,771	6,506,368	7,389,715
생계급여	527,158	897,594	1,161,173	1,424,752	1,688,331	1,951,910	2,216,915
의료급여	702,878	1,196,792	1,548,231	1,899,670	2,251,108	2,602,547	2,955,886
주거급여	790,737	1,346,391	1,741,760	2,137,128	2,532,497	2,927,866	3,325,372
교육급여	878,597	1,495,990	1,935,289	2,374,587	2,813,886	3,253,184	3,694,858

소득인정액 산정방식

소득인정액 = 소득평가액 + 재산의 소득환산액

- 소득평가액 = 실제소득 − 가구특성별 지출비용 − 근로소득공제
- 재산의 소득환산액 = (재산 − 기본재산액 − 부채) × 소득환산율
- 재산 종류별 소득환산율: 주거용 재산 (월1.04%), 일반재산 (월4.17%), 금융재산 (월6.26%)

주: 8인 이상 가구에 대해서는 7인보다 1인 증가할 때마다 7인 기준과 6인 기준의 차이를 7인 기준에 더하여 산정

자료: 2020 보건복지백서

→ 표 17-2 **생계급여의 내용**

생계급여	급여 내용	급여 대상자	급여액 산정기준
일반 생계급여	수급자에게 의복·음식물 및 연료비, 기타 일상생활에 기본적으로 필요한 금품을 지급	(1) 가구의 소득인정액이 생계급여 선정기준 이하로서 생계급여 수급자로 결정된 수급자 (2) 다만, 타 법령에 따라 국가 또는 지방자치단체 등으로부터 생계를 보장받는 자는 제외	생계급여액 = 생계급여 최저보장수준 − 소득인정액
긴급 생계급여	수급자로 보장결정 이전에 긴급히 생계급여를 지급하여야 할 필요가 있는 경우 시장·군수·구청장이 직권으로 긴급 생계급여 실시	(1) 주소득원의 사망, 질병, 부상, 사고, 파산 등으로 갑자기 생계유지가 어려운 경우 (2) 부모의 가출, 행방불명 등으로 갑자기 생계유지가 어려운 경우 (3) 천재지변 등으로 재산 손실이 발생하여 갑자기 생계유지가 어려운 경우 (4) 거주지 외의 지역에서 거주하고 있으나 소득이 없어 생계유지가 어려운 경우 (5) 기타 긴급한 경우	기준 중위소득의 15%에 해당하는 금액

생계급여	급여 내용	급여 대상자	급여액 산정기준
시설 생계급여	시설 생활에 필요한 주식비, 부식비, 취사용연료비, 의류 · 신발비 등을 현금으로 지급	(1) 보장시설 수급자 선정기준(기준 중위소득 40% 이하)에 따른 절차를 거쳐 수급자로 결정된 입소자에 한해 생계급여 지급 (2) 수급자는 아니나 보장시설의 자체 입소기준에 따라 입소하는 경우 생계급여 또는 의료급여 수급자로 선정되는 경우에만 보장시설 생계급여 지급 (3) 일시보호시설 등의 생활자로서 보장시설 수급자 선정절차 진행 중에 급여지급이 우선적으로 필요하다고 시·군·구청장이 판단하는 경우에는 긴급생계급여 실시 가능	보장시설 수급자 1인당 월급여 지급기준에 따라 산정

자료: 2021년 국민기초생활보장 사업안내

→ 표 17-3 **의료급여 진료비 부담기준**

구분		본인부담금
1종	외래	• 보건소 · 보건지소 및 보건진료소에서 진료하는 경우: 없음 • 1차 의료급여기관 1,000원 • 2차 의료급여기관 1,500원 • 3차 의료급여기관 2,000원 • PET, MRI, CT 등: 급여비용의 5%
	입원	• 무료
	약국	• 500원
2종	외래	• 보건소 · 보건지소 및 보건진료소에서 진료하는 경우: 없음 • 1차 의료급여기관: 1,000원 • 2차, 3차 의료급여기관: 급여비용의 15% • PET, MRI, CT 등: 급여비용의 15%
	입원	• 의료급여기관의 입원 진료: 급여비용의 10%
	약국	• 500원

자료: 2020 보건복지백서

(2) 의료급여

의료급여는 생활유지능력이 없거나 경제능력을 상실한 사람들을 대상으로 정부가 의료 서비스를 제공하는 제도이다. 국민기초생활보장법에 의한 수급권자와 이재민, 의사상자, 국가유공자 및 중요무형문화재 보유자 등 타 법에 의한 대상자 및 법령상 일정한 조건을 갖춘 행려환자를 의료급여 수급권자로 선정한다.

의료급여 수급권자 중 국민기초생활보장법에 의한 수급자는 1종 및 2종 수급권자로 구분하여 본인부담금에 차등을 두고 있다. 근로능력이 없는 가구의 구성원은 1종, 근로능력이 있는 가구의 구성원은 2종 수급권자로 구분한다. <표 17-3>에서 종별 의료급여 진료비 부담기준을 보여주고 있다. 수급권자의 진료비 중에서 본인부담금을 제외한 금액을 정부가 지원한다.

(3) 주거급여

주거급여의 경우, 임차가구에게는 지역별·가구원수별로 산정한 기준임대료를 상한으로 지급하며, 자가가구에게는 주택의 보수범위별 수선비용을 지원한다.

(4) 교육급여

교육급여의 경우, 초등학생에게 부교재비, 중학생에게 부교재비, 학용품비, 고등학생에게 수업료, 입학금, 교과서대금, 학용품비를 지원한다.

(5) 해산급여

해산급여는 생계, 의료, 주거 급여 중 하나 이상의 급여를 받는 수급자가 조산을 했거나 분만하기 전후로 조치가 필요한 경우에 지급한다. 해산급여액으로 1명당 현금 700,000원을 지급한다.

(6) 장제급여

장제급여는 생계, 의료, 주거 급여 중 하나 이상의 급여를 받는 수급자가 사망하여, 사체의 검안, 운반, 화장 또는 매장, 그 밖의 장제조치가 필요한 경우에 지급한다. 장제급여액은 1구당 현금 800,000원이며, 실제로 장제를 실시하는 사람에게 지급한다.

(7) 자활급여

자활급여는 기초생활보장 수급자의 자활을 조성하기 위하여 근로기회를 제공하는 제도이다. 수급자가 자활에 필요한 근로능력과 기능을 습득하도록 공익성이 높은 사업이나 지역주민의 복지향상을 위하여 필요한 사업 등에서 수급자가 유급으로 근로할 수 있는 기회를 제공한다.

17.2 우리나라의 사회보험

우리나라의 사회보험제도는 1960년대 공무원 및 군인연금, 산재보험의 도입으로부터 시작되었다. 1970년대에는 사립학교 교직원 연금, 공무원 및 사립학교 교직원 의료보험제도가 실시되었으며, 1980년대에는 국민연금제도의 시작과 아울러, 농어촌지역 의료보험이 도입되었다. 그리고 1989년부터 의료보험이 도시지역까지 확대되어 전국민 의료보험이 실현되었다. 그리고 1995년에 고용보험이 도입됨으로써 사회보험제도가 완성되었다. 여기에서는 우리나라의 사회보험제도를 종류별로 알아보도록 하겠다.

17.2.1 국민연금

국민연금은 소득 활동을 하는 사람이 소득 활동기에 보험료를 납부하였다가 일정한 연령이 되거나, 갑작스런 사고나 질병으로 사망 또는 장애를 입어 소득 활동이 중단된 경우, 본인이나 유족에게 연금을 지급하여 안정된 생활을 할 수 있도록 도와주는 소득보장 제도이다. 민간연금과 달리, 국민연금은 사회보험 원리에 따라 가입이 강제되고 보험료율과 연금 지급에 대한 내용이 법률로 정해지며, 국가의 책임으로 운영된다.

우리나라에서 국민복지연금법이 제정된 것은 1973년이지만 국민연금제도가 본격적으로 도입된 것은 1988년이었다. 도입 당시에는 상시 10인 이상의 근로자를 고용하는 사업장에 대하여 국민연금제도를 실시하였다. 이후 1992년부터는 5인 이상, 1995년부터는 농어촌 지역 주민, 1999년부터는 도시 지역 주민에게까지 확대되었다. 그 후 2003년부터는 지역가입자 중 5인 미만 사업장의 가입자를 사업장가입자로 편입하고, 2006년부터는 근로자 1인 이상 사업장의 가입자도 사업장가입자로 편입하였다. 2020년 현재, 총가입자는 약 2,211만 명에 이르고, 사업장가입자는 1,432만 명에 이른다. 제도가 시행된 1988년부터 2020년 현재까지 연금보험료 및 기금운용수익금 등으로 총 1,068.5조원을 조성하였고, 이 중에서 234.8조원을 연금급여 지급 등으로 지출하였으며, 833.7조원을 적립금 등으로 운용하고 있다.

국민연금의 적용대상은 국내에 거주하는 18세 이상 60세 미만의 모든 국민이다. 공무원, 군인, 사립학교 교직원들은 별도의 연금제도를 가지고 있으므로 대상에서 제외한다. 국민연금 가입자는 사업장가입자, 지역가입자, 임의가입자, 임의계속가입자로 구분된다.

사업장가입자는 국민연금에 가입된 사업장의 18세 이상 60세 미만의 사용자와 근로자로서 국민연금에 가입된 자를 말한다. 1인 이상의 근로자를 사용하는 사업장 또는 주한 외국 기관으로서 1인 이상의 대한민국 국민인 근로자를 사용하는 사업장에서 근무하는 18세 이상 60세 미만의 사용자와 근로자도 당연히 사업장가입자가 된다.

지역가입자는 사업장가입자가 아닌 18세 이상 60세 미만의 당연적용가입자이다. 정부가 제도적으로 사업장의 범위를 넓히면서, 지역가입자를 사업장가입자로 점차 전환하고 있다.

임의가입자는 사업장가입자와 지역가입자는 아니지만, 본인의 희망에 따라 국민연금에 가입한 경우를 말한다. 다른 공적연금에서 퇴직연금 등을 수급할 수 있는 자, 공적연금가입자 및 수급자의 무소득배우자 등이 가입을 희망하여 국민연금에 가입한 경우이다.

임의계속가입자는 60세 이후에 본인의 희망에 따라 65세가 될 때까지 신청하여 국민연금에 가입한 사람을 말한다. 과거에는 가입 기간이 20년 미만인 가입자로서 60세가 된 자만 가입이 가능하였으나 2011년부터는 보험료 납부 사실

→ 표 17-4 국민연금 가입 현황

구 분	사업장가입자	지역가입자	임의가입자	임의계속가입자
가입 대상	국민연금에 가입된 사업장의 18세 이상 60세 미만의 사용자와 근로자	사업장가입자가 아닌 18세 이상 60세 미만의 당연적용가입자	사업장가입자와 지역가입자는 아니지만, 본인의 희망에 따라 국민연금에 가입	60세 이후에 본인의 희망에 따라 65세가 될 때까지 신청하여 국민연금에 가입
가입 인구	1,432만 명	690만 명	36만 명	53만 명

자료: 2020 보건복지백서

이 없는 자, 노령연금수급자, 가입 기간 10년 미만으로 반환일시금을 지급받은 자를 제외하고는 가입이 가능하도록 가입 요건을 완화하였다. <표 17-4>에서 국민연금 가입 현황을 요약하여 보여주고 있다.

(1) 재원조달

우리나라 현행 국민연금은 기본적으로 기여원칙에 따른 적립방식(funded system)으로 재원을 조달한다. 즉 가입자는 근로기간 또는 가입기간 동안 보험료를 납부하고, 정부는 보험료 수입으로 기금을 조성, 운영하여 가입자가 은퇴한 후 급여를 지급한다. 이러한 연금수급관리업무와 기금운용에 대한 책임은 보건복지부 산하의 국민연금공단이 맡고 있다.

연금보험료는 가입자의 소득 신고 또는 정기 결정에 의하여 결정되는 기준소득월액에 2020년 보험료율인 9%를 곱하여 산정한다. 사업장가입자의 경우 연금보험료를 본인과 사업장의 사용자가 각각 절반씩(4.5%) 부담한다. 사업장가입자를 제외한 가입자는 본인이 전액 부담한다. 기준소득월액은 상·하한액의 범위 내에서 결정되는데, 2020년 기준 하한액은 32만원, 상한액은 503만원이다. 국민연금 전체가입자의 3년간 평균 소득월액 상승률에 연동하여 매년 상·하한액을 조정한다.

(2) 연금급여의 종류

국민연금 급여는 지급 방법에 따라 매월 정기적으로 지급하는 연금급여와 일시금급여로 구분할 수 있다. 연금급여에는 노령연금, 장애연금, 유족연금이 있고, 일시금급여에는 반환일시금, 사망일시금이 있다.

노령연금은 국민연금에 10년 이상 가입하고 60세에 도달한 때부터 수령한다. 다만 1953년생부터는 5년마다 1세씩 상향 조정되어 만 61세부터 만 65세까지 지급 연령이 변동된다. 만약 소득이 없거나, 월평균 소득금액이 법령에서 정하는 수준 이하이면, 60세에 도달하기 이전부터 연금을 수령할 수도 있다.

한편 질병, 부상을 처음 진단 받을 당시 일정한 가입 기간을 경과하였고, 완치 후에도 신체상 또는 정신상 장애가 있는 경우에 장애등급에 따라 장애연금을 받을 수 있다. 노령연금수급권자, 장애등급 2급 이상인 장애연금 수급권자 등이 사망한 때에는 유족이 유족연금을 받을 수 있다.

(3) 연금급여의 산정과 수준

연금급여액은 기본연금액과 부양가족연금액을 합산하여 산정한다. 여기서 기본연금액은 연금수급 직전 3년간의 전국소비자물가변동률을 반영한 전체 가입자 평균 소득월액의 평균액과 가입자 개인의 가입 기간 중 기준 소득월액의 평균액을 기초로 한 공식을 이용하여 계산한다. 부양가족연금액은 수급권자에 의하여 생계를 유지하는 배우자, 자녀가 있는 경우에 지급하는 부가급여인데, 가족수당과 같은 성격을 갖고 있다.

2020년 12월에 지급된 국민연금의 급여 수준을 보면, 전체 노령연금 수급자의 평균 급여액은 약 54만원이었고, 20년 이상 가입자의 평균 급여액은 약 93만원이었다.

17.2.2 기초연금

우리나라에서는 인구 고령화가 매우 빠르게 일어나고 있다. 하지만 늘어나는 고령층의 노후 준비는 충분하지 못한 수준이다. 노후 소득보장을 위해 국민연금제도를 시행하고 있지만, 노인 중 일부(2020년 기준 약 42.5%)만 국민연금을 수급하고 있고, 평균 수급액은 월 50만원 수준으로 노후 보장 수단으로서 충분하지 않다. 정부는 2008년부터 국민연금을 보완해 노후소득보장 수준을 높이기 위해 기초노령연금을 도입하였다. 2014년부터는 월 급여를 최대 20만원 수준으로 높여 기초연금으로 개편하였다. 이후 단계적으로 기초연금 수급대상을 확대하고 급여액도 인상하였다. 2020년 기준 수급대상은 만 65세 이상 전체 노인 인구 중 소득 하위 70%에 해당하는 경우이고, 급여액은 매월 최대 30만원이다. 기초연금을 지급하기 위해 정부는 2020년 약 13.2조원의 예산을 지출하였다.

17.2.3 건강보험

국민건강보험제도는 생활상의 질병·부상에 대한 예방·진단·치료·재활과 출산·사망 및 건강증진에 대하여 보험급여를 지급하여 국민보건 수준을 높이고 사회보장을 증진하기 위한 사회보험제도이다. 이 제도는 1963년에 의료보험법이 제정된 후 1970년과 1976년 두 차례의 법률 개정을 통하여 1977년부터 시행되었다. 1989년부터 전 국민의료보험이 실시되어 모든 국민이 건강보험과 의료급여에 의하여 의료보장을 받고 있다. 2000년부터는 국민건강보험법이 시행되어 국민의료보험관리공단과 직장조합을 아울러 의료보험조직을 하나로 통합하였다.

(1) 건강보험의 적용대상

2020년 현재 우리나라 국민의 97.1%인 5,135만 명이 국민건강보험제도의 적용을 받고 있다. 나머지 2.9%인 153만 명은 기초생활보장 대상자 등으로 의료급여제도의 적용을 받고 있다. 건강보험 가입자는 직장가입자와 지역가입자로 구분된다. 모든 사업장의 근로자 및 사용자, 공무원, 교직원은 직장가입자가 되며, 직장가입자 및 그 피부양자를 제외한 농어촌주민, 도시자영업자 등은 지역 가입자가 된다. <표 17-5>는 국민건강보험의 적용 현황을 보여주고 있다.

의료보장 적용 현황

구 분	직장가입자	지역가입자	의료급여
적용 대상	• 모든 사업장의 근로자 및 사용자(피부양자 포함) • 공무원 및 교직원(피부양자 포함)	• 농어촌 주민, 도시자영업자 등	• 의료급여 수급권자(소득인정액이 기준 중위소득의 40% 이하)
적용 인구	3,715만 명	1,420만 명	152만 명

자료: 2020 보건복지백서

(2) 재원조달

건강보험은 가입자 및 사용자로부터 징수한 보험료와 국고 및 건강증진기금 등 정부지원금을 재원으로 한다. 임금근로자가 대상인 직장가입자에 대해서는 소득비례정률제를 적용하여, 보수월액의 일정 비율을 보험료로 부과, 징수한다. 농민, 어민, 도시자영업자 등 지역가입자에 대해서는 소득, 재산, 자동차 보유 등을 고려하여 보험료 부과 점수를 산출하고, 그 점수에 단가를 곱하여 보험료를 부과, 징수한다. 지역가입자의 경우에는 소득의 형태가 다양하여 소득을 정확히 파악하는데 어려움이 있기 때문이다. <표 17-6>에서 건강보험의 재원조달 체계를 요약하여 보여주고 있다.

→ 표 17-6 **건강보험 재원조달**

	직장근로자	농민, 어민, 도시자영업자
보험료	• 보수월액의 6.67% • 사용자, 근로자가 각 50% 부담 • 사용자가 원천징수하여 공단에 납부 • 공무원은 본인, 정부가 각 50% 부담 • 사립학교 교직원은 본인, 학교경영자, 정부가 각 50%, 30%, 20% 부담	• 소득, 재산, 자동차 점수를 합산하여 산출한 보험료 부과점수에 점수당 단가(195.8원)를 곱한 금액 • 세대의 지역가입자가 연대하여 납부
국고	해당 연도 보험료 예상수입액의 14%	
건강증진기금	해당 연도 보험료 예상수입액의 6%(단, 담배부담금 예상수입액의 65% 이내)	

자료: 2020 보건복지백서

(3) 보험급여 체계

건강보험의 급여형태는 의료 그 자체를 보장하는 현물급여와 의료비의 상환제도인 현금급여 두 가지 형태가 있으며, 우리나라는 현물급여를 원칙으로 하되 현금급여를 병행하고 있다. 현물급여에는 가입자 및 피부양자의 질병·부상·출산 등에 대한 요양급여 및 건강검진이 있고, 현금급여에는 요양비, 장애인보장구 급여비 등이 있다. 가입자 또는 피부양자가 요양급여를 받는 때에는 그 진료비용의 일부를 본인이 부담하여야 하며, 그 내용은 입원의 경우 진료비총액의 20%이고 외래의 경우에는 요양기관 종별에 따라 30~60%를 차등하여 적용하고 있다.

17.2.4 고용보험

고용보험제도는 실직근로자에게 실업급여를 지급하는 전통적 의미의 실업보험사업 외에 적극적인 취업알선을 통한 재취업 촉진과 근로자 고용안정을 위한 고용안정사업, 근로자의 직업능력개발사업 등을 서로 연계하여 실시함으로써 사회후생을 증진하는 사회보장제도이다. 이 제도는 도입의 필요성이 오랫동안 제기되어 왔으나, 사용자들의 반대로 계속 연기되어 오다 1993년에 고용보험법이 제정되고 1995년부터 실시되었다. 고용보험제도는 강제가입을 원칙으로 하는 사회보험으로, 사업주와 근로자는 당연히 보험가입자가 되며 의무적으로 보험료를 납부하여야 한다.

고용보험사업으로는 실업급여, 고용안정사업 및 직업능력개발사업이 있으며, 실업급여의 수급권자는 근로자인 반면, 고용안정사업 및 직업능력개발사업에 의한 각종 지원금과 장려금의 수급권자는 사업주이다. 이 제도는 고용보험제도 시행 초기에는 상시근로자가 30인 이상인 사업장에 적용되었으나, 1998년부터는 1인 이상 전 사업장까지 확대 적용되었다. 2004년부터는 일용근로자, 주15시간 이상 시간제근로자 등 비정규직 근로자에게도 고용보험이 적용되었고, 2020년부터는 용역계약을 체결하여 직접 노무를 제공하는 예술인에게도 적용되었다. 정부가 고용보험의 적용범위를 확대하고 있는 것이다.

(1) 재원조달

고용보험료는 고용안정·직업능력개발사업 보험료와 실업급여 보험료로 구분한다. 여기서 고용안정·직업능력개발사업 보험료는 사업주가 전액 부담하는데, 근로자 개인의 보수총액에 사업장 규모에 따른 보험료율(2020년 기준 0.25%~0.85%)을 곱하여 보험료를 산출한다. 실업급여 보험료는 사업주와 근로자가 절반씩 부담하는데, 근로자 개인의 보수총액에 보험료율(2020년 기준 근로자, 사업주 각각 0.8%)을 곱하여 보험료를 산출한다.

(2) 보험급여

각국은 고용보험으로 인한 복지병을 막으면서 생계유지에도 부족하지 않을 정도로 실업급여를 지급하기 위하여 실업급여 지급요건에 다양한 장치를 마련하고 있다. 우리나라의 경우에는 실업급여를 지급받기 위한 조건으로, 실직하기 전 180일(피보험단위기간) 이상 적용사업의 피보험자로 고용되어 임금을 목적으로 근로를 제공한 경우로 한정하고 있다. 그리고 실업급여를 지급받기 위해서는 실업을 신고한 날로부터 1주 내지 4주의 범위 안에서 직업안정기관에 출석하여 직전 기간 동안 실업한 것으로 인정받아야 한다. 물론, 실업급여의 수급자자격을 취득하였어도 적극적인 구직노력을 하지 않은 경우, 직업훈련을 거부한 경우 또는 허위나 부정한 방법으로 부정수급을 받거나 받고자 한 경우에는 그 지급이 중지되도록 하였다.

실업급여는 구직급여와 취직촉진수당으로 구성되어 있다. 구직급여는 소정의 수급요건을 만족시키는 수급자격자의 생활안정을 도모하기 위해 지급되는 기본적 성격의 급여이다. 구직급여일액은 이전 사업장에서 지급받던 평균임금(급여기초임금일액)의 60%에 해당하는 금액이다. 구직급여일액이 6.6만원을 초과하는 경우에는 6.6만원을 한도로 한다. 한편 취직촉진수당은 실업자의 재취직을 촉진하기 위해 지원되는 것으로 조기 재취업수당, 실직근로자의 재취업에 필요한 직업훈련수강을 용이하게 하기 위한 직업능력개발수당, 광역에서 구직활동을 하는 자에 대하여 인센티브를 주기 위한 광역구직활동비, 재취업 또는 직업훈련을 위해 주거를 이전하는 자에 대하여 지급하는 이주비로 구분된다.

지급기간은 근로자의 연령, 보험가입기간, 장애유무에 따라 120일에서 최장 270일이다. 연령이 높을수록 기간이 길수록 지급기간도 길어진다. 실업급여 지급이 종료된 후에도 재취업이 되지 않은 근로자가 직업훈련 또는 교육훈련을 받을 경우 지방노동관서장의 지시에 따라 2년까지 연장하여 지급받을 수 있다. 그리고 훈련을 수료한 후에도 재취업시까지 60일 연장하여 지급받을 수 있다. 이외에도 여성 고용안정을 위해 육아휴직급여 및 산전후휴가급여를 지원하는 제도를 2001년부터 시행하고 있다.

고용안정사업은 고용조정지원사업, 고용촉진지원사업, 그리고 고용창출지원사업으로 구분할 수 있는데, 고용조정지원사업은 기업의 고용조정 및 부득이하게 고용조정으로 이직한 근로자의 재취업을 지원하는 사업으로 고용유지지원금이 여기에 속한다. 고용촉진지원사업은 통상적인 노동시장 조건에서 취업이 곤란한 고령자, 장기실업자, 여성 등의 고용기회를 확대하고, 또한 고용촉진시설을 설치·운영하는 경우 비용의 일부를 지원하는 사업으로 임신·출산여성고용안정 고용지원금 등이 여기에 속하며, 2004년부터 신설된 고용창출지원사업에는 일자리함께하기 지원, 시간제일자리 창출지원, 고용환경개선 지원, 유망 창업기업의 고용지원, 전문인력 채용지원 등이 있다.

직업능력개발사업으로는 사업주가 훈련비용을 부담하여 재직근로자 등을 대상으로 직업능력개발훈련을 실시할 경우 소요된 비용을 고용안정·직업능력개발사업 개산보험료 100%까지 지원하도록 하는 직업능력개발훈련 외에도 유급휴가훈련, 직업능력개발훈련시설·장비자금대부, 근로자수강지원금, 근로자학자금 대부·지원, 직업능력개발훈련비 대부, 검정수수료 등 지원 및 전직실업자 취업훈련 등이 있다.

17.3 우리나라의 사회복지서비스

우리나라의 사회복지서비스(social welfare service)는 국가, 지방자치단체, 민간부문의 도움이 필요한 모든 국민에게 상담, 재활, 직업의 소개 및 지도, 사회복지시설의 이용 등을 제공하여 정상적인 사회생활이 가능하도록 지원하는 제도를 말한다. 현재 사회복지서비스는 노인복지, 아동복지, 장애인복지, 가정복지 등으로 구성되어 있다.

그러나 우리나라의 사회복지서비스는 대부분 시설보호를 중심으로 한 서비스 제공에 치중함으로써 재가(在家)사회복지서비스에 대한 배려는 미미한 실정이다. 현재 선진국에서는 시설보호위주의 사회복지서비스에서 벗어나 재가보호로, 보호대상 중심의 선별적 서비스에서 일반대상 중심의 보편적 서비스로, 그리고 사후대책적 서비스에서 예방적 서비스로 전환되고 있는 경향이 있다. 우리나라도 이러한 국제적 흐름을 반영하고자 2012년에 사회보장기본법을 개정하여 사회서비스 개념을 법제화함으로써 과거의 사회복지서비스를 대상별, 기능별로 확장한 바 있다.

→ 표 17-7 주요 사회서비스 현황 (단위: 억원, 명)

사업	개요	예산	이용자수
가사간병방문지원	가사 및 간병지원	324	8,516
지역사회투자서비스	지자체 중심 신규서비스 개발	1,827	289,127
산모신생아건강관리지원	산후조리 및 건강관리	959	114,192
장애인활동지원	일상생활 및 사회활동 지원	1,306	100,197
발달재활서비스	성장기 장애아동에게 적절한 발달재활 서비스 제공	890	78,782
언어발달지원서비스	부모가 장애인인 비장애 아동에게 언어 재활서비스 및 독서지도 등 제공	8	413
발달장애인부모상담지원	발달장애인 부모 심리 상담	7	771
주간활동서비스지원	성인 발달장애인이 지역사회의 다양한 기관, 장소를 이용하여 낮시간을 보내는 서비스	91	4,335
방과후활동서비스지원	발달장애 학생이 다양한 프로그램을 통해 의미있는 방과후시간을 보내는 서비스	44	4,123

자료: 2020 보건복지백서

아울러, 2007년부터는 국민들이 사회서비스를 원활히 이용할 수 있도록 서비스 이용권에 해당하는 전자 바우처(voucher) 제도를 도입하였고, 2015년부터는 하나의 카드로 여러 서비스를 이용하도록 하는 바우처 통합카드를 출시하였다. <표 17-7>에서 우리나라의 주요 사회서비스 현황을 정리하여 보여주고 있다.

17.4 우리나라 빈곤의 정도와 사회보장제도의 효과

최근 들어 빈곤에 대한 연구가 사회적으로 큰 관심을 받고 있다. 여기서는 한국보건사회연구원에서 발간하는 빈곤통계연보를 바탕으로 우리나라의 빈곤율과 소득갭비율을 검토하고, 조세 및 사회보장 제도를 통한 소득재분배가 이러한 빈곤 지수에 어떤 영향을 미치는지 파악해본다.

먼저 각 지수의 정의를 살펴보자. 빈곤율은 빈곤선 미만인 인구가 전체 인구에서 차지하는 비율을 의미한다. 일반적으로 빈곤선은 중위소득의 50%로 정의한다. 소득갭비율은 빈곤선과 빈곤선 이하 계층의 소득 차를 개인 수와 빈곤선의 곱으로 나눈 값을 의미하며, 빈곤의 심도를 측정하는 지표이다.

소득의 정의에 따라 빈곤선, 빈곤율, 소득갭비율 등이 다르게 계산될 것이다. 일반적으로 시장소득과 가처분소득을 다음과 같이 정의한다.

> 시장소득 = 근로소득 + 사업소득 + 재산소득 + (사적이전소득 - 사적이전지출)
> 가처분소득 = 시장소득 + 공적이전소득 - 조세 - 사회보장분담금

각각 시장소득과 가처분소득을 기준으로 빈곤 지수를 산출한 다음, 두 값의 차이를 구하여 조세 및 사회보장 제도를 통한 소득 이전이 빈곤 지수가 감소하는 데 미친 영향을 살펴볼 수 있다. <표 17-8>에서 소득별 빈곤율과 감소효과를 보여주고 있다. <표 17-9>에서는 소득갭비율과 감소효과를 보여주고 있다.

→ 표 17-8 **빈곤율 및 감소효과** (단위: %)

연도	시장소득	가처분소득	감소효과
2016	20.7	17.6	3.1
2017	20.8	17.3	3.5
2018	21.0	16.7	4.3
2019	21.4	16.3	5.1

자료: 2020년 빈곤통계연보
원자료: 통계청 가계금융복지조사 원자료 각 연도

→ 표 17-9 **소득갭비율 및 감소효과** (단위: %)

연도	시장소득	가처분소득	감소효과
2016	49.0	35.2	13.8
2017	49.7	35.5	14.2
2018	49.6	34.2	15.4
2019	50.8	32.6	18.2

자료: 2020년 빈곤통계연보
원자료: 통계청 가계금융복지조사 원자료 각 연도

<표 17-8>에서 보듯이, 2019년 시장소득을 기준으로 한 빈곤율은 21.4%였고, 가처분소득 기준 빈곤율은 16.3%였다. 조세 및 사회보장 제도를 통한 소득 이전이 빈곤율을 5.1% 포인트 정도 줄였다는 것을 확인할 수 있다. 2016년부터 최근까지 빈곤율 감소 효과가 점점 커졌다는 것도 알 수 있다.

아울러 <표 17-9>에서 보듯이, 2019년 시장소득을 기준으로 한 소득갭비율은 50.8%였고, 가처분소득 기준 소득갭비율은 32.6%였다. 조세 및 사회보장 제도를 통한 소득 이전이 소득갭비율을 약 18.2%포인트 줄였다.

참고문헌

고용노동부, 「2021년판 고용노동백서」, 2021.
보건복지부, 「2020 보건복지백서」, 2021.
보건복지부, 「2021년 국민기초생활보장 사업안내」, 2021.
한국보건사회연구원, 「2020년 빈곤통계연보」, 2020.

지방재정

공/공/경/제/학
PUBLIC ECONOMICS

지방재정의
이론

지방재정의 이론

지금까지의 논의에서는 공공부문이 중앙정부 하나만으로 구성되어 있는 것처럼 암묵적으로 가정하였다. 그러나 실제로는 대부분의 국가들이 중앙정부를 포함한 다단계의 지방정부로 구성되어 있다. 이 장에서는 다단계의 정부와 관련해서 제기되는 주요한 주제를 다루고자 한다. 하나는 기능배정(assignment of function)의 문제이다. 즉 중앙정부가 가장 잘 수행할 수 있는 기능이 무엇이고 다양한 지방정부에 적합한 기능이 무엇인가 하는 것이다. 이와 관련해서는 지방정부의 필요성부터 논의해야 할 것이다. 다른 하나는 재원조달(finance)의 문제이다. 즉 지방정부는 어느 정도 독립적인 조세징수권을 행사하고 어느 정도 중앙정부로부터의 이전재원(보조금)에 의존해야 하는가? 징수권을 행사한다면 어떠한 조세가 지방정부에 적합한가? 이전재원은 어떠한 방식으로 지방정부들 사이에 배분되어야 하는가? 다음에서는 이러한 물음을 차례로 살펴보기로 한다.

18.1 지방정부의 기능

왜 중앙정부 이외에 지방정부라는 조직이 필요한가? 이 질문은 왜 정부가 지방분권화(decentralization)되어야 하는가 하는 질문과 일맥상통한다. 일반적으로 정부가 존재하는 이유로는 효율적인 자원배분의 달성, 소득분배의 공평성 제고, 경제의 안정화 등을 들 수 있다. 지방정부도 이와 같은 맥락에서 존재근거를 찾을 수 있는데 지방정부의 경우에는 소득분배 또는 경제안정화 기능보다는 지역

공공재로 인한 자원배분의 비효율성을 교정하는데 주요한 존재근거가 있는 것으로 보인다.

18.1.1 지방정부와 자원배분의 효율성

제한된 지역 내에서만 공공재적 성격을 보이는 재화를 지역공공재(local public goods)라고 하며, 지방도로, 지역환경, 공원, 가로등, 저수지 등이 이에 해당한다. 이러한 지역공공재의 편익은 해당 지역의 주민들에게만 한정되므로, 그 공급에 관한 결정은 그 지역의 특수성과 지역주민들의 선호를 고려하여 이루어져야 한다. 이러한 지역적 특수성과 선호를 잘 반영하는 것은 바로 지방정부이다. 그러므로 이러한 경우에는 중앙정부에 의한 획일적 공급보다는 지방정부에 의한 공급이 더 효율적일 수 있는 것이다.

이러한 지방정부의 기능 및 필요성을 뒷받침해 주는 중요한 이론으로는 오우츠(Oates)의 분권화정리와 티부(Tiebout)모형을 들 수 있다. 다음에서는 이 두 이론에 대해 살펴보기로 한다.

(1) 오우츠의 분권화정리

오우츠(Oates, 1972)의 분권화정리(decentralization theorem)는 다음과 같다.

> 분권화 정리: 지역공공재의 생산을 어느 단계의 정부가 담당하든 동일한 비용이 든다면, 각 지방정부가 스스로의 판단에 의해 해당 지역에 적정한 수준의 지역공공재를 공급하는 것이 중앙정부가 공급하는 것보다 효율적이다.[1]

분권화 정리의 중요한 전제조건은 지역공공재의 생산을 중앙정부가 담당하든 지방정부가 담당하든 동일한 생산비용이 소요된다는 것이다. 이런 가정 하에

---

1) 엄밀히 말하면 "덜 효율적일 수는 없다"는 것이다.

서는 중앙정부가 획일적으로 모든 지역에 지역공공재를 공급하는 것보다 선호의 차이를 반영할 수 있는 지방정부가 지역 별로 공급하는 것이 더 효율적이라는 점을 알 수 있다. 이를 <그림 18-1>을 통하여 알아보도록 하자.

그림 18-1 　오우츠의 분권화정리

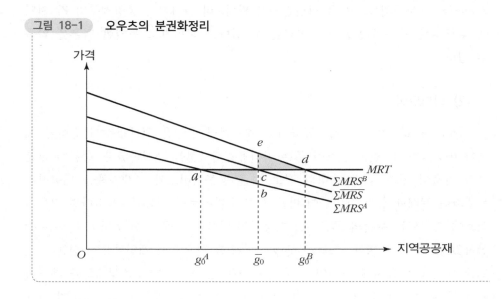

두 지방정부 A, B에 의해 지역공공재 G가 공급된다고 하고 각 지역에 공급되는 지역공공재의 양을 각각 g^A, g^B라고 하자. 분석의 편의를 위해 두 지역에서 지역공공재를 공급하는 비용이 MRT로 동일하며, 더 나아가 MRT가 일정하다고 가정하자. 하지만 두 지역 주민들의 선호는 다를 수 있기 때문에, A 지역 주민이 지역공공재 G의 소비로부터 얻는 한계편익의 합을 $\sum MRS^A$로 나타내고, 마찬가지로 B 지역 주민이 지역공공재 G의 소비로부터 얻는 한계편익의 합을 $\sum MRS^B$로 나타내자. 그러면 A 지역에서 지역공공재의 최적 공급량은 $\sum MRS^A = MRT$ 조건에 의해 결정되어 g_0^A이 되고, 마찬가지로 B 지역에서 지역공공재의 최적 공급량은 g_0^B이 된다.

이제 중앙정부가 획일적으로 지역공공재를 공급하여 두 지역에서의 한계편익의 평균인 $\sum \overline{MRS}$와 MRT가 동일해지도록 $\overline{g}_0$만큼의 지역공공재를 두 지역에 동일하게 공급한다고 하자. 이것은 A 지역의 최적 공급량 g_0^A 보다 많고, B 지역의 최적 공급량 g_0^B 보다는 적은 수준이다. 그러므로 중앙정부가 획일적으로 지역공공재를 공급하면서 발생하는 자중손실(deadweight loss)은 A 지역의 $\triangle abc$ 와 B 지역의 $\triangle cde$ 를 합한만큼이 된다. 더 나아가서 중앙정부가 각 지역에 다른 수준의 지역공공재를 공급할 수 있다고 하더라도 동일한 결론을 얻을 수 있다.

(2) 티부모형

티부(Tiebout, 1956)는 지역공공재의 효율적인 공급을 위해서는 분권화된 체제가 바람직할 수 있음을 보여 주는 지역공공재모형을 제시하였다. 충분히 많은 수의 마을이 있고, 각 마을마다 서로 다른 공공서비스와 조세정책을 제공하는 분권화된 체제에서 각 개인들이 마을 사이에 자유로이 이동할 수 있다면 그들의 선호에 합치되는 수준의 공공재를 제공하는 마을을 선택할 수 있다고 티부는 주장하였다. 즉 발에 의한 투표(voting with feet)를 함으로써 개인들은 자신들의 선호를 나타내는 동시에 자신이 가장 좋아하는 공공서비스와 조세제도를 제공하는 마을에 정착할 수 있는 것이다. 마치 시장에서 사용재를 구입함으로써 사용재에 대한 자신의 욕망을 충족시키듯이, 자기가 살고 싶은 마을을 적절하게 선택함으로써 공공재에 대한 욕망을 충족시킬 수 있는 것이다. 이 모형의 균형에서 사람들은 그들이 가장 선호하는 마을에 정착하고 다른 마을로 이주할 유인이 없으므로 이 균형은 파레토 효율적이다. 티부(1956, p.442)는 이러한 공공재의 배분과정이 시장의 배분과정과 흡사하다고 했다. 즉,

"마치 상품을 사기 위해서 시장으로 가듯이 소비자는 공공서비스의 가격이 세금으로 설정되어 있는 마을로 걸어가는 것이다. 지역공공재의 경우 마을 사이의 자유로운 이동이 시장으로 쇼핑가는 것과 같은 역할을 할 것이며, 소비자가 이러한 공간경제(spatial economy)에서 자신의 선호를 숨길 수 없도록 되는 것이다."

하지만 티부는 직관적인 주장을 했을 뿐이고 이를 엄밀하게 증명하지는 않았다. 따라서 티부의 모형에서 균형이 존재하기 위한 일련의 조건들을 찾기 위한 노력이 계속되어, 다음과 같은 조건들이 필요함이 알려졌다.

① 어떤 지방정부가 취한 행동이 다른 지방정부에 외부성을 초래하지 않아야 한다.
② 개인들의 이주가 완전히 자유로워야 한다. 이는 개개인이 자신에게 가장 바람직한 지역으로 아무런 비용없이 이주할 수 있어야 한다는 것과 직장의 위치가 주거지 선택이나 소득에 영향을 주지 말아야 한다는 것을 의미한다.
③ 개인들은 각 마을에서 제공하는 공공서비스와 그들이 지불해야 할 세금에 대해 완전한 정보를 갖고 있어야 한다.
④ 충분한 수의 마을이 있어서 개인들은 각자가 원하는 공공서비스와 조세제도를 제공하는 마을을 찾을 수 있어야 한다.
⑤ 공공서비스를 생산하는 단위 비용이 일정해야 한다. 즉 공공재의 생산기술이 규모에 대해 수익불변이어야 한다. 이 가정은 마을의 규모가 커짐에 따라 비용상의 이득이나 손해가 발생하는 경우를 배제하기 위한 것이다.
⑥ 공공서비스는 비례재산세에 충당되며, 그 세율은 마을에 따라 다를 수 있다.
⑦ 각 마을은 배타적 토지사용제한법(exclusive zoning law)을 실시할 수 있어야 하며, 특히 모든 주택이 일정한 최소규모 이상을 유지하도록 요구할 수 있어야 한다. 이 가정은 티부모형의 균형이 안정적(stable)이기 위해 필요한 조건이다. 예를 들어 토지사용제한이 없다면 가난한 사람들이 부유한 지역으로 이주하여 작은 집을 짓고 세금을 적게 내면서 부유한 지역의 좋은 공공서비스를 즐길 수 있을 것이다. 그래서 점점 더 많은 가난한 사람들이 이 부유한 지역으로 이주하면 증가하는 인구에 맞는 서비스를 제공하기 위해 세율을 인상해야 한다. 그러면 부자들은 다른 지역으로 이주하고 이주가 완전히 자유롭다는 가정 때문에 가난한 사람들이 다시 부자를 따라 이주할 것이다. 이러한 상황이 계속되면, 모형에 안정적인 균형이 존재하지 않을 것이다.

이러한 조건들을 모두 충족시키는 것이 현실적으로 불가능하다고 하여 티부의 모형이 설득력이 없다고 단정할 필요는 없다. 왜냐하면 많은 실증 연구들이 티부모형의 결론을 지지하고 있기 때문이다. 무엇보다도 이 티부모형은 앞에서 설명한 오우츠의 분권화정리와 더불어 자원배분의 효율성 측면에서 지방정부의 필요성에 대한 이론적 근거가 된다는 점에서 중요하다.

18.1.2 지방정부와 소득분배

소득의 재분배를 위해서는 누진세제가 필요하다. 그러나 지방세가 지나치게 누진적이라면 중상류층 사람들은 다른 지역으로 옮겨갈 것이고 이것은 가난한 지역으로 하여금 더 심각한 예산상의 제약에 처하도록 만들 것이다. 따라서 소득재분배 정책은 지역 간의 이주(migration)문제를 걱정할 필요가 없는 중앙정부에게 맡기는 편이 더 타당할 것이다. 이와 관련하여 폴리(Pauly, 1973)는 다음과 같은 가정들 하에서 지방정부가 소득재분배를 담당하는 것이 바람직하다는 결론을 도출하였다. ① 세수와 이전지출에 관계없이 모든 주민은 다른 지역으로 이주하지 않는다. ② 이전지출의 증대가 후생에 미치는 효과는 한 지역에만 국한되며 외부성은 없다. ③ 모든 소득재분배는 파레토 효율적이며 따라서 집단적 의사결정 또한 효율적으로 이루어진다. 그러나 현실에서는 이러한 가정들이 충족되기가 어려우므로 지방정부의 소득재분배기능을 지지하는 폴리의 주장은 받아들이기 힘든 것이다.

18.1.3 지방정부와 경제안정화

개별 지방정부가 공공지출의 증가나 세율인하와 같은 재정정책을 통하여 지역경제를 활성화시키는 것이 가능한가? 이러한 정책으로 인한 효과가 있다고 하더라도 그것이 해당 지역에만 국한된다는 보장이 없으므로 재정승수는 거의 0에 가까울 것이다. 뿐만 아니라 지방정부가 그러한 재정정책을 수행할 만한 재원을 확보하는 것이 불가능할 수도 있다. 또한 지방정부가 통화 공급, 이자율 조정과 같은 거시정책을 독자적으로 집행하는 것도 생각하기 어렵다. 그러므로 경제안정화(stabilization)정책으로 지방정부를 합리화하는 것은 받아들이기 어렵다.

18.2 중앙집권제도와 지방분권제도

앞 절에서는 지방정부가 필요한 이유에 대해 살펴보았다. 이 절에서는 정부의 구조 중에서 두 극단적 경우인 중앙집권제도와 지방분권제도의 장단점에 대해 알아보기로 한다. 여기서 분권화된 정부란 다수의 작은 자율적인 지방정부들이 합쳐서 형성한 정부들의 연합(federation)으로, 이 경우 중앙정부는 지방정부들의 행동을 조정하기 위해 존재한다.

18.2.1 중앙집권제도의 장점

(1) 경제안정화

경제안정화를 위해 필요한 도구인 통화정책이나 재정정책의 사용에 있어 지방정부는 상당히 제약을 받기 때문에 경제안정화에 관한 한 중앙집권제도가 지방분권제도보다 우월하다. 지방정부가 마음대로 화폐공급을 하는 권한을 가질 수는 없다. 따라서 지방정부가 의존할 수 있는 정책도구는 재정정책뿐인데, 이 정책 역시 개방된 지역경제에서는 그 효과가 자신의 지역에만 국한되는 것이 아니라 주변지역으로 확산된다. 지방정부로서는 적자재정정책을 사용하기 위해 필요한 차관을 얻는 데도 한계가 있다. 결론적으로 경제안정화 정책은 국가적인 차원에서 다루어지는 것이 최선이다.

(2) 소득재분배

소득재분배 정책 또한 중앙집권제도하에서 더 효과적으로 수행될 수 있다. 지방분권제도하에서 한 지방정부가 소득재분배를 위해 다른 지방정부보다 훨씬 더 누진적인 조세제도를 채택하면 부자들은 다른 지역으로 이주해 버리고 다른 지역의 가난한 사람들이 그 지역으로 들어와서 지역의 경제활동이 위축될 것이다. 그러나 중앙정부가 그러한 정책을 실시할 경우 이주의 가능성이 줄어들므로, 소득재분배 정책은 국가적인 차원에서 행하는 것이 더 효과적이다.

(3) 자원배분

1) 외부성

어떤 재화의 외부성이 국가전체에 영향을 미치는 경우에는 중앙집권제도가 지방분권제도보다 더 효율적으로 그 재화를 공급할 수 있다. 이러한 외부성이 있으면, 각 지방정부는 다른 지방정부에 의존하여 무임승차하려고 할 수 있으므로, 중앙정부가 그 배분을 담당하는 것이 바람직하다. 이러한 외부성의 예로는 국방, 환경보호, 연구개발투자 등이 있다.

2) 공공재 생산에 있어서 규모의 경제

어떤 공공서비스의 경우에는 사용자의 수가 늘어날수록 일인당 생산비용이 줄어든다. 이처럼 규모의 경제가 존재할 경우 중앙정부가 공급을 담당하는 편이 효율적이다. 이러한 공공재의 예로는 무선 주파수 관리, 우편배달 등이 있다.

3) 조세제도의 효율적 운용

비탄력적인 재화에 대해 높은 세율을 부과하는 것이 바람직하나 지방정부는 그러한 세원이 다른 지역으로 이주할 것을 우려하여 낮은 세율을 부과할 수 있다. 이는 국가전체적인 차원에서 보면 바람직하지 않으므로, 이러한 조세는 중앙정부에 의해 운용되어야 한다. 그리고 지방정부는 그들이 부과하는 조세가 다른 지역으로 전가된다는 것을 알면 매우 높은 세금을 부과할 수도 있다. 이런 경우에도 국가전체로 보아서는 바람직하지 않으므로 중앙정부에 의해 운영되는 것이 더 바람직할 것이다. 마지막으로, 조세징수비용에 규모의 경제가 있을 경우에도 개별 지방정부가 징수하기보다는 중앙정부가 징수하고 그 경비를 나누어 부담하는 편이 더 효율적일 것이다.

18.2.2 지방분권제도의 장점

(1) 지역선호의 반영

지방정부는 중앙정부에 비해 지역주민의 선호를 더 잘 알고 있으므로, 그것을 정책에 더 잘 반영할 수 있을 것이다. 특히 미국과 같이 큰 나라에서는 모든 국민의 선호에 관한 정보를 얻는데 비용이 많이 들 뿐만 아니라 불가능할 수도 있을 것이다. 이 경우 전국적인 수준에서 획일적으로 이루어지는 경제적 규제가 지방수준에서는 적합하지 않을 수도 있다. 따라서 도로, 공원, 학교와 같은 지역 공공재의 공급은 지방정부가 담당하는 것이 더 적합할 수 있다.

(2) 지방정부 간의 경쟁

지방분권하에서는 조세를 포함한 다양한 정책을 실시함에 있어 지방정부 간의 경쟁이 발생하여 효율성을 추구하려는 유인이 생길 수도 있다.

(3) 효율적인 공공재 생산

공공서비스에 대한 재원조달을 지방세를 통하여 할 경우 그 지역 주민들은 해당 서비스의 편익과 비용을 비교하여 실시여부를 결정할 것이다. 반면에 공공서비스의 재원이 전적으로 중앙정부로부터 조달되면, 그 지역의 주민들은 공공서비스를 가능하면 더 많아 누리려고 할 것이다. 따라서 후자의 경우에는 공공서비스가 비효율적으로 공급될 것이다.

18.3 지방정부의 재원조달

지금까지 지방정부의 필요성과 지방분권제도의 장점을 논의하였다. 이제 이러한 지방정부가 제공하는 공공서비스를 위한 재원을 어떻게 조달할 수 있는지 살펴보겠다. 지방정부의 재원조달은 지방채, 수수료, 지방세, 보조금 등의 네 가지 방법으로 이루어진다.

18.3.1 지방채

지방채 발행과 관련해 가장 중요한 쟁점은 지방채 발행에 대한 중앙정부의 통제가 필요한가 하는 것이다. 일반적으로 대부분의 나라에서는 통제를 하고 있다. 예를 들면 지방채는 경상비를 충당하기 위해서는 발행할 수 없고, 지방채의 발행은 중앙정부의 승인을 필요로 한다는 것이다. 이처럼 중앙정부가 지방채의 발행을 규제해야 하는 이유는 다음과 같다. 첫째, 지방채의 발행은 지방세를 통한 동일한 양의 재원조달에 비하여 총수요를 더 증가시키므로 경제의 안정화를 저해할 수 있다. 둘째, 경상비 지출을 지방채 발행으로 충당하면 지방정부의 지출이 지나치게 늘어날 수 있다. 셋째, 세수의 증대가능성 없는데 지방채를 계속 발행하면 지방정부의 재정상황이 매우 악화될 것이고, 극단적으로 지방정부가 파산하는 경우에 이를 수도 있다.

18.3.2 수수료

수수료(charge, fee)는 공공요금의 일종으로 간주할 수 있으므로, 이에 대해서는 제7장 공기업과 공공요금의 결정을 참조하기 바란다.

18.3.3 지방세

지방세는 지방정부의 재원조달 수단 중 비중이 가장 클 뿐만 아니라 그 어느 수단보다 큰 재량권을 지방정부에 부여하고 있으므로 가장 중요한 재원마련 수단이다. 여기에서는 지방세와 관련된 주제들을 논의하기로 한다.

먼저 지방세로서 적절한 세목이 되기 위한 조건이 무엇이며, 구체적으로 어떤 세목이 지방세가 되기에 타당한지 살펴본다. 통상 다음 세 가지 조건이 지방세로 적절한 세목의 조건으로 거론된다. ① 세원의 지역 간 이동이 적어야 한다. ② 조세의 부담이 비거주자에게 전가되지 않아야 한다. ③ 조세의 부담이 지역주민에게 느껴져야 한다. 이러한 조건들에 비추어 판단하면 법인세나 소비세는 지방세로서 적절하지 않음을 알 수 있다.

반면 대체로 재산세(property tax)는 지방세의 세목으로 여겨진다. 대부분의 나라에서 지방정부가 재산세를 관할하고 있는데, 재산세가 지방세로 선호되는 이유를 다음과 같이 정리해 볼 수 있다. ① 재산세는 과세대상이 되는 재산에 대한 지방정부의 관할권을 명백히 해준다. 반면에 인두세나 소득세는 납세자의 생활공간이 두 개 이상의 지역에 산재되어 있는 경우 관할권이 불분명하다. ② 행정비용이 다른 조세에 비해 낮다. ③ 재산세의 세수는 비교적 정확하게 예측될 수 있다. ④ 기업은 지방정부가 제공하는 서비스를 향유함에도 불구하고 인두세나 소득세의 부과대상이 되지 않는데, 재산세를 부과할 경우 기업으로 하여금 세금을 내게 할 수 있다. 한편 지방법인세는 여러 지역에서 활동하는 기업의 경우 그 이윤을 지역별로 할당하는 것이 쉽지 않다는 문제점을 가진다.

다음으로 지방세가 누진적 구조를 유지할 필요가 있는지 생각해보자. 부유한 사람일수록 지방정부의 서비스를 더 향유하기에 지방세는 누진적일 필요가 있다는 견해가 있는 반면에, 머스그레이브와 같이 지방세에 누진적인 요소를 포함하는 것은 바람직하지 않다는 견해도 있다. 이 논쟁은 결국 가치판단의 문제이므로 해결되기가 쉽지 않을 것이다. 다만 누진도와 관련하여 양극단에 있는 인두세(poll tax)와 지방소득세가 나름대로의 장점이 있다는 것만 설명하도록 하겠다. 먼저 인두세는 모든 지역주민이 지방정부의 살림에 무엇인가를 기여하게 함으로써 지방정부의 서비스가 무료가 아니라는 사실을 주지시키면서 지방살림에도 관심을 갖게 하는 장점이 있다. 반면에 지방소득세는 소득재분배기능도 하면서 비교적 안정된 세수를 확보하게 함으로써 지방정부로 하여금 상당한 정도의 재정적 자율성을 유지하도록 하는 장점이 있다.

18.3.4 보조금

대부분의 지방정부는 중앙정부로부터의 보조금(grant)에 의존하기 마련인데,

이에 대해서는 다음의 네 가지 이유를 들 수 있다. 첫째, 지역에 따라서는 지방정부의 지출을 충당할 수 있는 지방세수를 확보하는 것이 불가능한 경우가 있다. 이러한 경우 중앙정부가 그 세수의 일부를 지방정부와 나눌 필요가 있는 것이다. 둘째, 개인 간의 불평등이 있듯이 지역 간에도 불평등이 있기 마련인데, 이를 완화할 필요가 있는 것이다. 셋째, 보조금은 외부성(externality)의 문제를 치유할 수 있다. 어떤 지방정부의 서비스는 다른 지역의 주민들에게 편익을 제공할 수도 있다. 그러나 지방정부는 이러한 공공서비스의 공급수준을 결정할 때 다른 지역주민들의 편익을 고려하지 않으므로 이것은 국가전체로 볼 때 비효율적인 자원의 배분을 초래할 수 있다. 이러한 경우 공공서비스에 드는 비용의 일부를 중앙정부가 보조금으로 지원해 주어야 할 것이다. 넷째, 중앙정부의 사무를 지방정부에 위임할 수도 있는데, 이것은 지방정부가 중앙정부보다 지역주민들의 선호나 필요를 더욱 잘 파악할 수 있을 뿐만 아니라 경우에 따라서는 비용을 더 절약할 수 있기 때문이다. 이러한 경우 중앙정부가 업무수행에 드는 비용을 지불하는 것이 타당하다.

보조금의 종류와 효과에 대해서는 다음 절에서 논의하기로 한다.

18.4 지방재정조정제도

지방분권화된 정부하에서는 앞에서 언급한 여러 이유들로 인해 중앙정부에서 지방정부로의 재정지원이 필요하다. 이 중에서 지방정부 사이의 재정 여력의 격차를 시정하고, 지방정부의 재원 부족분을 보전해 주기 위해 마련된 제도를 지방재정조정제도라고 부른다. 이러한 재정조정은 보조금(grant)을 통해 이루어지는데 여기서는 보조금의 종류와 그 효과들에 대해 살펴보기로 하자.[2]

---

2) 경우에 따라서는 grant를 교부금이라고 부르기도 하는데, 넓은 의미에서 교부금은 보조금에 속하므로, 여기서는 grant를 보조금이라고 부른다.

18.4.1 보조금의 종류

보조금은 우선 지급에 대해 조건이 있느냐의 여부에 따라 조건부보조금(conditional grant)과 무조건부보조금(unconditional grant)으로 나누어진다. 여기서 조건부보조금은 중앙정부가 사용목적에 대해 조건을 두는 것으로 다른 말로 범주적 보조금(categorical grant)이라고도 불린다. 우리나라에서는 국고보조금이 이에 해당한다. 이에 반해 무조건부보조금은 지방정부와 세입을 공유한다는 의미에서 별도의 조건없이 제공하는 것으로 우리나라의 지방교부금이 이에 해당한다. 대부분의 국가에서는 조건부보조금이 더 큰 비중을 차지하고 있다.

다시 조건부보조금은 지급방식에 따라 대응보조금(matching grant)과 비대응보조금(nonmatching grant)으로 나누어진다. 대응보조금은 지방정부가 어떤 사업에 드는 비용의 일정부분을 조달한다는 조건으로 중앙정부가 지불하는 보조금이다. 따라서 지방정부 입장에서는 공공사업의 단위비용이 낮아지는 효과를 볼 수 있다. 즉 공공사업에 대해 가격보조를 받는 효과가 있는 것이다. 한편 비대응보조금은 지방정부가 특정한 공공사업에 대한 비용일부를 조달하지 않는다고 하더라도 중앙정부가 그 사업에 대해 지원하는 것을 일컫는다.

대응보조금은 보조금의 상한선이 존재하는지 여부에 따라 폐쇄형 대응보조금(closed-end matching grant)과 개방형 대응보조금(open-end matching grant)으로 구분된다. 중앙정부가 대응보조금을 지불할 경우 지방정부는 이에 고무되어 계속 대응기금(matching fund)을 마련하려 할 것이다. 이러한 경우 중앙정부는 무한하게 보조금을 줄 수 없으므로 상한선을 설정하려고 할 것이다. 이러한 상한

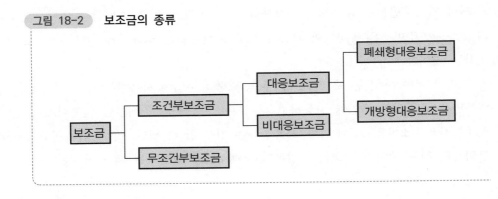

그림 18-2 보조금의 종류

선이 있는 대응보조금을 폐쇄형 대응보조금이라 한다. 그리고 상한선이 없는 경우를 개방형 대응보조금이라 부른다. <그림 18-2>을 참고하라.

18.4.2 보조금의 경제적 효과

다양한 종류의 보조금에 따라 그 경제적 효과도 달리 나타난다. 서로 다른 보조금들이 가져오는 효과를 비교할 때는 우선 어떤 종류의 보조금이 원래의 정책적 의도를 더 충실히 이행하는 데 도움이 되느냐 하는 점에 주의를 두어 살펴야 할 것이다. 물론 보조금이 사회후생에 미치는 효과를 함께 고려해야 한다.

(1) 무조건부보조금

무조건부보조금은 중앙정부의 세입을 아무런 조건없이 지방정부에 나누어 준다는 의미에서 세입분여(歲入分與; revenue sharing)라고도 불린다. <그림 18-3>은 지방정부에 무조건부보조금이 주어졌을 경우, 그 지역주민의 예산제약이 위로 평행이동한다는 것을 보여주고 있다. 이 그림에서 수평축은 지방정부가 생산하는 지역공공재 G의 양을 나타내고, 수직축은 사용재 X의 양을 나타낸다. 논의의 편의를 위해 공공재와 사용재의 가격이 1원으로 동일하고, 두 재화는 모두 정상재(normal goods)라고 가정하자. 그리고 공공재의 공급을 위한 재원은 지역주민들의 세금으로 충당된다고 하면 사용재의 소비량은 세후 소득과 동일하므로 예산선 AB의 기울기는 -1이 된다. 이제 무조건부보조금이 AJ (또는 BM)만큼 주어진다면, 예산선이 JM으로 평행이동할 것이다. 그러므로 새로운 균형 E_2에서 지역주민들은 공공재와 사용재를 각각 g_2와 x_2만큼 소비할 것이다. 그러므로 지역주민들은 공공재와 사용재 모두를 보조금이 주어지기 전보다 더 소비하는 것이다.

그리고 지역주민들은 보조금을 모두 공공재의 구입에 사용하는 것이 아니라, 일부만을 공공재의 구입에 사용하고 나머지는 자신들의 조세부담을 줄이기 위해 (즉 사용재 소비를 늘리기 위해) 사용한다는 것을 알 수 있다. 즉 공공재 공급을 장려하기 위해 주어진 보조금의 일부가 조세부담을 완화하는 데 사용되는 것이

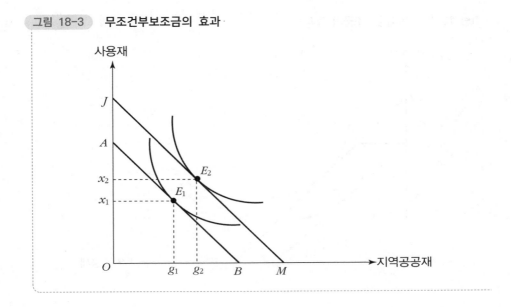

그림 18-3   무조건부보조금의 효과

다. 물론 이러한 결론은 사용재가 정상재가 아니라면 달라질 수 있다. 그러나 중요한 것은 지방정부에 무조건부조보금이 지급되는 상황에서는 보조금의 일부가 원래 중앙정부가 의도하는 목적이 아닌 다른 목적으로 전용될 가능성이 있다는 점이다.

(2) 비대응보조금

지방정부가 지역공공재를 AH만큼 더 공급한다는 조건으로 중앙정부가 이 지역에 비대응보조금을 AJ (또는 AH)만큼 제공한다고 하자. 다음 <그림 18-4>에서 보듯이 지역주민들은 각 소득수준에서 AH만큼 지역공공재를 더 구입할 수 있으므로 예산선은 원래의 예산선에서 AH만큼 오른쪽으로 이동하여 새로운 예산선은 AHM이 된다. 그리고 새로운 균형 E_3에서 지역주민들은 공공재와 사용재를 각각 g_3와 x_3만큼 소비할 것이다. 하지만 이 경우에도 공공재의 공급이 중앙정부가 의도했던 AH만큼 증가하지는 않았다. 지방정부는 중앙정부의 조건대로 보조금 AJ 전액을 공공재 공급에 사용했지만, 동시에 공공재에 대한 자체적인 지출은 줄여, 사용재 소비가 늘어나도록 한 것이다.

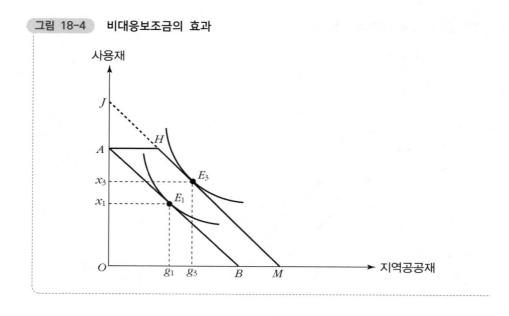

그림 18-4 비대응보조금의 효과

(3) 대응보조금

중앙정부가 지방정부의 대응기금 1원에 대해 대응보조금 1원을 지불한다면, 지역주민들은 사용재에 대한 지출을 1원 감소시킬 때마다 2원 어치의 지역공공재를 얻을 수 있다. 그러면 <그림 18-5>에서 보듯이 새로운 예산선 AR의 기울기가 $-1/2$이 된다. 결과적으로 개방형 대응보조금은 지역공공재의 가격을 가격보조를 통해 절반으로 줄이는 셈이다. 따라서 새로운 균형 E_4에서 지역주민들은 공공재와 사용재를 각각 g_4와 x_4만큼 소비할 것이다. 하지만 이 경우 공공재의 소비는 증가하지만, 사용재의 소비는 증가할 수도 있고 감소할 수도 있다. 구체적인 증감의 효과는 소득효과와 대체효과의 상대적인 크기에 달려있다. 만약 소득효과가 대체효과보다 크다면 <그림 18-5>의 (a)에서처럼, 사용재의 소비도 증가할 것이다. 하지만 대체효과가 소득효과보다 크다면, (b)에서처럼 사용재의 소비는 감소할 것이다. 그러므로 공공재의 생산과 구입을 장려하기 위해 주어진 보조금이 조세부담을 완화하는데 사용되었는지의 여부가 명확하지 않다.

이제 폐쇄형 대응보조금의 효과를 살펴보자. 중앙정부가 대응보조금을 지역공공재가 $\bar{g}$ 수준에 도달할 때까지만 지급한다고 하면 예산선은 <그림 18-6>

그림 18-5 개방형 대응보조금의 효과

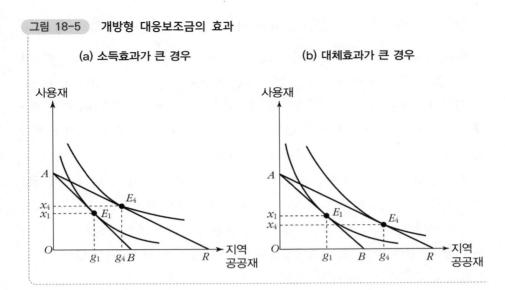

(a) 소득효과가 큰 경우   (b) 대체효과가 큰 경우

그림 18-6   폐쇄형 대응보조금의 효과

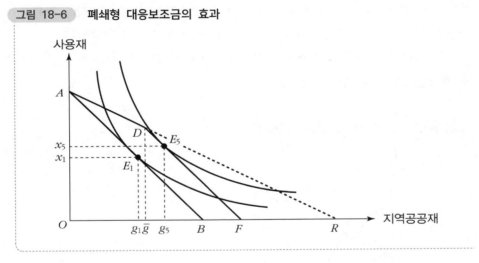

에서처럼 굴절되어 ADF로 나타날 것이다. 그러면 새로운 균형 E_5에서 공공재의 소비는 g_5가 되고, 이는 개방향 대응보조금을 받는 경우에 비해 더 적은 수준임을 알 수 있다. 물론 개방형 대응보조금하에서 균형이 AD 구간에 존재한다면, 상한선을 두어 폐쇄형 대응보조금으로 전환한다고 하더라도, 지역공공재의 소비에 영향을 주지 않을 것이다.

(4) 무조건부보조금과 대응보조금의 비교

마지막으로 무조건부보조금과 대응보조금의 효과를 비교해 보자. <그림 18-7>은 지역주민들로 하여금 동일한 수준의 효용 I'을 누리는 것이 가능하도록 각각의 보조금이 주어졌을 경우의 예산선을 보여 준다. 대응보조금하에서는 예산선이 AR이고 균형이 E_6에 존재한다. 하지만 무조건부보조금하에서는 예산선이 JK이고 균형이 E_7에 존재한다. 두 균형에서의 공공재 소비 수준을 비교하면, 대응보조금이 주어지는 경우의 균형에서 공공재 소비가 더 많이 이루어진다는 것을 알 수 있다. 즉 g_6가 g_7보다 더 크다는 것을 확인할 수 있다. 이러한 결과가 시사하는 바는 두 가지이다. 첫째, 공공재에 대한 가격보조의 성격을 띠는 대응보조금을 받을 때, 지방정부는 더 많은 공공재를 공급하려고 한다. 즉 공공재 공급 장려라는 관점에서 대응보조금이 부조건부보조금보다 더 효과적이다. 둘째, 대응보조금은 가격보조의 형태로 보조금이 지불되도록 하므로, 사용재와 공공재 사이에 대체효과를 유발하고, 이로 인해 후생 손실이 발생할 수 있다. 이미 제12장에서 설명한 동등소득의 개념을 이용하면 그림에서 E_6H가 초과부담에 해당된다는 점을 알 수 있다.

그림 18-7   무조건부보조금과 대응보조금의 비교

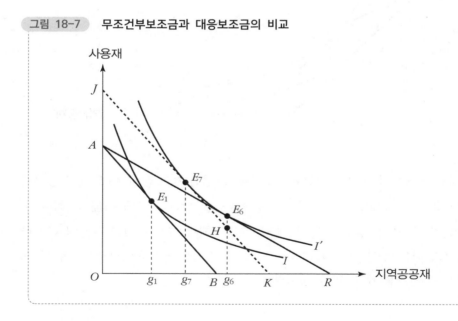

참고문헌

Fisher, R. C., *State and Local Public Finance*, Irwin, 1994.

King, D., *Fiscal Tiers: The Economics of Multi-Level Government*, George Allen and Unwin, 1984.

———— , "Issues in Multi-Level Government," in P. M. Jackson ed., Current *Issues in Public Sector Economics*, Ch. 7, Macmillan, 1993.

Oates, W. E., *Fiscal Federalism*, New York: Harcourt Brace, 1972.

———— , "An Economic Approach to Federalism," in S. Baker, and C. Elliot ed., *Readings in Public Sector Economics*, Ch. 41, D. C. Heath and Company, 1990.

Pauly, M. V., "Income Redistribution as a Local Public Good," *Journal of Public Economics* 2 (1973), 35-58.

Tiebout, C., "A Pure Theory of Local Expenditure," *Journal of Political Economy* 64(1956), 416-424.

우리나라의
지방재정

CHAPTER

19

우리나라의 지방재정

우리나라에서는 1995년부터 지방의회의원과 더불어 지방자치단체장까지 지역주민이 직접 선출함으로써 명실상부한 지방자치제도를 실시하였다. 따라서 그동안 중앙정부의 재정에 밀리어 소홀히 취급되어 오던 지방재정이 본격적인 관심의 대상이 되었다. 이처럼 지방재정이 중요한 이유는 지방자치제의 올바른 시행을 위해 확보되어야 할 재정적 자율성이 지방재정에 의해 달성될 수 있기 때문이다. 이러한 지방재정의 논의에서는 지방정부의 재정자립도를 제고하기 위한 지방재정의 확충방안과 지방정부의 완전한 재정자립이 불가능할 경우 중앙정부와 지방정부 간, 그리고 지방정부들 간에 재정을 조정할 수 있는 방안 등이 중요하다. 이 장에서는 우리나라의 지방재정의 현황을 개관한 다음, 지방재정 확충방안과 지방재정조정제도를 차례로 논의한다.

19.1 지방재정 현황

19.1.1 지방재정의 구조

지방재정은 지방자치단체의 재정을 총칭하는데, 우리나라의 지방자치단체의 종류는 광역단체인 특별시, 광역시, 도와 기초단체인 시, 군, 자치구로 이원화되어 있다.

지방재정은 중앙재정과 구분하여 지방통합재정이라 불리는데, <표 19-1>에

지방통합재정	지방재정	시도·시군구	일반회계
			기타특별회계
			기금회계
		지방공기업	공기업특별회계
	지방교육재정	교육비특별회계	

출처: 2021년도 지방자치단체 통합재정 개요(상)

서 그 체계를 볼 수 있다. 이 표에서 확인할 수 있듯이, 지방통합재정은 지방자치단체의 지방재정과, 초·중등 교육 관련 기능을 수행하는 지방교육재정으로 나뉜다. 이어서 지방재정은 일반회계, 기타특별회계, 기금회계를 포괄하는 시도·시군구의 일반정부부문과 지방공기업특별회계를 아우르는 지방공기업부문으로 나뉜다. 한편 지방교육재정은 광역단체별로 교육비특별회계로 일원화되어 있다.

지방통합재정에서 항목별 수입 규모를 보면 <표 19-2>와 같다. 2021년의 지방세 수입은 약 92.6조원, 세외수입은 24.7조원, 지방교부세는 49.2조원, 보조금은 69.5조원이었다. 전체 수입에서 각 항목의 수입이 차지하는 비율을 보면, 지방세가 38.6%로 가장 높고, 이어서 보조금(28.9%), 지방교부세(20.5%), 세외수입(10.3%) 등의 순서로 높게 나타났다.

→ 표 19-2 **2021년 항목별 통합재정수입 규모**　　　　　　　(단위: 억원, %)

항목	일반회계	특별회계	기금	수입액	비율
지방세	926,047	-	-	926,047	38.6
세외수입	98,595	141,208	6,984	246,787	10.3
지방교부세	486,576	5,686	-	492,262	20.5
보조금	595,565	99,016	305	694,886	28.9
융자회수 등	22,623	1,849	17,137	41,609	1.7
합계	2,129,406	247,759	24,426	2,401,591	100.0

자료: 2021년도 지방자치단체 통합재정 개요(상)

한편 지방통합재정에서 분야별 지출 규모를 보면 <표 19-3>과 같다. 2021년 전국 지방자치단체들이 일반공공행정 분야에서 약 12.7조원을 지출하였고, 교육 13.8조원, 사회복지 80.4조원, 교통 및 물류 19.4조원 등을 지출하였다. 전체 지출에서 각 분야의 지출이 차지하는 비율을 보면, 사회복지가 31.0%로 가장 높고, 환경(9.7%), 교통 및 물류(7.5%), 농림해양수산(6.7%) 등에서도 비율이 높게 나타났다.

→ 표 19-3 **2021년 분야별 통합재정지출 규모** (단위: 억원, %)

분야	일반회계	특별회계	기금	지출액	비율
일반공공행정	115,282	1,550	9,935	126,767	4.9
공공질서안전	27,470	15,512	5,003	47,985	1.8
교육	135,298	2,363	175	137,836	5.3
문화관광	112,563	3,584	2,051	118,198	4.6
환경	110,675	140,017	1,815	252,507	9.7
사회복지	680,083	122,336	1,616	804,035	31.0
보건	44,027	18	552	44,597	1.7
농림해양수산	165,949	2,749	4,089	172,788	6.7
산업 · 중소기업 · 에너지	63,849	3,877	15,153	82,879	3.2
교통 · 물류	126,355	67,157	868	194,380	7.5
국토 · 지역개발	110,802	41,615	4,807	157,224	6.1
과학기술	3,313	–	25	3,338	0.1
예비비	33,609	4,683	–	38,292	1.5
인력운영비	270,060	60,166	2	330,228	12.7
기본경비 등	72,403	10,198	236	82,837	3.2
합계	2,071,738	475,826	46,328	2,593,891	100.0

자료: 2021년도 지방자치단체 통합재정 개요(상)

19.1.2 지방재정의 규모

중앙정부의 기능을 지방자치단체에게 지속적으로 위임하고 이양하면서 지방재정의 비중이 점차 높아지고 있다. <표 19-4>에서 보듯이, 2021년 중앙정부의 예산규모는 417.4조원, 지방자치단체 263.1조원, 지방교육청 71.9조원에 이르렀다.[1] 비율로 보면, 중앙정부의 예산이 55.5%, 지방자치단체 35.0%, 지방교육청 9.5%를 차지하였다.

한편 실제로 중앙정부, 지방자치단체, 지방교육청이 직접 집행하는 금액에 해당하는 재정사용액을 기준으로 보면 지방재정의 비중이 더 높아진다. 중앙정부에서 지방자치단체로 지방교부세, 국고보조금을 이전하고, 지방교육청으로 교육교부금, 교육보조금을 이전하여 지출하므로, 예산보다 실제 사용액이 더 크게 나타나는 것이다. <표 19-5>에서 보듯이, 2021년 중앙정부의 재정사용액은 241.4조원(42.8%), 지방자치단체 248.4조원(44.0%), 지방교육청 74.6조원(13.2%) 등으로 나타났다.

→ 표 19-4 **중앙정부와 지방의 예산규모**   (단위: 억원, %)

구분	2017	2018	2019	2020	2021
중앙정부	3,031,432	3,308,414	3,617,859	3,862,379	4,174,201
(비율)	(54.6)	(54.4)	(54.5)	(54.1)	(55.5)
자치단체	1,931,532	2,106,784	2,310,152	2,532,263	2,630,917
(비율)	(34.8)	(34.7)	(34.8)	(35.5)	(35.0)
지방교육	590,660	662,216	705,960	739,013	718,605
(비율)	(10.6)	(10.9)	(10.7)	(10.4)	(9.5)

주: 당초예산, 순계예산 기준
자료: 2021년도 지방자치단체 통합재정 개요(상)

---

1) 순계예산을 기준으로 한 금액이다. 여기서 순계예산이란 총예산에서 자치단체 내 회계 간 내부거래, 자치단체 간(시도-시군구) 외부거래 등으로 인해 중복하여 계산된 것을 제외한 금액을 의미한다.

→ 표 19-5 **중앙정부와 지방의 재정사용액**   (단위: 억원, %)

구분	2017	2018	2019	2020	2021
중앙정부	1,691,075	1,812,512	1,913,463	2,163,914	2,413,619
(비율)	(40.0)	(39.5)	(38.5)	(40.7)	(42.8)
자치단체	1,907,660	2,080,476	2,306,449	2,396,034	2,484,016
(비율)	(45.1)	(45.4)	(46.4)	(45.0)	(44.0)
지방교육	629,893	693,822	754,402	761,310	745,751
(비율)	(14.9)	(15.1)	(15.1)	(14.3)	(13.2)

자료: 2021년도 지방자치단체 통합재정 개요(상)

그렇다면 한 나라에서 지방재정의 적정규모는 어떠한 수준일까? 지방재정의 규모는 개별국가가 처한 정치, 경제, 사회적 상황에 따라 다를 수밖에 없으므로 한 마디로 정의하기는 어렵다. 다만 우리나라 지방재정의 규모를 주요 국가와 비교하여 참고할 수는 있을 것이다.

<표 19-6>에서 2019년 각 국가의 일반정부수입(general government revenues)을 중앙정부, 지방정부, 사회보장기금별로 구분하여 전체에서 차지하는 비율을 보여주고 있다. 2019년 우리나라는 중앙정부가 일반정부수입의 42.4%, 지방정부가 35.6%, 사회보장기금이 22.0%를 거두었다. 일반정부수입에서 지방정부 수입이 차지하는 비율이 캐나다(55.2%), 미국(44.0%), 호주(38.5%), 독일(36.7%)보다 낮았고, 일본(24.9%), 프랑스(16.5%), 이탈리아(14.0%), 영국(8.7%)보다 높았다.

<표 19-7>에서 2019년 각 국가의 일반정부지출(general government expenditures)을 중앙정부, 지방정부, 사회보장기금별로 구분하여 전체에서 차지하는 비율을 보여주고 있다. 2019년 우리나라는 중앙정부가 일반정부지출의 46.5%, 지방정부가 35.7%, 사회보장기금이 17.8%를 썼다. 일반정부지출에서 지방정부 지출이 차지하는 비율이 캐나다(67.8%), 미국(48.1%), 독일(39.8%), 호주(38.2%)보다 낮았고, 일본(34.5%), 이탈리아(27.6%), 영국(22.4%), 프랑스(19.8%)보다는 높게 나타났다.

국가별 일반정부수입의 구성비   (단위: %)

	독일	미국	영국	이탈리아	일본	캐나다	프랑스	한국	호주	OECD 평균
중앙정부	28.1	56.0	91.3	57.2	36.8	36.3	35.2	42.4	61.5	53.3
지방정부	36.7	44.0	8.7	14.0	24.9	55.2	16.5	35.6	38.5	30.5
사회보장기금	35.2	0.0	0.0	28.7	38.4	8.5	48.3	22.0	0.0	16.2

자료: OECD, *Government at a Glance* 2021

→ 표 19-7 **국가별 일반정부지출의 구성비**   (단위: %)

	독일	미국	영국	이탈리아	일본	캐나다	프랑스	한국	호주	OECD 평균
중앙정부	16.5	51.9	77.6	32.2	15.5	25.2	35.1	46.5	61.8	41.3
지방정부	39.8	48.1	22.4	27.6	34.5	67.8	19.8	35.7	38.2	38.8
사회보장기금	43.7	0.0	0.0	40.2	50.0	7.1	45.1	17.8	0.0	19.9

자료: OECD, *Government at a Glance* 2021

19.1.3 재정자립도

지방재정의 수입을 지방세와 세외수입으로 구성되는 자체수입과 지방교부세와 보조금으로 구성되는 의존수입으로 구분한다. 그리고 재정자립도란 전체 수입에서 자체수입이 차지하는 비율을 의미한다. 지방자치제도를 제대로 유지하기 위해서는 재정자립도가 높아야 한다. 그러나 많은 나라에서 조세 수입의 상당부분이 국세로 징수되기 때문에 지방자치단체가 완전히 재정자립을 이룬다는 것은 현실적으로 어렵다.

<표 19-8>에서 연도와 항목에 따른 지방재정 수입을 보여주고 있다. 예를 들어, 2021년 지방세수입은 약 92.6조원이었다. 전체 지방자치단체 수입에서 지

방세수입과 세외수입이 차지하는 비율을 재정자립도로 정의하고, 연도별 재정자립도는 보면, 2016년 41.2%에서 2019년 37.5%로 하락한 것을 볼 수 있다. 아직 결산이 되지 않아 직접 비교하기는 어렵지만, 2020년에는 40.6%로 재정자립도가 소폭 상승한 것도 볼 수 있다.

→ 표 19-8 **연도별 항목별 수입 및 재정자립도** (단위: 억원, %)

	2016	2017	2018	2019	2020	2021
지방세수입	755,306	804,063	843,153	904,572	921,924	926,047
세외수입	260,507	259,508	257,879	266,003	320,367	241,433
지방교부세	380,162	443,547	490,290	574,906	501,232	492,632
조정교부금	1,238	-	-	-	-	-
보조금	455,308	474,317	506,304	615,599	824,763	694,581
지방채	43,504	23,435	19,843	35,479	68,026	65,442
보전수입 및 내부거래	571,881	612,366	672,992	728,837	424,783	210,783
합계	2,467,905	2,617,236	2,790,461	3,125,394	3,061,095	2,630,917
재정자립도	41.2	40.6	39.5	37.5	40.6	44.4

주: 2019년까지 결산액, 2020년은 최종예산액, 2021년은 당초예산액
자료: 2021년도 지방자치단체 통합재정 개요(상)

그런데 전국적인 지방재정자립도 평균의 연도별 추세보다는 개별 지방자치단체의 재정자립도를 살펴보는 것이 더 의미가 있다. <표 19-9>에서 2020년 당초예산 기준으로 지방자치단체별 재정자립도를 보여주고 있다. 광역자치단체의 재정자립도는 서울에서 78.9%로 가장 높았고, 전라북도에서 23.9%로 가장 낮았다. 한편 기초자치단체의 재정자립도는 경기 과천에서 가장 높았고, 경북 봉화에서 가장 낮았다. 지방자치단체에 따라 재정자립도의 차이가 나타나는 이유는 경제, 사회적 여건에 따라 지방세와 세외수입의 원천이 편중되어 있기 때문이다.

→ 표 19-9 **자치단체별 재정자립도** (단위: 억원, %)

구분	특별시	광역시	도	특별 자치도	특별 자치시	시	군	자치구
평균	78.9	44.9	36.3	38.7	65.6	27.8	17.3	28.5
최고	78.9 서울 본청	51.8 인천 본청	53.9 경기 본청	38.7 제주	65.6 세종	70.7 과천	45.3 울주	70.6 서울 강남
최저		40.3 광주 본청	23.9 전북 본청			12.2 삼척	6.7 봉화	9.3 대전 동구

주: 2020년도 당초예산 기준
자료: 2021년도 지방자치단체 통합재정 개요(상)

19.2 지방재정 확충방안

1995년부터 지방자치제도가 본격적으로 실시된 지 30년이 가까워짐에 따라 재정자립도를 높이기 위해 지방재정을 확충할 수 있는 방안이 중요하게 대두되고 있다. 여기서는 이 방안에 대하여 논의하도록 하겠다.

19.2.1 국세와 지방세 관계의 조정

우리나라의 전체 조세 수입에서 지방세가 차지하는 비율은 점차 증가하였다. 지난 15장의 <표 15-3>에서 보았듯이, 이 비율이 최근 26% 수준에 이르렀다. 아울러 전체 지출에서 지방자치단체의 지출이 차지하는 비율은, <표 15-3>에서 보았듯이, 최근 63% 수준에 이르렀다. 지방교부세, 교부금 등을 통해 중앙정부에서 지방으로 재원이 이전되기 때문이다.

앞으로 지방정부의 역할을 증대시키기 위해서는 지방세의 비중을 더 높여야 할 필요가 있는데 이는 국세와 지방세 간의 비중을 재조정함으로써 이루어질 수 있을 것이다. 그 하나의 방편으로는, 현재 지방세에 부가세로 부과되는 국세를 지방세에 통합하는 방법이 있을 수 있다. 예를 들면, 교육세와 농어촌특별세 중에 지방세의 부가세 형태를 지닌 부분을 지방세로 통합시키는 것이다. 하지만 지방정부의 재정기반을 확대하기 위해 지방세에만 의존할 경우 전국에 골고루 분포되어 있는 세원을 찾기가 어려우므로 지방자치단체 간의 재정여건에 차이가 더 벌어질 수도 있다. 이와 같은 재정 격차를 심화시키지 않는 대안으로 일단 국세형태로 세수입을 확보한 다음 이를 교부세의 재원으로 활용하는 방법을 생각해 볼 수 있다. 이러한 교부세를 통해 지방 재원의 비중을 높이는 효과가 있을 것이다.

19.2.2 지방세제의 현황 및 발전방향

장기적인 관점에서 지방자치단체의 재정기반을 확충하기 위해서는 지방세제의 개편이 필요하다. 다음에서는 지방세제도의 현황을 살펴본 후, 지방세제의 바람직한 발전방향에 대해 논의하도록 한다.

(1) 지방세제의 현황

우리나라의 현행 지방세는 전체 11개 세목으로 구성되어 있다. 지방세의 세목을 징수주체에 따라 도세와 시·군세, 또는 광역시세와 자치구세로 구분한다. 취득세, 레저세, 지방소비세, 등록면허세, 지역자원시설세, 지방교육세 등 6개 세목은 도세이고, 주민세, 자동차세, 담배소비세, 지방소득세, 재산세 등 5개 세목은 시·군세이다. 한편 세목을 지출 목적이 제한되어 있는지 여부에 따라 보통세와 목적세로 구분하기도 한다. 지역자원시설세와 지방교육세는 목적세이고, 나머지 세목은 보통세이다. <표 19-10>에서 지방세의 구조를 보여주고 있다.

취득세는 부동산, 차량 등을 취득할 때 납부하는데 취득가액에 과세대상별 세율을 곱하여 세액을 산출한다. 지방소득세는 국세인 법인세와 소득세를 납부할 때 각 세액의 10%를 추가로 납부하는 세금이다. 재산세는 건축물, 주택, 토지, 선박, 항공기 등을 소유할 때 납부하는데 그러한 과세대상의 시가표준액에 세율을 곱하여 세액을 산출한다. 지방소비세는 중앙정부가 징수한 부가가치세액의 일부를 광역시·도가 이전 받는 방식으로 운영된다. 자동차세는 자동차 소유자가 자동차 배기량에 세율을 곱한 세액을 납부하고, 휘발유, 경유 등 자동차 연료를 소비할 때 부과하는 교통·에너지·환경세액의 일정 비율을 추가로 납부하는 방식으로 운영된다. 담배 제조업자와 수입업자는 담배 1갑당 1007원의 담배 소비세를 납부한다. 등록면허세는 재산권 설정, 변경, 소멸에 대한 내용을 등기 또는 등록할 때 납부하는데 등록가액에 과세대상별 세율을 곱하여 세액을 산출한다. 주민세는 주소지를 둔 개인, 법인, 사업소가 일정 금액으로 납부한다. 레저세는 승마권 발매액에 세율을 곱하여 산출한다. 지방교육세는 취득세 등 다른 세목의 세액에 일정 비율을 추가하여 납부하는 세금이다. 지역자원시설세는 특정한 시설을 소유하거나 자원을 이용할 때 부과하는 세금이다. <표 19-11>에서 지방세 세목별 과세체계를 요약하여 보여주고 있다.

→ 표 19-10 **지방세 구조**

지방세 (11개)	도세	보통세	취득세 레저세 지방소비세 등록면허세	⌐ 광역시세 └ 자치구세
		목적세	지역자원시설세 지방교육세	
	시·군세	보통세	주민세 자동차세 담배소비세 지방소득세 재산세	⌐ 광역시세 └ 자치구세

자료: 2021년도 지방자치단체 통합재정 개요(상)

→ 표 19-11 **지방세 세목별 과세체계(2021)**

세목	과세대상	세율
취득세	부동산, 차량 등 취득	일반세율: 2.8%, 3.5%, 4.0% 등 유상취득(주택): 1.0~3.0%, 8.0%, 12.0% 등 중과세율: 4.4%, 8.0%, 8.4% 등
지방 소득세	종합소득, 퇴직소득	0.6~4.5%
	양도소득	0.6~7.0%
	법인소득	1.0~2.5%
	특별징수	법인·소득세액의 10.0%

세목	과세대상		세율
재산세	재산세	건축물, 주택, 토지, 선박, 항공기	주택: 0.1~0.4% 건축물: 0.25~4% 토지: (종합) 0.2~0.5%, (별도) 0.2~0.4%, (분리) 0.07~4% 선박: 0.3~5% 항공기: 0.3%
	도시 지역분	토지, 건축물, 주택	토지 등의 과세표준 0.14%
지방 소비세	부가가치세(국세)		부가가치세액의 21%
자동차세	소유분	승용 자동차	1cc당 18~200원(승합자동차 등은 다름)
	주행분	교통 · 에너지 · 환경세	교통세액의 36%(탄력세율 26%)
담배 소비세	담배 제조 및 수입업자		20개비(1갑)당 1,007원(종류별 다름)
등록 면허세	등록	부동산 등기	보존(0.8%), 이전(1.5%, 2.0%), 설정(0.2%)
		선박 등기	보존(0.02%), 기타(건당 15,000원)
		차량의 등록	소유권 등록(비영업용 5%, 경차 2%)
		기계장비	소유권 등록(1.0%), 설정(0.2%), 기타(10,000원)
		법인등기	영리법인: 설립(0.4%) 자본증가(0.4%) 비영리법인: 설립(0.2%) 출자증가(0.2%)
	면허	가족 인허가 등 면허	18,000~67,500원
주민세	균등분	개인 · 법인	개인(1만원 이하), 법인(5~50만 원)
	재산분	사업소 연면적	1㎡당 250원(사업소 연면적 330㎡ 초과 시)
	종업원분	급여액	급여총액의 0.5%(1억 5,000만원 초과)
레저세	승마(승자) 투표권 발매액		발매액의 10%
지방 교육세	취득세액, 등록분 등록면허세, 레저세, 균등분 주민세, 재산세액, 자동차세액, 담배소비세액		각각 20%(취등분 20%제외), 20%, 40%, 10~25%, 20%, 30%, 43.99%
지역자원 시설세	특정 시설분	건축물, 선박	재산가액의 0.04~0.12%

세목	과세대상		세율
지역자원 시설세	특정 자원분	발전용수	10㎥ 2원
		원자력발전	발전량 kWh당 1원
		화력발전	발전량 kWh당 0.3원
		지하수	㎥당 20원~200원
		지하자원	채광된 광물가액의 0.5%
		컨테이너	컨테이너 TEU당 1만5천원

자료: 2021 지방세통계연감

→ 표 19-12 **지방세 세목별 수입 규모(2021)** (단위: 억원, %)

세목		금액	비율
보통세	취득세	238,705	25.8
	등록면허세	18,852	2.0
	주민세	20,919	2.3
	재산세	140,392	15.2
	자동차세	77,008	8.3
	레저세	3,909	0.4
	담배소비세	33,856	3.7
	지방소비세	156,518	16.9
	지방소득세	144,858	15.6
	(소계)	835,016	90.2
목적세	지역자원시설세	17,783	1.9
	지방교육세	65,700	7.1
	(소계)	83,483	9.0
지난연도수입		7,548	0.8
합계		926,047	100.0

자료: 2021년도 지방자치단체 통합재정 개요(상)

세목별 수입 규모를 살펴보자. <표 19-12>에서 보듯이, 2021년에 전국 지방자치단체들이 취득세로 약 23.9조원의 수입을 거두었다. 이어서 지방소비세 15.7조원, 지방소득세 14.5조원, 재산세 14.0조원, 자동차세 7.7조원 등의 순서로 수입이 크게 나타났다.

(2) 지방세제의 문제점

1) 세수의 불안정성

현행 지방세는 소득 및 물가상승에 따라 세수가 자연적으로 증가하는 소득관련 세수와 소비관련 세수보다는 과세표준을 인위적으로 올리지 않고는 세수증가를 기대할 수 없는 재산관련 세수에 상당히 의존하고 있어 세수 안정성이 낮다. 더구나 재산관련 세수도 재산의 거래·이전에 따른 세수(취득세, 등록면허세)의 비중이 재산의 보유에 따른 세수(재산세, 자동차세)의 비중만큼이나 높아 세수가 부동산 경기에 좌우되어 세수 안정성이 부족하다. 한편 다수의 세목이 소득 증가 혹은 물가상승에 따른 세수증대를 기대할 수 없는 정액세율 구조로 만들어져 있어 소득이나 물가가 오른다 하더라도 세수증대효과를 기대하기 어려운 실정이다.

2) 세수증대 유인의 결여

많은 지방자치단체, 특히 군소도시의 경우 지방재정의 부족분은 어차피 중앙정부의 이전재원에 의해 보충되고 있으므로 세수를 증대시키려는 노력을 하지 않고 있다. 특히 현재는 지방자치단체의 징세실적이 낮을수록 지방교부금 배분이 많아지도록 설정되어 있으므로, 지방자치단체는 이러한 노력을 거의 하지 않고 있다. 2021년 전국 지방자치단체 226개 중에서 지방세 수입으로 인건비를 충당하지 못하는 곳은 107개(47.3%)였다. 자체수입으로 분류하는 지방세와 세외수입으로도 인건비를 충당하지 못하는 곳은 63개(27.9%)였다.

3) 지역 간의 불균형 문제

지방의 재정자립도는 전국 평균으로 볼 때 선진국에 비해 그리 낮은 편은 아니나, 세원이 지역별로 편중되어 있어 지역별 불균형의 문제가 심각하게 나타나고 있다. 더욱이 지방자치제는 지역 간의 경쟁을 통하여 지역 간 불균형을 더욱 심화시킬 수 있다. 따라서 제도적인 장치를 통하여 기존 경제력의 차이에 의한 지역 간 불평등을 완화하려는 노력이 필요하다.

4) 지방정부의 자율성 결여

우리나라 지방세제도는 조세법률주의에 의하여 지방자치단체가 독립적으로 세목을 신설하는 것이 불가능하게 되어 있으며, 그 정책수립 및 운영이 중앙정부(행정안전부)에 의해 획일적으로 결정되고 있으므로 지역의 경제여건 및 재정수요에 따라 그 특성에 맞는 제도를 운영하지 못하고 있다. 그리고 재정여건에 따라 신축적으로 운용할 수 있는 탄력세율을 일부 세목에 대해서는 허용하고 있으나 거의 활용하지 못하고 있는 실정이다.

5) 지방재정조정제도의 자의성

지방과 중앙 간의 재원조정을 위한 지방재정조정제도에는 지방교부세, 지방교육재정교부금, 국고보조금 등이 있다. 지방교부세는 내국세의 19.24%로 고정되어 있으며 그 사용내역에 대해서도 중앙정부가 전혀 간섭하지 않으므로 원칙적으로 그 사용이 결정될 수 있는 일반재원이다. 그러나 현실적으로 지방교부세를 지방자치단체 사이에 배분하는 과정에서 중앙정부의 의도가 반영되어 자치단체의 자율성이 제약을 받을 수 있다. 또한 지방교육재정교부금의 배분에 있어서도 중앙정부의 정치적 고려가 개입될 수 있는 소지가 있으며, 국고보조금의 경우에도 개별사업에 대한 지방정부의 의사가 거의 반영되지 않고 있다.

(3) 지방세제 발전방향

이제 이러한 우리나라 지방세제의 바람직한 발전방향에 대하여 살펴보도록 하자.

1) 기존세제의 개편방향

원칙적으로 지방세는 지방정부가 수입을 안정적으로 확보할 수 있는 방향으로 개편하는 것이 바람직하다. 이제 그 구체적인 방안들을 살펴보기로 하자.

첫째, 부동산 관련 세제는 재산세 등 보유과세를 강화하고 취득세 등 거래과세를 완화하는 방향으로 개편될 필요가 있다. 이러한 개편은 부동산경기에 관계없는 안정적 세수 확보, 부동산 투기억제, 자산동결효과 완화를 위해 필요하다고 볼 수 있다. 보유과세 강화는 과세표준 현실화율을 올리면서 과세표준 현실화에 따른 지나친 세금 부담 증가를 완화하기 위하여 세율을 내리는 방향으로 이루어지는 것이 바람직할 것이다.

둘째, 소득증가 및 물가상승에 따라 자연적으로 세수가 증가할 수 있도록 재산 관련 세목보다는 소득 및 소비 관련 세목을 강화하여 세수를 안정적으로 확보할 필요가 있다. 또한 정액세 또는 종량세 구조로 된 세목을 정률세 또는 종가세 구조로 바꾸는 것이 안정적인 세수확보에 도움을 줄 수 있을 것이다.

셋째, 조세 및 세무행정상 일괄징수가 가능한 유사항목의 세목들을 통합하는 것이 바람직하다. 예를 들면, 취득세와 등록면허세의 통합을 들 수 있다.

2) 지방세제의 자율화

지방의 특성에 따라 지방정부가 세목의 종류 및 세율을 자율적으로 결정하도록 하여 지역 간의 경쟁을 유도하는 것이 바람직할 수도 있다. 자율적인 세율 결정이 지나친 조세경쟁(tax competition: 기업 유치를 위한 주민세 법인세할을 인하) 또는 조세수출(tax exporting: 한 지역의 지방세가 다른 지역의 주민에게 전가됨)을 초래하거나 세율의 지나친 인상을 초래하여 불필요한 세원의 이동을 조장함으로써 자원배분의 비효율을 초래할 가능성도 있으나, 시장원리에 의하여 그러한 현상은 자동적으로 해결될 수 있을 것으로 예상된다. 그러나 만약의 경우를 대비해 세율의 상하한선을 설정함으로써 비효율의 발생가능성을 사전에 예방하는 것도 바람직할 것이다.

3) 유인제도와 대응기금제도

현행 지방교부금제도는 지방자치단체의 자체 세수징수실적이 저조할수록 교부율이 높아지도록 되어 있어 지방자치단체가 자체세수를 적극적으로 징수할 유인을 제공하지 못하고 있다. 따라서 지방자치단체가 과세능력을 배양하여 실질적인 지방재정의 자율화가 이루어질 수 있도록 지방정부 자체의 징세노력을 권장할 필요가 있다. 이를 위해 징세를 위한 노력을 하지 않는 지방정부에 대해서는 교부금 배분상의 벌칙을 가하고, 노력을 많이 하는 지방정부에 대해서는 교부금 배분상의 유인제도를 도입할 필요가 있다. 물론 이 경우 징세실적의 기준은 지방별 담세능력을 고려하여 객관적으로 공정하게 설정되어야 할 것이다.

그리고 지방자치단체 스스로 공공투자계획을 위한 기금을 마련하는 경우에는 그에 대응하여 정부가 보조금이나 양여금을 제공하는 대응기금(matching fund)제도를 적극적으로 고려할 필요가 있다.

이러한 제도들이 지방 간의 불평등을 심화시킬 수도 있으나, 지방자치제도의 근본취지가 지방주민 스스로가 지방경제의 운영에 대해 책임질 뿐만 아니라 지방 간의 경쟁을 통하여 지방주민의 후생을 향상시킴으로써 국가전체의 후생을 증진시키는 데 있으므로 어느 정도의 불평등은 감수해야 할 것이다. 하지만 지나친 불평등은 국가 전체적으로 보아서도 바람직하지 않으므로, 중앙정부 차원에서 이를 시정하도록 적극적인 노력을 해야 할 것이다.

19.2.3 지방세외수입의 개선방향

지방세외수입, 또는 세외수입은 사용료 및 수수료, 부담금, 사업수익 및 지방채를 포함한다. 이러한 세외수입은 지방정부가 제공하는 서비스의 대가로서 얻어지는 재원으로서, 수익자부담원칙에 따라 부과된다. 따라서 조세저항이 비교적 약하므로 세외수입의 증가를 통한 지방재정의 증대로 고려할 필요가 있다. 최근 지방자치단체 전체 수입에서 세외수입이 차지하는 비율이 크게 감소하였다. 이하에서는 세외수입의 개선방향에 대하여 살펴보도록 한다.

(1) 사용료 및 수수료 개선

최근 경제위기로 인한 지역경제 침체로 말미암아 사용료 및 수수료 체납이 증가하고 있다. 더구나 처음부터 낮게 책정되었던 사용료가 시간이 경과함에 따라 물가상승률이 반영되어 조정되어야 함에도 불구하고 장기간 인상되지 않고 있으며, 수수료의 요금체계 역시 여전히 비효율적으로 운영되고 있다. 따라서 사용료 및 수수료에 대한 원가분석을 통하여 요금체계를 조정하고 그 수준을 현실화할 필요가 있다. 나아가 물가상승률을 반영하여 요금이 탄력적으로 설정될 수 있도록 개선되어야 할 것이다.

(2) 재산수입의 개선방향

국공유재산을 정밀조사하여 무단점유를 하고 있는 재산에 대해서는 임대료를 부과하고 임대료율도 시장구조에 맞게 현실화할 필요가 있다.

(3) 사업수익의 개선방향

지방공기업은 공익성도 중요하지만 기업으로서 스스로 존립할 수 있는 수익성도 고려되어야 한다. 이를 위해서는 지방공기업이 공급하는 재화나 서비스의 공공요금이 원가를 반영할 수 있는 수준으로 현실화되어야 할 것이다. 또한 공기업에 민간기업의 경영원리를 적용함으로써 효율성을 증대시키는 방안도 강구할 필요가 있다.

19.3 지방재정조정제도

지방재정조정제도는 지방자치단체 간의 재정력격차를 완화하고 부족한 재원을 보충하여 주기 위해 중앙정부가 지방정부에게 또는 한 지방정부가 다른 지방정부에게 필요한 재원을 지원하는 제도를 말한다. 이러한 지방재정조정제도가 필요한 이유는 다음과 같다.

첫째, 지방재정조정제도는 지방재정지출의 외부성을 교정하는 역할을 한다. 즉 어떤 지방정부가 다른 지방정부가 공급하는 공공재로부터 혜택을 누리면서도 그에 대한 비용을 부담하지 않는다면 무임승차자 문제가 발생하게 되어, 혜택을 주는 지방정부는 국가적으로 바람직한 공공재의 공급량만큼 공급하지 않음으로써, 자원배분의 비효율성이 초래될 수도 있다. 이 경우에는 중앙정부가 지방재정조정제도를 통하여 그러한 공공재의 공급을 장려할 필요가 있는 것이다. 또한 어떤 지방정부가 다른 지방정부가 생산하는 공공재의 비용을 부담하면서도 그것으로부터 아무런 혜택을 받지 못하는 경우에도 중앙정부는 지방재정조정제도를 통하여 혜택을 받지 못하는 지방정부를 도와줄 수 있다.

둘째, 한 나라의 경제가 발전해 가면서 지방자치단체 간에는 필연적으로 경제력의 격차와 이에 따른 재정력의 격차가 발생하기 마련이다. 그런데 이러한 지역 간 격차는 국가전체의 정치적, 사회적 안정을 저해할 수도 있으므로, 이를 해결하기 위하여 중앙정부는 지방재정조정제도를 통하여 지역 간 재정균등화를 이룰 수 있다.

셋째, 조세제도의 기본원칙인 효율성과 공평성을 충족시키기 위해서는 지방세보다 국세중심의 세제가 되어야 하는 반면, 정부의 지출은 실수요자인 지역주민과 직접 연결되는 지방정부를 중심으로 이루어지는 것이 바람직하다. 이 경우 세입과 세출의 비중에 있어 중앙 및 지방정부 간에 격차가 발생하게 되므로 재원이 풍부한 중앙으로부터 지방으로의 재원이전이 필요한 것이다.

한편 우리나라의 지방재정조정제도에는 지방교부세, 지방교육재정교부금, 국고보조금, 균형발전 특별회계 등이 있다. 이들 중에서 지방교부세, 지방교육재정교부금, 국고보조금의 내용을 간략히 살펴본다.

19.3.1 지방교부세

지방교부세는 지방자치단체의 행정운영에 필요한 재원을 교부하여 그 재정을 조정함으로써 지방행정의 건전한 발전을 기하고자 하는 목적을 가지고 있다. 가령 재정수요에 비해 지방세 수입이 부족한 자치단체나 각종 재해로 인해 특별한 재정수요가 발생한 자치단체, 혹은 국가적 장려사업을 수행해야 하는 자치단체 등에 교부하여 필요한 지출에 사용되도록 한다. 따라서 지방교부세는 중앙과 지방 간의 수직적 재정불균형과 지방정부 간의 수평적 재정불균형을 교정하는 역할을 한다고 볼 수 있다.

지방교부세는 당해 연도의 내국세 총액(목적세, 종합부동산세, 주세 등 제외)의 19.24%, 종합부동산세 총액, 담배에 부과하는 개별소비세 총액의 38.75%를 합한 것을 재원으로 삼는다. 내국세 예산액과 결산액 사이에 차이가 날 경우 다음 해에 정산하도록 되어 있다.

19.3.2 지방교육재정교부금

지방교육재정교부금은 「지방교육재정교부금법」에 근거한 지방재정조정제도로서 교육관련 국가시책사업을 수행하거나 특별한 지역교육현안 수요가 있는 자치단체가 지방교육세 등의 지방세 수입을 교부받아 교육관련 지출에 사용할 수 있도록 고안된 제도이다. 지방교육재정교부금은 당해 연도의 내국세 총액의 20.79%와 교육세 총액을 재원으로 삼는다.

19.3.3 국고보조금

국고보조금은 「보조금의 예산 및 관리에 관한 법률」에 근거한 지방조정제도로서 국고보조금이 지급될 대상사업, 경비의 종류 및 규모 등은 매년 예산에 따라 결정되며, 그 부담근거에 따라 부담금, 교부금, 보조금으로 나눌 수 있다.

먼저 부담금의 경우 법령에 의해 지방자지단체가 실시하여야 하는 사무이지만, 국가와 지방자치단체 상호 간에 이해관계가 있고 또한 그 원활한 운영을 위하여 국가에서 경비를 부담하지 않으면 안 될 경우에 국가가 그 경비의 전부 또는 일부를 부담하는 국고보조금을 말한다. 이러한 사무의 예로는 생활보호, 의료보호, 전염병예방, 직업안정, 도로, 재해복구사업 등이 있다.

교부금의 경우 국가 스스로 집행해야 할 사무를 국민의 편리, 경비의 효율성 등을 이유로 지방자치단체에 위임하여 수행하는 경우 해당 경비를 지불하여 주는 국고보조금을 말한다. 이러한 사무는 대개 국민의 편리를 위해서나 경비를 절감하기 위하여 위임하게 되며 그 예로는 국민투표, 대통령·국회의원선거, 외국인등록사무, 징병사무 등을 들 수 있다.

끝으로 보조금에는 국가가 지방자치단체에 특정한 행정사무의 집행을 장려하기 위해 지불하는 장려적 보조금과 지방자치단체의 재정사정상 특별히 필요하다고 인정될 때 지불하는 지방재정보조금이 있다.

참고문헌

행정안전부, 『지방자치단체 통합재정 개요(상)』, 2021.

행정안전부, 『지방세통계연감』, 2021.

OECD (2021), Government at a Glance 2021, OECD Publishing.

OECD (2021), Revenue Statistics 2021, OECD Publishing.

저자소개

나성린
서울대학교 철학과 및 경제학과 졸업
영국 University of Essex 경제학석사
영국 University of Oxford 경제학박사
영국 University of Wales 경제학과 연구 조교수
영국 University of Essex 경제학과 조교수
미국 Washington University 경제학과 초빙 부교수
한국조세재정연구원 초빙연구위원
한양대학교 경제금융대학 교수
한국재정·공공경제학회 회장
행정고등고시, 외무고등고시, 입법고등고시 위원
제18, 19대 국회의원
새누리당 정책위원회 수석부의장

전영섭
서울대학교 경제학과 졸업
서울대학교 대학원 경제학석사
미국 로체스터대학교 경제학박사
미국 남일리노이 주립대학교 경제학과 조교수
미국 밴더빌트대학교 경제학과 조교수
미국 로체스터대학교 경제학과 초빙교수
행정고등고시, 입법고등고시 위원
현재 서울대학교 경제학부 교수
한국자원경제학회 회장

홍성훈
서울대학교 경제학부 졸업
미국 밴더빌트대학교 경제학박사
한국조세재정연구원 연구위원
현재 서울시립대학교 세무학과 조교수

허은정
서울대학교 경제학부 졸업
서울대학교 대학원 경제학석사
미국 로체스터대학교 경제학박사
독일 본대학교 경제학과 박사후연구원
미국 밴더빌트대학교 경제학과 조교수
성균관대학교 경제학과 조교수·부교수
현재 서울시립대학교 경제학부 부교수

제5판
공공경제학

초판발행	1995년 8월 31일
개정판발행	2001년 3월 15일
제3판발행	2007년 3월 20일
제4판발행	2014년 8월 30일
제5판발행	2022년 3월 10일

지은이	나성린·전영섭·홍성훈·허은정
펴낸이	안종만·안상준

편 집	전채린
기획/마케팅	오치웅
표지디자인	이학영
제 작	고철민·조영환

펴낸곳	(주) **박영사**
	서울특별시 금천구 가산디지털2로 53, 210호(가산동, 한라시그마밸리)
	등록 1959. 3. 11. 제300-1959-1호(倫)
전 화	02)733-6771
f a x	02)736-4818
e-mail	pys@pybook.co.kr
homepage	www.pybook.co.kr
ISBN	979-11-303-1493-8 93320

copyright©나성린·전영섭·홍성훈·허은정 2022, Printed in Korea

정 가   32,000원